板 学

（上册）

苏天发 著

中国商业出版社

图书在版编目（CIP）数据

板学：上下册/苏天发著. -- 北京：中国商业出版社，2021.4（2021.12重印）
ISBN 978-7-5208-1397-6

Ⅰ. ①板… Ⅱ. ①苏… Ⅲ. ①股票交易—研究 Ⅳ. ① F830.91

中国版本图书馆 CIP 数据核字 (2020) 第 238151 号

责任编辑：朱丽丽

中国商业出版社出版发行
010-63180647　www.c-cbook.com
（100053　北京广安门内报国寺1号）
新华书店经销
天津冠豪恒胜业印刷有限公司印刷

*

787毫米×1092毫米　16开　32.25印张　400千字
2021年4月第1版　2021年12月第2次印刷
定价：198.00元（上下册）

****

（如有印装质量问题可更换）

前　　言

为什么要写《板学》

读者朋友们拿到这本书的时候，一定会感到有点意外。因为这本书尽管与《涨停板战法》具有本质上的区别，但却又有千丝万缕的、剪不断理还乱的关系，比如关于拐点、板柱的部分论述，就承接了前书的一些信息。

那么，我为什么还要写这本《板学》呢？主要原因有三个。

一、给涨停板写概论

虽然自从股市诞生到现在，很多国家实行过涨跌停制度，而且到目前为止也仍然还有许多国家在实行涨跌停限制制度，但是，从目前所能找到的文献看，有关涨停板的专门论述却不多，大体可以分为两大类，即研究类和技术类。研究类的文献，多为发表在专业杂志上的论文，主要是探讨涨停板的形成机制以及涨停板对股市的影响；而成书发行的，则多为技术类专著，但这类专著，几乎清一色是讲打板技术的。

而我认为这是不够的。

我虽然进入股市的时间不算很长，但从迈进股市的第一天起，就对涨停板产生了浓厚的兴趣，也开始了对涨停板的研究和思考。根据我近六年来的研究，我发现涨停板不仅仅是一个涨停板那么简单，它还与大资金的筹码收集程度、操盘计划的实施进度以及大资金的目的和意图具有重大的关联。而随着研究的深入，我还发现：尽管每只股票都有涨停板，每只涨停板的形态又千差万别，而且每只股票的涨停板后面，都藏着不一样的主力，但是，它们却又具备很强的同类性和规律性。我感到非常惊讶。

于是，我根据主力的筹码收集状态、操盘计划的进展以及涨停背后的主力意图，结合趋势的形成、发展和衰亡，把涨停板作为股价的一种异动，对涨停板进行分类和定义。经过多年的实践检验，我觉得我的划分和定义是符合股市的演变的，更是符合涨停板的本质的。之后，我进一步将其放到教学上去分享，结果产生了更大的轰动，很多股友掌握到位并运用到实战之后，获得了一个又一个的胜利。

基于此，我决定专门出此专著，写一写涨停板概论！自从股市诞生400多年来，虽然绝大部分国家都实行过涨跌停限制，虽然直到现在为止，仍然还有许多国家在实行涨跌停限制，虽然关于股票投资的论述也已经汗牛充栋，但却还没有人写过有关涨停板概论的。既然大家都不愿去写，那么就由我来写吧！这是第一个原因。

二、对"涨停板学"进行理论性总结

"涨停板学"是我独创性的理论体系，2018年新年前后开始在中国人民大学教育培训中心量学大讲堂上逐步推出。我2019年出版的《涨停板战法》一书，就是以"涨停板学"理论体系为基础，专门讲述怎么抄底涨停板，或者怎么用涨停板去伏击龙头股、主升浪的一本技术书。

2019年我在撰写《涨停板战法》一书时，为了保护自己的研究成果不被剽窃或盗用，我也曾经把对其他技术的研究一起收集进去。但这样一来，也出现了一些意外，比如某些技术流派的股民浅尝辄止之后就以此为由，认为我的书是对某些技术流派的深化和完善。这确实令我感到有点意外。因为，《涨停板战法》的哲学基础是辩证唯物主义，技术基础是板柱，即拐点柱、启动柱、接力柱、隔离柱、焖杀柱、引爆柱、合力柱、派发柱，以及由这些柱引发的最高表现形式和形态结构。如果你不抱任何偏见的话，就可以发现，即使是对某些技术的研究，我也是以自己的理论体系为基础，对其进行批判和吸收并达到独有的高度，是为我自己的体系服务的。如果把对某些技术流派研究的个别章节或个别特定的概念剔除或再造，则全为我自己体系的内容。

这件事让我感到在《涨停板战法》中，技术性的东西讲得比较多，理论性、基础性的东西讲得比较少，让个别无法透过表象看本质的读者，只看到了书里所讲的个别"技术"，而没有看到这"技术"背后的理论体系，这才会引出另外的感想。所以我一直考虑再出一本专著，从思想体系和理论体系两方面，对《涨停板战法》进行补充，对"涨停板学"进行理论性的总结和阐释，从而让"涨停板学"完整地展现在读者和大众的面前。

这是第二个原因。

三、完善"涨停板学"的理论体系

在我的教学当中，"涨停板学"的体系是很完整的，但是在公开出版发行的《涨停板战法》里面，却还不够完整。理论性的弱势且不说，即使是技术性的东西，也由于篇幅的限制，讲得不够全面。比如板柱，在《涨停板战法》一书中，只讲了启动板、接力板、引爆板、派发板四种，而合力板、隔离板、焖杀板都没说。

同时，"涨停板学"体系里另外两个组成部分：板线和板波，《涨停板战法》里都未涉及。其实这两个东西，也是非常重要的。市场上关于线这种技术有很多，也很早就有了，比如趋势线、初速线、变速线、加速线、通道线、黄金分割线等。但是我要讲的线，跟以往的线不一样。因为我讲的线，是根据主力资金收集的筹码、掌握的仓位、计划的进展来设定的，它是一条主力资金趋势线，它对股价洗盘的支撑、下跌的深度以及后面股价的走向，具有更精准、更到位、更明确的辨识度。

而板波也一样。板波就是可以导致涨停板出现的动态分时结构，而这样的结构，古今中外都有人在解读，比如我国早期的知名操盘手吴迪，就讲过许多分时走势的波形。财经作家陈一击，也总结过很多的分时波形，后面许多人讲的这波那波，都离不开对他们的改造或加工。所以，同样的分时形态，可能会有不同的人从不同的角度去解读，只不过是比谁讲得更系统、更精准、更到位、更贴合实际罢了。我讲的分时，是根据主力在不同的阶段、不同的筹码仓位和不同的操盘计划来进行研判和总结的，不是纯粹以形态论形态的，因而也更契合分时走势的本质，也具有更强的可操作性。

而所有这一切，都是《涨停板战法》里所未涉及的。我这样说当然并不是说《涨停板战法》一书不好，这本书同样很好，它在利用拐点、基因及基因组合伏击涨停，或利用拐点、板柱伏击龙头股和主升浪方面，具有深刻的洞察力、精巧的分解力、强悍的爆发力和精确的可操作性。到目前为止，它仍然是打板技术的一座巅峰。

但是，作为一个理论体系来说，如果不把板线、板波加进去，那么公之于众的"涨停板学"就会出现缺失或缺陷。我必须尽快地把这个短板给弥补上去，让它成为一个完整的体系。

所以，基于以上三个理由，我决定写一本关于涨停板学的理论性书籍，我不但要补齐板柱方面的论述，给涨停板写概论，还要加进板线、板波的内容，补齐其缺失的部分，让大家清楚地看到，这是一个完整的理论体系，是我独创的理论体系，是一个跟别的理论或流派不一样的理论体系，是一个能更好地为实战提供参考的理论体系！

四、以后取消涨跌停限制了，"涨停板学"还有用吗

不过，尽管我信心满满，但也许还会有个别读者担心。他们在读了《涨停板战法》一书之后，就曾经给我私信过：以后国家取消涨跌停限制了，没有涨停板了，《涨停板战法》还有用吗？现在这本书，同样也是关于涨停板的，所以他们会有同样的担心。

其实这样的担心是大可不必的。为什么呢？首先，"涨停板学"不仅讲板柱，还讲板线、板波，即使我讲的板柱，也是指拐点柱、启动柱、接力柱、焖杀柱、隔离柱、合力柱、引爆柱、派发柱这八大

类型，并不仅仅是指涨停板。如果把板柱的八大类型当作基础的话，那么启动板、接力板、焖杀板、隔离板、合力板、引爆板、派发板则是它最高、最极致的表现形式。以后即使没有涨停板了，但它的基础——拐点柱、启动柱、接力柱、焖杀柱、隔离柱、合力柱、引爆柱和派发柱还在，基本形态也还在，所以不存在会没用的时候。更何况，是否会取消涨跌停限制、什么时候取消涨跌停限制，现在谁也无法准确地给出答案。而从初级阶段的国情出发，要完全取消涨跌停限制，起码也要一二十年之后。要知道，日本到现在都还有涨跌停限制呢！

其次，我讲的涨停板理论是研究主力的仓位分布、主力的操盘计划、进展和主力的行为意图的，只要有股市在，不管是过去、现在还是未来，也不管是国内还是国外，都会有主力存在。比如很多人认为公正公平的美国股市，其实也是有很多内幕交易的，也有很多拉抬股价的，更有许多主力或庄家的。像巴菲特、索罗斯、罗杰斯等人，就是主力或庄家。他们大批量买入一只股票的筹码之后，这只股票在市场上流通的筹码就会出现短缺，如果不是遭遇特大利空，股价肯定就会上涨，因为流通的筹码少了，就会出现求大于供，不涨才怪。而要是他们突然大量抛出某只股票之后，某只股票在市场上流通的筹码就会突然增多，如果不是碰到特大利好，肯定就会下跌，因为市场上流通的筹码突然增加许多，就会出现供大于求，不跌才怪。

因此，大家不要产生不必要的担心！只要股市还有，只要股价的上涨还得靠货币的堆砌，那么作为研究主力行为异动的"涨停板学"，不管什么时候什么地方，都有用！因为，它不但是对古今中外股市规律的探索，更是对我国股市出现以来的精彩总结，不但符合国外股市的基本规律，也非常契合我国股市的现状，是一部可以为实战提供新的重要参考的大书。

从这点上说，《板学》这本书，值得大家拥有！

目 录

· 上 册 ·

第一章　涨停板的起源 / 001

第一节　涨停板出现的外部条件：制度 / 003
第二节　涨停板出现的内在动力：资金 / 007
第三节　涨停板出现的导火索：风口 / 011

第二章　涨停板的形成 / 017

第一节　涨停板的源头：拐点 / 019
第二节　涨停板的跑道：板线 / 048
第三节　涨停板的兆动：板波 / 063

第三章　涨停板的七大属性及其作用 / 079

第一节　启动板：拐点成立和趋势启动的标志 / 081
第二节　接力板：趋势确认和起涨开始的标志 / 086
第三节　焖杀板：主力的筹码不足和洗盘开始的标志 / 090

第四节　隔离板：主力成本和后市方向的标志 / 093

第五节　合力板：市场情绪热烈和趋势加速的标志 / 100

第六节　引爆板：主升爆发或趋势腾飞的标志 / 109

第七节　派发板：主力出逃和市场热烈追涨的标志 / 118

第四章　涨停板的实战技巧 / 129

第一节　启动板实战要点 / 131

第二节　接力板实战要点 / 145

第三节　焖杀板实战要点 / 164

第四节　隔离板实战要点 / 180

第五节　合力板实战要点 / 198

第六节　引爆板实战要点 / 212

第七节　派发板实战要点 / 226

第一章

涨停板的起源

在股市里行走的人，没有人不知道涨停的，因为涨停就意味着股价已经涨到了当天的最高点，再也不能往上涨了，哪怕再涨一分钱也不行！所以从本质上来说，这个涨停其实比大家常说的天花板还要硬，因为大家房间里的天花板，很多是装修后的木板，用铁锹往上一捅，一定还可以捅出一个窟窿！即使是水泥板，也可以用金刚钻把它挖出一个大洞！

而涨停，您试试看，能否再把它捅破一分钱？

涨停之后虽然不能再捅破一分钱，但它却不一定是当天收盘的最高价。因为，很多时候，由于种种原因，比如说多头资金封板意愿不强、空头资金抛压过大、利空突然出现、热点突然消退、大盘破位下跌等，股价涨停之后还会掉头向下，有的甚至还砸到跌停。所以，涨停价虽然是当天的最高价，但却不一定是当天的收盘价，当天买进去的资金，更不一定就能收获到一个涨停，有的甚至还会被套，最惨的（比如在涨停板附近买进去的）甚至可以套住近20或40个点！

所以，股价涨停，并不意味着收获。从这点上说，涨停的收益，不如涨停板稳定！涨停板与涨停，只有一字之差，为什么收益会更稳定呢？这是因为，涨停并不意味着收盘还是涨停，更不意味着次日还有涨停。而涨停板则不同了。涨停板虽然比涨停只多了一个"板"字，但这个"板"字却意味着头上虽然无法再捅破一分钱，但这个涨停的脚下，却有数以万计的超级千斤顶在顶住，而且一直坚持到收盘，保证了它的涨停没有再打开。

所以，涨停板之前买进去的资金，当天都是赚的，而由于有庞大的资金在封板、在支撑，涨停板后的次日，基本都可以出现惯性冲高甚至出现连板。所以，涨停板虽然只比涨停多了一个字，但收益和稳定性却有天壤之别。

因此，在具体的实战当中，涨停板就成了我的关注重点，因为它不但代表了当天的股价以最高价收盘，也代表了市场的人气和方向，更代表了主力的意志和决心！这，就是我的理论基础和研究核心！

但是，涨停板虽然是当天最强的日线形态，但它是从天上掉下来的吗？不是！它是从地上冒起来的吗？也不是！它是软件编程人员画出来的吗？还不是！它是股评家写出来的吗？更不是！那么，它是从哪里来的呢？接下来，我们就一起来探索。

第一节　涨停板出现的外部条件：制度

科威特证交所：将跌停限制从10%调整为5%，周日将恢复交易。

2020年3月14日下午，这则全文只有三句话的国际电文惊呆了全世界的金融市场。因为它表明从那个礼拜的周日之后，它的下跌限制再也不是10%，而是5%了。从那天之后，不论你碰到什么利空，不论你有多少筹码，也不论你多想以更低价格抛售，当天都只能跌到-5%为止，你再想跑也没用，只能等第二天再说。

虽然它没说上涨的限制是多少，但从它对下跌幅度的限制看，这个跌停板的出现，是制度的安排。如果没有这个制度的安排，那它就不会有5%的跌停板。

为什么会有这样的制度安排呢？这是因为受疫情影响，股市出现了非理性的暴跌，如果政府不对它作出限制的话，那就会因为金融动荡，甚至是金融海啸，对社会经济的发展和公民财产的安全造成巨大的损害或危害。

而从这个制度安排里我们也可以知道，科威特之前10%的跌停板，也是制度安排的产物。如果政府没有从制度上进行安排、任由大家自由交易的话，跌幅怎么可能都在-10%上打住呢？

同理，涨停板的出现，也是制度安排的结果。如图1-1所示的优刻得，股价从A柱跌到B柱之后，连续拉出了C、D、E、F四根涨停板，而且它这个涨停板还跟别的涨停板不一样，别的涨停板都是10个点，它却是20个点！这是为什么呢？因为它是科创板的个股，我国在推出科创板之前，就在制度上作了安排，科创板的涨跌幅限制为20%，所以哪怕它再想涨，当天也只能涨到20%为止。

图1-1 优刻得的涨停板

现在大家说到涨跌停限制，情绪都很激动，以为全世界只有我国A股才有涨跌停限制，外国都没有。其实大错特错矣。诚然，在20世纪80年代之前，世界上很多国家都是不设涨跌停限制的。但是，后来美国股票市场的一场危机，改变了世界许多国家的交易制度。

1987年10月19日，美国道琼斯指数突然下跌22%，一天蒸发5000亿美元，创出了当时的历史最高纪录，华尔街哀号一片，被称为"黑色星期一"。虽然之后没有继续暴跌，但为了修复这个跌幅，美国用了两年多的时间，因此它给世界各国上了一堂生动的金融危机课。

之后，世界上包括美国在内的大多数国家，都对涨跌幅作出了制度性的安排。其中最常见的制度有两个：一个是中断交易，也就是我们常说的"熔断机制"，当股价或指数涨跌超过一定幅度的时候，交易所就会采取中断交易，过一两个小时再恢复。目前纽约证券交易所、多伦多证券交易所等实行的就是这种制度。

还有一个是中断涨跌，也就是我们现在天天看到的涨跌停交易制度，它是指股价的涨跌幅达到制度上安排的幅度时，就不能再突破了，只能在这里终止了。目前实行这一制度的，不但有中国，还有日本、法国、韩国、意大利、西班牙、比利时、马来西亚、科威特等。

所以，实行涨停跌停板交易制度的，不是只有中国一个，还有很多国家。而且这种交易制度跟美国的熔断机制，本质上都是属于"电闸机制"，没有根本的区别。

那么，我国又是从什么时候开始实现涨跌停交易限制的呢？

中国的股市，原来也是上涨不封顶，下跌不兜底的，市场想拉多高就可以拉多高，市场想砸多深就可以砸多深，没有限制，你想怎么玩都行。

但是，后面弊病马上就出现了。那些资本大鳄利用资金上的优势，把资本市场当作一个大赌场，进行肆无惧惮的股价操纵，一会儿砸到很低的位置吸筹，一会儿拉到很高的位置出货，从中牟取暴利。而广大的中小散户投资者，由于心智不成熟，看到大涨后就去追，冲高回落大跌之后又拼命割，结果导致巨亏。有些股民因为承受不了这巨大的落差和严重的亏损，引发了家破人散的悲剧，有的甚至还走向了楼顶的天台……

为此，从1995年1月1日起，为了维护股票市场的稳定，防止股票的暴涨暴跌，保护普通股民的利益，我国股市开始实行T+1的交易制度，当天买进的股票，当天不能卖出，要到第二天才能卖出，但是当天卖出前一天股票的资金，当天还可以再买进。这就是所谓的交易T+1、金额T+0制度。

同时，为了防范金融风险的爆发，抑制交易过程的过度投机，减少市场出现过分的暴涨暴跌，我国在广泛研究世界股票市场交易规则的得失后，从1996年12月16日开始，也实行了10%的涨跌幅限制，即当天最大的涨幅限制在10%，最大的跌幅也限制在10%，ST股和未完成股改的S股，涨跌幅则限制为5%。

这些制度一出来，可以说对中小投资者形成了强大的保护作用，因为当天买进去的资金，当天无法卖出，而且一旦封板之后，都无法买入，这就会给大家狂热的情绪和极度的恐慌提供18个小时的冷静思考期，避免盲目追高和盲目割肉。

而对于资本大鳄来说，这些制度也形成了一个无法抗拒的反制。你想买入可以，但你当天买进的资金却不能卖出，再也无法像以前那样，当天就可以通过巨幅的震荡来获取丰厚的差价。而且即使你想操纵，也只能拉到10个点左右，明天还能不能拉起来？经过一整夜思考的股民在你明天拉的时候会不会继续去接盘？这都存在变数。所以，资本大鳄要想纯粹地操纵股价已经行不通了。他要买入股票并实现获利，必须研究股票的基本面和潜力，必须看好它的后市才行。

因此这个制度的推出，既保护了中小投资者的利益，也遏制了资本大鳄过度投机的弊病。

但是，对于股票本身而言，尽管资本大鳄的过度投机被遏制了，但只要有交易，就会有涨跌，特别是当出现重大利好或重大利空之时，都会被资本大鳄在内的社会公众所追逐或抛弃。但由于股价被这个最大的涨跌幅所限制，无论上涨或下跌，它的趋势都被强行打断，而此时仍有大量的交易者要买入或卖出，于是就出现了众多资金在当天的最高价上排队抢购，或在当天的最低价上排队出逃的现象，如果这时没有人愿意在涨停板上大量卖出或在跌停板上大量买进，就会最终导致涨停板或跌停板的出现，那些在涨停板或跌停板上排队等着抢购或出逃的资金，就成了看多或看空的封板资金。

所以，从这个角度上说，是交易制度导致了涨停板或跌停板的出现，如果没有这个交易制度的限制，就不可能会有涨停板或跌停板的出现。若对这个制度进行修改，它也会表现出不同。例如A股科创板上市前，国家就对这个制度进行了修改，允许它当天的涨跌幅限制提高到20%。于是科创板个股上市之后，除了上市前5个交易日外，它的涨停板是20个点，跌停板也是20个点，这与主板、中小板和创业板的10%涨跌幅限制，就有了很大的不同。而这个不同，一样是制度的安排。

因此，无论跌停板也好，涨停板也好，它都是交易制度的产物。没有这个交易制度，就不会出现这个涨停板或跌停板；而有了这个交易制度，它这个涨停板或跌停板才会出现。

第二节　涨停板出现的内在动力：资金

通过前面的分析，我们已经知道涨停板是制度安排的产物，它是随着制度的出现而出现的。

但是，它真的是制度的产物吗？也不一定。因为制度只是一个框架，要是没有资金去追逐，即使有了这个制度，也不会涨停！即使涨停了，但要是没有大资金去封板，涨停板也不会出现！

如图1-2所示的锐新科技的D柱，虽然制度上安排了这只股票可以涨到涨停并封住涨停，但它当天低开那么多，如果资金不去吃掉抛盘，它能杀上涨停吗？即使杀上了涨停，如果没有两万手以上的资金去封板，它能封得柱涨停吗？显然不可能。

因此，从内因角度来看，涨停板是大资金运作的结果。制度的安排只是为涨停的出现提供了一种可能，而资金则是把这种可能变成了事实。

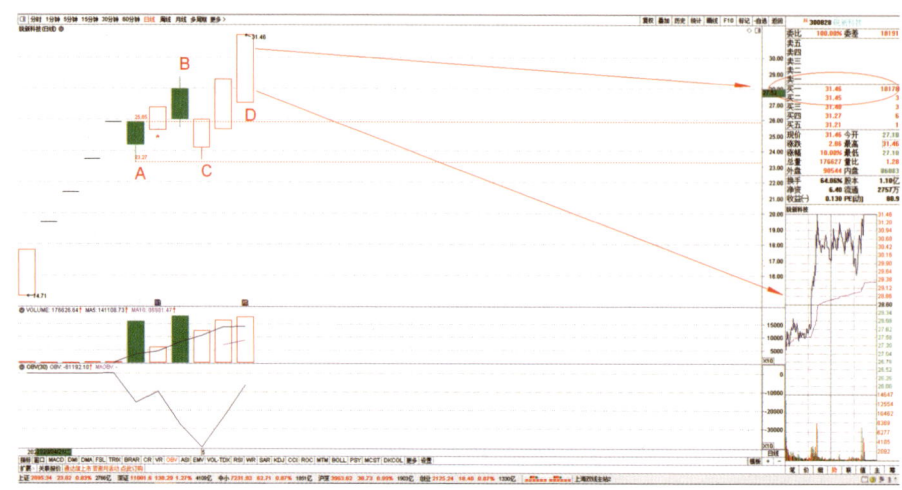

图1-2　锐新科技的涨停板

或者说，制度只是一种框架，这个框架会不会被填满，则要看资金的努力或走向，特别是大资金的努力和走向。

为什么说要看大资金的努力和走向呢？

因为市场上的小资金，总额虽然庞大，但却特别分散。我们现有股民已达两亿多，按平均每个股民10万元本钱算，总额就高达20万亿元！试问天下还有本钱比这更大的机构和基金吗？显然没有！

但是尽管这20万亿元的资金数目庞大，随便挑一块指甲大的资金出来，就可以把一只股票连续拉板，甚至把一些机构和基金砸昏，但是这20万亿元资金分散到每个股民的身上，却不过区区10万元钱！

而且股民都生活在天南地北，素不相识，也没有电话可以联系，即使平时在论坛里相见，意见也特别多，特别繁杂，同一只股票、同一位置、同一种价格，有人看好，有人看空，有人观望，有人认为别的股更好，根本无法形成统一的意见。即使是平时相识的朋友，只要人数达到三个以上，意见就不会统一。

所以，尽管这些资金很庞大，但由于人数多，意见纷乱，根本无法形成统一的意见，更不可能合力把一只股票推向涨停并封死涨停！

但大资金则不一样，大资金通常是团队作战，有专人研究基本面、消息面和技术面。而一旦发现某只股票出现重大的投资机会时，就会有专人制订操盘计划，有专人指挥作战，有专人操作实施，还有专人负责风控，意见特别统一，纪律特别严格。只要指挥员一声令下，他们就会利用资金上的优势去进行拉板和封板，要涨停时就涨停！

如图1-3所示的2020年5月8日的飞龙股份就是这样，当天该股是低开的，但是开盘之后却是直线拉升到五个多点，然后就地滚了一下又直线拉升到涨停，整个过程只有三分钟时间，而后一直封死涨停到收盘，再也没有被打开，而且直到收盘那一刻，都还有76084手资金在封住涨停，谁跑就吃掉谁。

试问？谁有这样的能力？谁会在开盘后跟讲好一样大口吃掉卖盘把股价推向涨停并封住涨停？

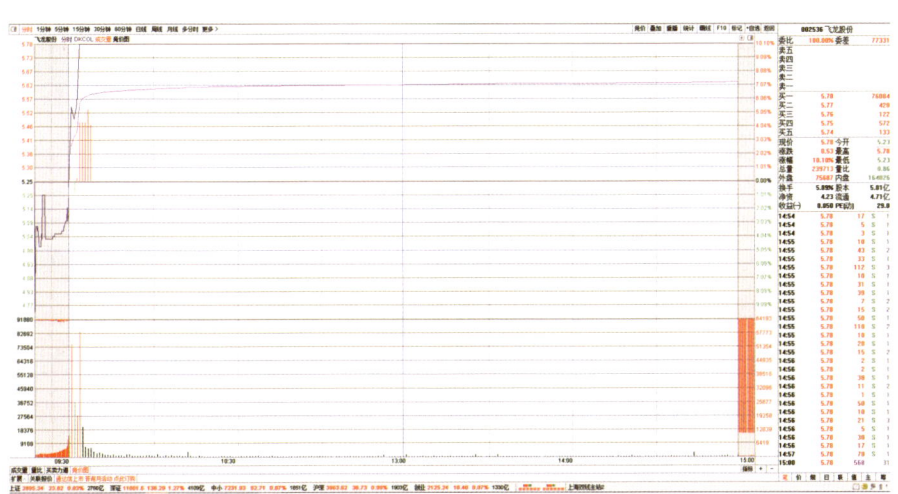

图1-3　2020年5月8日的飞龙股份

毫无疑问，肯定只有大资金。单个散户没有那么多的资金，他们也不可能头天先挂电话，第二天一起来拉，因为他们互不相识，没有联系电话，更无法达成共识，特别是在头上还有重大压力的时候。因此能这样拉的，只有大资金，比如机构、基金、游资（证券营业部）等，才有这样的实力，而且它们还是一个团队，人少，一旦达成强势做多的意见，就会奋不顾身地冲向目标。

所以，如果说制度层面的设计是涨停板出现的客观条件的话，那么大资金的运作则是涨停板形成的内在条件。从这点上说，涨停板也是大资金运作的结果。

我这样说，大家不一定会认同。比如有个读者看了我对股票走势进行分析的帖子后，就曾经给我留言：都什么时候了，还讲这个，你应该去学学人家巴菲特，讲讲价值投资！我听了不禁莞尔一笑。

首先，一只股票没有大资金冲进去不断建仓、增持（也就是补仓）、等待（就是锁仓），把市场上可以流动的筹码吃得越来越少（也就是控盘），股价会上涨吗？巴菲特不断买入某只股票持股不动，引来相同意向的资金也去吃进筹码不动，不就是在控制筹码吗？当市场上的流动性筹码越来越少、供求关系不断紧张和失衡的时候，它自然而然就上涨了。

其次，巴菲特是散户吗？肯定不是，是吧？因为他有自己的基金公司和团队，有董事长、CEO、副董事长、财务官、部门经理、基金经理、分析师等，一个金融证券投资公司所应有的，它都一应俱全。在买入任何一只股票之前，它一样要先进行详尽的调研和分析，制定好目标和计划，然后由团队的相关负责人统一组织实施。

伯克希尔2020年2月底斥资约4530万美元，以每股45.48美元至47.14美元的价格买入97.65万股达美航空股票，而后在4月1日和2日，以22.96美元~26.04美元的价格，抛掉了1299万股的达美航空股票，亏损达48%左右，有投资者怀疑是他手下两位基金经理所买，而不是巴菲特本人的操作。这简直就是笑话。巴菲特的公司伯克希尔买入的股票那么多，数量那么大，怎么可能会由巴菲特去操作呢？它既不可能是巴菲特操作，也不可能是芒格或阿贝尔去操作，更不可能是他手下的人误操作。巴菲特随后在相关会议上的说明，也表明这是团队高层研究后的决定。

所以，不管在什么国家什么股市，只要有利润的地方，就会有资金的追逐，而只要有资金追逐，就会有大资金的运作。这是由资本逐利的本质所决定的。

所以，美国股市的连年上涨，是大资金运作的结果，而中国股市的涨停再涨停，也是大资金运作的结果。至于投资还是投机，不过是资金逐利过程中的侧重点不同而已，由此形成的相关理念，只是为自己的运作提供一个理由或方案而已，但它们运作的行为本质，却不会改变，也不可能改变。

第三节　涨停板出现的导火索：风口

但是，大资金介入一只股票之后，是不是想拉就拉得了呢？也不是的。唐朝诗人杜牧游赤壁的时候，曾经写下四句很有名的诗：

折戟沉沙铁未销，自将磨洗认前朝。

东风不与周郎便，铜雀春深锁二乔。

意思是说赤壁大战的时候，要是没有东风来帮忙的话，孙策的老婆大乔和周瑜的老婆小乔，早就被曹操带回铜雀台去做小妾了。

这用来形容大资金的境遇，我感觉非常贴切。在大家的心目中，手握大资金的主力朝气蓬勃、意气风发、无所不能，这其实是高看它们了。目前哪个主力最厉害？毫无疑问是巴菲特了。但是在2020年疫情引发美股大跌的时候，巴菲特"别人恐惧我贪婪"，认为抄底美国航空股的时机到了，大量买进，但是最后由于持续性的大跌，终于在发出"活久见"的感叹之后，出现了"别人贪婪我恐惧"的情绪，不得不清仓航空股进行止损。如果把他投资的其他股票也算进去的话，他在2020年开头的几个月里，一共亏损了545亿美元，约合人民币3850亿元，可以说是巨亏了。

股神如此，不是股神的游资、私募、基金们，更是这样。如图1-4所示的新都退，大资金经过长达两年半的横盘建仓之后，终于在A柱之后的2015年4月9日这一天，借着复牌的"利好"，连续拉了15个一字板，而从当时的成交量和换手率看，跑出的资金几乎可以忽略不计，大资金都在高度锁仓，准备狠赚一笔。

但是，等到二次停牌复牌后，它却被勒令退市了，股价又连续一字板跌下来，等跌到C柱的时候，最高跌了18个板，所有进去的大资金，都惨遭灭顶之灾。

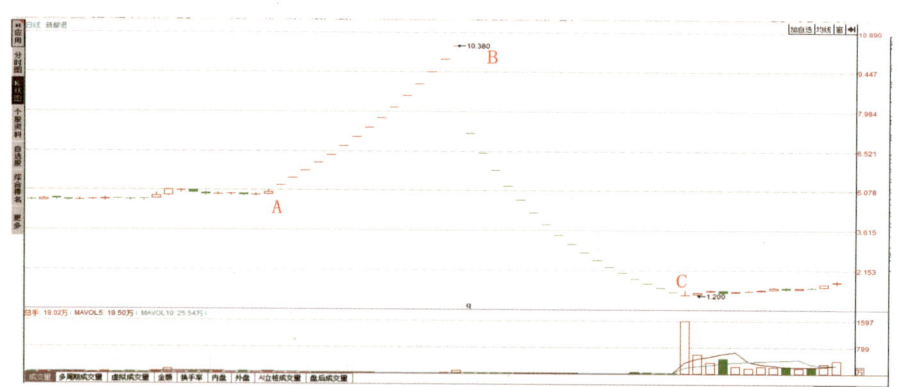

图1-4　新都退的一字板

大家不要以为这是个例，事实上是很普遍的。在这之前有一大把这样的大资金，在这之后也有一大把这样的大资金，很多游资和私募基金都有过被套牢甚至割肉服输的时候。

即使是国家队，也难免。比如东方明珠，证金公司在2015年9月30日报告买入7853.70万股，之后经过2016年、2017年的增持，到2017年9月30日止，持股总数达到了1.318184亿股，到2018年9月30日的时候，报告增持3642.95万股，持股总数达到1.682479亿股，占比达到4.93%，直到2020年3月30日还是这样。由于我不知道它具体买入的时间和价格，无法准确地计算出它的持仓成本，但是，由于它有近一半的仓位是在2015年9月30日之前完成的、有四分之三的仓位是在2017年9月30日之前买入的，因此它的持仓成本肯定在2017年9月30日上。我即使按2017年9月29日周五的收盘价计算，它的持仓成本也要在20.29元之上。而昨天（2020年5月8日）的收盘价是多少？9.18元！也就是说，证金公司这只股票目前每股要亏损11.11元，亏损幅度达到54.75%，亏损总额达18.69亿元以上！

所以，在股市这个江湖里，并不是你有钱就可以呼风唤雨，你要想把股票拉起来，不但要有雄厚的资金，还要把握好以下4点：

1. 基本面要不错，最少也要有潜力。由于交易制度的限制、监管制度的日益严厉，大资金已经无法像早期那样肆意操纵股价，在短期内获取高额的利差。因此它们介入某只股票之后要想拉板或连续拉板，必须要有良好的基本面做支撑，最少也要符合发展潜力巨大或有潜力，因为这也是一个重要的投资方向。有了这点做基础，做多就容易成功。例如贵州茅台，虽然盘子很大，但由于基本面好，所以很多大资金扎堆进入，推着股价连年上涨，最终导致这只股票从2014年1月8日的118.01元，涨到了2019年11月19日的1241.61元，最高涨幅达到了10倍。

2. 热点要契合。基本面的问题，只是解决了大资金的目标股选择问题。但要拉板或连续拉板，则必须契合热点。这对一些基本面不咋样的个股，更是如此。因为热点（特别是大热点）出现的时候，即使大资金不拉，其他的资金也会冲进来抢筹，所以这个时候的拉板或封板，就是一种理所当然，合情合理也合法。例如深大通这只股票，基本面、消息面都出现重大利空，股价一路暴跌，但是2019年8月18日国家发布《关于支持深圳建设中国特色社会主义先行示范区的意见》之后，它就一口气拉了10个板左右，几乎天天是涨停，涨得比许多绩优股还要好很多，但也没人说什么。因为在这个政策之下，它确实也是一只受益股。

3. 消息上要有利好。利好也是股价上涨的一个动力。一只股票一旦出现利好，那么说明它的经营环境会得到进一步的改善，业绩也会向好或更加向上，这表明它的后面开始具备或更加具备投资的价值，因此很多资金都会去追逐或抄底，所以这个时候的拉板，也是合理合法的。例如新冠疫情导致口罩出现了全国性的紧缺，售价从几块钱涨到几十块钱甚至几百块钱，在这种情况下，对于有口罩生产能力的企业，自然就构成了重大利好，相关公司出现了涨停和连续的涨停。像振德医疗，即使公司多次公告2019年前三季度公司口罩等防护产品实现销售收入5188万元，仅占公司主营业务收入4.07%，占公司主营业务收入比重较小，但是，大资金还是天天往上拉板。因为在那种情势下，大资金及时把筹码抛掉，也会被场外更大的资金所吃掉。

4. 大盘的配合。如果大盘不好，大资金要是没有热点和利好也去拉，很容易就被盯上，但要是大盘天天大涨，每天都有几百股在涨停，那么大资金去拉一两个板就不会有什么问题。因为大盘好，股市向上，大家看好某只股票也是很自然的事。例如2020年春节后开始大跌200多个点，但第二天起却出现了报复性的反弹，连续多天都有100

多只股票涨停，在这种情况下，像神雾环保这样差的个股，拉出一两个板自然也不会有什么大问题。

所以，尽管涨停板是大资金运作的结果，但由于法律法规的制约，它也不能恣意妄为，它要想拉出涨停或连续涨停，就必须考虑到基本面、热点、消息、大盘等诸多因素。只有符合其中的一点或几点，它才可以出手拉板做多。

如果没有出现上面的几个条件，大资金要是去乱拉的话，就会出现两个问题。

1．拉起来没人接盘，变成自我娱乐，最后实在玩不下去了，就会出现暴跌。如图1-5所示的西部创业，也就是原来的银广厦，在A柱附近的2000年4月20日那天，出现过10送10的除权，在震荡了两个多月之后，于0626和0627（A柱）这两天出现了放量下跌，但这个量，却被一个手握大资金的主力给吃掉了，然后在这个大资金的主导下，股价顶着基本面的重大危机，仅凭10送10这个虚幻的利好一路往上涨，最终把股价从除权后19.05元拉到了37.99元，仅差0.11元就翻了一倍。

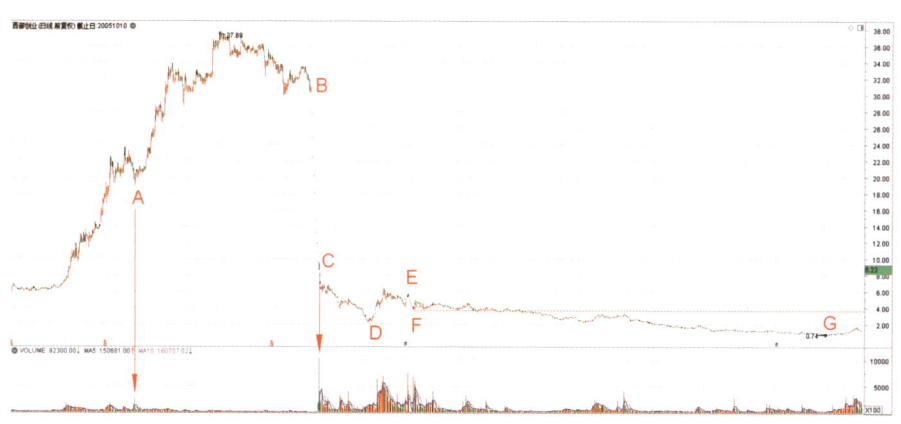

图1-5　西部创业

但是，从图1-5中可以看到，A柱之后的上涨，都是缩量上涨，越到顶部，越没有量，这说明主力资金一路拉一路吃，最后大家都跑了，它却发现自己站到山岗上，没人愿意为它接盘了。最后实在没办法了，只好连续15个跌停板砸下来。

当它砸到C柱之后，又有大资金进去翘板了，但是赚钱了吗？没有，因为之后还是连续的单边下跌。D柱之后的上涨，固然有大资金跑出，但有人卖就有人买，买进去的资金跑出来了吗？一样没有，因为后面都是一路缩量大跌，跑不出来，没人接盘。等跌到G柱的时候还剩多少？0.74元！亏得惨不忍睹。

2. 被监管部门盯上。没有任何风口跑去拉，就是明目张胆的股价操纵，监管部门想不查你都不行。特别是现在，大数据监控很到位，一有异动，马上就被盯上。即使操纵成功，赚了很多钱，最后也要亏得一塌糊涂。例如2017年2月，厦门北八道集团利用资金优势，在没有任何利好消息的情况下，去操纵和炒作和胜股份、张家港行、江阴银行三只股票，结果虽然赚了9亿元，但却马上被盯上了，最终被罚款55亿元。

因此，涨停板的出现，与交易制度、大资金运作和风口（基本面、热点、消息和大盘热度等）密切相关，缺一不可。如果把交易制度看成涨停板产生的客观条件的话，那么大资金运作就是涨停板出现的内在动力，而基本面、热点、消息，以及大盘的热度等风口，则是涨停板出现的导火索，有了这个导火索，你去点燃它才安全，要是没有这个导火索，你虽然一样可以点燃它，但最后一定会把自己炸得粉身碎骨。

第二章

涨停板的形成

通过前面的分析我们已经知道,
涨停板是由制度、资金、风口相互作用
而发酵、出现的。但是,
这些涨停板是不是像陨石一样从天上掉下来的呢?
答案是否定的。
因为,它们是大资金目标确定后分步实施、
稳步推进的结果,
而在它们分步实施、稳步推进的过程中,
有三个不可忽视的、
具有里程碑意义的标志性信号,
这就是——
1.涨停板的源头:拐点
2.涨停板的跑道:板线
3.涨停板的兆动:板波

第一节　涨停板的源头：拐点

一、什么是拐点

根据辩证唯物主义观点，世界上的任何一种事物，都不可能单向发展，当达到一定程度的时候，就会向着背反的方向奔去。比如生长在我们周围的花草树木，春天来了的时候，它就开始冒芽、开花、长叶、结果，等到枝繁叶茂硕果累累的时候，它就开始日渐衰退，直到叶片掉光，进入冬眠，然后在次年春天又重新开始冒芽、开花、长叶……

我们赖以生存的气候，也是这样。当温度升到一定高度的时候，就会开始变冷，当冷到一定程度的时候，又会出现气温回升，天气一天比一天暖和。

就连浩渺无边的太空，也是这样。无论是地球、太阳、行星、恒星，还是星座、星系、宇宙，都有一定的寿命周期，当发展到一定程度的时候，就会走向衰落、直到灭亡。而后又形成新的星球、星系和宇宙开始运行。

可以说，天地万物的走势，概莫如此！

人类社会的组织形态，比花花草草复杂多了，但它的规律也是这样。一个朝代从诞生开始，发展到一定的程度，就会开始走下坡路，当走到支离破碎的时候，又会形成一个新的政治力量，带着社会又开始向上，循环往复，乐此不疲。

而作为人类商业活动的股市，自然也不会有例外。当股价上涨到一定高度的时候，就会开始出现下跌，但跌到一定程度的时候，又会开始掉头向上。所以我常说：天下股市，涨久必跌，跌久必涨。

但是，在这从兴到衰、从衰到兴的轮替中，会有一个转折点。比如树木从兴到衰的转折点是瓜熟蒂落、从衰到兴的转折点是冒芽开花，气候从热到冷的转折点是立秋，从冷到热的转折点是立春，等等。这种兴衰交替的转折点，就是我所说的拐点！

二、拐点的形态有哪些

那么在我们的股市里，拐点的形态有哪些呢？我通过大量的案例分析和归类之后，发现最典型的拐点形态，就是烽火柱！

说到这里，很多人会问：什么是烽火柱？

大家别急，且听我慢慢道来。

读过历史的人都知道，古代的军事斗争，都是异常惨烈的，己方的重要州府一旦被敌方所攻占，动不动就是屠城三日，血流成河。为了避免这种惨剧的发生，必须要第一时间掌握敌方的动向。

但是，古代的交通很不发达，通信手段也很落后，当你发现敌人已经出城来袭的时候，是没法通过汽车、飞机、电话、手机去告诉后方的，因为那时候根本就没有汽车、飞机，也没有电话、手机，你要是靠人骑着马去报信，你前脚刚到，敌人后脚就来了，根本跑不掉！

怎么办呢？

聪明的古人发明了一个传递的媒介：烽火台！就是在距离敌军最近的高山上，建立一座可以烧大火的设施，只要一发现敌军出城或接到敌军出城的准确消息，就在高高的山顶上放起大火，而大火一烧，就会冒起浓浓的烟雾，几十里甚至上百里外一下子就能看见。而后面的烽火台看见了，又马上点燃大火传递给后方。结果，后方的军民马上就可以知道敌军来犯的信息了，可以有充分的时间安全撤离，避免遭遇一场惨剧的发生。

那么，在股市里，是否存在着这样的烽火台呢？

答案是肯定的。

大家都知道，股市是零和游戏，尽管现在的通信网络很发达，但对手来袭的时候，也不可能打电话通知你，所以你必须通过股市的烽火台来判断对手的动向。

我们从图2-1的海王生物中可以看到，股价在A柱见底之后，就开始掉头向上，虽然这个掉头向上很震荡，但涨到B柱的时候，半年的时间里最高涨幅也达到了102%左右。而后，股价就出现了一路下跌。我们现在回头去看，这根B柱，就是一个拐点信号。

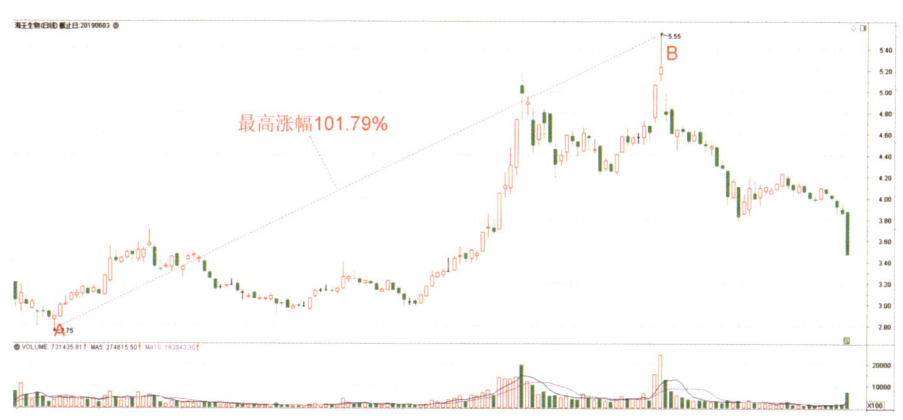

图2-1 海王生物的拐点信号

当把这个拐点信号找出来的时候，大家是不是很惊奇？它那长长的上引线，是不是很像古代烽火台上熊熊燃烧的烟火？它是不是告诉大家空头来袭了、要赶紧撤退了？从那天撤出来，是不是很安全？是这样。所以，我就把这种凹峰上带有上引线的价柱，叫作烽火柱，它是股价见顶或阶段性见顶的一个信号，在它的后面，一般都是下跌或大跌，甚至是一路下跌或一路大跌。

但是，我前面已经说过，天下股市，涨久必跌，跌久必涨！既没有只涨不跌的股票，也没有只跌不涨的股票。任何一只股票只要涨久了，就必然会下跌，而一旦下跌久了，只要不退市，就一定还会再涨！

我们可以从图2-2海王生物中看到，B柱之后股价虽然出现了一路下跌，但跌到C柱的时候，股价就戛然而止，没有继续往下跌，而当C柱的实顶被有效突破之后，不管后面怎么震荡怎么砸，它都被牢牢守住，并最终促使股价掉头向上，引发了大涨。

可见，这个C柱，也是一个下跌趋势衰竭、上升趋势出现的拐点柱！

而当把图放大或者用放大镜来看的时候（见图2-3），我再一次惊呆了，这根拐点柱，也是带有长长下引线的价柱！如果我们把走势图反转过来，它也正好处于山顶之上啊！所以，它也是一根烽火柱！

图2-2 海王生物

图2-3　海王生物的烽火柱

不同的是，一个位于山顶，一个位于山脚。位于山顶的，是空头来袭，股价见顶的信号，而位于山脚的，是多头来袭，股价见底的信号！而不管是见顶还是见底，都是一个拐点信号！

但是，是不是只要在山顶上出现长上引线，股价就一定会下跌、大跌，而只要在山脚下出现长下引线，就一定会上涨或大涨呢？

一般来说，是这样。只要在相对的凹峰或凹底出现了长上引线或长下引线的价柱，后面都会出现下跌或上涨。

例如我刚才说的海王生物（见图2-4），从A到B的这一段走势中，先后在A2、A4、A6和B这几根柱子里，形成了相对峰顶的烽火柱，它们的后面全都出现了下跌。而在A、A3、A5和A7这几个相对凹底里，形成了见底的烽火柱之后，股价全都出现了上涨。

由此我们也可以看到，烽火柱确实具有浓厚而且强烈的拐点色彩。

但这有个前提，那就是这个拐点信号必须得到确认。信号出来，仅仅还是"有这种可能"，但"有这种可能"不等于一定就会发生，更不等于马上就会发生。所以，再强烈的信号，也必须得到确认后才会发生。

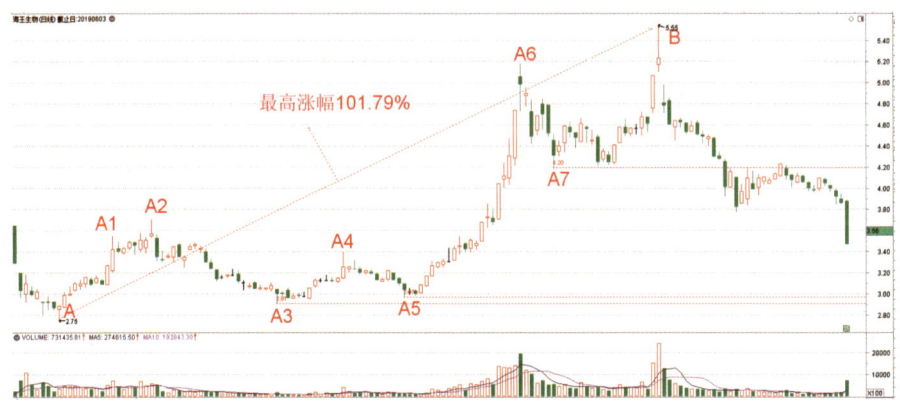

图2-4　海王生物的拐点信号

但是，这该怎么确认呢？

对于峰顶上的烽火柱来说，虽然它的属性是示跌的，但只有跌破它的最低价收不回去，才能确认示跌的信号成立。因为最低价跌破收不回去，就像一个人从悬崖上掉下去一样，没有抓住任何东西，所以后面还会加速往下掉。而要是能守住最低价掉头的话，就说明这个人刚掉下悬崖的时候，抓住了可以救命的东西，不一定还会继续往下掉。当股价有效突破和站稳在它的虚顶之上时，就说明这个人已经爬回到悬崖上，后面又可以一显身手了。

就像我前面说的海王生物，A1之后实顶都没破，自然没有掉下悬崖，所以还会继续涨。从A5到A6，也有许多上引线的价柱，但它们的最低价都没有被跌破，而它们的最高价（上引线虚顶）也先后被攻克，所以后面也是继续涨。而A2、A6、B柱的次日，最低价都被跌破回不去，所以后面就出现了大跌。

对于凹底的烽火柱来说，则必须保住虚底不被跌破，虚底不被跌破，说明股价掉下悬崖的时候踩着了支撑点，暂时不会继续破位大跌，后面还有可能继续向上。但要真正确认，则它的最高价（虚顶）

要能被有效突破。因为只有有效突破烽火柱最高价（虚顶）的压力，才能说明股价已经爬回到悬崖之上，摆脱了最惊险的处境，后面才有可能继续向上。

例如前面讲的海王生物，A、A3、A5以及后面的C柱，它们的最低价都没有被跌破，所以它们后面才会涨。特别是A3、A5和C柱，拐点柱出现之后，并没有立即向上突破，而是继续在低位震荡，但这个震荡，却没有跌破它们的最低价，说明这个拐点柱踩到了支撑，后市有可能会爬起来。当拐点柱的最高价（实顶或虚顶）被有效突破之后，就说明股价已经爬回到悬崖上。既然爬回到了悬崖上，后面自然就上涨了。

而在A2到A3之间、B柱到C柱之间，也出现了几根长下引线的价柱，但它们的虚底都未能守住，说明它们在掉落悬崖之时，没有踩住或抓住可以救命的东西，所以后面就继续下跌或大跌。

因此，所谓烽火柱，就是位于相对峰顶具有长上引线、并且其最低价被有效跌破的价柱，或者在相对谷底具有长下引线并且其最低价被有效守住、其实顶也被有效突破的价柱。最低价没有有效跌破、特别是虚顶最高价也被有效攻克的"凹峰烽火柱"，以及最高价（实顶或虚顶）无法有效突破，特别是虚底（最低价）也被有效跌破的"凹底烽火柱"，都不是拐点意义上的烽火柱，因为它们的后面，马上就会出现更高的峰或更低的底。

这里需要说明一下的是：这个长上引线和长下引线怎么确定呢？从数据归类看，这个其实不重要，只要位置是处于相对的凹峰或凹底，不管引线长短，都具有示跌或示涨的属性。我挑出长上引线和长下引线来解释，是为了大家更好的理解。

三、拐点柱还有哪些形态

说到这里，大家会问：拐点柱只有烽火柱一种吗？

不是的。烽火柱只是拐点里面最经典的拐点柱，但不是唯一。经过大量的数据归类之后，我在《涨停板战法》一书里，一共列出了七种，除了烽火柱之外，还有以下六种。

1. 大阴柱。就是跌幅大于六个点以上，或跌幅大于半个月以上涨跌幅的破位下跌、加速下跌的阴柱。这样的阴柱，通常都是示跌的，特别是连续上涨或大涨后的、凹峰之上的放量大阴（包括假阴）。我把这种阴叫作极阳次阴、盛阳首阴、连阳首阴。它这个跌，通常都是大资金或众多资金跑步出逃造成的，而大资金或众多资金之所以要跑步出逃，要么是出现了利空，要么是遇到了重要的压力位，要么股价到顶了，而不管是哪一种，后面都要继续跌，所以它往往是示跌的。

但是，这样的阴要是出现在大跌、连跌后的凹底位置，则不一定会继续下跌或大跌，很多时候还会掉头向上，特别是它的成交量柱的高度低于价柱的高度，或低于近峰成交量柱高度的时候。例如图2-5中市北高新的B柱和C柱，都是位于连阴下跌后的相对底部，在当天都是跌破近侧平台最低点的破位柱、加速柱，一个跌幅8.31个点，一个是跌停，其成交量都是大于前一天，但都低于近侧的高量柱，所以它们都是我这里所指的凹底大阴柱。而在这两个凹底大阴柱的后面，都是上涨或大涨的，特别是C柱之后，最高涨幅高达200%左右，十分彪悍。

图2-5 市北高新的B柱和C柱

这个凹底大阴柱为什么会涨得这么好呢？从市北高新的走势图里我们可以看到，A峰的脚下，都是一字板上来的，这说明脚下的筹码，都没有在拉升的过程中出逃。这些筹码的转换，是从一字板被打开之后开始的。但那三天，是价升量缩的三天，说明这里有个别的大资金进去接盘。而从后面连阴大跌的成交量看，接盘的资金不但未能成功逃出，反而还在下跌中逆势吃进。当跌到B柱的时候，接盘的大资金已经高度套牢，所以这个时候，它一般不会再跌，而会在这里筑底，等待机会进行自救。

但它之后筑底的过程，是一个很明显的形态特征，因为B柱的大阴一直都被牢牢守住，主力很明显不愿再往下杀。因此很多技术派的股民就会跟进去，等待主力的拉升。但主力会那么傻吗？肯定不会，因此在后面的洗盘里，主力就故意在C柱把B柱的实底给砸破，吓得大家以为真的要破位下跌了，赶紧夺路而逃。而后，主力枪口一转，又掉头往上冲了。

因此，凹底大阴柱之所以能成为示涨的拐点，主要是因为它的大跌不是真跌，而是为了洗出主力筑底时跟进去的技术盘，而当这技术盘跑得差不多之后，主力就开始掉头向上了，如果能遇上强劲的风口,更会借此大拉特拉一番。

因此,凹底的大阴柱,也是一个很经典的拐点柱。

2. 假阳柱。就是股价低开高走,到收盘表面看去是红色,但均价线却还低于前一天收盘价的"阳柱"。这种价柱表面看是阳的,但其收盘价却低于前一天的收盘价,或收盘价虽然是涨的,但当天成交筹码的综合成本还是跌的,所以叫作假阳。

例如图2-6中电声股份的C柱,它表面看起来就是一根红色的阳柱,但由于它当天收盘的时候,均价线没有翻红,收盘价更没有翻红,所以它是一根假的"阳柱",也就是我通常所说的假阳。

假阳为什么会示涨呢?这是因为股价在大跌之后,能够低开高走形成"阳柱",是大资金运作的结果,而不是散户资金运作的结果。一只股票里虽然有很多的散户,但散户有个特点,就是人数虽然众多,资金量也很小,但意见却特别多,你看涨,我看跌,你要买我要跑,而且都天南海北互不相识,无法形成统一的意见。所以,能在大跌中形成一致目标大量吃进,导致股价触底掉头的,都是大资金搞的。而大资金拉升股价逆势吃进的背后,说明股价已经出现了超跌,跌到了市场或大资金的底线或痛处,市场或大资金忍无可忍终于出手反击了。

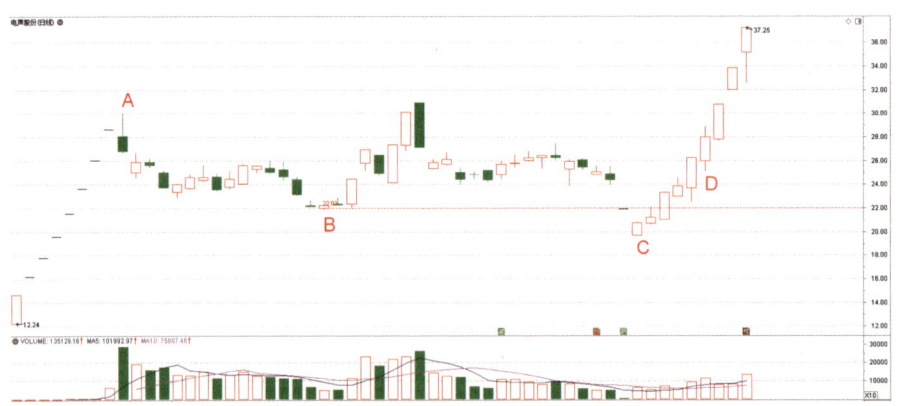

图2-6 电声股份的C柱

所以，跌到底部或相对底部的假阳，都是示涨的。

3．中字柱。就是形态像一根"中"字的价柱。这种价柱多由上下震荡所造成，一般发生在底部、凹口、主升途中四个位置。一般情况下，凹底、凹口和主升途中的示涨，相对顶部或平峰不过的示跌。

例如图2-7中的安居宝，从B柱到C柱，都是中字柱，但以B柱和C柱比较标准。其中，B柱位于相对的底部，是示涨的，所以它后面涨了，而C柱是凹口位置的，也是示涨的，所以也涨了。而我前面讲的电声股份的D柱，也是凹口位置的，所以也是涨了，但海王生物的A6柱，却是位于凹峰，是示跌的，所以它后面就跌了。

图2-7　安居宝的B柱和C柱

中字柱为什么也能示涨？因为在底部的时候，它跟烽火柱、假阳一样，是主力运作的结果。而凹口和主升途中位置的，则基本是主力故意制作涨不动的假象，诱导套牢盘割肉、获利盘止盈的一种冲高回落动作，当套牢盘或获利盘跑出来之后，它就继续上涨了。但波峰或相对波峰的就不一样了，波峰或相对波峰的由于涨幅巨大，积累了大盘的获利盘，或者来到了一个重要的压力区，头上有大量的套牢盘，所以它的滞涨或冲高回落，都是被获利盘或套牢盘跑出来的，是一种真实的见顶示跌表现。

因此，波峰和浪谷的中字柱，可以当作烽火柱看待，而凹口或主升途中的中字柱，则当一种加速拐点看待。

4. 平底不破组合柱。就是底部位置左右相邻的两根价柱，其虚底与虚底，虚底与实底或实底与虚底、实底与实底之间，价格相同或相近（允许千分之三误差）的一种组合，这四组相同或相近的价格，只要有一组符合就行，有两组符合更好。

例如图2-8中的通威股份，A柱是一根跌停板，最低价和收盘都是12.19元，而B柱的实底是12.19，虚底是12.18，按相同的价位计，有一组相同，按相近的价位计，有两组相同，因此无论怎么算，都符合平底不破的要求，所以它们是一个平底不破的组合。

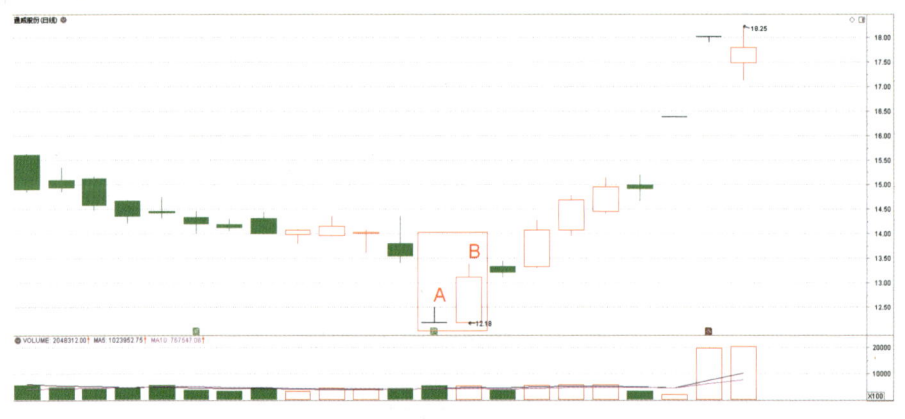

图2-8　通威股份的A柱和B柱

这种组合形态之所以会成为拐点，就是因为左柱的实底或虚底是一个重要的支撑位。右柱之所以没有继续下跌，而是守住左柱的实底或虚底不破掉头向上，说明大资金出手在力挽狂澜，而股票的走向都是由大资金说了算的，所以平底不破往往就成为市场底部的拐点。

5. 红眼睛。就是一种两边红中间绿，或两阳包一阴的三根价柱的组合，因为它很像多头一对杀红了的眼睛，所以叫红眼睛。

例如图2-9中的德新交运，它的B、C组合，就是一种两边红中间绿的组合，而这个组合很像一对多头杀红了的眼睛，所以它就是我所说的红眼睛。

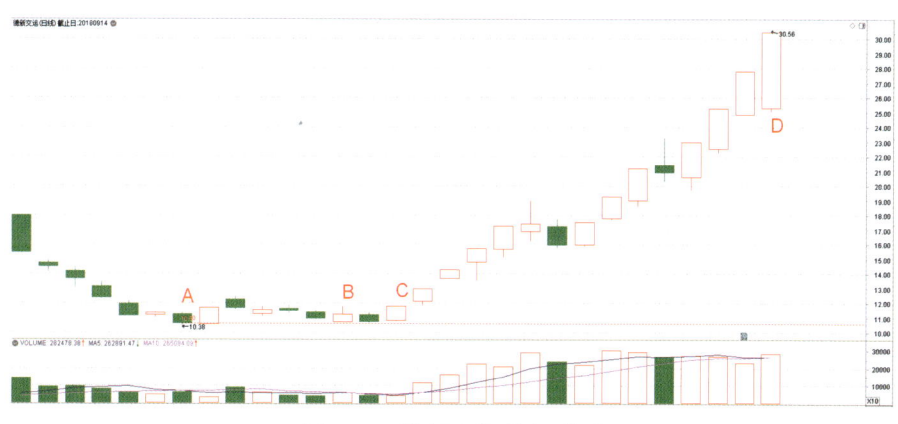

图2-9　德新交运的红眼睛

这种组合，发生在凹底，说明多空几经激烈较量之后，多头的力量压倒了空头的力量，取得了股价走向的主动权，所以它就具有了拐点的意味。

这种组合，一般只出现在相对的凹底和相对的凹顶，但要想示涨的，则要出现在凹底才好，特别是左侧或左下方有支撑的，示涨的信号就更强烈。比如图2-9中德新交运的B、C红眼睛，它的左侧不但有启动板（A柱次日），还有筑底烽火柱（A柱），而B、C红眼睛守住它们掉头向上，说明经过惨烈的争夺，红眼睛不但保住了筑底烽火柱，也保住了启动板，从而使得筑底烽火柱的拐点得到了确认，也使得启动板的趋势启动属性得到了确认。而这两种重要板柱得到确认的后面，往往就是新一轮上攻的开始。

但它要是出现在头部，那就变数巨大，因为头部的时候，出现这样激烈的交锋，往往是筹码分歧巨大的表现。而由于涨幅已大，获利盘太多，这里双阳包阴，并不一定就是多头（实际上就是接盘侠）的胜出，反而有可能成为一种诱多的表现，因为只要它一拉高，脚下、头上就有很多不堪重负的筹码跑出，如果不是特大利好，再想拉的资金也会放弃冲动的念头。所以波峰上的红眼睛基本都是跌的。

6. 蓝眼睛。就是双阴夹一阳，或双阴包一阳的三价柱组合形态，因为它很像野兽黑夜里一对蓝幽幽的眼睛，所以我把它叫作蓝眼睛。

例如图2-10中的德新交运，它一共有A、B、C三组的双阴包一阳或双阴夹一阳的组合，这些组合看上去，就像野兽黑夜里蓝幽幽的眼睛，所以它们是我所说的蓝眼睛。

图2-10　德新交运的蓝眼睛

这些蓝眼睛，由于位置不一样，后面的走势也不一样。正常情况下，低位的一般示涨，高位的一般示跌。为什么呢？因为低位的时候，一般已经跌无可跌，因此这里的双阴包阳或双阴夹阳，更多的是一种恐吓式的打压筑底，当最后一批恐慌盘被挤出之后，只要一掉头，就是反攻向上的开始。

而高位的则不一样，高位的由于涨幅已高，获利盘太大，这里的双阴包阳或双阴夹阳，更多的则是获利盘的出逃，也是原来做多资金的反手做空，如果没有特大利好招来更强势的接盘资金，后面的下跌基本都是铁板钉钉的。

从以上的分析中可以知道，那些拐点，基本上是一个双重性质的拐点，既可以成为一波行情的发起者，也可以成为一波行情的终结者，关键是看它们处于什么样的位置。如果是处于波底（也就是凹底）的位置，那么它们就是新行情的发起者，如果是处于波峰（也就是凹峰）的位置，那么它们就是一轮行情的终结者。所以，它们是示涨还是示跌，是由位置决定的。位置决定它们的性质。

因此，在具体的实战当中，我们可以根据它们各自的不同位置制定操盘策略。比如，凹底烽火柱确认的时候买进，凹顶烽火柱确认的时候卖出；凹底大阴柱确认的时候买进，凹顶大阴柱确认的时候卖出；凹底假阳确认的时候买进，凹顶假阴确认的时候卖出；凹底中字柱确认的时候买进，凹顶中字柱确认的时候卖出；凹底平底不破的时候买进，凹顶平峰不过的时候卖出；凹底红眼睛的时候买进，凹顶红眼睛的时候卖出；凹底蓝眼睛的时候买进，凹顶蓝眼睛的时候卖出。

但是，由于每只股票都有一个主力（也就是核心的主导资金），而每个主力的操盘习惯又不一样，这就决定了每只股票的形态走势也会不一样。而每一只股票的走势里，虽然有核心的主力资金在主导，但到了高处的时候，主力资金都已跑出，顶部的形态走势会怎样，主力资金已经不再去关心，因此很多时候，很多股票的形态不一定会互相呼应。因此在具体的实战中，我们可以根据不同的位置，对拐点信号柱进行综合运用。

例如图2-11中的招商南油，当跌到底部A组合的时候，我们可以根据凹底红眼睛示涨的原理，在其后面几天买进，而后，在它拉到C组合的时候，我们不一定要等高位红眼睛再跑，因为它不一定会出现高位红眼睛，当示跌的高位蓝眼睛出现的时候，我们就要跑了，因为高位的蓝眼睛也是示跌的。

图2-11 招商南油的拐点

又如图2-12中的华北制药，当它跌到A柱形成筑底烽火柱的时候，我们可以在它得到确认时买进，但是当它拉到B组合的时候，并没有出现明显的凹峰烽火柱。跑不跑呢？还是要跑。因为尽管它没有收出明显的凹峰烽火柱，但却收出了明显的凹峰蓝眼睛，而这个凹峰蓝眼睛，通常都意味着后面要大跌。

图2-12 华北制药的拐点

因此，烽火柱、凹底大阴、中字柱、平底不破、假阳、红眼睛、蓝眼睛这七个拐点柱，尽管在形态上不同，市场的形成机制也有所差别，但市场本质和技术属性还是基本相同的，而且很多形态的构造，也与烽火柱有相同的地方，比如中字柱，它就跟烽火柱一样有上下引线，无论放在波峰或浪谷，都可以当作烽火柱看，而凹底大阴、平底不破、假阳、红眼睛、蓝眼睛等，在高位的时候也有很多是有上引线，在低位的时候也有很多是下引线的，因此我们也可以把它当作广义上的烽火柱看待，把原本波峰上有上引线、浪谷下有下引线的单根烽火柱，当作狭义上的烽火柱看待。只要一说烽火柱，我们就要联想到广义上的7种类型，然后再看具体形态，又马上联想到狭义上的定义，或者，只要一说到某个狭义上的形态，我们就要立即想到广义上的属性。这样的好处，是可以把所有具有相同市场本质和技术属性的不同形态，统一归结到一类形态上，从而对拐点产生更明了、更单纯的判断。

因此，在后面的章节里，只要一说到烽火柱，大家也要立即联想到相同位置上的不同拐点，而只要一说到不同形态上的狭义拐点，大家就要联想到相同位置上的烽火柱，从而产生拐点等于烽火柱（烽火柱、凹底大阴、中字柱、平底不破、假阳、红眼睛、蓝眼睛等），烽火柱（烽火柱、凹底大阴、中字柱、平底不破、假阳、红眼睛、蓝眼睛等）等于拐点的条件反射，这不但可以规范阐释，还有利于培养和提高在实战中对于拐点的大局观和判断力。

四、拐点柱的市场本质

通过前面的分析，我们已经知道了拐点柱就是包含烽火柱、凹底大阴、中字柱、平底不破、假阳、红眼睛、蓝眼睛等形态在内的广义烽火柱，而包含烽火柱、凹底大阴、中字柱、平底不破、假阳、红眼睛、蓝眼睛等形态在内的广义烽火柱，就是拐点柱。这个拐点柱只要出现在低位或相对低位，它都是示涨的，而要是出现在高位或相对高位，它则是示跌的。

但是，它为什么会示跌和示涨呢？

一个拐点之所以能形成，是空头动能衰竭、多头动能增强的结果，它标志着下跌趋势的终结和上升趋势的出现。

例如图2-13中的漫步者，B柱毫无疑问是一个大趋势的拐点柱，但它这个大趋势的拐点是自然形成的吗？肯定不是，因为股市是人类的商业活动之一，所有的东西都是人造出来的，不可能是自然的或天生的。从图2-13中我们可以看到，股价在A峰见顶下跌之后，当跌到A1底时，就有资金在不断地吃进，然后继续下跌，但跌到A2时，又有许多资金冲进去吸筹，之后，再一次破位下跌到B柱。但是，大家看到了吗？A1之后的破位下跌，量能出现了大幅地萎缩，为什么呢？说明经过A1之后多头的吃进，空头抛出的筹码被吃掉了许多，已经出现了虚弱之势。A2后面拉起来之后，又吃掉了头上套牢盘的割肉筹码，当后面再跌破A2时，量能已经出现了极度的萎缩，形成了多处的微量，这表明空头的动能出现了极度的衰竭。因此，B柱拐点的出现，是空头一路割肉、割到最后没肉可割的结果，也是多头一路吃进、吃到没肉可吃、仓位和实力空前高涨的结果。

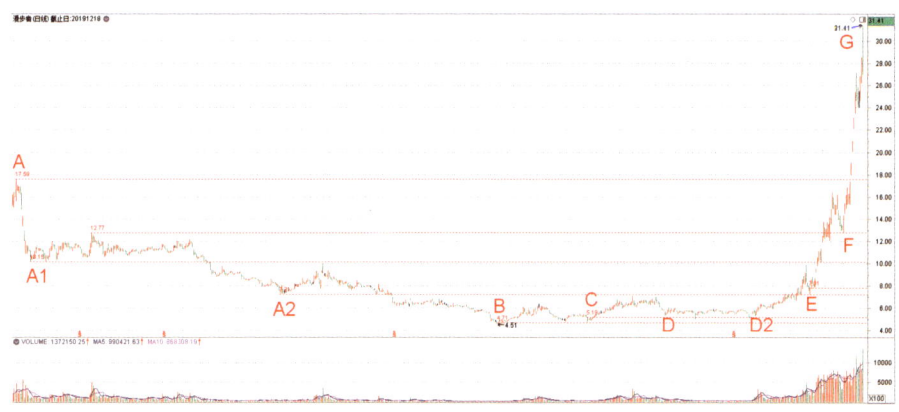

图2-13 漫步者的拐点柱

所以，这个拐点，就是多空双方力量此消彼长形成的结果，也是多空双方经过长时间较量，最终形成地位转换的标志性形态。

图2-13中的C、D、E、F等拐点也一样，在它们出现之前，股价都出现了一波或大或小的上涨，但是主力为什么不继续往上拉而要往下洗呢？就是因为主力认为有些资金不可靠，要对它们宣战，把它们手中控制着的筹码抢夺过来为我所有，就是开展了洗盘。但是，当洗到C、D、E、F柱的时候，为什么又洗不下去了呢？从它们的量柱或它们左侧的量柱看，不是出现了微量就是出现了大幅的缩量，这表明下跌动能出现了衰竭，该跑的筹码都跑了，该抢的筹码也抢到了，只要主力不跑，就没有多少的筹码可以跑了。这个时候，主力就不能再往下砸了，再砸下去，自己的仓位和持仓成本就要受到威胁或危害了。

所以，拐点不但是趋势见底的信号，也是主力仓位和主力持仓成本的标志。

五、拐点柱的类型

但是，在具体的实战中，为什么有些拐点跌了一下之后，马上又创出新高向上了，而有些拐点，涨了一下之后，马上又创出新低往下跌了；或者，有些见底拐点出现之后，一路往上涨，虽然有震荡，但却一路在向上，再也没有跌回原点，而有些见顶拐点形成后，一路往下跌，虽然有反抽，但却一直跌不休？

这，到底是为什么呢？

1. 拐点柱的市场类型

按照辩证唯物主义观点，所有股票的底或顶，都是相对的，都不是绝对的，而作为底或顶的拐点，也是一样，特别是把它放在趋势里去观照的时候。

例如，在上涨趋势里，中低位的凹峰烽火柱，虽然是示跌的，但是，当它回踩洗盘结束后，后面又可以形成新的、更高的波峰，从这点上看，它的示跌又是暂时的。

所以，像这种暂时打破趋势的烽火柱，我就把它叫作中继烽火柱，就是它虽然是示跌的，但只是上涨趋势的暂时中断，跌了之后还要继续上涨的。因此这样的中继烽火柱，也可以叫作空炮烽火柱，意思是这个炮虽然打得很响，但炮弹是空的，没有真正的杀伤力。它就像"狼来了"的故事一样，那个小孩天天喊狼来了，其实狼还没有来，只有最后一次才是真的来了。

而示涨的凹底烽火柱，也是一样，它所有的示涨，都是相对的，都不是绝对的，特别是下跌趋势的时候。要是把它放在下跌趋势里去考察，我们就会发现一个很明显的问题，那就是凹底烽火柱有时候虽然可以促使股价掉头向上，但是反抽或反弹一个波段之后，又被砸破，出现了更低的底。所以它是下跌中继的烽火柱，是多头放出的空炮。

但是，这是不是说拐点不可以把握呢？不是的。下跌趋势中的拐点会被不断打破，主要是跌幅还达不到。而一旦跌幅达到，就会导致趋势的反转。

说到这里，很多人会问：那要跌到多少才算跌幅达到呢？

根据我们的数据归类，有两个指标可以参考。

（1）从主峰算起，大跌70%左右或以上的地方，会形成真正的拐点（见图2-14）。

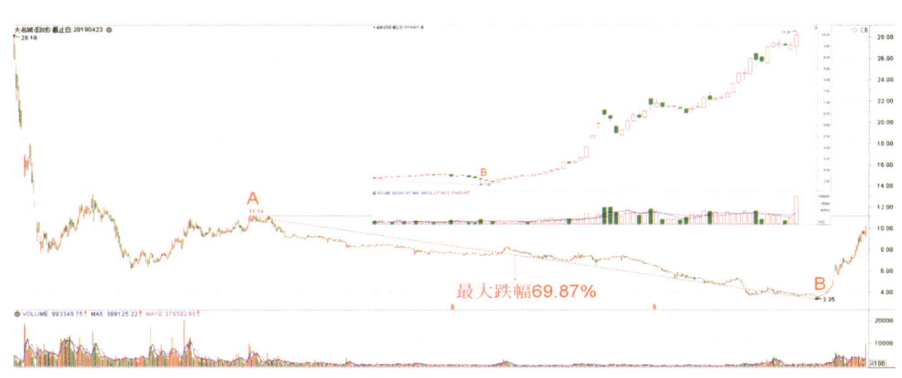

图2-14　大名城的拐点

从图2-14中可以看到，大名城在A柱之后一路大跌，并且也形成了许多的"烽火柱"，到底哪一个会成为真正的拐点呢？我们可以通过测幅来计算，就是从主峰算起，大跌70%左右或以上的地方，会形成一个真正的拐点。

但是，大名城的哪一个峰才是主峰呢？一般来说，所谓主峰，就是主力在低位收集的筹码，在高位抛出所形成的峰，或者是主力刚好建仓完毕，但突然遇到意外的大利空，出现破位下跌，导致主力高度被套的峰。而从这点上看，A峰符合标准，因为股灾1.0的底部主力收集了大量的筹码，在A峰附近及其左侧形成了抛盘峰。所以，我们可以从A峰算起，在跌幅达到70%左右或以上时去找拐点。

当按照这样的跌幅去找拐点的时候，我惊奇地发现，当最大跌幅达到69.87%左右的时候，形成了一个烽火柱，而后，股价没有再跌，横盘5天之后，终于掉头向上，并连续拉了最高4个板，而后再次震荡向上，最终把股价从3.35元拉到了10.20元，3个月内最高涨幅超过了200%。

那个拐点，成了真正的拐点，直到现在都没有被打破！

（2）从主峰算起，大跌50%左右或以上的地方会形成一个整理平台，然后以这个平台的左拐点为基点，往下形成3个之内具有底部特征的拐点柱，或者再跌30%~50%的地方，也会形成真正的拐点。

从图2-15中可以看到，南方传媒的A峰，是主力被套后的拉高出逃峰，以这个峰顶为起点，往下进行测幅的话，我惊奇地看到，当它跌到50%左右（48.81%）的时候，果然形成了B平台。当这个平台被跌破之后，在30%~50%的幅度（实际是43.96%）里，果然形成了E这个拐点，而这个拐点，果真是跌破B平台之后的第三个拐点。而这个拐点，也果真成为一个真正的拐点，后面的趋势，虽然有横盘、有震荡，但最终却一直在向上。

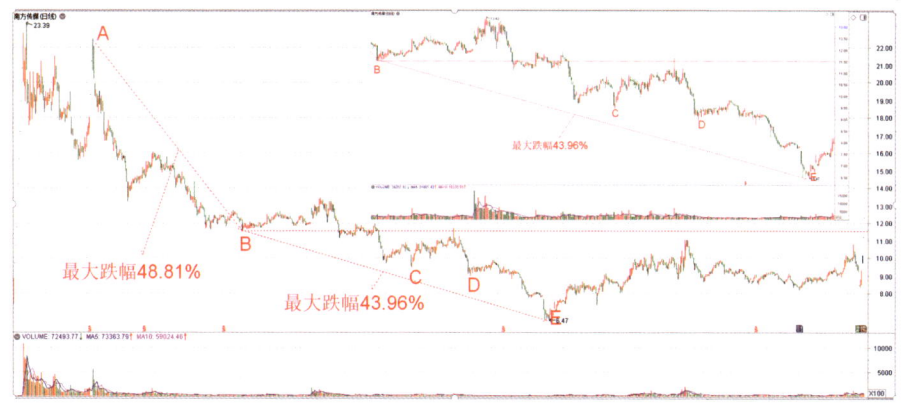

图2-15　南方传媒的拐点

所以，拐点是趋势的源头，也是涨停板的源头。如果没有拐点，趋势都是朝下，哪里会向上？如果趋势不向上，又怎么会有涨停？而要是有了拐点，就像线路有了总开关，只要总开关拉上去，整个向上的趋势都跟通了电一样，涨停板的灯泡就会一个接一个地亮起来。

但是拐点形成之后，是不是马上就可以出现涨停呢？这可不一定。如果拐点出现的时候，恰好出现超级热点、特大利好，或者大盘、板块出现大跌后的报复性修复，那么是可以马上或很快出现涨停的。

但是更多的时候，却要经历筑底、接力、奋力三个类型的拐点之后，才可以出现涨停。在这三个拐点当中，筑底拐点是我前面分析过的大跌70%左右或以上，或大跌50%左右之后再次破位下跌并在最后的下跌过程形成三个拐左右的拐点，这个拐点，就是筑底拐点，它是下跌趋势的终结者，又是上升趋势的开创者，具有转向（转变趋势方向）的属性，威力巨大，影响深远。

接力拐点则是筑底拐点确立之后，股价拉了一小波，然后出现回踩，但踩到筑底拐点头上或左右就打住，促使股价再次掉头向上的拐点。这个拐点,既是对筑底拐点的一种接力,也是对上升趋势的一种开拓,具有一种承先启后、继往开来的作用和意义,所以叫作接力拐点。

而奋力拐点,就是在接力拐点拉了一波出现回踩洗盘之后,在接力拐点头上形成的又一个拐点。这个拐点不仅是对前面两个拐点铸就的趋势的接力,而且由于它的脚下具有筑底拐点和接力拐点的双重支撑和帮助,更具加速上涨、奋力向上的意味,而这样的结果,就是导致了上升趋势的加速,所以它的后面,不是涨停,就是连续涨停!大家请看图2-16。

图2-16 华扬联众的涨停板

从图2-16中我们可以看到,股价从左峰的40.50元跌到A柱的10.81元时,除权后的最高跌幅达到了73.30%,形成了一个筑底烽火柱,这是一个下跌趋势的终结者,上升趋势的开创者,用历史人物来比喻的话,它就是汉朝的刘邦、唐朝的李渊,是推翻旧政权、建立新王朝的人物,在它的后面,形成的是一个崭新的趋势。

之后,股价开始掉头向上,但拉到A1附近时,却出现了较大的压力,几经震荡之后,终于在A2之后掉头向下。但是,当它踩到A柱筑底拐点的头上B柱的时候，又形成了一个平底不破的拐点，随后掉头上攻，还没等到三拐出现，就先连拉三个涨停了。所以这个拐点，就是承先启后、继往开来的接力拐点，它不但接过了筑底烽火柱手上的趋势，还拉出了一个新的高度。

但是B1柱之后，它又出现了震荡，几经挣扎之后，终于在B2出现了下跌。但是，当它跌到C柱的时候，又形成了一个拐点。这个拐点，由于有筑底烽火柱和接力烽火柱做支撑，所以它的站位更高，基础更扎实，向上攻击的目标更明确，力度也会更强，所以它是一个接过前辈的旗帜，奋力向上开拓新局面的奋力拐点柱。后面的走势我们也看到了，小幅震荡一些日子之后，终于出现了连续性的涨停和大涨。

所以，我常说，二拐之后或有涨停，三拐之后必有涨停！

2. 拐点柱示涨的市场逻辑

那么，拐点柱为什么可以示跌或示涨呢？我这里以烽火柱为例，从它的形态构成和主力行为这两个方面来简要地论述一下。

我们首先来看波峰烽火柱。

波峰烽火柱，股价从低位涨上来，一般涨幅已经不小，脚下不但积累了大量的获利盘，头上也触及了大量的套牢盘，股价一旦无法向上突破，头上和脚下的筹码都会出逃，从而导致冲高回落。

而从主力方面而言，烽火柱出现的当天，它本来是要上攻的，但由于要跑的筹码太多，所以只好被动撤退。当然这种撤退有时候是故意的，但如果是故意的话，它一般不会去跌破烽火柱的最低价，并且马上还会掉头反扑。而一旦把实底砸破了，就意味着跑的筹码确实比主力预计的大，所以主力掉头撤退，让它们在更低的地方跑。或者，主力已经在烽火柱里自己先跑了，所以后面也不怕跌一跌了，它准备在更低的位置去低吸了。

所以，就市场的内在逻辑而言，山顶（波峰）的烽火柱，跌是大概率的，涨是小概率的，跌是必然的，涨是偶然的，所以它是示跌的。

但是，凹底的烽火柱则不一样了，凹底的烽火柱出现之前，股价一般都经过了一轮或几轮的大跌，而凹底烽火柱出现的当天，一般都是出现了破位下跌，形成了下跌以来的最低价。但是，它后面能够收上去，形成下引线，则说明了两个问题。

（1）破位下跌没有出现主力预计的恐慌盘、松动盘，挤不出什么筹码，再往下砸，只能主力把自己收集到的筹码继续亏本卖出，让别人去捡便宜，而主力不愿意，所以就掉头向上了。

（2）在主力下杀的过程中，遇到了强劲的抄底盘，最后股价只好掉头向上。

而这两种情况，不论是哪一种，都意味着后面的股价会向上。因为，既然底下榨不出什么稀缺的廉价筹码，既然主力自己不愿意高位买的筹码低位亏本卖，而且底下还有一堆虎视眈眈的抄底资金，自然只能掉头向上了。

所以，凹底烽火柱的涨是大概率的，跌是小概率的，涨是必然的，跌是偶然的。所以它是示涨的。

但从主力行为角度看，它又是主力的交易计划和承受极限所决定的。在上升趋势过程中，每拉一波之后，不管是大波还是小波，都会碰到头上套牢盘留下的压力位，同时脚下也会积累一批寄生的获利盘。在这种情况下，主力就不可能硬拉，因为那样会大大摊高主力的成本，给主力的后市徒增许多不可预控的风险。所以，主力每拉一波之后，都要进行洗盘，既把头上的套牢盘骗出来割肉，也把脚下的获利盘骗出来止盈，同时主力自己还可以进行高抛低吸，降低自己的成本。

比如凹峰烽火柱，它是主力在上升过程中的一个交易计划，只有打出那样的高度，场外的资金才会挡不住诱惑冲进去接盘，主力才可以逢高套利而出；而且也只有打到那个位置，并形成冲高回落涨不动的走势，头上的套牢盘才会割肉出来，脚下的获利盘也才会获利了结，从而实现筹码的转换或下坠。同时，打到那个高度就下跌，就说明主力在那个阶段里，它是主力所能承受的拉升极限，再往上攻，就会大幅增加主力所不愿或所不能承担的成本，所以主力必须在这个位置进行主动高抛或撤退，然后到更低的位置去再次收集。

而凹底的烽火柱，也是主力交易计划和承受极限的一部分。主力在顶峰或主峰跑了之后，它是不会马上接回来的，因为那样等于它没跑，还给别人去接盘、去承担风险。所以主力是不会去干这种傻事的。主力要重新建仓，也要到更低的位置。低到什么程度？大跌50%左右或以上。但主力这里收集的筹码，不是为了往上拉，而是为了往下砸，因为主力建仓的幅度，需要50个点左右，如果往上拉，等主力建仓结束，也就刚好回到大量套牢盘的脚下，主力拉上去，等于还是去解放套牢盘，让自己去站岗，而这也是不可能的。

所以，主力在大跌50%左右所收集的筹码，如果不是碰到特大利好，都是用来往下砸的，都是砸到更低的位置去建仓的。砸到多低呢？一般来说，再砸50%左右或以上。这种砸的过程，我称之为下沉式建仓。而这样的跌幅，也刚好满足主力建仓所需要的幅度要求。所以正常情况下，砸到这样的位置，如果不是出现重大利空，主力是不会再往下砸的，因为再往下砸，主力就会被套得太深，一旦出现意外的利空，就有被埋在井底之下的风险。

因此这附近形成的烽火柱或其他拐点柱，不但是主力的计划所致，也是主力的承受极限。

而在上升途中出现回踩后形成的接力拐点和奋力拐点，同样也是这个意思。主力在股价见底掉头拉升的过程中，由于低价筹码不断被多头所吃掉，底部也会不断提高，而由于在拉升过程中同样需要付出代价，因此主力的综合持仓成本也在不断提高。当股价拉出一个波段出现回踩的时候，如果不是主力在头上跑了，就不可能再次破位下跌，因为多头主力的基本仓位提高了，综合持仓成本也提高了，再怎么洗，也不会去砸破自己的仓位和成本线，因为那样等于主力打开自己的仓库，让大家去抢。所以，如果不是出现重大利空，主力的洗盘，顶多洗到主力的仓位附近或综合成本附近，就要打住掉头向上，因为主力的洗盘，是洗别人而不是洗自己的。

因此不论是筑底的拐点，还是接力、奋力的拐点，也是主力的计划所致，同时也是主力的承受极限。而极限之后，常会引发强力的反攻，不是连续性的上涨或大涨，就是连续性的封板或连板。

所以我常说：三跌之后必有拐点，三拐之后必有涨停！

3. 小结

从以上分析中我可以知道，拐点一般有两大类型。

第一大类是启动类型，但由于趋势不同，这个启动类型又可以分为两个小类型，即上升趋势启动类型和下跌趋势启动类型。位于趋势最顶端的叫下跌趋势启动类型，它不但是下跌趋势的启动者，还是上升趋势的终结者，所以在它的后面，都是绵绵无尽的下跌，最深的跌幅深达80%以上，时间长达几年以上。

而位于下跌趋势最低端的叫上升趋势启动类型，它不但是上升趋势的启动者，还是下跌趋势的终结者，在它的后面，都是一山更比一山高的登天揽月之路，最高涨幅可达1000%以上，时间可达几年以上！

所以，启动类型不但含有启动的属性，还含有终结的属性，它不但是一个新趋势的开创者，也是一个原有趋势的终结者。但这个终结，是需要一定的指标的。比如上升趋势的启动拐点（我一直习惯称此为筑底拐点），它就是需要三跌（简称3D）这个指标做参照的，离开了这个参照，终结或启动就无从把握，抄底就很有可能抄在山腰上。

第二大类是中继类型。根据趋势不同，它也可以形成两个小类型，即上涨中继类型和下跌中继类型。上涨中继类型一般都出现在上升途中的相对波峰，它的出现主要是由于头上有压力、脚下有获利盘、主力持仓成本较高，所以主力必须撤退或洗盘。但由于上升趋势还未结束，主力的操盘任务还未完成，因此当撤到一定的程度或洗到一定的幅度把不稳定的筹码消灭之后，它就又开始往上涨了。

而下跌中继的类型，都出现在下跌途中的相对凹底，它的出现主要是脚下有支撑或利好，头上有大量套牢盘，多头吃不到什么筹码所造成的。所以多头主力只好掉头向上，拉出一定的高度，让头上套牢的筹码少亏一点割肉出来。但由于下跌趋势还没结束，主力的建仓也还没开始或还没完成，这样的上涨就是一种反抽或反弹，而不是反转，它的目的就是为了把头上套住的筹码一步步地往下转移，为主力低位吸筹建仓提供支持和帮助。因此，这种中继拐点反抽或反弹到一定的空间或时间，或把抛盘引诱出来之后，又会砸破原来的新低继续往下跌。

所以，这个中继类型的拐点，就是原有趋势的一个破坏者，它虽然让原有的趋势产生了一定的挫折，但由于力量单薄、时机未到，因此无法造成颠覆性的破坏。当这种破坏被原有的趋势力量所修复之后，原有的趋势就会取得更快或更好的发展，从而导致加速上涨或加速下跌的出现。

从这里我们也可以知道，趋势的力量大于技术性的力量。所以，我一直在告诉大家：趋势是第一位的，技术性的东西是第二位的，趋势是全局性的，技术性的东西是局部性的，趋势是宏观的，技术性的东西是微观的，趋势是战略性的，技术性的东西是战术性的。我认为只有牢牢把握住这点，才能真正地把技术发挥得恰到好处。

第二节　涨停板的跑道：板线

一、什么是板线

什么是板线？简单地说，就是可以导致拐点出现、引发涨停板和连续涨停板出现的平衡线、斜撑线。由于这种线通常涉及主力资金或市场合力资金的仓位和容忍、多空力道的平衡与失衡，因此它也成了另一种涨停基因。大家请看图2-17。

图2-17　搜于特的涨停板

从图2-17中我们可以看到，B柱是一根放量的涨停板，它的量是从哪里来的呢？毫无疑问，是从A柱上下跑出来的。原来套在那里的筹码，被折腾得都几乎无望了，所以B柱杀上来的时候，它们赶紧逢高解套。

那么B柱吃进去的筹码又是谁的呢？毫无疑问是主力的。因为市场上的散户千千万，都在天南海北，互不相识，在左峰抛盘汹涌的时候，根本没有办法联系好去封板！这种事只有主力才能做得成。因为主力是一个团队，资金量大，且只有一颗大脑在指挥，所以才能把板给封住。

所以，封板之后，B柱就成了主力的仓位柱，而原来压力巨大的A峰，由于筹码由空转多，也由此变成了主力的阵地，因它而生成的平衡线A线，也因此由空头的压力线变成了主力的仓位线、支撑线。所以，B柱次日涨停板被砸开跌到这条线时，不但戛然而止，还瞬间被修复回去。为什么会这样呢？因为脚下是主力的仓位，主力不允许空头的兵马出现在自己的粮库门口，谁敢出现，主力就消灭谁。

第三天B2的时候，该股的涨停板又被砸开，导致股价一路下跌，最终收于-3%，形成了一根巨阴。按理说，压力这么大，股价要继续下跌才对，但它第二天C柱的时候，却不但没有继续下跌，反而高开高走掉头缩量涨停！这说明了前一天的抛压，已被多头主力所消化，主力在前一天的下跌中吃掉了空头绝对多数的筹码，掌握了股价走向的控制权，所以C柱的时候它才敢逆势涨停。因此，C柱涨停板，就是主力的加仓柱，也是主力的仓位柱。

当我把主力前一根的仓位柱跟这根仓位柱底底相连形成一根斜撑线的时候，我惊讶地发现，次日涨停板又被砸开往下大跌时，一触及这条线马上就跳起来了，快速拉回涨停并出现连续性的涨停！

为什么呢？

因为主力拉升也是要付出成本和代价的，随着股价的不断抬高，它的综合成本也在上升。而B、C柱底底相连之后形成的斜撑线，就是主力的综合成本趋势线。股价砸到这里，如果不是主力已经在头上跑了的话，主力一定会出手反击，把股价推到高处，因为主力不允许自己的粮仓被对手惦记。

所以，涉及主力仓位、容忍度以及多空力道平衡与失衡的板线，也是一个举足轻重的涨停因子，股价只要下跌到这里，就会被主力强势拉起，并由此出现或随后出现涨停和连续涨停。由于这些线画出来之后，就像飞机起飞时冲高的跑道一样，所以板线本质上就是涨停板的跑道线和起飞线。

二、板线有哪些

那么，是不是上面说的平衡线和斜撑线，就是我说的板线呢？可以说是，也可以说不是。说是，是因为它们确实是板线；说不是，是因为它们只是板线里的一种，板线除了它们，还有很多种。比如：首开线、群峰线、3325线、楚河汉界线、6378线、365线等。要把这些全部讲完，必须单独另写一部书才行。所以在本书里，我就择其基本者而书之。

1. 乾坤线

在很多门外人看来，股市是个可以造就无数一夜暴富的地方，但门内的人才知道，一夜暴富几乎很难见到，倒是家破财散这种事，反而见怪不怪了。因为，我们的股市总是牛短熊长，动不动就是下跌和大跌，让无数的人都套在了山岗上。

有人说：大跌见底之后买进去不就得了吗？此话说来容易，做起来难。因为很多人以为已经跌透了，是底了，一头扎进去，结果栽在了山腰上。这就叫作：见上帝容易，见底难啊！

难道真的就摸不到底了吗？

也不是。我前面说过，涨停和连续涨停，都是人所为的，那么反过来也可以说，跌停和连续跌停，也是人所为的。而凡是人所为的东西，都有踪迹和规律可循，因而也是可以被识破的。比如我总结的乾坤线，就是如此。2018年7月6日之前，股市连续大跌，在这样的跌势里，能不能形成一个相对的底部或短暂的底部，让市场出现投机性的机会？我准备讲讲"抄底线实战要点（乾坤线原名抄底线，下同）"，讲之前我精心制作了一个PPT，收进了一些案例股，没想到大盘就是在我所设置的抄底线上止跌掉头了，而我收进去的案例股，课程讲完后，不但也出现止跌掉头，还有四只以上的股票最高涨幅实现翻倍或接近翻倍！

例如图2-18中的三变科技，就是我当初讲的第一只案例股。6月19日B柱我把线画好之后，它连续3天踩线不破，并终于在第三天掉头涨停，而后，经过九天的震荡筑底，终于形成接力板掉头向上，并最终在7月18日拉到11.21元，如果从C柱抄底线当值5.79元左右算起的话，最高涨幅达到了93.56%，接近翻倍，这在当时一路下跌的环境里，是十分难得的。

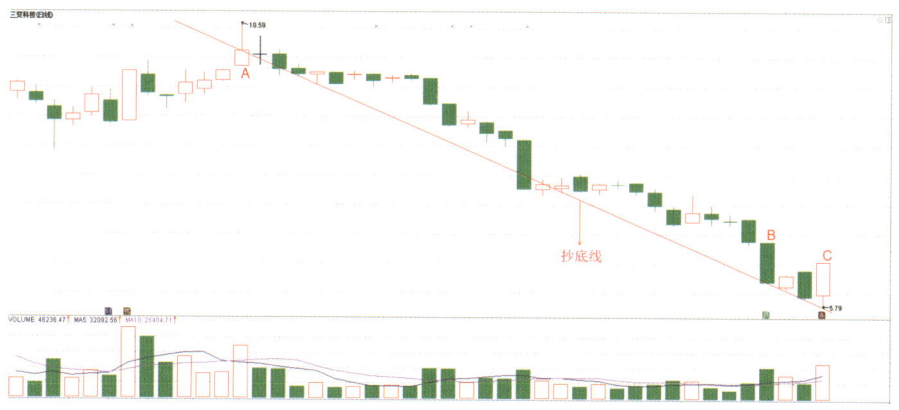

图2-18 三变科技的抄底线

那么，乾坤线为什么会这么牛呢？

这是因为抄底线是主力下跌过程中的仓位线。我们知道，主力都是在下跌中买票，在拉高中派发的。如果说主力在底部建完仓之后，就要往上拉高派发，拉得越高，仓位就越少的话，那么，在下跌的过程中就会形成背反的原理，主力在下跌中建仓或被套之后，跌得越凶，它就会越买，它越买，它的仓位就会越重，当市场的筹码都跑得差不多的时候，它的建仓就完成了，后面就涨了。我还是以三变科技为例来说明。

从图2-19中我们可以看到，A柱的量，相对于A1的量，是缩的，这表明这个时候主力就已经处于控盘状态，它初始建仓的时间可能还在更高的位置。而A柱之后的下跌，都是单边下跌，但在这个单边下跌的过程中，不但成交量很少，还出现了A1、A2、A3和B四个小级别的阴梯量。这表明了什么呢？这最少表明了两点。

图2-19　三变科技的建仓过程

（1）主力在下跌中没跑。因为主力要跑的话，不会那么一点量，而主力既然没跑，那么在这个下跌中，主力在头上买进的筹码都是被套的。

（2）根据主力都是下跌中建仓的规律，A1、A2、A3和B四个小级别的阴梯量，都是主力建仓的标志。因为从A柱到C柱的下跌，都是单边下跌，股价出现单边下跌，场外的资金一般都不敢买，因为买到之后又创新低，买到就是套到。场内的散户资金，大多都是割肉，敢去补仓的没几个，因为他们不知道哪里是底，也不知道还要跌多深、多久，只能赶紧止损。

那么那四组阴梯量是谁在吃呢？毫无疑问，是主力在吃。因为主力都是在大跌中建仓的，只有在大跌中建仓，它的筹码才会越来越便宜，后面见底之后的拉升，主力才能获得丰厚的利润。

所以，从A柱到C柱的下跌，主力不但被套柱了，还在大跌中不断加仓。如果我把主力下跌前最后一次建仓阳量柱A柱的实顶作为A点，把最近一次阴梯量的大阴柱B柱的实底作为B点，进行连线的话，就会形成一条主力下跌中建仓的综合风险线，每次股价砸到这里，都是砸到了主力所能承受的风险极限，主力都会出手阻击一下。当廉价的筹码出现稀缺、衰竭的时候（也就是咬线量能成为微量的时候），就表明主力已经控制了局面，后面就会掉头反攻，向上拉高派发！

这，就是抄底线示涨的技术原理。

2. 烽火线

从本章第一节的分析中我们已经知道，烽火柱是一个经典的拐点柱，它就像古代山顶上的烽火台，昭示着对手的来袭。但是，是不是只在敌我交界的临界点上放一堆烟火，大后方就能看见了呢？也不是。因为大后方距离前方可能有几百里、几千里，甚至是几万里的路程，你在前线放的那堆烟火，可能三五十里外就看不见了。

这该怎么办呢？古人想出了一个办法，每隔几十里路就设一个烽火台，只要前面的一放，后面的就跟着放，于是信号用不了半天的时间,就传递到了几百里外,甚至是几千里外。这样沿途传递的烽火线路,就叫烽火线。

把这放在我们的股市里,道理也是一样。最前面的拐点出现之后,后面也会形成许多接力和奋力的拐点,把这些拐点连线起来,就是一条烽火线。只要这条线上被守住,再次出现拐点形态,就说明这个位置还没有被对手攻占,还是处于自己可控的地盘,后面一掉头,就会再次上攻。大家请看图2-20中的保变电气。

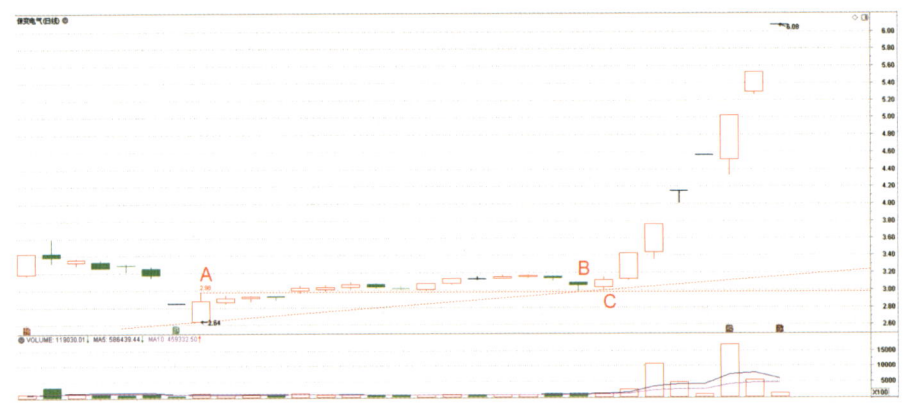

图2-20　保变电气的烽火线

从图2-20中可以看到,A柱是大跌后的筑底拐点,它就像敌我交界的地方放出的第一堆烽火,后面的B柱是上涨一小波之后回踩的接力拐点,它就像看到A处的烽火后放出的第二堆烽火,把这两个拐点的实底进行连接之后,就形成了一条烽火线。按照烽火线的原理,后面只要守住这条烽火线不破,就说明这个位置还是可控的范围,后面只要在这条线上再次形成拐点或掉头向上,股价就会继续上涨或大涨。

大家仔细看啊,当设置好这条烽火线之后,也就是C柱的时候,股价再次精准回踩烽火线之后,居然掉头向上,形成了又一个拐点信号——中字柱,第三天,股价高开盘旋20多分钟之后,直线拉上了涨停,并在随后的日子里,天天出现涨停!大家说神奇不神奇?

那么,这个烽火线为什么会那么神奇呢?

这其实还是与主力的仓位有关。大家都知道,保变电气是当年雄安新区的龙头股之一,它的股价从2017年6月12日的最高价13.11元,跌到A柱的2.64元,最高跌幅已达79.85%!并且,在A柱的前一天,它是一字跌停,A柱当天,也是以-7个多点开盘,但开盘后随即就被急速拉起,最后收于红盘一个多点。试问:天下的散户能在前一天商量好,第二天一开盘不管跌多深,都要快速把它拉起来吗?显然是不可能的。因为散户都散落在天南海北,彼此互不相识,也没有联系电话,根本无法去商议。而且即使相识也没用,因为散户人特别多,意见特别散,你看涨,我看跌,根本无法达成统一意见,达成了也不会去执行,甚至你在拉的时候,我还在悄悄地出货!

因此,这根筑底拐点柱之所以能够拉起来,主要是主力所为。主力资金大,又是团队作业,内部只有一颗大脑在指挥,只要领导决心一下,不管花多大的本钱都要去达成。所以,A柱拐点柱,就是主力的筑底仓位柱。当股价小拉一波之后,又杀回到主力筑底仓位柱的虚顶时,主力会让空头继续往下杀吗?肯定不可能的。所以B柱接力拐点的形成,就是主力出手反击的信号。

而把筑底拐点和接力拐点连接起来后,就形成了一条主力持仓成本的趋势线。随着线位的不断上升,主力的综合成本也在不断提高。后面可以有洗盘,但只要主力的操盘计划还没完成,也没有碰到不可控制的外力干扰,主力就不可能任凭空头砸破这条线。因为主力的洗盘,是洗别人的,而不是洗自己的,绝不可能洗盘不设底线,最后竟让空头把自己给洗出去了!

而这,就是烽火线能够止跌示涨的根本原因。

3. 龙脊线

无论在传说中还是在考古中，龙都是庞然大物，小的有20米长，22吨重；大的如易碎双腔龙，长80米，高14~16米，重220吨，比一列动车还高大，可以说是地球上舍我其谁的霸主了。

但是这么笨重的动物，它是如何能够站立起来奔走如飞的呢？有人说，是它的四条矫健的腿起了作用。这话当然不错，因为没有矫健的腿，它是站立不起来的。但是我认为，单有四条矫健的腿还没用，还必须要有一幅强壮的脊椎，要是没有强壮的脊椎，它那几十吨到几百吨的肉坨坨，就会全塌在地上，那四条腿，就会像埋在废墟里的四根石柱子，再矫健也没用，再矫健也只是其他动物口中的猎物。

所以，龙脊椎的强度，决定了它在动物世界里的位置高度。

在股市里，也有这样一种龙脊椎，如果把启动板、接力板、合力板、派发板等板柱作为龙腿的话，那么根据这些板柱形成的斜撑线，就是龙脊椎线（简称龙脊线），它会对股价的腾飞，提供强大的支撑，就像龙脊椎对龙称霸地球提供强大的支撑一样。从图2-21中我们可以看到，尚荣医疗在A柱形成一字启动板之后，股价连续拉板到B柱，但B柱的涨停板开盘后没封死，10点07分后涨停板被砸开，导致股价一路大跌，最深杀到跌停，最后收于-6.23%，形成一根当时的极阳巨阴。之后，大盘天天下跌，当跌到C柱的时候，才出现掉头，次日D柱高开高走封板涨停。

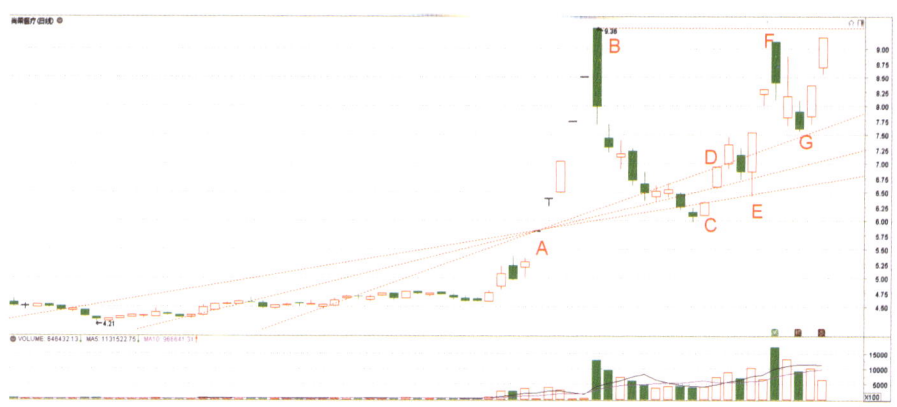

图2-21 尚荣医疗的龙脊线

但是,B柱的极阳巨阴就悬在头上,股价能够站上去吗?这就要看龙脊线能不能形成了。从图中可以看到,A柱是启动板,D柱是接力板,把它们连接起来,就是一条龙脊线。因为后市还没走出来,它会怎么走我不知道,所以我要以A柱一字启动板作为A点,把D柱接力板的虚顶、实顶、实底、虚底作为B点,画四条龙脊线。由于D柱的是涨停板,没有虚顶,所以不能画虚顶,只能画实顶;而D柱也没有什么虚底,也不能画,因此只能画实底;同时,它又是跳空的,它的"虚底"其实就是前一天的收盘价,因此还要在前一天的收盘价上补画一条线。最后,就形成了实顶、实底和"虚底"三条龙脊线。这线画成之后,后面的走势只要在这三条线上守住任何一条掉头,龙脊线就成立,后面就还会继续上涨,但以守住D柱顶线为强。

从后面的走势中可以看到,D柱次日,股价踩着第一条龙脊线往上涨,但是第二天又往下跌,这叫没站稳。但它当天砸到第二条龙脊线时出现了反抽,是不是站稳了呢?不一定,要看后面一天怎么走。后面一天E柱站在第二条线上开盘之后不久,快速杀到第三条龙脊线,随后又收了回去,并且一路上攻到涨停并最终封住了涨停,站在了这三条龙脊线之上。这说明这三条龙脊线经过市场的检验，是合格的，也是比较强壮的。所以，它就成了股价上涨的支撑，后面连续拉板到F柱。

但由于B柱的巨大压力，F涨停开盘后即快速下跌，最终收于1.33%。次日虽然仍有上攻，但最终仍然收阴。这意味着上攻动能不足，次日仍有下跌的可能。但是，让我很惊讶的是，当次日G柱果真继续下跌往下砸砸到AD龙脊线上线附近时，它居然停下了下跌的脚步，第二天高开高走转身向上涨停了。

这说明了什么？

这说明这个龙脊线不但得到了市场的确认，而且还越走越强，前一次砸到了第三条底线，这一次却守住了第一条的顶线，级别一个比一个高，抗跌能力一次比一次强，所以，G柱之后，不但出现了涨停，还出现了连续涨停！

由此可以知道，龙脊线一旦形成和确认，它确实会像龙脊椎一样，哪怕几十吨、几百吨的压力压在它的身上，它也会把这个压力化作动力，支撑股价不断地往上涨。

龙脊线为什么会有这么强大的支撑力呢？根据我的研究发现，它还是与主力的仓位和成本有关。在板柱概念里，启动柱、接力柱、合力柱、引爆柱等，都是市场大资金的吸筹柱，都是主力成本提高的最显著体现。根据这些价柱形成的龙脊线，其实就是主力综合成本或市场大资金综合成本的上升趋势线，随着股价的不断提高，主力或市场大资金的综合成本也在不断提高，主力或市场大资金愿意提高综合成本去收集筹码，则表明了脚下价位的筹码已基本被主力或市场大资金所控制，还表明了主力或市场大资金更看好后市。

因此，当洗盘洗到龙脊线附近的时候，主力就会掉头向上，因为脚下的筹码，都是主力的粮库，主力不会打开自己的仓库引狼入室，让大家去哄抢的。

4. 3325线

我们这个世界是一个很奇妙的世界，无论是大到茫茫的宇宙空间，还是小到我们身体内的细菌和病毒，都存在着一个看不见的法则——平衡！当世间万物维持着一个平衡状态的时候，世间万物就欣欣向荣，而一旦出现失衡的时候，星空就被黑洞所吞并，和平就被战争所毁灭，健康就被细菌或病毒所灭亡。

所以，在生与死之间、希望与灭亡之间、光明与黑暗之间，无时无刻都会出现许多平衡与失衡的较量，只要能够维持着健康的平衡状态，量变就不会导致质变，星空会依然灿烂、和平会依然美好、健康会依然鲜活，未来依然还会充满着无限的希望。

在股市里，也无时无刻不在上演着平衡与失衡的游戏，多空力道的较量，分分秒秒都在较量着，你看多，我看空，你要买进，我就卖出，很多时候甚至空头还占据了优势，导致股价大幅下滑，但只要能够维持着总体上的平衡，光明就会击退黑暗，和平就会打败战争，健康就会战胜细菌和病毒，多头就会战胜空头，股价就会重拾升势！

大家请看我曾经点评过的002838道恩股份。

从图2-22中可以看到，道恩股份如果从A柱的虚底算起，到C柱涨停时（虚顶）止，最大涨幅已经高达147.81%，即使从B柱的虚底算起，最大涨幅也已经达到了120.37%。更重要的是，T字板之后，股价不但出现了连续放高量，还出现了阴巨量，主力出货明显，见顶特征更明显！在这种情况下，它还能上涨吗？

当时我在教学中的回答是：能！为什么？因为我用3325线测量了一下，它还保持着强势平衡或超强平衡，后面大概率继续拉升。

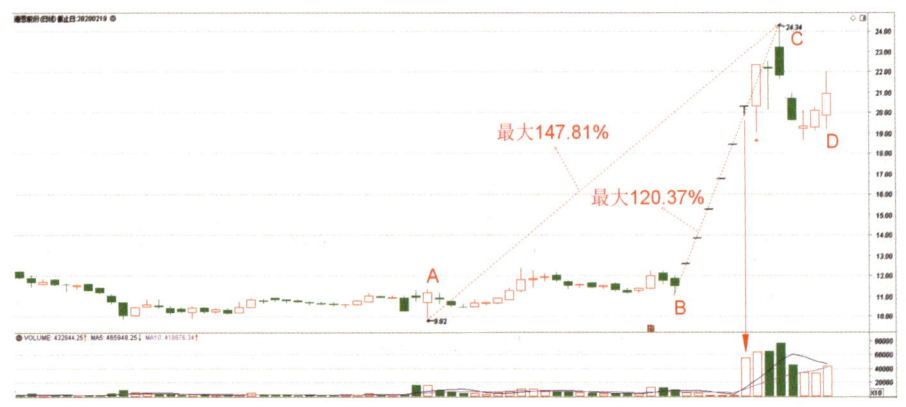

图2-22 道恩股份涨幅

从图2-23中可以看到，当以C柱的虚顶作为起点，以A柱的虚底作为终点画一道3325线的话，我们就会发现D柱前两天的中字柱虽然跌破了33线，但次日就站回了33线，这通常是无效跌破，也就是不算跌破。D柱那天，盘中虽然砸破了一下，但后面不但被快速拉起，还在收盘的时候站上了25线，这通常表明这里的震荡，还维持在超强势的平衡之中，后面的趋势还会继续向上。

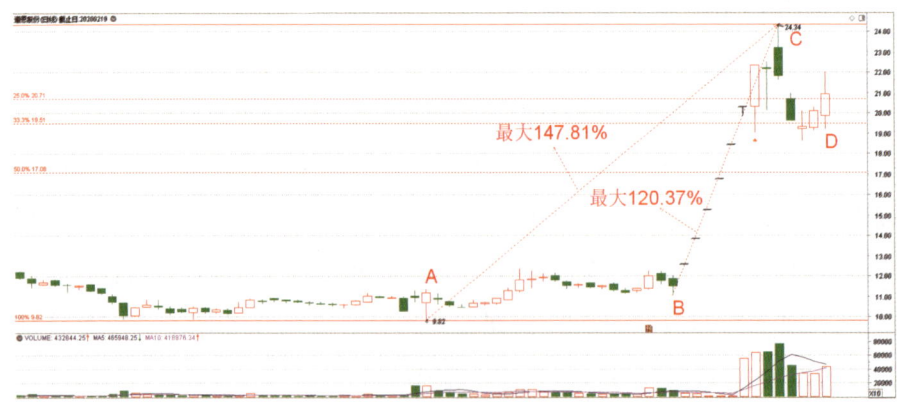

图2-23 道恩股份的3325线

所以，它只要有效站稳在25线之上，就出现了理论上的买点，可能比鲁抗医药等股更会涨！大家请看图2-24。

图2-24 道恩股份的最大涨幅

在我对D柱点评后的第二天，股价低开高走冲高回落，但却守住了33线，第三天却高开高走逆势涨停，从此开启了更为强势的二波之路。如果从我点评当天的收盘算起，到F柱虚顶止，前后仅用了14个交易日的时间，就拉出了198.73%的最大涨幅。

我的预判，完美地得到了应验。

那么，3325线为什么会这么强呢？这是因为3325线是衡量多空力道的平衡线。在3325线的顶线、底线、25线、33线和50线这五条线中，顶线是多头的强大压力线，过不了，就会出现见顶或阶段性、短期性见顶，股价将会再次回落，而一旦形成有效突破，就会打开新的空间，股价将会出现再次大涨。而底线则是多头的生死存亡线，要是能够有效守住，后面就还有东山再起的希望，但要是跌破了，那么趋势就出现了质变，股价将进入大跌、阴跌和漫漫的长跌之中。

而在顶线和底线之间的另三条线，50线是多空力道的平衡线，33

线是多空力道的强势线，25线是多空力道的超强线。守住25线，趋势还是健康的状态，跌破50线，趋势就是开始"患病"了，要住院治疗了，当站回并站稳50线时，就说明趋势的身体已康复，从医院回到了家里。但要重现活力，就要站回并站稳33线和25线。

所以，33线是强势线，25线是超强线。股价的下跌，只要能守住33线和25线不破掉头，就说明这不过是一个强势洗盘，就跟一个壮汉得了风寒感冒一样，没啥了不起，很快就会好起来。为什么很快会好起来呢？这是因为有强势的看多资金在托着，不让它跌下来。例如我刚才讲的道恩股份，为什么大资金在出逃还能守住33线并突破25线？是因为出逃大资金抛出的筹码，被场外其他的强势大资金给吃掉了。这个刚进去的其他强势大资金，因为更看好个股的后市表现，自然不会让股价深跌把自己给套住，所以，小洗一下别人，它就要赶紧启动，趁热点还未消失的时候，把股价拉起来，让自己凯旋。

说到这里，很多人会问，你讲了老半天，这个3325线到底怎么画啊？

这就更简单了。每个交易分析软件里，都有一个百分比工具，你只要把这个点开，按住Ctrl键，从起点到终点一拖，然后把手放开，3325线就形成了，趋势的平衡与失衡、多空的强弱与转换、股价的示涨和示跌、实战的买点与卖点，一目了然，清清楚楚。

所以，3325线是一个很简洁也很单纯的分析工具，人人都能学得会，人人也可用得好，大到总体趋势的变化、小到局部的震荡，没有不能分析清楚并得出清晰结论的。

第三节　涨停板的兆动：板波

涨停板的出现，除了会在拐点、板线上留下踪迹之外，很多时候还可以从分时走势上看出端倪，因为涨停板就是由分时走势所构成的。分时走势是过程，涨停板是结果。通过对涨停板分时走势的大量比较，我发现了一些共同的规律，这就是板波。

一、什么是板波

大家都知道，分时走势是每只还在交易的股票每天必走的过程，但是在那么多股票的分时走势里，为什么大多数不能涨停，只有少数可以涨停呢？这里面，一定有不为人知的原因。

从图2-25中的农发种业可以看到，该股开盘之后，出现了二笔分时阴高量向下打压的抛售，这表明资金在这个时刻出逃，但它们后面都被小量轻易拉起来，则说明这里跑出的量不是主力的量，也表明市场资金不看空后市。这是很重要的一点。

到了下午开盘后不久，阳高量和阳高量堆不断出现，推着股价往上涨，当拉到4.57%左右时，出现了小幅回踩，并在2.74%~4.5%附近横盘震荡。但在这个震荡的区域里，每次小幅拉升都是放阳量，每次回踩都是缩成低量，这表明两个问题：（1）做多的力量大于做空的力量；（2）下跌的时候，没有多少筹码愿意跑，这说明市场也看好后市。

图2-25 农发种业的分时走势图

最后，下午两点钟之后，大资金突然出动，只用了两个大单，就从4%左右拉到了涨停并封死了涨停。从这里，可以看到一个核心两个基本面：一个核心，就是股价的走向以主力的主导为核心，主力想做多，它就跌不了；两个基本面，就是价格方面和成交量方面。价格方面，上午不跌也不涨，说明主力不想跌，只是在观察、在等待拉的机会；下午逆势上涨，说明机会出现了，主力动手了。而在成交量方面，上午没量，说明主力还没有真正出手，能不能涨也不好说，而下午突然连续放量，说明主力已经动手了，股价要往上涨了。

所以，这个涨停板的分时走势，其实就是主力资金主导的行为。我把这种由主力资金主导、目的就是为了封上涨停板的分时走势，叫作板波，它们是分时走势里强势做多的标志。而从这个板波的形成和发展看，它都充满了主力的目的、规划和计算，闪耀着主力面对复杂情况时的思考、默默等待机会时的冷静和耐心，以及机会出现时突然攻击的勇猛和果断，因此这个板波就是涨停板出现前的躁动，是涨停板出现的前兆。

二、板波的类型

那么,板波是不是只有上面一种呢?答案肯定是否定的。因为,每只股票的主力都不一样,多空结构也不一样,位置性质更不一样,这就决定了板波的形态不可能只有一种类型。

但这也不是说它就不能归类、没有规律可循,根据我的实战经验和大量的数据分析,它有一二十种类型,涉及主力多种行为意图和股价的多个位置,要把它完全讲清楚,需要一两本厚厚的图书。因此在这本书里,我也不打算就此全面展开。我只择其中五种简要介绍一下。

1. 抄底波:龙俯冲

从图2-26中可以看到,600386北巴传媒在20200310稍微低开之后,就一路震荡下跌,但当跌到3.68%的时候,很快就被拉了起来,而后一路震荡向上,最终强势翻红,收于2.27%。整个分时走势图,就像一只老鹰在天上盘旋的时候,突然发现了地上的目标,于是快速地向着目标俯冲而去,当把猎物叼在嘴里之后,又扇动翅膀腾空而去。这样的分时走势,叫作俯冲波,由于俯冲波之后常常会出现大涨,也由于俯冲波的分时走势也像龙的俯冲和冲空,我又把它叫作龙俯冲。

龙俯冲之后为什么能够引发大涨呢?

从图2-27中的北巴传媒可以看到,C柱龙俯冲之前,碍于左上方的压力,曾经缩量调整过两天,既然调整成缩量,特别是缩成了低量,它为什么不远走高飞,还要俯冲下杀呢?原因只有一个,那就是主力发现或觉察到脚下还有不稳定的筹码,所以它冲下去把它吓出来吃掉。这样的赶尽杀绝,背后一定有大图谋,它就像司马懿家族一样,对曹氏集团的人赶尽杀绝，目的就是为了上位。主力在跌无可跌之际还要这样凶狠，毫无疑问就是为了后面的快速拉升，是为后面的行动提前清雷。

图2-26　北巴传媒的分时走势图

图2-27　北巴传媒的龙俯冲图

所以，一旦C柱俯冲成功之后，后面就出现了涨停和连续涨停。从这里我们也可以看到，C柱的龙俯冲，其实是大涨之前的一个拐点。从这里买进去，就刚好买在股价突然启动的前夕。因此，在某种意义上也可以这样说：龙俯冲的波，本质上就是一个抄底的波，因此也可以叫作抄底波。

2. 打板波：龙吸水

所谓龙吸水，就是高开低走之后，又突然拉上涨停，最后引发连续性大涨的分时走势。大家请看图2-28。

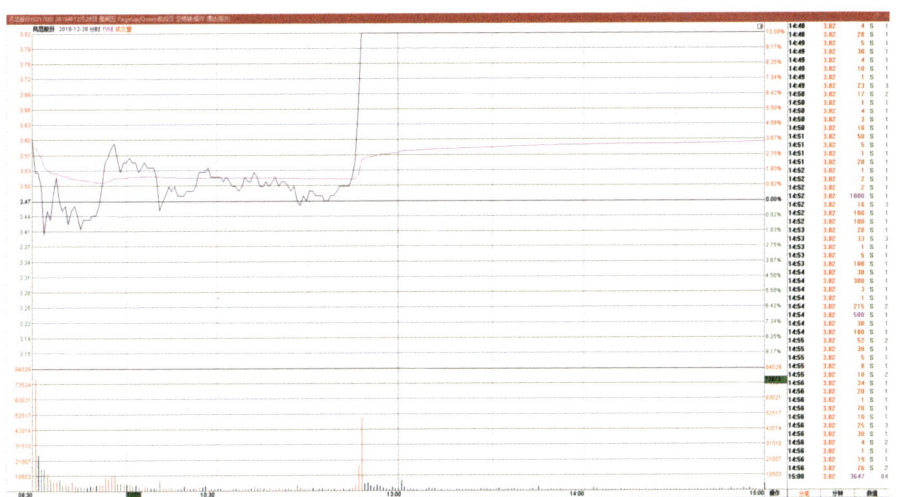

图2-28 风范股份的分时图

从图2-28中的601700风范股份的分时图里我们可以看到，2018年12月28日这一天，该股高开3.68%之后，快速往下杀跌，但当杀到-3.01%的时候又被快速拉起，而后又掉头下杀，随后再次被拉起来，之后，基本都在中轴线（前一天收盘价）之上震荡，最后在11点14分的时候掉头上攻，前后仅用了四分钟的时间，就封上并封死了涨停。它的整个分时走势，就像龙起飞之前低下头来喝水一样，当喝够了，或者把水几乎喝干了的时候，它就突然掉头，冲上了天空。

这样的股，为什么会出现龙吸水，出现龙吸水之后又为什么会涨停或连续涨停呢？

从图2-29风范股份的日线图里可以看到，该股在D柱出现龙吸水之前，已经连续拉板冲过了楚汉线，但是它的量能，却比楚汉线上下高出许多，这说明这个区位潜伏着大量的投机盘，主力一拉的时候它们就夺路而逃。因此，主力在全面开拉之前，就要把它们给清洗出去，这是龙要喝水的市场逻辑。但当发现洗不出量的时候，就说明投机盘已在脚下的拉板中跑出了大半，所以主力才会接着继续拉升。这是龙吸水示涨的基本原理。

图2-29　风范股份的日线图

所以，从这天的盘中和盘后，以及后来的一些日子判断，这是一根标准的龙吸水，后面可能还会大涨，我们可以利用它来打板。为什么呢？我在2019年1月1日的课程里讲得很明白，它头上A柱之前，量价形态是价升量缩，这是主力控盘的标志，而A柱之后的下跌，则是典型的双单下跌，它表明主力没有逃出，已被套住。因此股价筑底成功之后，主力就会赶快拉高自救。而后的走势，证明了我当初判断的正确。

所以，深刻体会龙吸水的市场成因，把握好股价的位置和结构，龙吸水就会成为打板的好帮手。从这个意义上说，龙吸水波，就是一个打板波。

3. 伏击波：龙登台

一个人要成为一方领导，首先得从基层干起，从村干部爬到乡镇干部，再从乡镇干部跳到县级干部，最后才有机会冲进市级干部、省级干部的行列，成为一方大员。

板波很多时候也一样，它要想成为涨停，也要一级一级地往上爬，只有爬到一定高位的时候，冲击涨停才有机会。大家请看图2-30。

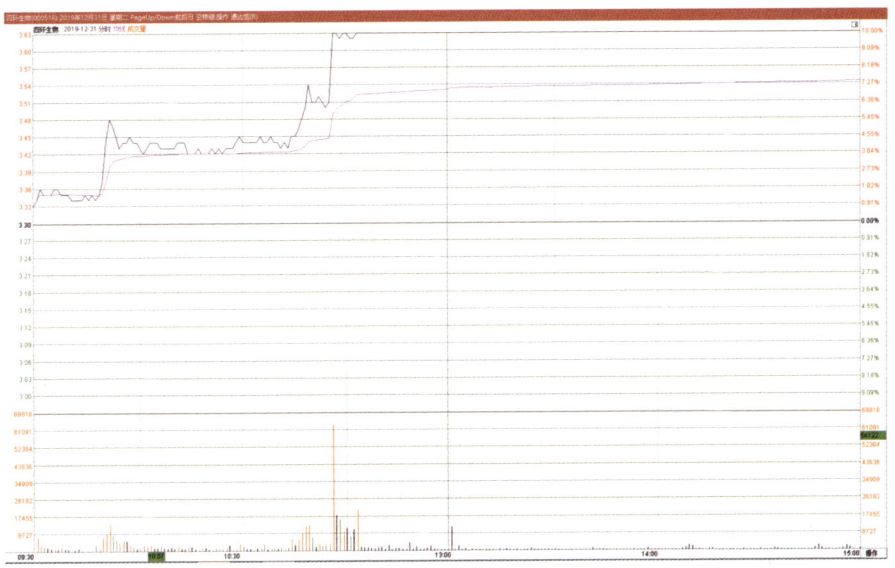

图2-30　龙登台实例图

从图2-30中我们可以看到，股价高开之后，就形成了一个整理平台，而后突然从1.21%拉到了5.45%，之后又小幅回落，形成了一个又整理平台。10点44分后,又突然发力,把股价从3.94%拉到了7.27%,而后再次形成一个整理平台,10点55分后,才从6.06%的位置发起冲锋,一口气封上了涨停。

从它这个走势里,我们可以看到它从开盘到涨停,一共形成了3个级别的整理平台,这3个整理平台,就像三个台阶,让股价一步一步地往上登,就像普通人一样,一级一级地往上提拔,最终登上高位,顺利地实现了涨停。像这样走势的分时,我把它叫作龙登台,它的股价就像一条龙,一个台阶一个台阶地往高处登去,当登到风云际会的半空时,龙突然奋起一跃,就冲上了涨停,成为当天涨幅榜上的一位大员。

那么,它为什么会形成这样的形态呢?

从图2-31中可以看到,C柱龙登高的头上,粗粗一看,可谓压力巨大。但真的巨大吗?认真一看,只有B峰、B1和B2峰的压力大点。其中,B峰是主力的抛盘峰,B1峰和B2峰是筹码转移峰,也就是说,B峰的套牢盘,割在B1峰,而B1峰的套牢盘,又割在了B2峰,而B2峰水平方向的左侧,还有一堆没跑的筹码。所以B2峰之后,主力继续往下砸。

图2-31 四环生物的龙登台

但是这个下砸，却没有把A柱脚下的一字板给砸毁，更没有砸破一字板脚下的启动板，从这点上看，主力不想再往下跌。既然不想再往下跌，那么就会往上走。走得上去吗？到C柱龙登台的时候看，可能走得上去！因为在B2峰的脚下、在C柱的左侧，出现过B3、B4、B5三个峰，我在"凹间峰战法"里说过，上升途中的凹间峰，就是去捅头上的筹码，为后面的拉升清除障碍的。B2峰压力再大，也经不起这三波的攻击啊。

而从当日的盘口看，新冠肺炎的消息被官方证实，作为一个生物制药概念股，自然不会放过这次机会。因此尽管头上还有一定的压力，主力也要坚定地向上。分时图上的一级级稳步向上的台阶，就是主力坚定向上的脚步和决心。而那看似滞涨的平台，就是坚定脚步下的一种诱空，主力就是想通过横盘涨不动的方式，诱使不稳定的投机盘扔出筹码。

所以，龙登台的分时走势，其实就是利好出现、头上还存在一定的抛压时，主力通过稳打稳扎的办法，一步步地消灭不稳定的筹码，一步步地推高股价的走势，并最终实现涨停的计划和过程。由于这个过程层层推高、稳步推进，既不下跌，又不急拉，自然就给我们的伏击提供了既安全又稳当的机会，因此这个龙登台板波，就是涨停板的伏击波。

4. 追击波：龙发射

熟悉中外历史的人都知道，一场灾难或一场战争启动之前，双方几乎都是歌舞升平的状态，攻击的一方甚至还会投怀送抱，传递出许多友好的信号。

在股市里，很多主力为了麻痹对手，常常装成半死不活的样子，告诉你压力很大，它根本就动不了。但是当它把头上的筹码吃得差不多的时候，就突然万炮齐鸣，直封涨停。大家请看图2-32。

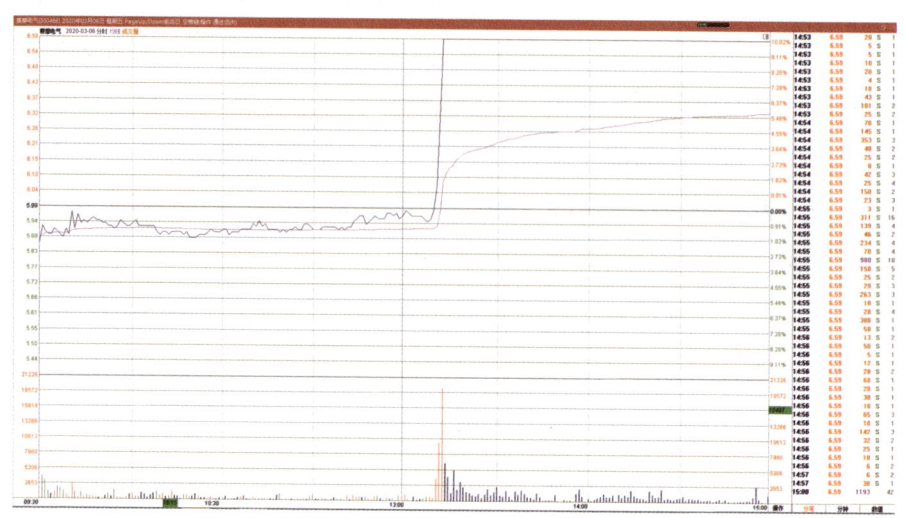

图2-32　赛摩电气的分时图

从图2-32中300466赛摩电气的分时图里可以看到，2020年3月6日这天在-2.24%低开之后，股价一直在中轴线下两个点之内横盘震荡，它这样子就是告诉空头"你的威力很大，我攻不上去，也不想去上攻"。当空头看见解套无望，把筹码一点点给割掉之后，它就突然在下午1点10分发起进攻，万箭齐发，万炮齐鸣，前后仅用三分钟的时间，就杀上了涨停并封死涨停！

像这样的分时走势，我把它叫作龙发射，意为它就跟导弹发射一样，一旦准备完毕按下发射键，它就直飞云天，一线封板！

股票为什么会形成龙发射呢？

从图2-33中可以看到，赛摩电气C柱的脚下，是一道燃烧的导火索形态，烽火线虽然被跌破过，但次日即被有效修复，这说明烽火线已被守住，主力无意下跌。而按照导火索的技术原理，燃烧到尽头，可是要引爆涨停或连续涨停。因此它的基础是示涨的。

图2-33 赛摩电气的"龙发射"

但是,真的要涨上去的话,头上的压力也是很大的,因为它的头上就有好几个峰,每个峰上都有筹码被套住,只要主力一拉,它们就不会割肉,等着主力去抬轿。所以,主力要采取办法,故意制造涨不动的假象,骗它们割肉出来。当它们割得差不多了,主力就会突然拉升封上涨停。

但是有些套牢盘愣是不割,主力也没办法,也会突然拉升。但这样的拉升,并不是为了让套牢盘获得大丰收。很多主力突然杀上去,是故意给套牢盘制造惊喜,然后在次日或次次日高开低走往下杀跌,这个时候,很多套牢盘就会以为真的压力很大,或者市场环境很不好,就会见好就收,把筹码交出来。摩恩电气走的,正是这一招。

所以,龙发射的个股,特别是装傻卖痴横盘很长的,后面不一定会马上涨,没买到也不必怄气。因为它之所以要装傻卖痴这么久,要么压力真的很大,要么操盘环境真的很不好,这两种原因不管是哪一种,都有待进一步的观察跟踪和分析。

相反,那些横盘时间很短的,反而更容易走好。

从图2-34中我们可以看到,华升股份2020年2月21日小幅高开高走之后，也形成了一个小平台的整理形态，但它的时间持续很短，前后总共不到2分钟，然后就掉头直奔涨停了。这通常说明左侧的压力已被消化，主力不愿再去磨叽，干脆直接涨停了。这种形态的背后，通常会涨得更好一些。所以，同样是龙发射，赛摩电气涨停次日就调整，而华升股份拉了三个板后才调整。

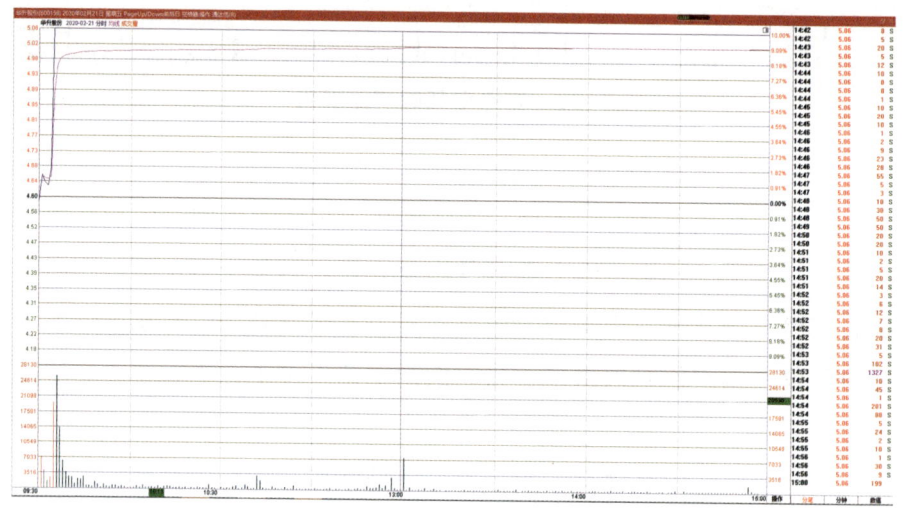

图2-34　华升股份的"龙发射"

因此，在具体的实战当中，横盘时间长的龙发射，不一定适合马上就追击，但横盘时间短的，则可以伺机追击，因为它的后面常常是连板。

5. 逃顶波：龙反水

说起天河倒水，很多人都知道，因为这是我总结的一种很经典的判顶、逃顶的分时图，但要说起龙反水，很多人就疑惑了。其实细想一下就能明白的。天河是谁把守的？龙王，是吧？那天河要倒水，是谁来实施？也是龙王，是吧？天河倒水通常发生在涨幅巨高之后。能够涨幅巨高的是什么股？龙头股，是吧？所以，所谓龙反水，就是龙头股涨幅巨高之后的天河倒水！这个时候的龙头股，不想涨了，想跑了，这对上升趋势而言，它就是反水，就是背叛，所以也可以叫龙反水。名字虽有差异，但大小名而已！

那么，什么是龙反水呢？

从图2-35中300654世纪天鸿的分时图可以看到，该股2020年2月13日这一天，股价高开之后曾瞬间上攻一下，随即就一头扎了下来，而后一路震荡向下，最后杀到跌停。这种分时走势，我称之为龙反水或天河倒水。

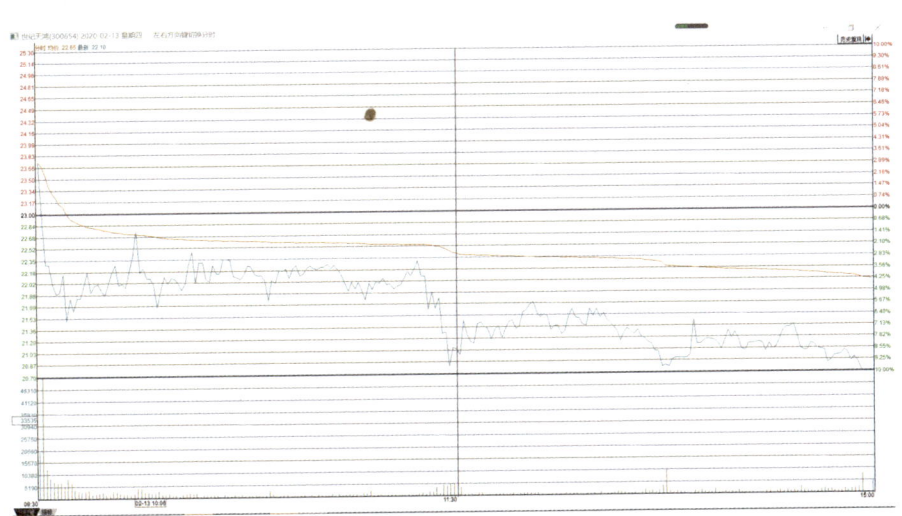

图2-35　世纪天鸿的分时图

这样的分时出现之后，通常是股价阶段性的见顶标志，后面要是无法快速修复的话，一般就是一路下跌。例如世纪天鸿（见图2-36），B柱出现龙反水之后，股价就是连续大跌或跌停。C柱的时候虽然出现了拐点，股价也出现了一定幅度的上攻，但却无法突破B柱龙反水的实底，最终引发再一次的大跌。

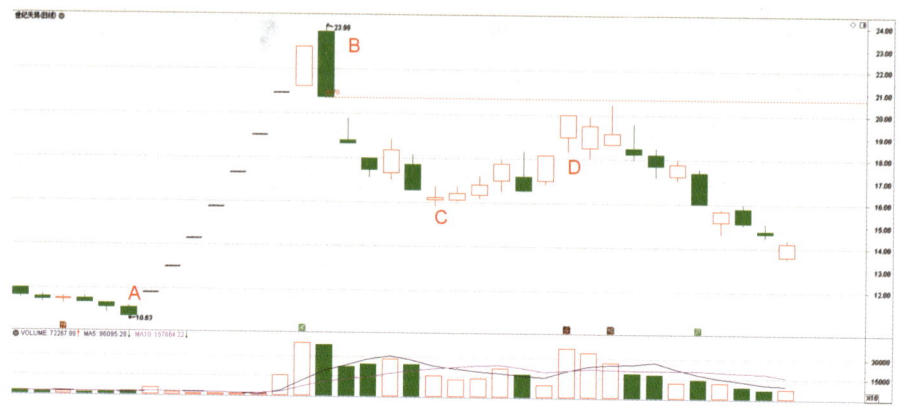

图2-36 世纪天鸿的"龙反水"

龙反水为什么会有这么强的示跌功效呢？

从它的分时图里我们依然可以看到，开盘之后虽然出现过向上，但随后的一个大单却把股价从23.99元砸到了22.29元，跌幅大于7个点，并且在不到10分钟内，就把均价线从3个多点的位置拖到了中轴线之下。这说明在这10分钟里，有大资金在出逃。而从脚下连续的一字板上攻看，毫无疑问，这出逃的就是主力。因为不是主力的话，散户没有这么多的筹码，而且它前一天还把涨停封得死死的，散户会以为继续涨，不会在这个时候跑，更不会跟讲好了似的在同一时间跑。能够在同一时间跑的，并且有这么多筹码跑的，只能是主力。前一天的涨停，不过是主力的诱导，是主力故意制造的强势做多的假象，引诱别人进场接盘，也引诱散户锁定筹码，而当大家的热情被充分调动起来之后，它自己却反手做空不顾一切地出逃了。主力不顾一切地出逃了，后市还能好吗？

这就是龙反水示跌的基本原理。

因此，深刻认识龙反水的市场意义，洞察主力的行为本质，可以帮助我们及时判断见顶信号的出现，从而及时规避引诱的风险。从这个意义上说，龙反水板波，就是散户的逃顶波！

第三章

涨停板的七大属性及其作用

涨停板是股市里每天都能看见的一种技术形态，在一般人眼里，涨停板就是当天收盘时股票出现涨停了，其他也没什么好说的。

但是，为什么有些涨停板后面会震荡，甚至会跌？为什么有些涨停板后面还会上涨？甚至连续大涨、天天涨停呢？可见在同样的涨停板里面，因为股价的位置、主力的仓位和计划、个股的利好和市场的响应程度的不同，它们的市场属性和作用也会不同。为了让大家弄明白这个问题，我根据涨停板学的基本原理，对涨停板的7大属性和市场作用一一进行解读。

第一节 启动板：拐点成立和趋势启动的标志

一、什么是启动板

在股市里我们经常会看到，一只股票在一路大跌的最后，会突然出现一个涨停板。例如图3-1中的西安饮食，股价从A柱之后一路下跌，当跌到B柱的时候，最高跌幅达到53.73%。而后开始掉头向上，形成了一个底。

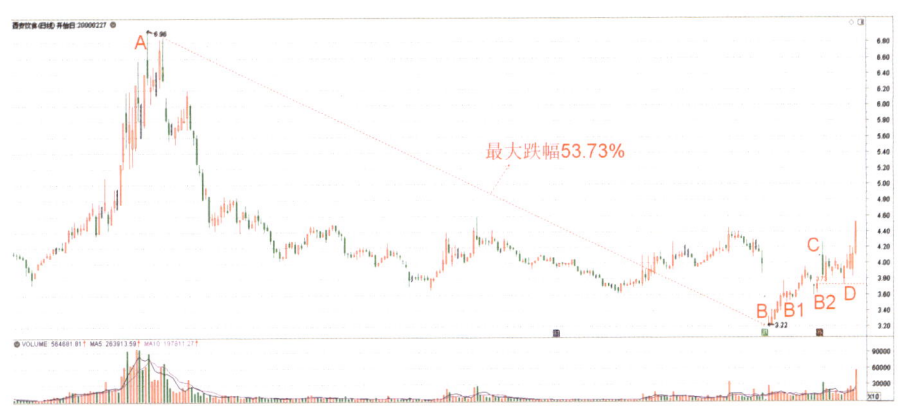

图3-1 西安饮食的启动板

但这个底，不仅仅是A柱之后的底，如果把它缩图之后再看的话，我们就会发现它还是2015年6月12日峰顶价16.80元之后的底，因此这是一个五年来的大底。而B柱之后形成的一字板，就是我定义里的启动板。

这个启动板，一般具有四大特征。

1. 位于大跌50%以上，创下三年以上历史新低的底部位置。这个大跌50%的起点，要从最近的主峰算起，不能从历史高点算起，而且，还必须创三年以上新低才行，单看跌幅不行。因为有些大涨的股票，跌60%都还在山腰里，那个位置的涨停板，不是启动板，所以必须创三年以上新低才行。

2. 左下方或左侧没有涨停板。因为左下方或左侧有涨停板的话，它就变成接力板而不是启动板了。只有左侧或左下方没有涨停板的才算，就像过去的历史人物一样，只有像刘邦那样开启一个新朝代的开国之君，才是启动板；像李世民那样的就不算，因为他的前面还有一个李渊。

3. 脚下有1~3个以上的拐点做支撑。没有拐点做支撑的，通常下跌趋势还没结束，或者筑底还没结束，后面可能还会出现剧烈震荡，它不一定能成为启动板。就像陈胜、吴广一样，虽然怀有"帝王将相宁有种乎"的抗争情怀，但由于没有得力的帮手，最终只好悲剧收场。而要是有支撑的，就能成就大事，像刘邦，每次遭遇困境的时候，都有人挺身而出鼎力相助，他不成功，谁还能成功呢？

4. 涨停板本身的虚底或脚下的缺口不会被有效跌破。启动板之后，不一定就会连续上攻，有的还会出现震荡，这都正常。但是再怎么震荡，启动板本身的虚底或脚下的缺口不能被有效跌破，因为被有效跌破，说明启动失败。就像李自成一样，虽然攻占了京城，也颁发了新年号，但随后不久就被清兵赶出北京城四处逃亡，所以"大顺"这个启动板是无效的，因为它无法启动一个新的朝代。

从上面几个条件看，西安饮食的C柱启动板毫无疑问是符合的。首先，它的位置，处于A峰后跌幅超过了50%、创下了五年新低的底部。其次，C柱左下方没有涨停板，左侧也没有涨停板，符合刘邦类型。再次，B柱之后，一共形成了B、B1和B2三个拐点，三个拐点的站位都是一个比一个高，说明支撑很强。最后，C柱之后，虽然出现了下跌和震荡，但都没有有效跌破脚下的缺口，D柱盘中虽然破了，但收盘时站了上去，并最终突破向上，所以是无效跌破、有效守住，这个启动板是成立的。

因此，只有上述四个条件都符合的底部第一个板，才算启动板。

二、启动板的成因和本质

那么，这样的启动板是怎么形成的呢？

一般来说，导致启动板出现的原因，主要有下面几个：

1. 底部廉价的筹码已被基本吃掉，已经吃不到更便宜的筹码了，主力又不可能把自己吃到的筹码再亏本卖出，只好抬高价格拉上涨停去筹集。这种情况，主力要是已经建仓完毕的，就会开始往上拉升，特别是还出现利好的时候，但要是主力还没准备好的，就还会再震。

2. 利好出现，外面的资金冲进来抢筹，主力就势拉板。这种情况，主力要是已经准备好了的，就会借势连续拉升，但要是主力还没准备好的，拉起来后还会往下砸。它当初拉起来是不得已而为之，因为它不拉，别人会进来抢筹，但拉起来又不符合它的利益，所以拉起来之后，它还会找个机会就往下砸。

3. 主力建仓完毕，开始按计划拉升。这是一种最正常的状况，因为主力操盘的目的就是为了赚钱，当初不拉的原因是建仓还未结束，而现在建仓结束了，当然就要拉高派发了。

4. 主力高度被套，要进行拉高自救。有些主力建仓完成或接近完成之后，由于出现意外的利空，导致股价一路下跌，当跌到一定位置出现下跌动能衰竭之后，主力就会找机会进行自救，而这个启动板，就是它自救开始的信号。

那么,西安饮食属于什么情形呢?

从图3-2的西安饮食中可以看到,B柱是2020年春节受疫情影响开市一字跌停后的第二个跌停,但是这个跌停板开盘之后却撬开跌停大吃。试问谁有这个胆量和实力去通吃跌停板?要知道那时候不但武汉封城、湖北封城,全国都在封城啊,大街上空荡荡看不见几个人啊,餐饮企业遭受重创的啊!谁会在这个时候有胆量有实力去撬跌停板呢?只有主力!而当主力在跌停板吃掉最恐慌的套牢盘之后,后面不管怎么涨,都是一路缩量,跌更是缩量,这说明廉价的底部筹码已基本被主力和多头吃掉。主力要想再拿到筹码,只有抬高价格了,所以C柱那天,主力只好打出一字板收集筹码!

图3-2 西安饮食的启动板

但这是主力本意吗?肯定也不是,它是吃不到便宜筹码不得已而为之的。所以,第二天就再次震荡往下砸。既然一字板让你们跑你们不跑,以为真有什么利好我会往上拉?我就砸给你看,看你出不出!那些套牢盘、获利盘见此,以为真要再次大跌了,于是赶紧把筹码交出来了。经过这么一哄一吓,主力终于又吃到了一批相对便宜的筹码，而后几经震荡，再也震不出什么量，最后才在D柱掉头向上。

因此，西安饮食的启动板，是主力吃不到廉价筹码之后不得已抬高价格进行筹码采购的涨停板。

三、启动板的市场属性

那么，这样的启动板有什么意义呢？

从前面的分析中我们已经知道，启动板是位于大跌50%以上、创三年以上历史新低的底部位置，根据辩证唯物主义观点，世界上没有只涨不跌的股票，也没有只跌不涨的股票，涨久了就要跌，跌久了就要涨，套用罗贯中的一句话，就叫"天下股市，涨久必跌，跌久必涨"。而这种跌幅的底部，往往就是跌久必涨的临界点。

而从启动板的成因来说，大多都是底部下跌动能衰竭、廉价筹码不断被消灭、主力开始出手做多所形成的一种强烈信号，在它的后面，只要能守住启动板的虚底或脚下的缺口，不管是属于前面说的哪一种成因，后面都会掉头向上，拉出新的趋势和新的行情。

因此，这个大跌50%以上、创下三年以上历史新低的底部一个板的启动板，不但是底部拐点成立的信号，还是下跌趋势终结、上升趋势启动的信号，它是一个旧时代的终结者，更是一个新时代的开创者。

那么，启动板之后，股价一般会拉到哪里呢？如果我们以启动板的实顶作为起点计算的话，一般来说，它可以分为三期目标。

1. 短期目标：30%~50%。
2. 中期目标：60%~90%。
3. 远期目标：100%以上。

至于最终会到达什么样的目标位，则要根据个股不同的政策面、基本面、消息面、资金面和技术面综合判断。

第二节 接力板：趋势确认和起涨开始的标志

一、什么是接力板

接力板，顾名思义，就是启动板后面的涨停板，但在涨停板学的概念中，启动板后面的涨停板，却不一定是接力板。

例如图3-3中的引力传媒，我们可以从中看到，A柱启动柱的头上，有A1和B柱2根涨停板，它们都是接力板吗？不是的。因为A1板是A柱启动后的惯性上冲，不是接力。但B柱却是接力，为什么呢？因为A1惯性上冲之后，出现了放量回调，说明头上有很大的压力。但是，次日B柱却没有出现下跌，而是掉头向上，逆势涨停了。这说明B柱是接过了A柱的冲锋枪，沿着A柱接力板奠定的上升趋势，继续带着股价向上突进，因此，B柱才是真正的接力板。

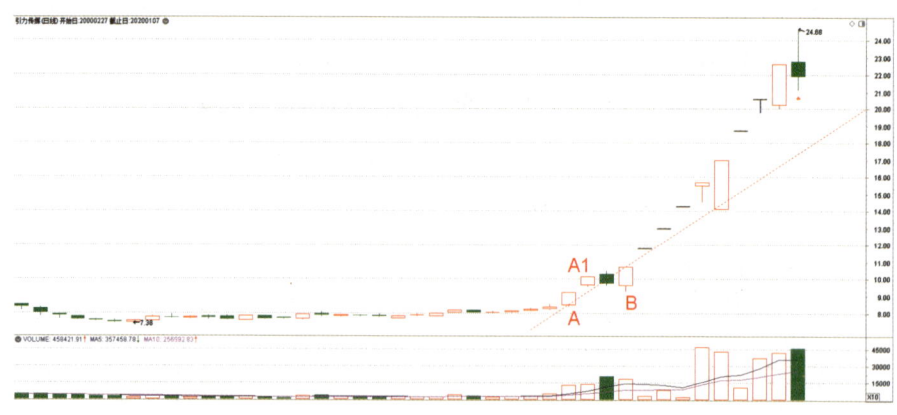

图3-3　引力传媒的接力板

又如图3-4中的联环药业，A柱启动板之后，出现了A1、B和C三根涨停，A1是惯性上冲，自然不算接力板，但B柱却是A1洗盘之后的涨停板，跟前面讲的引力传媒是同样的组合，算不算呢？

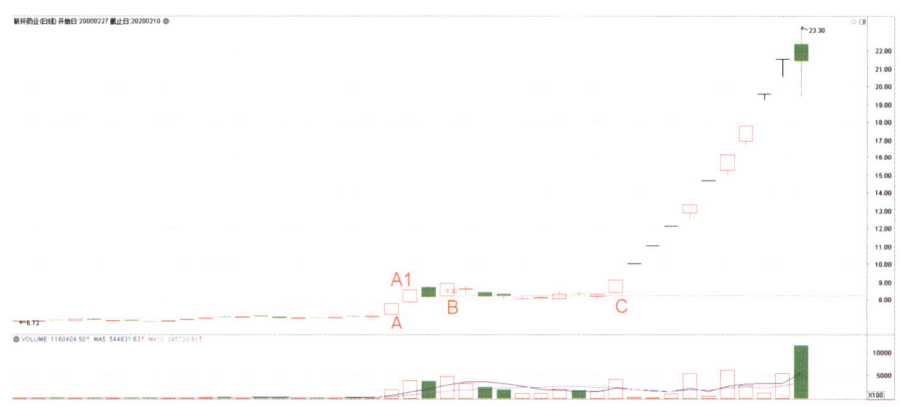

图3-4 联环药业的接力板

这其实要看它的实底或虚底能否有效守住，要是能守住就算，不能守住就不算。从它后面的走势看，它的实底被跌破四天，从时间上看，跌破三天收不回去，就很难再收回去，应该说不算。但它的跌幅只有几分钱，很浅，而后那天它是高开的，如果按前一天的收盘价算，则没有有效跌破，应该说不算。怎么办呢？只有通过后面的走势来判断了，如果后面的走势是向上的，就算，如果后面的走势是向下的，就不算。而从后面的走势看，它随后就向上了，因此它是接力板。

而C柱是A柱启动板头上洗盘之后的掉头涨停，毫无疑问也是一个接力板。

从上面的分析中我们可以知道，接力板一般具有以下几个特征：

1. 脚下有启动板做支撑。它说明启动板进去的资金没跑，主力还在守护着它的初始盘，它的初始盘也不容别人觊觎，在这种结构上形成的涨停板，才是主力资金接力做多的象征。如果实底低于或等于启动板的实底或虚底的，则不能当作接力板，要视作重新启动。

2．左侧要有洗盘。没有洗盘的，多为惯性上冲，如果没有热点加持，两三板就会掉下来，所以这个不能当作接力，只有经过洗盘后再涨停的，才是接力。

3．接力板自身的实底或虚底不能被有效跌破，跌破了，就算接力失败，还要重新接力。只有守住不破再次掉头向上的，才算接力成功。

4．它的位置一般在启动板的头上、大阴洗盘的右侧，或连阴洗盘的相对凹底。

只有上面四个条件都符合的，才是接力板。

二、接力板的成因和本质

那么，股价为什么会出现接力板呢？究其原因，大概有四种。

1．洗盘洗到了主力的底线。从本章第一节的内容我们就已经知道，启动板大多是主力在大跌后的底部，把廉价筹码消灭干净之后，主动抬高价格收集筹码而形成的，因此这个启动板之下，常常就是主力的底仓。对于主力来说，洗盘只能洗到这里，洗到这里是它的底线，因为再洗下去就是洗主力自己了。所以主力在这附近，就会出手反击，再次拉升向上。

2．不稳定的投机盘、恐慌盘已被基本消灭。很多股票，连续上涨或大涨之后，由于碰到了压力，股价就会出现洗盘，以便把脚下跟进的投机盘和头上的恐慌盘给挤出去。但当通过连阴洗盘成交量大幅萎缩之后，不稳定的投机盘、恐慌盘就已被基本消灭，剩下的都是一些死多派，主力已经没办法把它们洗出去。如果主力用自己的仓位往下砸，不但于事无补，自己的筹码还会被死多派给补仓掉，所以只好掉头上攻，再次涨停。

3．利空得到比较充分的释放。有些时候，启动板后面上涨或大涨之后，由于突然出现了利空，或者外部环境突然出现了变化，主力停止上攻，进入借势洗盘。当利空被充分释放，或者外部环境得到了改善的时候，主力就会掉转枪口，转身向上，拉出涨停或连续涨停。

4．突然出现利好。有些个股，启动板形成之后，虽然也一直守住启动板不破，但却一直不接力，这种情况，多为利好还未出现，所以它就一直趴在启动板头上不动，甚至还在启动板头上进行箱体整理或横盘震荡。这其实不是弱，而是在等待机会，并在等待机会中通过震荡把恐慌盘进一步地挤干净。当有一天利好突然出现的时候，它就马上跳起来涨停接力了。

形成接力板的原因可能还有几种，但主要的就是这四种。

三、接力板的市场属性

那么，这样的接力板有什么作用呢？我们只要掌握以下两点就可以知道了。

1．无论启动板之后的洗盘，是洗到了主力的底线，还是洗光了不稳定的投机盘、恐慌盘，或者是利空得到了充分的释放、外部环境得到了很大的改善，又或是终于等来了利好，都说明一个问题：洗不下去也无法洗下去了！而这，则表明启动板奠定的上升趋势是不可逆转的。

2．洗不下去也无法洗下去之后，出现了掉头涨停，这说明了什么？这说明主力不想再在这里纠缠、沉沦和浪费时间了，准备发起新一轮的进攻了！

所以，接力板就是上升趋势确认和加速上攻的标志！

第三节 焖杀板:主力的筹码不足和洗盘开始的标志

一、什么是焖杀板

在懵懵懂懂的少年时期,我曾经做过一次发大财的梦想。那时候,有种叫玫瑰茄的植物,既可以做饮料,又可以做配色,还可以做保健食物,销路很好,于是我就邀上一个友人在村背山后的乱坟岗里开荒种植。经过暑去寒来的精心管理,玫瑰茄结的果实又多又大,我们也是满满的丰收在望。

当果实晒干的时候,收购价格也在逐渐攀升,由原来的1.5元一斤,一直飙涨到2.2元一斤,但我们不想那么急着抛掉,因为在往年的销售里,最高曾出现过3.5元一斤,想最少也要卖3元一斤。而且,我们之前种植过的烤烟,都是因为怕掉价,在4.5元左右就卖掉,但它一直涨到了8元。所以我们就想先捂住看看。

但是,没想到后来行情突变,玫瑰茄涨到2.2元一斤之后,不但不往上涨,还一个劲地往下掉。当时我们认为只是小跌一下而已,还是不愿意放。直到跌破1.5元,跌到1.1元的时候,我们才给抛掉了!

这种高价不卖低价卖的典型案例,不仅我们碰到过,相信很多朋友也经历过,在我们的股市里,更是屡见不鲜。大家请看图3-5。

从图3-5通合科技的走势中我们可以看到,A柱之后,股价一路震荡向上,到了C柱时,突然蹦出一根一字板!这时候,是不是很多股民都像年少的我一样喜不自禁？是的，肯定是的。因为你从一字板脚下的成交量就可以看出，没有多少人愿意在这个位置上扔掉筹码的，就像我当初不愿意在2.2元扔掉玫瑰茄一样，期待着股价天天涨停往上拉！

图3-5 通合科技的走势图

但是，它次日有往上拉吗？没有！它不但没有往上拉，还直接低开低走往下杀。由于大盘当天也出现大跌，很多人都吓坏了，于是，高价的时候不卖，只好低价的时候把它卖掉了。那根高高的阴量柱，就是大家争先恐后出逃的标志。不过，当大家把筹码卖掉之后，它又不跌了，反而掉头涨停了！

可见，C柱这根一字板很坏，它给大家带来热血沸腾的无限希望之后，又给大家倒下寒彻心扉的劈头盖脸的冷水，逼着大家产生绝望，逼着高价的时候不跑，低价的时候舍命跑。这样的一字板，就叫作焖杀板，意为那根一字板，就像一个锅盖一样，把恐慌的筹码扣在锅里焖着炖熟煮烂，让主力大饱口福。

二、焖杀板的成因和本质

那么,股市中为什么会走出这样的焖杀板呢?从我的实战感悟和数据归类看,不外乎以下四种原因。

1. 上下有压力,大家不愿跑,都在等着主力抬轿。在这种情况下,主力显然不乐意。但一味地往下打压,也不符合主力意图或计划。所以,要想取之,必先予之,主力就打出了一字板,让大家满怀希望,然后再低开低走往下杀,让大家绝望,乖乖地交出筹码。

2. 大盘、板块不好,或利空出现,主力不愿强拉,顺势进行洗盘。

3. 板块或个股突然重现重大利好,主力不得已封板拉升,但由于主力自身还没准备好,这样的拉升不符合主力的意愿,所以利好一旦释放、分歧或转弱,主力就掉头焖杀。

4. 主升启动前的大清洗。股价来到主升临界点的时候,一般积累了大量的获利盘,而头上也还有被套时间很久的套牢盘,能够拿住这么久的,一般心态都是比较好的。但心态再好的散户,也怕坐过山车,而焖杀板,就是震荡最厉害的过山车。所以,有些主力在拉升之前,就是动用焖杀板这样的过山车洗盘的。

从上面的四种成因看,不管是哪一种,它的目的都是洗盘,都是为了后面的加速上攻。所以,焖杀板的市场本质,就是洗盘。

三、焖杀板的技术属性

那么,这样的焖杀板是不是一定就示涨呢?这主要取决于三个问题。

1．位于什么样的趋势。如果是位于上升趋势，特别是上升趋势的中低部，那么示涨的概率就大。但要是位于下跌趋势，特别是下跌趋势的中初期，那么就是示跌的概率大。

2．基础好不好。量价结构的基础好，它就还会涨，量价结构的基础不好，它就还会跌。

3．会不会创新低。如果不会创新低，后面就会继续涨，如果已经创新低，那么短期内将会继续下跌。

所以，焖杀板的出现，本质上是主力的筹码不足和洗盘，但后面能否逆转，就看符不符合上面讲的三个示涨因素，如果符合，那么就是示涨的，如果不符合，那么就是示跌的。

第四节　隔离板：主力成本和后市方向的标志

一、什么是隔离板

如果单从形态上看的话，隔离板其实跟焖杀板一样，大多都是一字板的形态，但两者的走势却完全不一样，一个是跌破一字板往下杀，一个是守住一字板往上涨。

从图3-6中万马科技的走势图里我们可以看到，股价从A峰跌到B柱之后，出现了止跌和掉头，而后一路震荡向上。当股价再次来到A峰附近时，却突然在C柱跳过A峰，形成了跟焖杀板一样的一字板，但它的走势却跟焖杀板不一样，焖杀板是往下跌，它是往上涨。我把这种不跌反涨的阳性一字板，叫作隔离板。

图3-6 万马科技的走势图

如果再做进一步分析的话,我们还会发现,这个隔离板有两个特点:(1)微量;(2)凹口附近或头上。而根据这两个特点,我们再放眼股市的时候,发现隔离板的形态,还有以下两种。

1. 凹口附近或头上的微量T字板,如图3-7所示。

图3-7 和胜股份的走势图

从和胜股份的走势图里我们可以看到,C柱T字板,就是位于A峰的凹口附近,而它的量能跟一般的一字板相比,却不算微量。那么,它算不算隔离板呢？应该说还是算的。从图中我们可以看到，C柱的前一天，是一根放量的T字板，这说明A峰的压力甚大，但压力大还能顺利封板，则说明主力做多意愿强烈。而后C柱又收出一根T字板，但成交量却缩小了三分之二，这不但说明前一天的大量筹码是被主力吃了，主力也实现了高度控盘和高度锁仓，之后更是连板拉升。它的量虽然不是微量，但性质却是一样。因此，凹口附近或头上的T字板，只要是缩半，甚至是连缩或大幅缩量，也可以当作隔离板的微量看待。

2. 凹口附近或头上的大阳板。但这个大阳板，它的量能也不能像一字板那样要求，毕竟它有比一字板更多的成交时空。所以，它只要跟凹口附近或头上的一字板一样缩量一半，甚至是连缩或大幅缩量，也可以认定为隔离板，如图3-8所示。

图3-8　国农科技的走势图

从国农科技的走势图里我们可以看到，它的B柱就是这样一根隔离板，它位于A峰凹口附近，成交量上，相比前一天缩量一半以上，这不但表明A峰之下的筹码也被主力所控制，主力实现了高度控盘，还说明了主力的高度锁仓。所以，B柱的次日C柱，尽管盘中震荡激烈，甚至一度杀到跌停，但最后却封上了涨停，并在随后几天的时间里出现连续涨停。

所以，隔离板可以是一字板，也可以不是一字板，但总的来说，以一字板居多，也以一字板最典型、最好认。因此在具体的实战当中，为了避免误判，还是以一字板为准好。

二、隔离板的成因和本质

那么，隔离板的市场本质是什么呢？为了方便说明，我还是以万马科技来分析。

从图3-9中我们可以看到，当股价进攻到A峰线的脚下时，曾出现过B1、B2和B3三次震荡，但这三次震荡，振幅却一次比一次小，底却一次比一次高，这说明了头上的压力一次比一次小，主力的目标一次比一次近。而B3之后，只小跌了一天，就出现了连续缩量涨停，这表明这个时候A峰线下的压力，已被完全释放，而这之下的筹码，已被主力或多头主力吃掉。

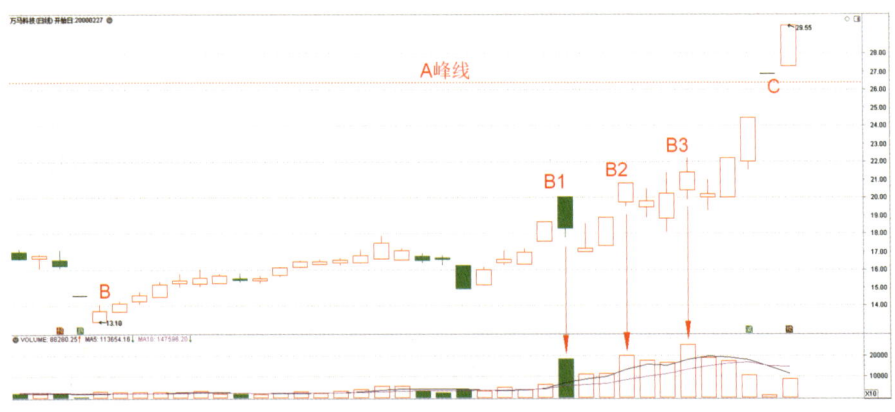

图3-9　万马科技的隔离板

所以，C柱的时候，主力就突然跳过A峰线打出一根一字板，不让大家买卖。它用这个一字板明白无误地告诉大家：脚下都是我们的基本盘，你们就甭想它了，你们要买，就到头上来买吧！所以，隔离板的本质，就是主力用来保护自己基本盘或仓位的一道红线，也是对主力筹码和市场接盘筹码的一种隔离。

那么，股市里为什么会出现隔离板呢？一般来说，主要有以下两种原因。

1. 压力已被消化，筹码已被主力吞并，市场已经没有多少可榨的筹码，主力必须快速拉高股价，以使自己的基本盘与市场的成交区保持一定的距离，从而保证自己的安全。否则，要是还一直在原地震荡的话，不但吸不到什么筹码，自己好不容易吸到或控制着的筹码，反而有被别人抢走的风险。我刚才讲的万马科技，就是这种情况。

2. 突然出现重大利好，预计抢筹的资金会比较多，所以主力干脆打出一字板，不让这些"外来者"跟自己站在同一起跑线（仓位线）上，从而让自己获得相对的优势。

从图3-10中泰达股份的走势图里我们可以看到，B柱之前，主力还处于洗盘筑底当中，还没准备要拉升的。但是，由于新冠肺炎可以人传人的消息爆出，B柱当天就一字板开盘，然后打开涨停高位吸筹了一个上午，下午开盘后不到一分钟，就封死了涨停。次日C柱直接一字板，不让大家买卖，为什么？因为新冠肺炎的蔓延，导致了口罩的脱销和售价的猛涨，对它构成了重大利好，它必须把股价快速拉起来，保持自己持仓成本的相对优势，而要达到这个目的，最好的方法就是拉出一字板，不让场外的资金有机会低吸。场外的资金要买也可以，必须到更高的位置去承接头上的套牢盘。所以，B柱之后，主力就在C柱拉出一字板。而在C柱的次日，由于来到了A峰的脚下，可能会出现抛盘，主力一字板开盘后不久，就打开一字板，让A峰套牢盘割肉跑，这个时候，主力才允许场外的资金去跟主力一起吸筹，因为这个时候让场外的资金介入，不但主力已具备了很大的成本优势，而且还能为主力消化抛盘的压力，为后面的拉升提供支撑。

图3-10 泰达股份的走势图

所以，隔离板的成因虽然有多种，但它的核心，都是怕别人来抢它的基本盘，所以主力才会急急忙忙拉出一字板，为自己的仓位筑起一道防火墙。

三、隔离板的技术属性

从前面的分析中可以知道，隔离板可以让我们了解到以下两大市场信息。

1. 主力的仓位在哪里？不管是低位低价的筹码已被消灭，还是由于突然出现重大利好，只要主力打出隔离板，就说明主力已经高度锁仓，脚下的筹码不容旁人觊觎，而主力那么强烈地要保护脚下的筹码，只能说明脚下的筹码已基本被主力所消灭或所控制，所以主力的仓位就在这一字板之下。

2．股价的后市会怎么走？既然脚下的筹码是主力所吃、所控制，主力也不允许别人靠近它，那么后面的走向只有一个方向，那就是向上，也只能向上。

所以，隔离板是一个好东西，它可以让我们第一时间判断出主力的仓位在哪里，主力的意图是什么，股价的后市会怎么走。所以，我说：隔离板是主力仓位的防火墙，也是股价后市发展的风向标。

但这样判断的前提，必须有三个条件。

1．凹峰上下的筹码已被主力所消化，只有这样的一字板，才会成为隔离板，主力拉升才会放心，否则就还会掉下来。

2．如果主力还未准备充分，那么风口必须十分强劲，只有这样场外的大资金才会不计成本持续地与主力争夺筹码，主力才会也不计成本地高价吸筹并推动股价往高走。要是风口不够强劲，持续性不够强，那么就有再次跌下来的风险。

3．前面两个条件体现在股价形态上，就会形成第三个条件，即一字板后不管怎么震荡，它都被牢牢守住不破，并最终再次掉头向上。有时候由于压力、利空、热点、位置或操作环境等问题，隔离板形成后不一定就会立即往上走，而会形成再次震荡，但只要这个震荡能有效守住一字板不破再掉头，那么就可以确认，后面就还会再涨。

所以，出现一字板之后，仅仅还是一个信号，这个信号只有得到确认之后，它才会成为真正的隔离板。隔离板由于有主力守护，一般是不会被跌破的，而一旦被跌破的话，要么主力还没作好准备，要么主力已经跑了。如主力拉高出货后，就不会再去守护所谓的仓位，因为它没有仓位了。

第五节 合力板：市场情绪热烈和趋势加速的标志

一、什么是合力板

在K线形态中，我们经常可以看到一种价柱，成交量特别大，很明显就可以看出有大量的资金在跑路，但是，它的后面居然没有下跌，反而继续大涨。大家请看图3-11。

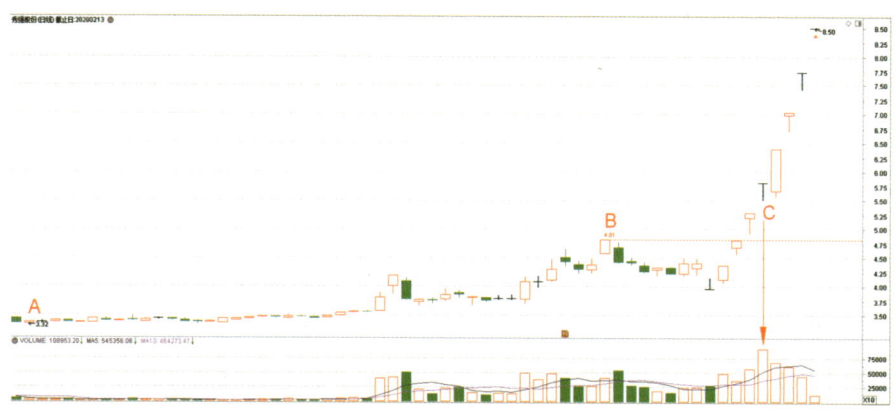

图3-11　秀强股份的走势图

在秀强股份的走势图中我们可以看到，股价连板突破B峰之后，在C柱收出了一根放量的涨停板，而它这个量，是当时的历史最高量，这个量是从哪里来的？从它当天的分时图看，它当天几度封板，几度都被超级大单给砸开，而它的位置，又高于B峰两个板，很明显，这里的量,是由众多的中大单获利盘跑出来的。

但是,从后面的走势看,它的股价不但没有跌,反而继续缩量连板拉升,到了2020年2月21日止,最高杀到13.74元,跟C柱的最低价5.50元相比,最高涨幅达到了149.70%!可见,这个放出大量或巨量的涨停,并不一定就会跌。这样的板,我把它叫作合力板。

合力板一般具有以下四种形态。

1．T字板。T字板通常都是涨停板开盘,但盘中却被盘内资金砸开,但后面能够被再度封死回去,说明有强势资金介入。但这个强势资金,却可以分成两种。第一种是放小量的,多为主力自己吃,用不上别人帮。但要是放出大量的,一般情况下主力不会去吃,因为合力板的位置一般都比较高,主力筹码已经够多,没必要再去摊高自己的成本。甚至还有可能是自己带头砸的,因为在股价能拉这么高,主力一定是高度控盘的,而在主力高度控盘的条件下,主力自己不带头砸,别人没有那么多的筹码砸,在这种情况下还能封死涨停板,大多是场外资金的强势介入。

例如图3-12中的鲁抗医药就是这样,股价从A柱拉到D柱的时候,一字板被砸开,虽然总体时间不长,但却砸出了一根巨量,从后面连续缩量涨停看,这是一根很标准的T字合力柱。但这个合力柱的量不一定是主力所吃,因此它从A柱涨到这里,最高涨停已经接近翻倍,主力没必要再在这里再吃这么多的筹码,从而摊高自己的成本和风险。按照主力从来都是在大涨中出货的规律,这根合力板的量,甚至还有可能是主力带头砸的,因为能够从底部连续一字板拉升,证明主力高度控盘,主力不带头砸,谁有这么多的筹码砸?很明显,消化这个抛盘的,是场外高度看好后市的强势资金,是它们消化了散户和主力部分的砸单,代替主力出手做多后市。

图3-12 鲁抗医药的合力板

2. 大阳板，就是高开高走或低开高走的涨停板。高开高走涨停、低开高走涨停，在股票走势里都是很正常的。但要是高开高走、低开高走放出大量还能涨停和持续涨停，那就不正常了。因为涨停放出大量，通常都是抛盘踊跃，主力一般不会去封涨停，有时候即使不得已封了，后面也会杀下来。但要是抛盘踊跃之后不但还能涨停，而且后面还会继续涨停，那就说明那天有强势做多的大资金介入消化了压力，而且主力也很配合，不去砸盘，双方达成了一致做多的默契。因此，这样的大阳板也是合力板。

例如图3-13中模塑科技的C柱，就是这样的一根合力板。股价连续拉板到B柱的时候，股价已经突破了6378线，实现了翻倍，但它在之后的几天时间里，却形成了当时的历史高量堆，说明抛压很大，按理要往下洗盘。但是，C柱那天放出更高的历史高量后却还能封死涨停，则表明这一天和之前的几天里，有强烈做多欲望的大资金汹涌而入，吃掉并控制了抛压，从后面的走势看，原有的主力在探明底细后也很配合，不再凶狠打压，从而导致后面出现了天天涨停。所以，C柱那根大阳板，也是标准意义上的合力板。

图3-13　模塑科技的合力板

3．破板，就是涨停板最后没有封住的板。涨停板封不住，通常都意味着抛压巨大，特别是放出大量和巨量的时候，更是如此。但巨大压力之下，破板形成之后，股价还能继续涨停，那么只能说明做多的资金远远大于做空的资金，涨停板虽然被砸破了，但空头扔掉的筹码却被做多欲望强烈的庞大资金给吃光了。因此，像这种放量的破板，只要后面还能继续涨停并且缩量，也可以当作合力板看。但如果其后次日虽能涨停，但却放出更大的量，那么合力板的身份就要让给后一个，最少也要并列看待。

例如图3-14中的道恩股份，股价拉到E柱的时候，当天低开高走，盘中剧烈的动荡，虽然下午后曾一度封死涨停，但尾盘却再度被砸开，形成了一个破板的中字柱，这说明在股价处于高位、控股股东要进行减持的消息下，盘内的筹码分歧巨大，正常情况下，第二天是要破位大跌甚至砸到跌停的。但E柱的次日，它却高开7.1个点，在不到半小时之内就封上并封死了涨停！这说明E柱的巨量抛压，也被强烈看涨的资金给消化得干干净净。所以，这样的破板，也可以当作合力板看，因为它的本质和结果，都跟合力板一样。

图3-14 道恩股份的破板

这样的破板,不仅仅表现在中字柱上,还可以表现在一字板开盘之后高开低走的阴柱上。比如图3-13中的模塑科技的B柱,就是一根这样的合力板。股价翻倍之后,一字板被砸开,收出了一根放量的大阴,说明跑的筹码特别多,但它后面还能继续缩量涨停,说明场外看多的资金远远超过场内看空的资金,它们舍命扔掉的筹码,也被场外汹涌而入的资金舔得干干净净,还有很多资金想吃都吃不到。所以,这样的破板,还是合力板。

4.未板,就是没有涨停的大量、巨量的价柱。这种形态,也是多空强烈分歧造成的,但后面要是能出现缩量涨停,说明也是强烈做多的资金纷来沓至所致,在以前,我们都把它叫作合力柱。但要是位置符合,在某种情况下,也可以提高规格,当作合力板使用。

例如图3-15中奥特佳的C柱和D柱,就是这样的价柱。股价从B柱开始,一口气拉了六个板,然后在C柱出现了激烈的动荡,最终收出了一根当时的历史高量中字柱,这说明这天很多场内的筹码在夺路而逃。但从后面的走势看,它却缩量涨停了。D柱的情况也差不多,当天也是收出了一根近历史高量的锤子柱,虽然次日出现了下跌,但第三天再次掉头向上涨停，而其量柱与D柱相比还是缩量！这说明了什么？这说明了场外要做多这只股的资金太庞大了，源源不断汹涌而至的各路资金，把所有的抛盘都吃没了。考虑它当时处于主升浪的途中，这样的震荡有点像空中加油，所以，也可以把这两根未板的合力柱，晋升为合力板看待。

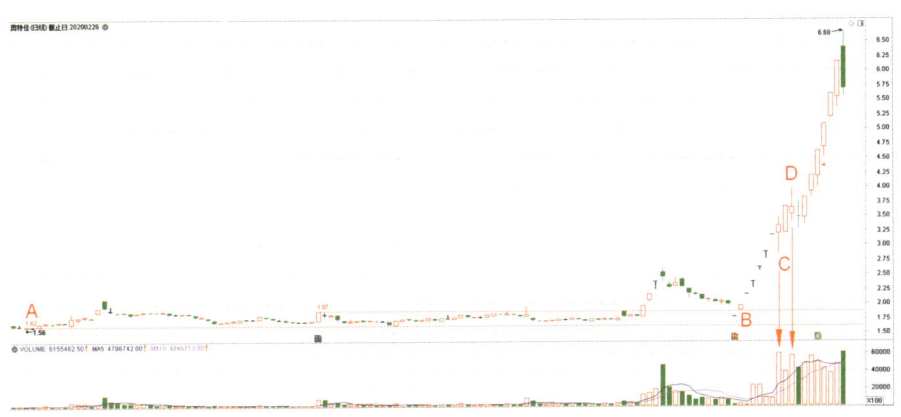

图3-15 奥特佳的未板

从以上的分析中我们可以知道，合力板的形态主要有T字板、大阳板、破板和未板四种，但是最标准的是T字板和大阳板，其他两种，需要多种条件配合并经严格的标准进行确认，因此只能当作候补合力板或辅助合力板看待。

二、合力板的成因和本质

那么，在股票的走势里，为什么会出现这样的合力板呢？这主要有以下几种原因。

1. 市场分歧大，但看多的资金远大于看空的资金。因左峰压力较大，市场的投机盘、获利盘、套牢盘无法看清后市，当股价杀到这里的时候，它们就争先恐后地止盈、解套或割肉，但由于看多的资金远远强于看空资金，它们抛掉的筹码被主力和市场其他看多的资金统统吃掉，从而实现涨停和继续涨停。大家请看图3-16。

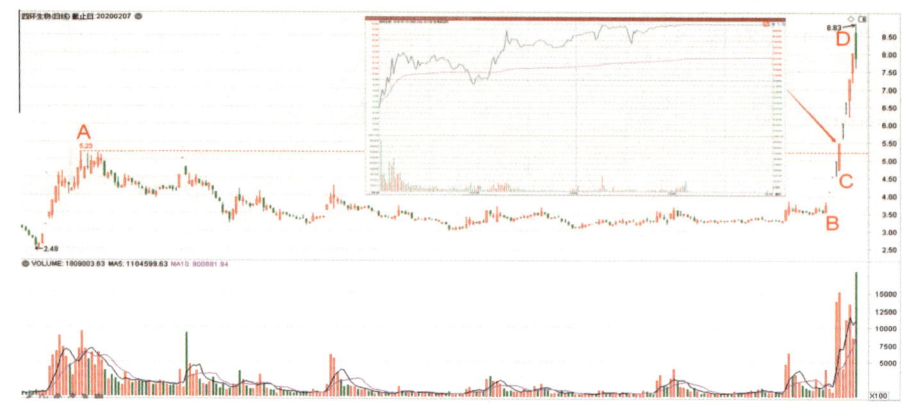

图3-16 四环生物的合力板

从图3-16的四环生物中我们可以看到，股价涨到C柱前一天的T字板时，已经来到了A峰脚下。尽管当时它是一字板开盘，但由于A峰是一个密集成交区，堆积了大量的套牢盘，正常情况下是无法冲过去的，所以这个时候资金就产生了分歧，获利的担心过不去掉下来，到嘴的肉要吐出或吐出一部分，解套或套住的资金，也担心冲不过再次大跌，从而让自己再度被套或再度套牢，因此纷纷从涨停板跑出，最终导致了涨停被砸开。但由于当时正好赶上新冠肺炎大暴发，病毒防护概念股一路暴涨，它们不看好，场外的无数的大资金看好，所以它们抛掉的筹码，全部被吃掉，股价再次封上涨停。次日C柱的时候，场内资金分歧更大，股价不但低开，而且盘中激烈震荡，但场外的资金汹涌而入，把它们丢掉的筹码啃得连骨头都不剩，最后还是封死了涨停。所以，不但C柱是合力板，它前一天的T字板也是合力板。

在场内主力和场外大资金的合力之下，四环生物的股价最终出现了连续性的涨停。

2．获利盘松动的筹码多，但看好后市的资金更多。主力在发起主升浪的初中期，脚下积累了大量投机性质的获利盘，这些资金一有风吹草动，就会夺路狂逃，但很多能看懂主力意图的大资金，就会借此机会冲进去接盘，欲跟主力一起做多后市，从而导致了合力板的出现。

例如图3-17的联环药业就是这样，股价从脚下筑底拐点5.52涨到C柱脚下的一字板时，最高涨幅已经达到了119.66%，积累了大量的获利盘。所以当一字板被打开的时候，这些多如牛毛的投机分子就会蜂拥而出，落袋为安。但是，由于该股是新冠病毒防治概念第一波行情的龙头股，看好它后市的资金更如洪水一样冲进来，再多的抛盘也全部吃下。结果，不但当天再次封上涨停形成了合力板，而且更在之后的一个多礼拜里，天天涨停往上拉。

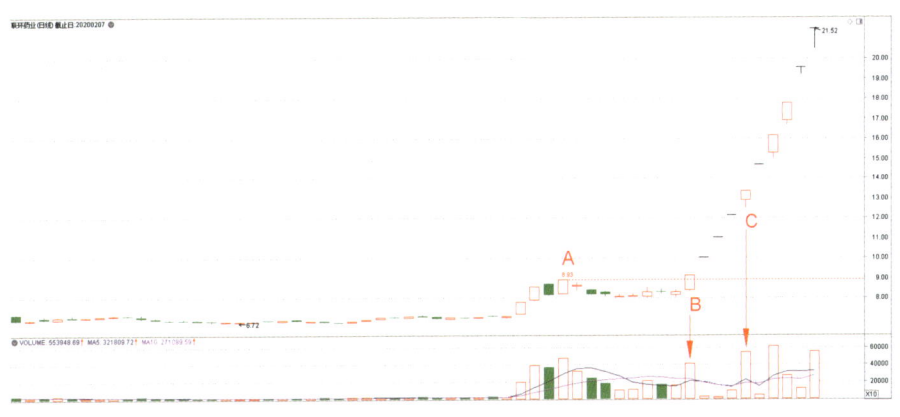

图3-17　联环药业的合力板

3．重大利好突现，超级大单强势介入。突然出现重大利好或重大行情，可以确定股价后市将出现暴涨，于是各路强势资金纷纷介入，再多的抛盘都被一扫而光，最终就形成了一个合力板。大家请看图3-18。

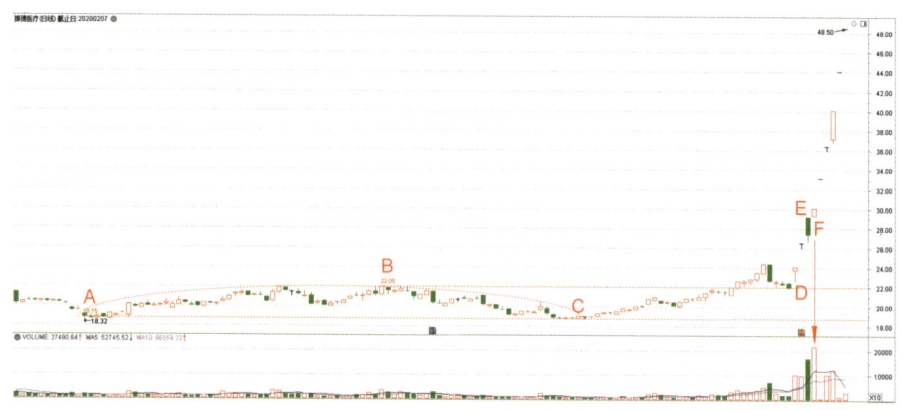

图3-18　振德医疗的合力板

从图3-18的振德医疗中我们可以看到，股价站稳A、B、C筑底波在D柱涨停启动之后，连板拉到了E柱，但E柱当天的涨停板被砸开，出现了高开低走最后收出大阴柱的走势，这说明当时场内资金的分歧是巨大的。但是，由于当时正碰上新冠病毒的行情，后面股价继续大涨的确定性巨高，当那些不稳定的投机盘纷纷撤出的时候，场外的各路大资金却纷纷强势介入，尽管E柱当天是一根放出大量的大阴，但次日F柱经过集合竞价的较量，强势介入的大资金占据绝对优势，一开盘就站在E柱的实顶之上，不到一分钟就封上涨停，盘中虽然被比前一天更大的量所砸破，但不到半小时后，就被封得死死的。之后的一个多礼拜里，天天拉板。

合力板出现的原因，可能还有几种，但从目前的统计看，主要就是这三种，它们是合力板形成的最主要因素。

三、合力板的市场属性

从以上的成因分析里我们可以知道，合力板的市场本质，就是场内的套牢盘、解套盘、投机盘、获利盘不看好后市，但主力资金和场外的强势资金高度看好后市，于是主力资金和场外的强势资金达成默契，一起吃掉空头资金的抛盘，合力做多后市，把筹码拉到更高的位置去派发的过程。所以，合力板就是主力资金和场外强势资金共吃抛盘、联手做多的标志。

但这样的标志，在我的技术分析里，可以得到什么信息呢？

1. 市场做多情绪强烈。合力板能够形成，说明看多的资金远远大于看空的资金，随着抛压的消失和下跌动能的衰竭，左右股价走向的主动权将被看多的资金所控制，股价将再次上涨。所以它的技术属性是示涨的。

2. 从众多案例的结果看，合力板的背后，往往是又一轮的大涨，甚至比脚下涨得更好。所以它的趋势是加速上涨。

因此，合力板不但是市场做多情绪强烈的信号，还是股价出现加速上涨的标志。

第六节　引爆板：主升爆发或趋势腾飞的标志

一、什么是引爆板

引爆板，顾名思义，就是可以引爆行情的涨停板。大家请看图3-19。

图3-19 通光线缆的引爆板

从图3-19的通光线缆我们可以看到，B柱成功构筑一道烽火线之后，股价出现了大涨，但它最终能够形成大涨的关键节点在哪里？毫无疑问是C柱，因为在C柱之前，还有A峰的压力，很多时候，这是很难冲过去的。

但是我们可以从图3-19中看到，C柱不但冲过去了，而且还缩量，这表明主力在冲过这道重要的压力线时是高度控盘的。既然能够轻松地冲过去，主力便不会就此跑出，而会继续拉高派发，所以C柱的后面，又拉了五个板左右。

像这种在关键峰口能够轻松过峰，并且引领股价连续大涨的涨停板，我就把它叫作引爆板。

如果细加分析一下的话，我们就可以发现这个涨停板的最大特点，就是过峰和缩量，因此这是引爆板的一个主要特征：只要能够跨过重要的凹峰，并且相对左柱或左峰还是缩量的涨停板，就可以定为引爆板。

引爆板的技术形态，一般有如下几种。

1. 一字板

一般来说，重要的左峰具有重大的压力，如果不是压力已经消化，如果不是已经高度控盘，如果不是箭在弦上，主力一般不会一字板过峰。而主力一旦一字板过重要的左峰，就不但说明左峰的重大压力已被消化，主力已经实现高度控盘，还表明主力大幅拉升股价的信号弹已经射向了蓝蓝的夜空。

例如图3-20中的道恩股份，股价在B柱之后，连续一字板拉升，到C柱前一天的T字板时，出现一根历史高量，说明当天有大资金在出逃。而后，股价一路放量，一路震荡向上，到D柱的时候，已经形成了一个当时的历史高量堆，说明场内的筹码基本都在拼命出逃，而且已经逃得很干净，所以当股价跌下来的时候，头上接盘的资金就全部被套住了。但是，股价在跌到C柱合力板的虚底时，却没有继续下跌，反而在横盘四天之后涨停向上，并在E柱一字板突破D峰。这说明两个原因：（1）D峰高量堆的压力已被主力消化，那些筹码已经变成了主力的筹码；（2）D峰高量堆的筹码本来就是主力所吃，跟盘的散户也在其后的下跌中基本被清理，所以不存在大的压力。而这两个原因不论哪一个，都表明主力已经高度控盘，它敢于跨过历史高量堆形成一字板，就说明脚下没有问题了，主力要开始拉升了。

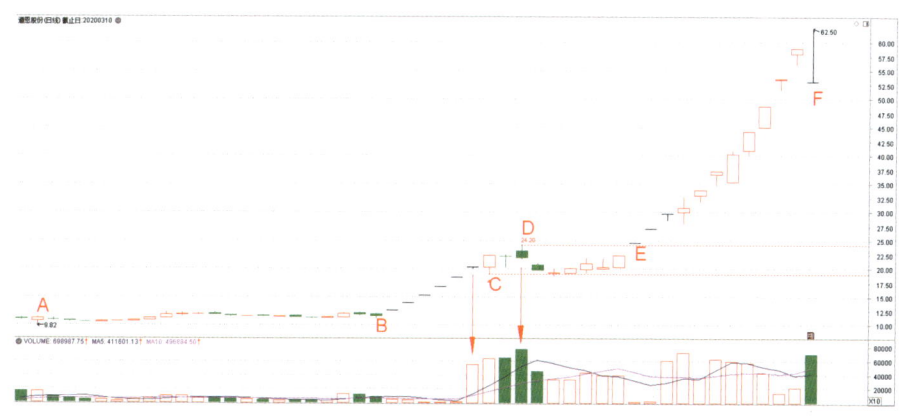

图3-20　道恩股份的一字板

2. T字板

T字板是一字板开盘之后被打开又被封死回去的一种形态。它之所以会被打开，说明它的封板不如一字板强，也说明还有较多的不稳定筹码，因此在正常情况下，T字板放量的时候比较多，缩量的时候比较小，形成合力板的机会比较多，变成引爆板的机会比较少，但这并不等于T字板没有变成引爆板的机会。大家请看图3-21。

图3-21　亚玛顿的T字板

从图3-21中的亚玛顿我们可以看到，股价突破左峰365线之后，在B、C之间也形成了一个高量堆，但C柱之后的回调，幅度很浅，次日D柱就见底回升，掉头向上，到E柱的时候，形成T字板过C峰。正常情况下，由于B、C之间的压力大，E柱一字板被打开的时候，要放量才对，但是它却缩量了。这说明了什么？这说明两个问题：（1）B到C跑出的筹码，被主力吃掉了，当时主力已处于高度控盘；（2）E柱一字板被打开，不是被获利盘或套牢盘砸开的，而是主力故意打开、骗B到C峰跟进套住的筹码出来的。当这些为数不多的散筹被骗出来之后，主力马上又封死回去，推着股价往上涨。

因此，尽管过重要左峰的T字板多为放量的合力板，但缩量的引爆板也不是没有。因为有时候主力在一字板过峰的时候，会故意打开一字板，吓出已经为数不多的不坚定筹码，这并不等于主力没有高度控盘，而是主力拉升前的一次骗筹。因此，只要这个T字板相对左柱是缩量、平量或小幅放量，同时相对左峰大幅缩量的，也是一个引爆板。

3. 大阳板

大阳板就是低开、平开、高开之后形成的涨停板，只要这个涨停板形成了对重要左峰线的突破，同时相对左柱是缩量、平量或微放量的，也是一个引爆板。因为一般来说，相对一字板和T字板来说，这种低开、平开、高开之后形成的涨停板，在突破重大压力的左峰之后不但要涨停，还要缩量、平量或微放量，难度会大许多，而它最终能达成这难以想象的目标，也说明了主力对压力的消化程度和对筹码的控制程度。

例如图3-22中的合康新能，A峰就是一个重要的左峰，它不但是上一波主力出逃的地方，也是一条6378线，当它被跌破之后，股价一路震荡向下，一直跌到B柱才止跌。之后，股价再次掉头向上，但当攻

图3-22　合康新能的引爆板

到B1的时候，就出现了强大的压力，以致其后的一个多月时间里，股价的走势都活在它的阴影之下。后面虽然突然放出一字板拉升，但B2在触及A峰线的时候却再次放量大跌。但是，次日它却触底回升，而后一路涨停向上突破，C柱的前一天虽然放出了一根当时的历史高量，好像压力巨大，但次日C柱却几乎缩半涨停，说明前一天虽然抛压很大，但都被主力笑纳了，C柱及C柱后一天的连续大幅缩量，表明主力没有出逃，主力在高度锁仓，主力还想拉高。因此，消化压力之后缩量涨停的C柱，就是点燃股价连板拉升的引爆板。

二、引爆板的成因和本质

那么，这样的引爆板，是不是主力想拉就可以拉出来的呢？肯定不是！主力能够拉出这样的引爆板，主要有如下三大原因。

1. 主力操盘计划进展的使然。主力经过长期的准备，不但实现了对筹码的高度控盘，还把市场的筹码归集到了主升浪的临界点，除了上涨，已经无路可走。例如图3-23中的晶方科技，股价从左峰跌到底部之后，用三个多月的时间，构筑了一个筑底波B波，然后又用10个月的时间，构筑了一个很大的接力波C波，最后发起强烈的攻势，突破了6378线（A峰线）的压力，形成了一个合力波D波。主力前前后后花了近两年的时间，耗费了大量的人力、物力、财力和精力，才好不容易完成了这三波的建构。按照我之前讲的主力行为结构学的原理，主力完成这三波的构筑之后，后面是要发起主升浪的。而从合力波D波当时的成交量来看，形成了见底以来最高也最大的量堆，这说明上下左右的筹码已被集中到这个区间。而D峰（见小图）之后的回踩，跌幅不到20个点，并且一路缩量，这说明多头控盘良好，下跌动能严重不足。在这种情况下，主力为了尽快完成自己的操盘目标，除了拉升，已经别无选择。所以，E柱的那根缩量引爆板，就是主力发起冲锋的号角，也是一轮主升开启的序幕。

图3-23　晶方科技的引爆板

2．重要压力被成功消化之后的使然。经过多次的上捅，主力已经消化了左峰的压力，控制了绝对多数的筹码，有资本也有机会去拉高派发。例如图3-24中的金健米业，股价从脚下拉到A柱之后上下震荡，形成了A和B两堆高量堆，之后股价一路下跌。为了释放掉头上的压力，为后面的拉升打好基础，主力在下跌的途中，拉出一个B1峰，让头上的套牢盘割肉；在C柱见底之后，又拉出一个C1峰，再次引诱头上的套牢盘割肉；D柱之后，又是连板拉升，冲过C1、B1和A峰，拉到D1才冲高回落，让原来不愿出来的套牢盘尝到一点甜头，并用冲高回落的阴线警告它们见好就收，不跑就继续大跌给你看。而从当时D1收出的历史高量看，大家也确实见好就收了。但让大家感到尴尬的是，第二天股价直接在D1的阴实顶上高开高走涨停，第三天F柱回踩B线后再次缩量涨停，这表明主力已经消化掉了左峰的压力，在D1上下买进去的筹码，也在高度锁仓，都一直看好股价的后市，所以才会出现F柱的缩量引爆板。

图3-24　金健米业的引爆板

3．突发性重大事件或利好的使然。由于爆出突发性的重大事件或利好，场内资金高度锁定筹码，场外资金抢筹欲望强烈，从而导致求大于供甚至无货可供的局面，这个时候，是很容易形成引爆板的。例如我前面讲过的联环药业就是这样的（见图3-25）。B柱那天，爆出新冠肺炎可以人传人的消息，股价在A柱后面沉寂一段时间之后，在2020年1月17日周五（B柱）突然涨停拉升，从它脚下的量柱看，当天有很多场外的资金进场抢筹。经过周末两天的发酵，人传人的消息进一步得到了确认。尽管该股的产品与新冠肺炎不搭边，但大家并不晓得，而且它的趋势、涨势最好，所以场外的资金急着进场，而场内的资金也一致看多后市，这就导致2020年1月20日周一（B柱后一个交易日）直接一字板开板，从而使得B柱后面形成了一字板的引爆板。

以上三种情况，就是引爆板出现的三大成因。一般来说，前面两种比较确定，引爆板出现之后的行情，基本都是连续性的大涨特涨；而后面一种，要看主力建仓的情况。如果主力已经准备好，就会借势拉升，如果还没准备好，拉两三个板后也要跌下来。同时还要看事件或利好是否足够强大，如果事件或利好足够强大，就会一路拉升，即使主力不拉，场外的资金也会进来抢筹拉，最终逼着主力一起拉。如果事件或利好不够强大，那么除了主力已经完成主升的全部准备外，大多会拉不起来，因为它拉没有人捧场，甚至还有更多的资金会砸场。这点是需要大家在实战中认真仔细地甄别的。

图3-25　联环药业的引爆板

三、引爆板的市场属性

从以上的分析中我们可以知道，引爆板就是主力消化重要左峰的压力，完成建仓并高度控盘之后，利用消息面或突发性事件进行大幅拉升的标志。而根据其后的走势来看，引爆板一般具有以下两大市场信号。

1．主升爆发的信号。由于引爆板多出现在中部主升临界点的位置，筹码已经归集到一个区间，多头已经高度控盘，而主力的操盘目标又还未完成，因此一旦有利好配合，后面很容易出现主升浪的行情。

2．趋势加速的信号。有些个股由于位置或消息面的原因，出现引爆板后无法走出主升行情，但由于主力已经实现控盘，它也要拉出一定的涨幅去高抛，所以，尽管有些引爆板无法形成主升浪，但也会有一波不错的涨幅，因此它是趋势加速的信号。

从这点上说，引爆板不但是示涨的，而且还是主升爆发和趋势加速的信号。

第七节 派发板：主力出逃和市场热烈追涨的标志

一、什么是派发板

成交量高的价柱，大家一般心里都有一种畏惧，因为不但表明接盘的人很活跃，也表明场内控盘的人也在大量出货，而这通常会意味着下跌。

例如图3-26中的荃银高科，股价在A柱后面形成一个相对的凹底之后，一路盘旋向上，最后在A1开始加速，并在A2之后出现连板拉升。但当拉到B柱的时候，却放出了一根当时的历史次高量柱。这么大的量柱，会是谁的呢？从B柱之前的连续一字板看，毫无疑问是主力的，因为股价能够连续一字板拉起来，说明当时主力已处于绝对控盘，掌握着绝对多数的筹码，主力不跑，没有人会有这么多筹码跑。所以，B柱就是主力的派发板，是主力拉高之后出逃的开始，而在后面的持续放量中，主力也在拼命派发，在派发到C柱的时候，终于形成了一根当时的历史最高量柱，说明主力的派发在这一天终于达到了高潮，而后，股价直接砸到跌停，开启了又一轮的下跌。

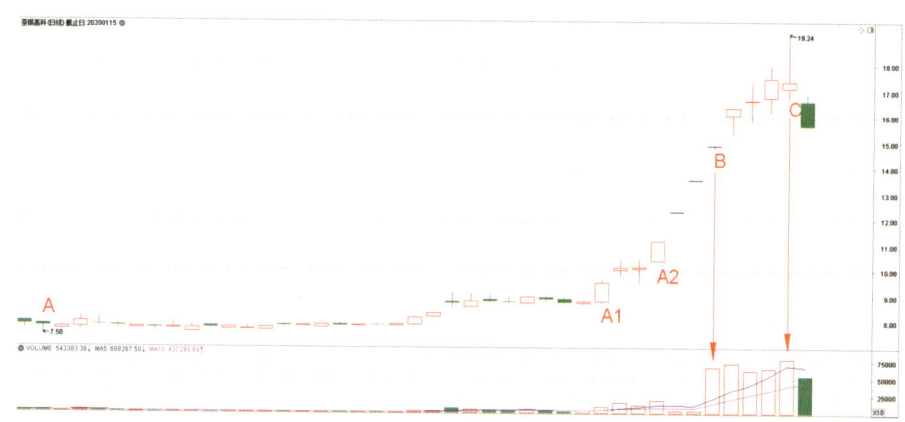

图3-26 荃银高科的派发板

那么，是不是只有像B柱这样的巨量T字板才是派发板呢？也不是的。根据我的经验、观察和大量的数据分析，派发板还有以下几种形态。

1. 大阳板，也就是放出历史巨量的低开、平开和高开的涨停板。如果这种板出现在一个波段的高位，或者出现在主升浪的中高位，那么就是派发板。因为股价能拉到这个位置，离不开主力的控盘和运作，主力要是不跑的话，散户就无法跟讲好似的在同一天里扔出这么多的筹码，也没有这么多的筹码来扔。而主力既然要扔出这么多的筹码，肯定是感觉位置差不多了，可以跑路了。

从图3-27中的世纪天鸿可以看到，股价从左峰跌到A柱之后，形成了一个筑底波的形态，而后在B柱次日开始一字板拉升。它为什么能够一口气连拉七个一字板？它就不怕砸盘吗？原因只有一个，在B柱之前，它就已经实现了绝对的控盘。我们打开电脑缩图后还可以发现，2019年3月21日下跌之前，股价是价升量缩，主力是处于高度控盘的，2019年3月21日之后的下跌，是双单下跌，主力是没有逃出的。我在它拉升之前，曾经多次点评它的主力已经高度被套，而高度被套的另一面，则是高度控盘。所以B柱之后，它才有可能连续一字板拉升。而拉到C柱前一天的一字板是，一字板上就扔出了3.21亿元的筹码，换手高达23.44%，第二天C柱的大阳板，更是扔出了9.07亿元的筹码，换手率高达61.75%，两天合计扔出12.28亿元的筹码，换手率达到85.19%。试问，如果不是主力扔的，谁有这么多的筹码？因此，C柱前一天的一字板是派发板，C柱当天也是派发板。

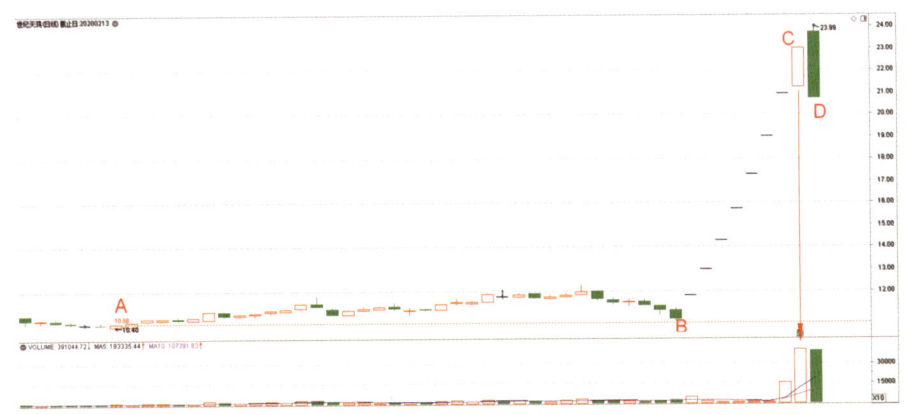

图3-27　世纪天鸿的派发板

2．梯量板，就是连续放量的涨停板。一般情况下，主力的出货都是出现在连续的上涨中，涨得越欢，出得也越多，因此连续放量的梯量板，就是主力有序出货的标志。

例如图3-28的常铝股份，B柱启动龙二波之后，股价一路震荡向上，特别是C柱的后面，更是连板拉升，但在D柱到E柱之间，却形成了一组梯量板，它表明有大资金趁着市场热烈追捧的情绪在悄悄地出货，因为D柱和D柱的前一天，成交量是大幅缩量的，它表明主力处于绝对控盘的状态，如果主力不出货，后面就放不出那么多的量。所以这个梯量板，就是主力悄悄出货的派发板。如果最后一根高量板的后面不继续缩量涨停，那么就说明做多的资金出现了分歧，或者做空的力量已占据上风，后面下跌或大跌的可能性就陡然上升。

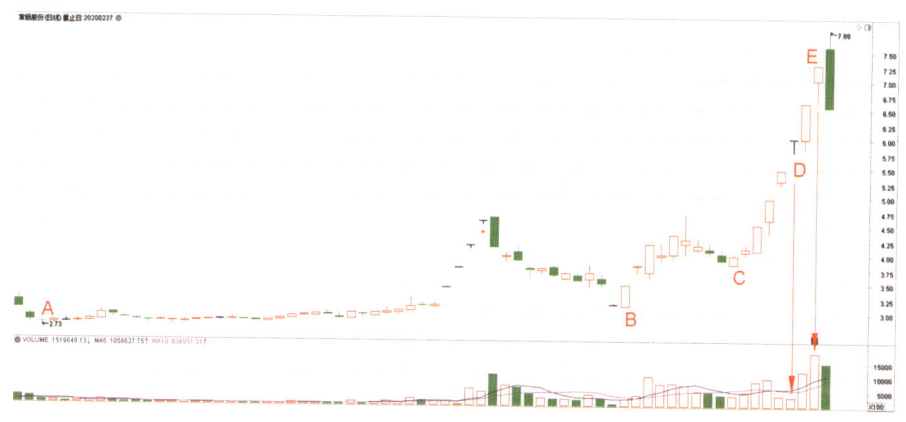

图3-28　常铝股份的梯量板

3. 破板，就是涨停板被砸开的破板。这种板，大多位于股价的波峰，成交量也冠绝整个波段，是主力疯狂抛售的结果。最后形成的形态，不是凹峰烽火柱，就是极阳次阴。

例如图3-29中的三五互联，股价在A柱见底之后，形成了一道燃烧的导火索，最终在B柱出现了引爆，连续一字板拉升，最后拉到C柱的时候，出现了第一次的派发板。次日虽然冲高回落出现大跌，但第三天却高开高走缩量涨停，说明主力还没跑完，或接盘的强势资金占据着主导的地位，但其次日的D柱封上涨停之后不到2小时就被砸开，再次引发放量大跌，说明这一次不但主力在跑，前面几天接盘的资金也在跑了，因此它也是一个派发板，只不过抛压太大，无法封住而已。这说明这样的破板派发板，示跌和见顶的信号比前面两种更强烈。

图3-29 三五互联的破板

4. 未板，也就是无法封上涨停的派发板。这种形态，我以前叫作派发柱，但它的性质跟派发板是一样的，只不过级别低一级罢了，如图3-30所示。

图3-30 中国应急的未板

从图3-30的中国应急中我们可以看到，股价在D柱之后出现了连板拉升，从F柱之前两天低微的成交量中我们可以看出，主力当时是处于高度控盘之中的。因此E柱那天的放量涨停，就是一个派发板，因为主力不跑，就没有人会有那么多的筹码跑。而D柱次日的F柱，虽然没有杀到涨停就冲高回落，但它的成交量更大，说明股价在上涨的过程中，主力还在大量出货，并且由于量太大，还把股价给砸了下来。因此，尽管F柱没有涨停，但它的性质跟派发板是一样的，而且它跟E柱构成了一个连续性的出货动作，所以也可以当作一个派发板看。

从以上的分析中我们可以知道，派发板的量价形态与合力板比较相似，不同的是，合力板背后涨的机会比较多，跌的机会比较少。因此在具体的实战当中，股价一旦出现派发板的时候，就要引起我们的高度警惕。

二、派发板的成因和本质

那么，股价为什么会形成派发板呢？

1. 股价遇到了压力，主力必须先跑为上。这种情况，大多发生在主升浪之前。股价见底和筑底之后，趋势虽然是上升的，主力也是往上走的。但每走到一定的幅度，就会遭遇到头上的压力，脚下也会形成一定的获利盘，这种时候主力就要做高抛低吸，先跑为上，从而导致了派发板的形成。

例如图3-31中的西安饮食，股价从头上跌到B柱的时候，出现了见底，而后形成导火索一路震荡向上，到了C柱之后，更是出现了加速上涨，但当涨到D柱的时候，却碰到了A1线的压力，这条压力线之上，承载着整个A峰的高量堆套牢盘，主力要上去，它们就要解套出逃。同时，D柱之下，又积累着A2线以下的庞大的获利盘，它们也在虎视着主力，一旦主力冲不过去，它们就会一单扔掉就跑。

图3-31 西安饮食的派出板

所以在这种上下夹攻的形式下,主力就要利用涨停出货,先跑为上,因为连续的大涨,不但可以稳住头上脚下要跑的筹码,还可以诱导别人进去接盘,这样就有利于主力自己的出货。而且由于当天是涨停,很多人还会产生错觉,认为主力还会继续上攻,次日还会有大批的资金去追捧。所以,主力在D柱当天大量出货之后,尾盘再次封上涨停,次日低开之后再次把股价拉起,利用低开高走引诱别人进去接盘,自己却借机溜走了。

因此,当脚下出现较多的获利盘,又碰到头上的压力盘时,股价就很容易出现派发板。因为这个时候主力不派发,就会被别人派发,所以主力必须制造大涨的假象,骗别人接盘和锁定筹码,自己却在胜利抛售。

2. 股价已经拉到了很高的位置,主力必须出货。这种情况大多发生在主升浪的中期,由于主力控制着绝对的筹码,无法在三两天内跑完,因此它必须在大家情绪高涨的时候,分批分次地出逃,而这就会导致派发板的形成。不过,由于大众的热情刚被调动起来,主力也还无法一下子跑完,因此这个位置的派发板后面,股价大多还会继续往上涨。

例如图3-32中的模塑科技，股价从A柱拉到C柱前一天的时候，不但早冲过了6378线，还达到了最高267.75%的涨幅，次日的C柱再次放量涨停，即使从6378线算起，也已经翻了一倍。在这种情况下，C柱这根放量板，就不是单纯的"合力板"了，而是主力的出逃信号——派发板了。原因我前面已经讲过，股价能够拉得这么高，离不开主力的高度控盘。但高度控盘的主力，不可能在见顶的时候才跑，因为那个时候它根本跑不出来，它要是跟散户一样一单就把全部筹码砸出去的话，那样就会天天砸跌停，根本跑不出。它要在公众做多的情绪被充分调动起来之后、趋势还未见顶之前、股价还在狂热拉升之中的时候，分批分次地出逃，因为只有那个时候那种样子的出逃，主力抛出的筹码才有强势的资金接盘并推着股价继续上涨。因此，C柱的这个放量板，尽管也含有"合力板"的意味，但它由于位置已高，本质上却是主力出逃的信号，因此它是一个派发板。但由于它是分批分次出逃，不是倾囊倒出的一锤子买卖，市场还能承受得住，因此后面还是一样地上涨。

图3-32　模塑科技的派出板

3. 股价已经达到或超出主力的最高目标位，主力可以毫无顾忌地抛售。这种情况多发生在主升浪的后期或顶部，那时候，涨幅已经超出了主力的最高目标位，主力也跑得差不多了。所以这种时候，主力就会跟散户一样，一天甚至一单就把筹码统统扔掉。所以这种情况下出现的派发板，往往就是见顶的标志。

例如图3-33中的奥美医疗，股价在D柱走出筑底波之后，开启了连板上攻，当攻到E柱的时候，最高涨幅从最低价19.06元算起的话，已经达到了118%。所以，当天就有大量的筹码跑出，换手率高达46.62%。但由于当时疫情正酣，抢筹的资金量大，所以它就变成了合力板，推着股价继续往上走。但当涨到F柱的时候，大家就可以看到主力和接盘资金都在毫无忌惮地抛售了。

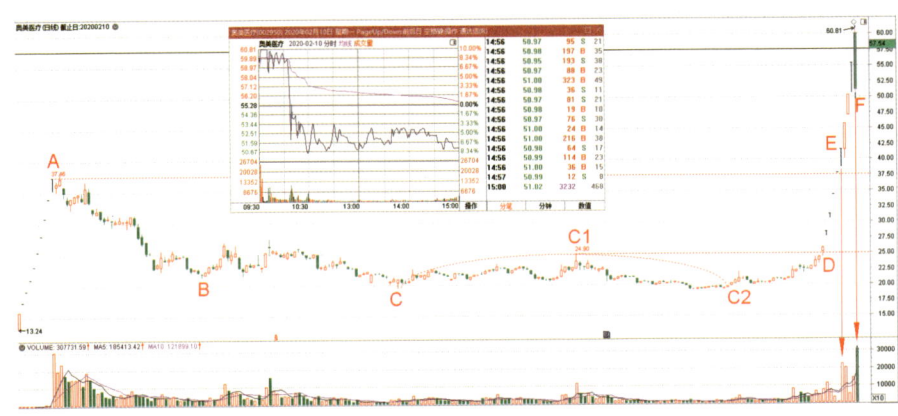

图3-33 奥美医疗的派发板

为什么？

从A柱附近的成交量看，当时有大资金买进了筹码，但后面的双单下跌，说明那些大资金被套住了。所以C系筑底结束之后，大资金的第一目标是解套，第二目标是盈利出来。而D柱之后恰好碰上新冠病毒疫情的暴发，于是大资金就利用自身高度控盘的优势连续T字板和一字板拉升，当拉到E柱的时候，它其实就已经达到了第二目标，即盈利。因为大资金虽然是在A柱附近才建仓的，但在B柱和C柱都进行过大量的补仓，把资金的持仓成本给大幅降低了下来，当股价重新杀到A柱头上时，它其实已经大幅盈利。所以E柱的时候，它们就开始跑了。当拉到F柱的时候，股价就超出了它们的预期，所以它们就毫无顾忌地跑了。而对于接盘的资金而言，病毒防护已在F柱前一天出现了见顶的拐点，硬守只会造成硬伤，所以它们也在比谁跑得更快，最终导致了最大跌幅近20个点的剧烈震荡。

我们看看分时图吧，看看它们是怎样出逃的。从图3-33中我们可以看到，F柱当天在八个多点高开之后，曾经短暂地封住涨停，看似很强的样子，其实这样的封板是用不了多少资金的，因为它高开太多，离涨停太近，少量的资金就可以封上涨停，甚至不用主力自己动手，那些盲目看好的资金就可以帮它封上涨停。而这样一来，就会有很多资金跟着去封板。这之后，主力可以倾巢而出，把剩下还没跑完的筹码全部扔出，跑在高位上。当涨停板被砸开之后，虽然还想做多的资金几度想把它封死回去，但由于抛压太大，几度攻到涨停附近几次又被打下来。最后，E柱和E柱接盘的资金一看势头不对，再结合其他概念股的大跌，也赶紧扔出全部筹码，比谁跑得更快，结果就导致了10点04分之后的直线狂跌，最终使得这个派发板变成了见顶标志的破板。

所以，尽管派发板的成因各有不同，但这种情形导致的破板或未板，是助涨质量最差的一个，因为它的后面几乎都是一轮大跌的开始。

三、派发板的市场属性

从以上的分析中我们可以知道，派发板是跟合力板差不多的一种量价形态，但由于各自的位置不同，所以它们的性质也不同。合力板由于基本都是出现在主升浪的初期，是主力资金和场外资金做多股价前联手对抛压的一种强势消化，所以它的后面涨的概率大，跌的机会少。而派发板多发生在一个波浪的波峰，面临着头上和脚下的双重压力，在主升浪尾期的更是超额完成了拉升的目标位，一般都会选择快速出逃，所以它的后面跌的机会大，涨的概率小。

但这也不是说派发板之后就一定会跌。如果在主升浪中部位置的，则大多还会继续上涨，因为那个时候主力的操盘目标还未达到，控盘的筹码也还没法一下子出完，因此它必须配合接盘的强势资金继续做多，有节制、有分寸、有步骤地分批出货。因此这个位置上的派发板，还是示涨。

但不管怎样，只要主力开始逃，股价大多走不远，尽管当时市场还在热烈追涨。但由于失去了股价上涨的主导力量，后面就一定会下跌。因此从这个意义上看，合力板就是市场情绪热烈和主力出逃的标志。

第四章

涨停板的实战技巧

在前面的章节里，我对涨停板进行了比较深入和细致的分析，根据它们的位置、市场意义和主力意图，把它们归纳、定义为七大类型，即启动板、接力板、焖杀板、引爆板、隔离板、合力板和派发板，并对它们的形态、成因、本质和属性进行了阐释和注解。

但这样的定义、阐释和注解，仅仅还是理论层面上的。如果我们要想捕捉这些涨停板，或者用这些涨停板去捕捉后面的趋势或行情，则还需要一些方法和条件。所以在接下来的章节里，我就来讲讲要怎样利用这些涨停板才能伏击到后面的连板或大涨。

第一节　启动板实战要点

一、什么是启动板

从图4-1中可以看到，天夏智慧经过几轮大跌之后，在B柱出现了一根真正的拐点烽火柱，而后股价通过缓慢的震荡筑底，又形成了一道燃烧的导火索，并最终在C柱出现涨停。之后，股价以这根涨停为依托，又进行了四天的洗盘，最后又在D柱连续拉了近三个板。像C柱这种出现在底部的，守住左底之后还会拉板的第一个涨停板，我就叫它启动板。

图4-1　天夏智慧的启动板

这种启动板，是新行情的开始，只要它一出现，后面一般都会继续上涨或拉板。例如图4-2的海联金汇，股价经过一轮大跌之后，终于在B柱形成了真正的拐点，而后经过一段时间的震荡，终于在C柱收出一根启动板。之后，股价没有再跌，经过两天的洗盘之后，股价再次掉头向上，三天拉出了两个板的空间。

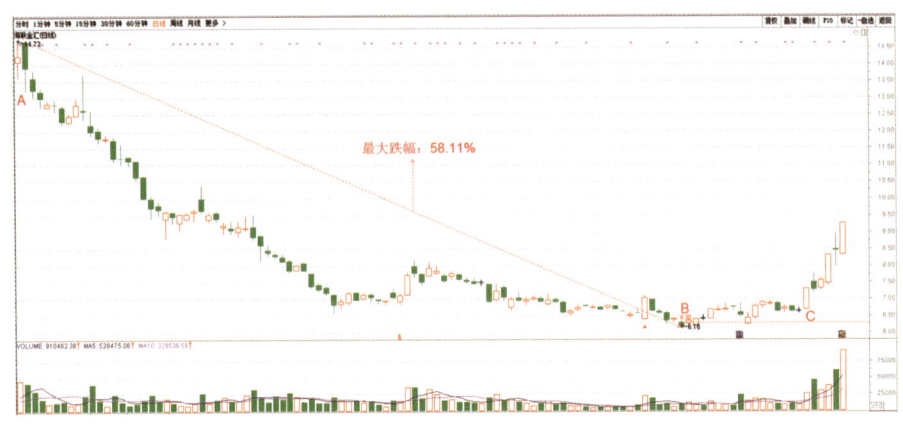

图4-2 海联金汇的启动板

这些启动板为什么会有这么强的示涨功效呢？从图4-1中的天夏智慧我们可以看到，股价跌到B柱之后，是处于大跌的凹底，而B柱之后的横盘震荡，则表明主力在凹底进行了筑底。在筑底的时候，主力一般是不会拉涨停的，因为它要悄悄地建仓、吸筹，不想被别人知道。在筑底的后期突然拉出一根涨停，它通常就表明了以下两种意思：一种是这脚下已经没有廉价的筹码了，另一种是主力的筑底已经结束。而无论是哪一种意思，它都表明了下跌行情的终结，上升行情的开始。所以，它的后面才会出现继续上升。

而海联金汇（见图4-2）也一样，股价跌到B柱之后不但没有继续下跌，反而以它的实顶为依托，进行震荡筑底，当C柱突然爆出一根涨停的时候，就说明脚下的廉价筹码已经被有效消灭，也表明震荡筑底已经结束，下跌的趋势在这里得到了终结，新的上升趋势已经开始。它成了新老趋势交接的一根关键板柱，它的后面，就是老趋势的日渐式微，新趋势的次第展开。所以，C柱才会继续出现涨停或连续涨停！

因此，所谓启动板，就是底部出现的第一根涨停板，由于在这根涨停板出现之前，股价不但经历了一轮大跌，而且主力也完成了建仓筑底，所以它既是下跌趋势的终结柱，也是上涨趋势的启动柱，在它的后面，都是一轮崭新行情的开始。

二、启动板的实战要点

那么，在实战中，我们要怎样来伏击启动板呢？

1. 首先要关注位置

我前面说过，启动板是下跌趋势的终结、上涨趋势确立的涨停板，而这个涨停板既然是下跌趋势的终结、上涨趋势的确立，那么它一定是位于大跌后的底部。例如图4-3中的中昌数据，C柱涨停板的位置，如果从左峰A柱的实顶算起，最大跌幅已经达到了56.58%，而要是从2017年3月23日的顶峰25.57元或2019年1月10日的主峰21.98元算起，跌幅更是高达73%和69%以上，是2015年后四年里的最低位。因此这里形成的涨停

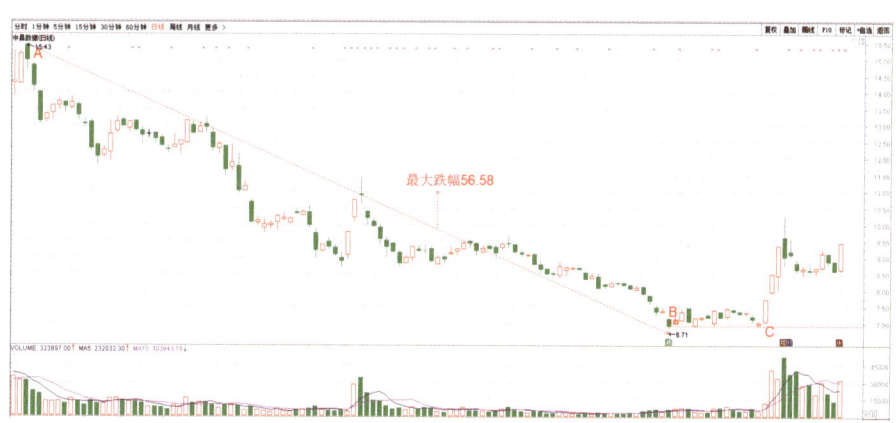

图4-3　中昌数据的启动板

板,终结下跌趋势、开启上涨趋势的信号特别强烈。所以它的后面出现了连板,回踩几天之后又再次拉板。这就告诉我们一个道理:启动板的位置,即使从最近的左峰算起,跌幅也要达到50%以上才好。

但是,启动板本身的位置,却不一定要"绝对"低位,只要它的脚下有"绝对低位"就行,它自己的位置可以高于"绝对低位"。例如图4-4的新奥股份,它的启动板是C柱一字板,但它的位置不是在A、B附近的"绝对"底部。但缩图之后,它依然还是处于2015年之后的四年大波底,因此,它依然还是一个底部位置。这传递给我们一个信息:只要是见底之后出现的第一个涨停板,都是启动板。

图4-4 新奥股份的启动板

例如图4-5中一拖股份的C柱启动板,它出现的位置,比A柱高出30%多,而且之前也有过一波60%的涨幅,好像不是在底部的样子。但是,由于它脚下的A柱是2014年之后的五年大底,而A柱之后的第一个涨停板又是它,所以,它还是属于启动板。

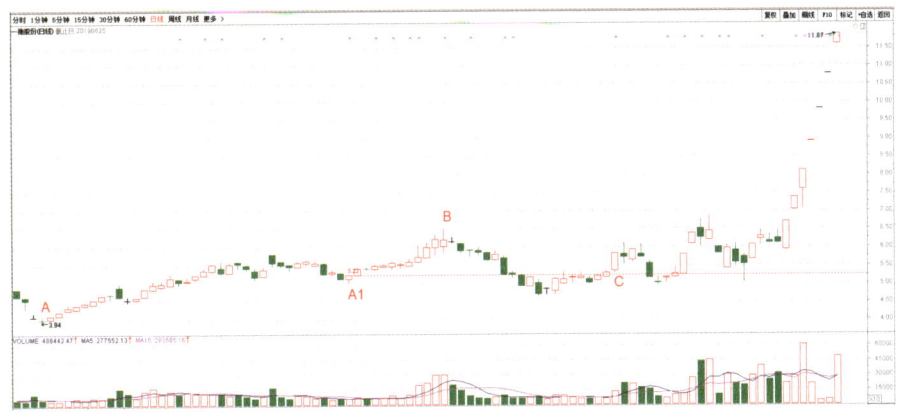

图4-5 一拖股份的启动板

2. 其次要关注结构

强烈示涨的涨停板结构,主要分为三种类型。

(1)导火索结构,就是在导火索后面形成的启动板。例如图4-6的中超控股,C柱启动板出现之前,它先形成了一条燃烧的导火索,这说明股价从2015年的左峰跌到这里的时候,下跌动能已经极度衰竭,主力开始筑底,其期望用导火索来突破楚河汉界的压力,从而实现战略的反攻。所以,在这种基础上形成的启动板,后市向上的概率就大。

图4-6 中超控股的启动板

（2）筑底波结构，就是在筑底波成形或形成之后出现的启动板。例如图4-7中的超讯通信，它在E柱之前先构筑一个筑底波，筑底波构筑完成之后，再拉出启动板。这说明向上趋势打开之前，主力已经先行筑底，后面的涨停，是主力筑底结束之后的自然拉升。有主力的基本仓做垫底，这样的启动板后面出现连续拉升，那就再正常不过了。所以这种结构的启动板，示涨的功效也很强。

图4-7　超讯通信的启动板

（3）拐点柱结构，也就是拐点柱出现之后的次日或几天内，就出现了启动板。例如图4-8中的怡亚通，C柱启动板出现的前两天，它在B柱先收出了一根助力烽火柱，震荡一天之后，马上就出现了涨停。这说明在涨停出现之前，已经先出现了拐点，股价已经跌无可跌，面临着变盘的信号。但拐点后马上出现涨停，大多都是因为有利好出现。如果主力已经完成建仓的，可能会借势拉升；如果是不完全完成建仓的，拉一两个板后可能会继续震；如果是建仓还没完成的，拉一两个板后还会砸下来。所以，在这三种类型当中，导火索结构或筑底波（含小三角波）结构的启动板示涨属性更强一点。

图4-8 怡亚通的启动板

3. 启动条件：被套

启动板要出现，除了位置、结构之外，还有一个重要的条件，那就是主力要被套。也就是说，在结构性助涨基因形成之前，主力必须已经进行过较大规模的正式建仓，而后出现破位下跌，形成主力被套。而这种的形态，主要表现为以下两种。

（1）价升量缩，就是在下跌之前的凹口出现过价升量缩。因为价升量缩通常是主力控盘的标志，而后的突然凹陷双单下跌，就说明主力已经被套住了。例如图4-9中的中威电子，A柱是一根高量柱，后面出现了价升量缩的走势，说明主力在那时已经实现了控盘，但B柱出现破位下跌之后，就说明主力已经被套住，因为A柱之后没有什么量，它跑不出来。在这种情况下，只要一旦止跌形成拐点，后面就容易出现涨停。像中威电子在C柱形成拐点之后，连续三天都守住筑底烽火柱的虚底不破，最后就在D柱掉头涨停收出启动板了。

图4-9 中威电子的启动板

（2）下量低上量，就是底下的结构基因链的量要低于头上主力建仓的量。例如图4-10中的融钰集团，E柱之后导火索的量，就低于BC区间主力建仓的量，它说明在BC区间，主力就已经吃掉了基本的廉价筹码，后面的下跌缩量，不但表明下跌动能的衰竭，也表明主力没跑，主力已经被套。而E柱之后形成的导火索缩量筑底，表明主力已经控制了盘面，正在为后面的拉升做准备。在这种基础上，后面形成启动板的概率就很大。

图4-10 融钰集团的启动板

所以，认识主力被套的特征，发现主力被套的位置，对于配合相关条件，准确伏击启动板具有重要的作用。

4. 爆发条件：风口

当位置、结构、量价（被套）三大前置条件都符合启动的时候，就很有可能会出现启动板，但启动板之后能否形成或契合热点，则决定启动板的强弱和涨幅。例如图4-11中的深赛格，股价砸到A柱之后，形成了一根拐点烽火柱，之后连续八天，都有效守住它的虚底不破，这说明它的属性是示涨的。但是B柱的时候，能够以一字板形成启动板，并在启动板之后连续一字板拉升，毫无疑问，它是契合了深圳先行区的大热点。如果没有这个大热点所形成的风口，它是很难收出一字启动板的，更不可能是连续一字板。

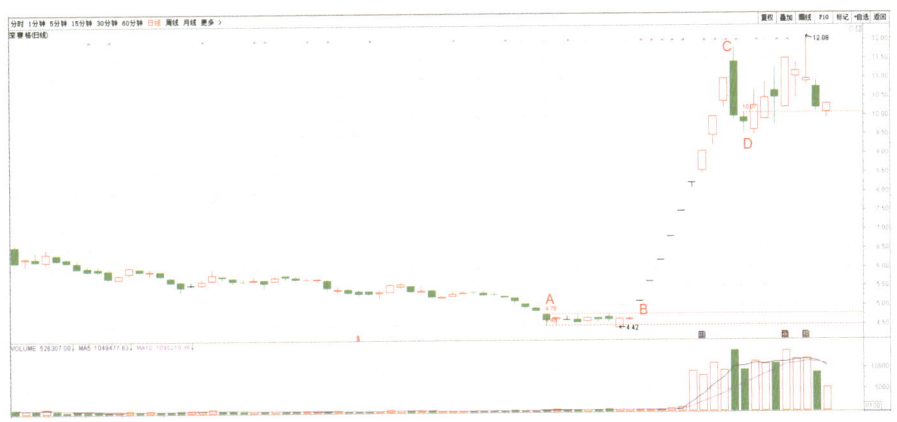

图4-11　深赛格的连续一字板

要是没有热点风口的契合，即使具备了启动的若干条件，也不一定会启动。例如图4-12中的中天金融，从位置看，它是2015年以来的历史底部。从结构看，它也形成了筑底烽火柱和接力烽火柱的上升结构。从量价看，也是下量低上量，但它却一直没有效启动。这是为什么呢？这是因为属于它的风口还没到来，因此它就在那里慢悠悠地打造它的导火索。从量能看，这附近是没有什么大的压力的，之所以这样，就是在等待风口。把它跟深赛格一对比我们就可以知道，选择暴风眼里的启动，才会有彪悍的涨幅，也才会有丰厚的收获。

图4-12　中天金融在等待风口

5. 买入条件：异动

从前面的分析中我们可以知道，决定启动板的核心条件是结构，那么在实战之中，我们就要以它的结构基因来设置伏击点。由于我主要讲了三种结构，因此我在这里也只能讲三个买点。

（1）导火索的买点。导火索在收出启动板之前，都会在一条重要的压力线下装死，然后再伺机突然一跃而起冲上涨停，因此我们对它的伏击，要么就在它装死的时候进入，要么就在它一跃而起冲过压力线的时候介入。例如图4-13中的同济堂，股价从左峰跌到B柱之后，形成了一道燃烧的导火索，从这条导火索看，它的重大压力线是A3线，C柱之后，几个回合上攻都无功而返，但又不跌破C柱的实顶，很明显是突破前的装死、匍匐，因此我们可以在C1之后悄悄地潜伏进去，也可以在它在D柱的时候突然一跃而起冲过压力线之后及时跟进去。

图4-13　同济堂的买点

（2）筑底波的买点。筑底波的买点有很多，但由于我们要伏击的是启动板，所以我们要把筑底波的右拐点当作我们的伏击点。例如图4-14中的浩云科技，股价从左峰跌到D柱之后，形成了一个筑底波，而这个筑底波的右拐点就是E柱，所以我们可以在E柱收盘前几分钟买进去，也可以在E柱次日开盘后视机介入。这都是筑底波结构启动板的第一买点。当然突破筑底波波峰的时候也是买点，但位置高了，而且有些筑底波落差比较大，等突破筑底波波峰的时候，已经好几个板了，那时伏击的已经不是筑底波了。因此，筑底波结构启动板的买点，就是筑底波的右拐点。

（3）拐点柱的买点。拐点柱的买点，最少也有三个，即首次有效突破、二次或N次突破、回踩不破再掉头。这个大家可以参考拐点战法。例如图4-15中的新奥股份，股价跌到A柱的时候，形成了一根筑底烽火柱，次日股价低开高走有效站上烽火柱的实顶，就是第一买点，我们可以寻找最佳的时机介入。当股价涨到在A1回落之后，在B柱形成了接力烽火柱，因此在它收盘前就可以介入。因为这个接力烽火柱，是对A柱烽火柱成功筑底的一种确认，暗示后面有可能会加速上涨收出中到大阳。而B柱次日高开高走的时候，更可以介入。因为，它不但证明了B柱是一根接力烽火柱，还是一个小筑底波的右拐点。在这些地方买进去，一般来说，都会产生不错的收益。

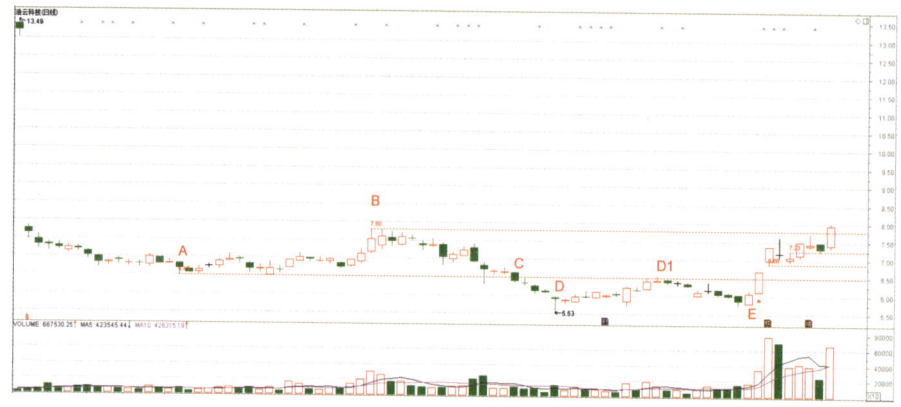

图4-14　浩云科技的买点

图4-15　新奥股份的买点

三、启动板的风险管控

1. 及时止盈

启动板虽然是新趋势的开始，但由于在底部，受头上压力和脚下获利盘牵制的双重影响，如果不是碰到特别利好，如果不是主力高度被套，正常情况下都不会V型大反转。因此在实战当中，要做好止盈，否则就容易出现利润回吐的风险。根据我的研究，启动板的止盈，可以参考两个条件：涨幅+压力，即从脚下最低价算起，涨幅达到30%~50%，就会出现震荡洗盘的机会，但还要加上明确的压力信号，因为有些启动板之后可以涨到80%以上。这两个条件都出现，就可以止盈。

例如图4-16中的力帆股份，假如在C柱时及时跟进了，要什么时候止盈呢？就看刚才说的两个条件。从图4-16中可以看到，股价从脚下的最低价3.06元开始，到D柱的开盘价时，最大涨幅达到了55.23%，符合震荡洗盘的第一个条件，而D柱本身，不但是一组见顶的阴阳剑，还是一根上吊线，压力山大，见顶明显，所以D柱收盘前就要及时逃出，否则利润就要大幅回吐。

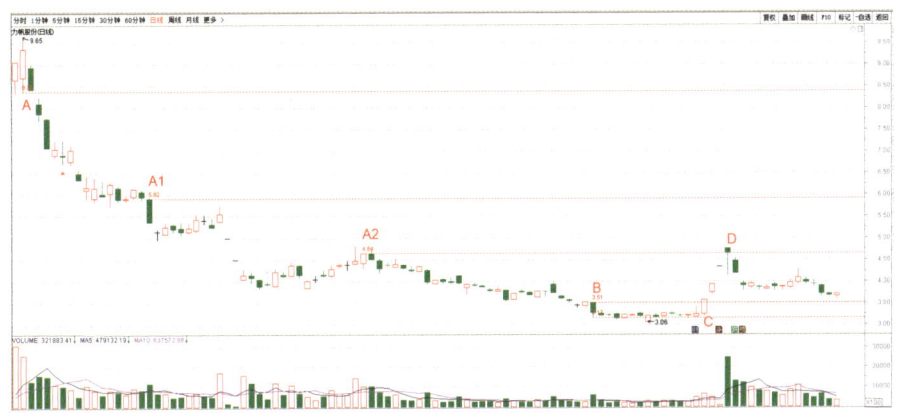

图4-16 力帆股份的止盈

2. 破底止损

有些人由于介入早，成本低，不想妄动，这个也是可以理解的。但是，如果启动板的实底被跌破了，该跑还是得跑。因为启动板一般都发生在下跌趋势当中，如果启动成功，这里就是底部，如果启动不成功，后面就会继续下跌，这里有可能成为山腰。而启动失败的信号，就是启动板的实底被跌破。因此，启动板的实底一破，再看好的股票，也要先退出防控风险。

例如图4-17中的同达创业，股价从左峰跌到A柱的时候，最大跌幅已达62.31%，因此这个助力烽火柱，有形成底部的可能，假如我们在B柱有效突破其实顶后介入，次日也如期收获一个启动板，但启动板之后它却没有继续往上涨，而是高开低走往下砸。鉴于它的跌幅比较大，我们介入的位置比较低，也可以持股不动继续观察。但是，当C柱砸破启动板的实底时，我们就要及时退出了，因为启动失败的信号出现了。在D柱再次破其实底时，则更要跑了，因为启动失败的信号确认了！

图4-17　同达创业的破底止损

第二节　接力板实战要点

一、什么是接力板

通过对启动板的阐述，我们不但知道了启动板是多年大跌见底后的第一个涨停板，也知道了它形成所需要的一些条件，比如跌幅、位置、量价等，更知道了它爆发强弱的结构基础和风口条件，这为我们准确捕捉启动板提供了很好的帮助。

但是，行情不是一天涨完的，绝大多数的个股也不是V型大反转的，很多个股收出启动板之后，依然还充满着震荡，有些还把启动板的实底都给砸穿了。如何避免这些震荡、准确把握住向上的趋势？这就是我接下来要讲的接力板！

接力板，顾名思义，如果把股价当作一个火炬的话，那么它就是把启动板的股价接过来，把它传到更高位置的一个涨停，如图4-18所示。

从图4-18中我们可以看到，威派格在C柱拉出一根启动板之后，马上就出现了冲高回落，进入洗盘。但当它踩到B柱烽火柱的虚顶附近时，终于守住C柱启动板实底掉头向上，并在D柱收出了连续震荡洗盘之后的又一个涨停板。这个涨停板不但阻止了下跌，还保住了C柱的地位，因为C柱的实底要是被跌破了，它就启动失败了。同时，它还从C柱的手里接过股价，奋力向上传递，维护和延续了向上趋势的持续性。像这种在关键时刻，保住关键板柱，具备承先启后、继往开来特征的涨停板价柱，就叫接力板。

图4-18 威派格的接力板

这种接力板,一旦出现在股票里,它的后面常常都有一波相当不错的涨幅。例如图4-19中的东方中科,股价从左峰跌到A柱时,收出了一根启动板,但这个启动板收出来之后,股价不但没有继续上涨,反而出现了长达一个多月的震荡,最终踩在B柱的时候实现了对A柱启动板实顶的有效突破。尽管如此,后面的走势依然充满着震荡。但是,当它在C柱收出接力板之后,股价就迎来了爆发,出现了天天拉板的走势。可见,C柱这根涨停板不但起到了承先启后、继往开来的作用,还由此开启了成妖成牛的辉煌行情!

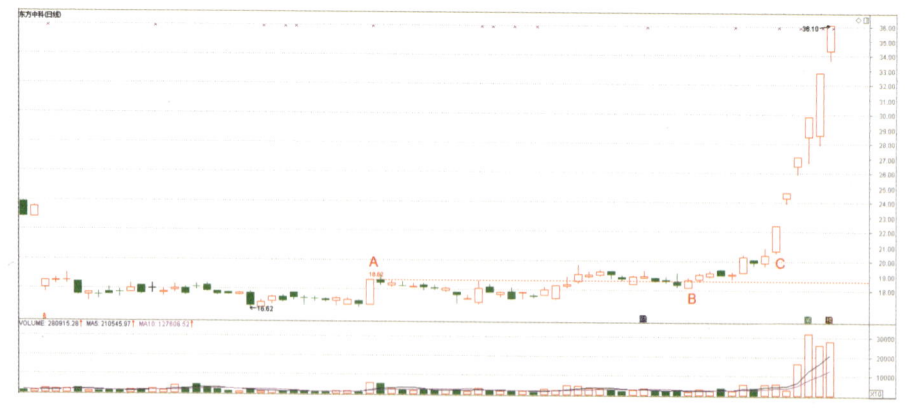

图4-19 东方中科的接力板

那么，这个接力板为什么会这么厉害呢？从图4-18中的威派格可以看到，从大格局的角度而言，无论是B柱拐点，还是C柱启动板，或者是C柱之后的震荡，都处于上市破板来的历史凹底。主力在这里的拉升或震荡，都是为了建仓吸筹。B柱拐点之后的C柱涨停板，是主力吸不到廉价筹码之后，只好抬高价格的建仓行为。而其次日的放量，显然是供大于求，所以后面就要往下砍价杀跌。但当杀到B线附近时，已经接近主力自己的底仓，而且它的成交量也告诉主力，脚下没有什么筹码了，所以不能再杀，再杀不但挤不出别人的筹码，还会导致自己亏本。在这种情况下，主力只好再次掉头震荡向上，抬高价格去收集头上的套牢盘。但C柱前一天的量告诉我们，脚下已经没有廉价的筹码，再震也是浪费时间，所以D柱的时候，它就再次抬高价格去吸筹，并为此拉出了一根接力板。而主力敢用涨停去收集筹码，无非是看好它的后市。因此接力板之后，基本上都是继续向上的行情，因为它之所以会收出接力板，就是脚下挤不出什么东西了，接力板后还要往下挤没什么意义。这是接力板后会有一个稳定行情的根本原因。

而东方中科也一样。A柱的涨停，本质上就是主力收集不到廉价筹码之后的高价收购，A柱之前的量就告诉了我们这点。但是，抬高价格吸筹建仓不符合主力利益，而且复权后它的水平方向和左上方都有一堆的量和密集的成交区（见图4-20），主力显然不想去解放它们。因此A柱启动板之后，在一个多月的时间里，主力通过反复震荡去磨掉套牢盘、技术盘的耐心，让它们因为忍受不了折磨而情愿割给主力。但是，当股价在B1之后有效站稳A1线的时候，就说明脚下的筹码已经被主力所控制，而头上A2附近的筹码，也已经被消耗得差不多。因此这个时候，主力就会一鼓作气，抬高价格吃掉所剩不多的筹码，把股价拉起来，然后出货。因此，C柱这根高价吃掉所剩不多的筹码、准备开始拉升的涨停板，也是一根承先启后、继往开来的接力板，它彰显了主力奋力一搏、冲天揽月的决心和意志。这是它后面会连板拉升的核心原因。

图4-20　东方中科（复权后）

从以上的分析中我们知道，接力板是启动板后面洗盘结束后，接过股价继续上涨的一个关键的涨停板。它不但维护了启动板的地位和启动板开创的趋势，还接过启动板的股价和趋势奋力向上传递。同时，由于接力板之前已经经过充分地洗盘，所以接力板之后，再次回洗的可能性比较小，继续上涨的概率更大，具备了一种承先启后、继往开来的属性。因此，接力板之后的趋势，要比启动板更明确、更确定。

二、接力板的实战要点

1. 预备工作：选股

从前面的分析中我们知道，接力板是启动板后面洗盘结束后，对启动板进行接力的一个涨停板。既然它是对启动板的一种传承和接力，那么我们就可以通过启动板来伏击接力板。

而要通过启动板来伏击接力板，首先要准备的，就是要把所有的启动板都收集起来，单独建立一个板块进行跟踪分析。很多人不习惯给涨停板单独建立一个板块，还有些人虽然建立了，但却没有经常回头去看，这些都是不对的。因为你不建立单独的板块，你就没有目标，而建了单独的板块没有经常去光顾，即使出现机会了，你也很难知道。所以，伏击接力板，首先要从收集启动板开始。

其次，要对启动板的个股进行分析，找出有潜力的启动板。什么样的启动板才算是有潜力的启动板？主要表现在以下三个方面。

第一，跌幅。我们在上一节里已经知道，启动板基本都发生在常年下跌的相对历史底部，具有大趋势拐点的特征。因此这就要求启动板的跌幅要够，如果从主峰算起，跌幅要达到70%以上才好，如果是从凹峰或左峰算起，也要达到50%以上才好。跌幅越大，背反的力量就越强。后面掉头向上的趋势就越明确。例如图4-21中的德新交运，它从2018年3月30日的左峰跌到A柱的脚下时，跌幅就超过了81%，具备了强大的背反力量。因为，世界没有只涨不跌的股票，也没有只跌不涨的股票，只要不退市，跌得越凶，后面就涨得越狠。因此，A柱这个涨停板是很有潜力的，一旦被确认为启动，后面不但会形成接力板，还会出现势如破竹的拉升。

第二，下跌的过程最好是双单下跌。因为双单下跌多为主力被套，下跌途中还没有人敢去收集筹码，只有主力自己独食。这样见底的后面，拉升起来才会猛烈。例如图4-22中的风范股份，股价从A柱跌到B柱，就是双单下跌，量柱的单边缩量，说明主力没有跑出，而价柱的单边下跌，则说明市场没有可以获利的买卖机会，场外资金不会进场抢筹，只有主力敢吃，因此后面一旦见底，股价就会逆势拉升，因为主力要自救。因此这样的启动板后面，涨势大多都会不错。

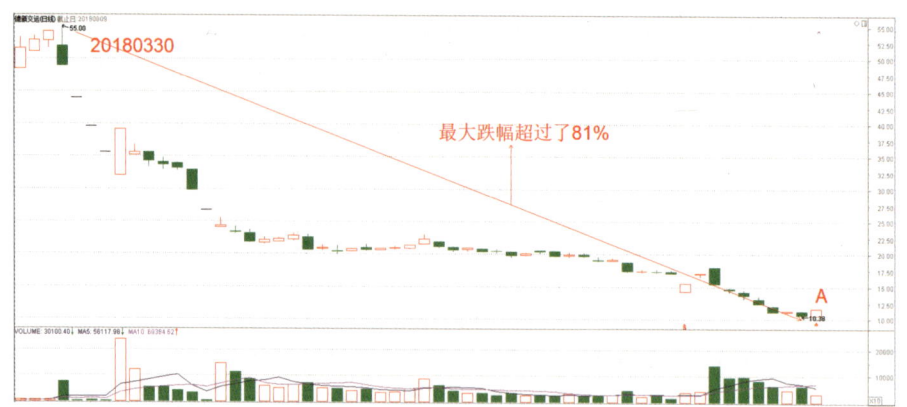

图4-21　德新交运的跌幅

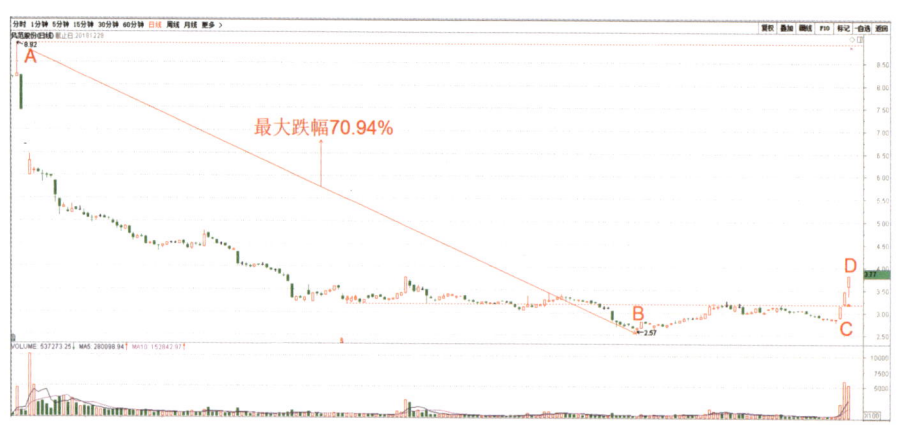

图4-22　风范股份的跌幅

第三，启动板的基因结构，它基本都是由拐点+接力组成的。有些是拐点之后直接涨停，有些是拐点之后出现一个以上的接力再涨停。而拐点+接力之后，又可以形成基因组合、基因链条和基因结构。接力烽火柱是基因组合，导火索是基因链条，筑底波是基因结构，一个更比一个强，我们要选择强的基因为上。例如图4-23中的浩云科技启动板C柱，它的基因结构就是筑底波，这说明这个涨停板是主力筑底结束之后的自然动作，也就是主力想要进攻的开始。因此这种形态的背后一定会产生接力板，而且这个接力板大多都比一般的接力板要牛！

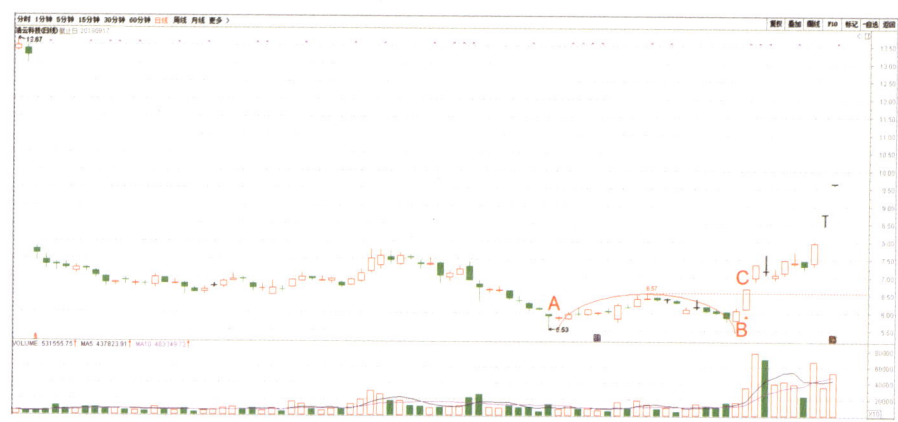

图4-23　浩云科技的启动板

除了以上几种结构的启动板之后，其实也还有一些其他结构的启动板爆发力也很牛，如海底捞的启动板。这些启动板的后面，一定会有接力板，而接力板的后面，大多都有一波彪悍的涨幅，我以前分析过的恒立实业、光洋股份等，就是这样的。所以，一旦发现了这种结构的启动板，必须给予高度关注，适时介入。

通过以上分析我们知道，爆发力强悍的接力板，来自基础扎实的启动板。这个基础扎实，主要包含跌幅、基因、基因组合和基因结构。如果跌幅60%以上，脚下不但有拐点，还有由多个拐点组成的基因组、基因链、基因结构，那么这个启动板后面大概率会走强，我们必须将其收进自选股里进一步跟踪和观察，并从中寻找机会。

2. 关注焦点：结构

启动板之后要形成接力板，除了妖股外，一般都会先形成一种量价结构。这种量价结构，本质上就是主力在为后面的拉升作准备。根据它们的量价形态,一般可以分为以下三种。

(1) N型结构。这种结构一般有两种,一种就是启动板之后马上出现缩量回踩,当踩到启动板的虚底或实底之上的时候,再次逆势涨停,形成回马枪类型的接力板。例如图4-24中的宝塔实业就是这种类型,股价在B柱形成启动板之后,次日就开始了回踩,但第三天收出缩量假阳之后,第四天C柱就掉头向上收出了接力板,其中的回踩洗盘,只用了两天的时间来完成,是一根很标准的N型结构。

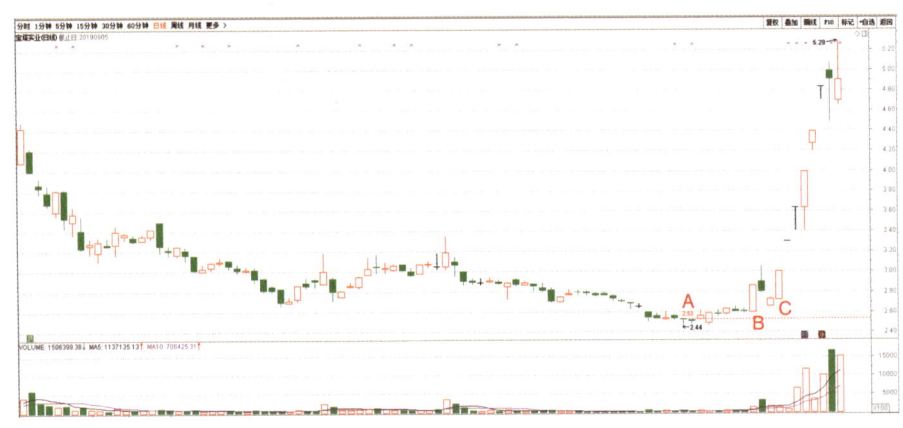

图4-24　宝塔实业的N型结构

另一种就是启动板后有新高,但随后天天小阴小阳往下洗,洗到启动板的实底以上位置时,突然掉头向上涨停,形成了大格局的N型结构。这种结构由于洗盘的时间和空间比较宽广,通常也是洗得比较到位,因此后面一旦掉头,都会出现彪悍的涨幅。例如图4-25的德新交运,它在A柱启动板之后,创出了新高,而后出现小阴小阳往下洗,但当洗到启动板二分之一位置时,却掉头向上收出了接力板。我在这天收盘后正式对它做出了预判,后面果然一路走牛。我还用这种结构+乾坤线组合,预判过三变科技,后面它的涨幅也在短短的几天时间内接近翻倍。

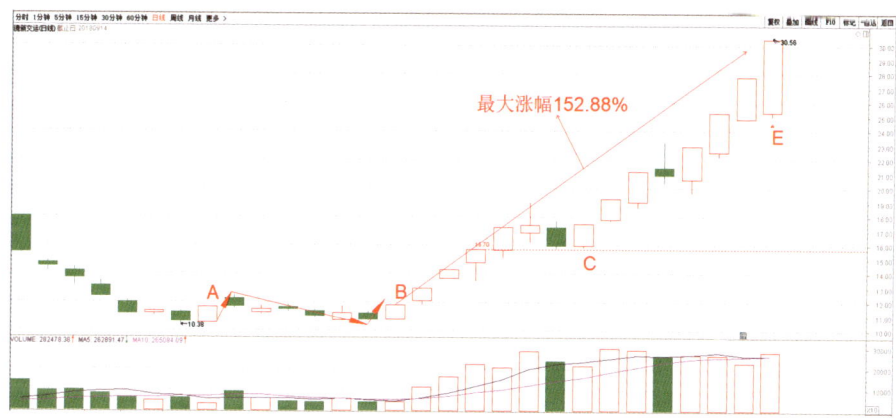

图4-25 德新交运的N型结构

（2）筑底波型。就是启动板之后，形成了一个圆弧顶，而后在右拐点出现了接力板。这种结构，由于洗盘比较好，很多底部的筹码都在震荡中被甩出，因此它后面的涨幅通常都会比较好。例如图4-26中的领益智造，它在A、D之间形成了一个大格局的筑底波，虽然B柱之后的接力板不够成功，但D柱再接力之后，终于引发了大涨。为什么会这样呢？因为主力经过大格局的筑底波构建，已经把市场的底部筹码给统统消灭了，在这种情况下，它不往上涨，难道还会往下跳吗？而且，它筑底费了那么长的时间，吃了那么多筹码，不拉出个像样的涨幅，它会善罢甘休吗？这通常也是筑底波结构接力板能走好的主要原因。

（3）角尺型结构。就是启动板收出之后，股价在启动板实顶上方横盘洗盘，然后在缩量之后突然形成接力板，形态上像一把角尺。由于它的技术形态跟悬阳三一基本一致，因此也可以叫作悬阳三一型。例如图4-27中的商赢环球，就是这种类型。A柱形成启动板之后，股价不跌，但也没怎么涨，就横在那边不动。为何？这是因为主力已无退路，脚下基本都是它自己的筹码，但头上却还有套牢盘，主力没办法往下跌，但又不想去解放套牢盘，所以就横在那里逼着它们割肉，等主力认为时机成熟时，再拉出接力板。这种类型的股票，通常后面也会走强。因为脚下都是主力的筹码，主力已经没有退路，特别是主力建仓已结束，头上又没有很大压力的时候。

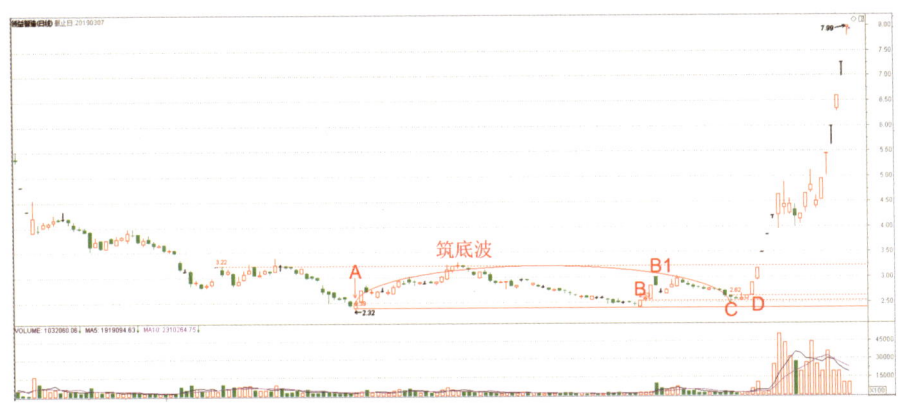

图4-26　领益智造的筑底波型

图4-27　商赢环球的角尺型结构

从以上的分析中我们知道，一个好的接力板、一个可以强势爆发的接力板，都离不开前置基因、基因链或结构的支撑。所以，当发现启动板之后的股价,有可能走出上述结构的时候,就要高度关注,甚至要设置好伏击点,列为重点观察对象,因为它的后面不但有可能会出现接力板,还有可能会形成一段行情。

3. 抓住核心:量价

但是,我们要怎样才能知道它的临产状态呢?这就要求我们抓住核心的东西:量价。一般来说,启动板之后的洗盘,要求满足以下两点。

(1)股价必须守住启动板的实底,最好是守住启动板的实顶,构成一种台阶式的向上接力。因为只有这样,才具备承先启后、继往开来的属性。例如图4-28中的贵州燃气,B柱启动板之后,C柱出现滞涨,而后进入回调。但这个回调,却一直守住它的启动板的实顶不破,这说明启动板的实顶,就是主力洗盘的底线,回踩只能踩到这里为止。这样形成的接力板,就会站在启动板的实顶之上,承先启后、继往开来、接力向上的特征特别明显,后市的走势也会更好更明朗。

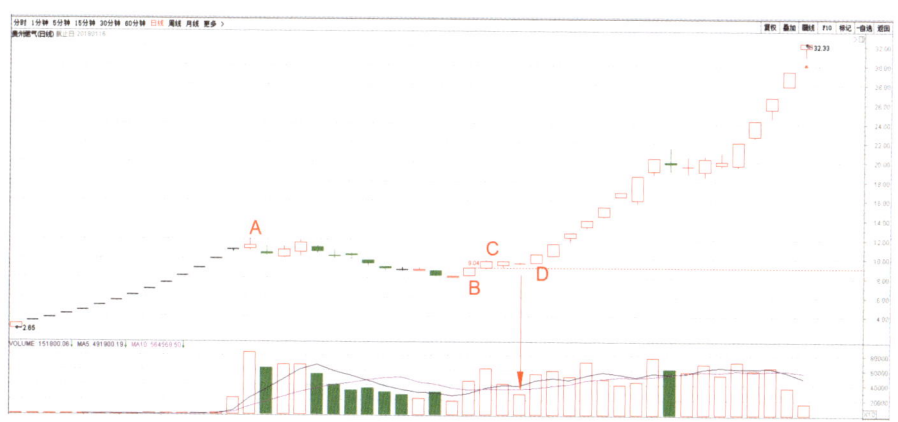

图4-28 贵州燃气的接力板

如果不能守住实顶的,则要求守在启动板的实底之上。如果是涨停回马枪类型的,要连板才好,如我前面讲的宝塔实业。如果不是涨停回马枪类型的,最好先通过小阴小阳站回在启动板的实顶之上,然后再收出接力板。例如图4-29中的华培动力,B柱启动板之后,股价出现了高开低走的洗盘,但它洗到启动板一半的时候,就打住了,然后通过小阴小阳掉头向上,并最终在站稳启动板的实顶后收出了接力板。这说明启动板之后的回踩,是主力拉升前的洗盘,当股价站回在启动板的实顶之后,就意味着洗盘的结束,新的趋势的开始,后面一旦形成接力板,台阶式的结构就会出现。因此这种量价关系,承先启后、继往开来、接力向上的特征也特别明显,后市向上的概率更大。

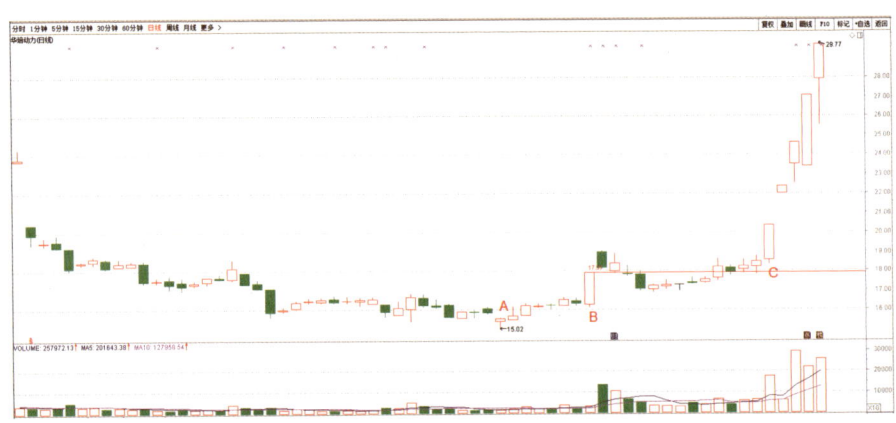

图4-29　华培动力的接力板

如果不能与启动板构成台阶式向上接力的,后面则多为不妙。因为这大多不是接力,而是启动不成功或不完全成功之后,在反复地筑底启动。就像开车一样,如果启动之后发动机反复熄火,一定是电瓶出了问题,后面熄火的可能性很大。例如图4-30中的旭光股份就是这样。股价从凹峰跌到A柱的时候,收出了一根启动板,而后在B柱形成了接力板，但它这个接力板的实底，与A柱启动板的实底完全一样，未能构成台阶式的向上接力，特别是在B柱之前，A柱的实底还有4天被跌破，这就说明A柱的启动其实是不成功的，B回到这里再来一个板，有重新启动的意味。但是，B柱之后也没有走强，C柱的接力板，还是在B柱的实底附近开盘，变成了三根涨停的开盘价都差不多，都不能形成台阶式的向上接力，失败的可能性就很大。所以，C柱接力板的后面，还是出现了破位下跌。

图4-30　旭光股份的接力板

（2）成交量要洗到位。洗到位的特点是什么？就是缩到低量！而且这个低量必须守住关键的板柱板线。只有守住关键的板柱板线的缩量，才是洗到位的标准。例如我刚才讲的贵州燃气，它就是这样。C柱之后的洗盘，就是连续缩量，但这个连续缩量又不是没有底线的缩，而是有强烈底线的，那就是再怎么缩，也不能跌破B柱启动板的实顶。因此这样的洗盘，就是有底线的洗盘；这样的缩量，就是有主导的缩量，后面大多都会走强。因为，底线告诉你主力在哪里？缩量告诉你这里的洗盘是由谁主导的？要洗谁的？后面一旦掉头，不牛行吗？

所以，以上的两个条件只要符合，大多都能收出一个接力板或一段行情。例如图4-31中的贤丰控股，股价在A柱见底后，在B柱形成了一根启动板，而后连板拉升，但在C柱出现了冲高回落，而后股价进入回调洗盘。但大家可以看到，这个洗盘是有底线的，它的底线就是B1的虚底。C柱当天杀到它的虚底掉头向上，第二天C1盘中跌破了它的虚底，但收盘又守住了虚底，而C2之后，则牢牢守住了它的虚底。所以，这个虚底，就是主力的底线。而量柱，C柱的时候放出高量，C1震荡最厉害，但却是缩量三分之一，到了C2有效守住B1虚底的时候，成交量再次缩小三分之一，这说明这里的洗盘不但是主力主导的、有底线的，而且不稳定的筹码都在这震荡中被主力逐一消灭，主力掌控了股价走向的主动权，当D柱收出接力板的时候，就说明主力又开始了新的征程。

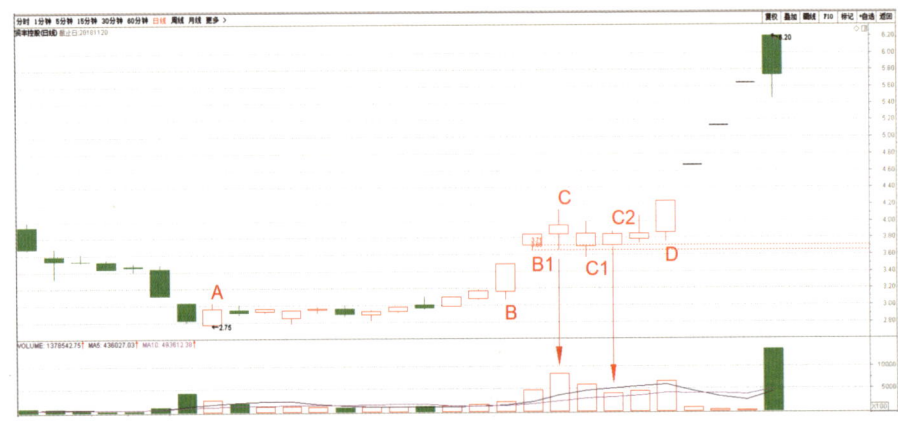

图4-31　贤丰控股的接力板

4. 设置买点，准备介入

当前面几个条件都符合的时候，我们就要来设置买点准备介入了。由于我们是以启动板来伏击接力板的，因此我们的伏击点就要围绕着启动板来进行。根据启动板的特点，它的伏击点大约有如下几个。

（1）启动板的实顶线。也就是有效突破、二次突破、回踩不破启动板的实顶时，都是买点。一般来说，主力套深了的、又契合强势热点的，启动板后高开高走分时走势健康的，就可以及时买进，但对于大多数个股而言，二次突破或回踩不破再买入可能更健康。例如图4-32中的东方中科就是这样。A柱启动板之后，股价就出现了向下洗盘，A1首次突破的时候收出的上引线太长，资金分歧大，因此我们不能急，要把伏击点设置在二次突破上，待B柱之后再伺机介入。

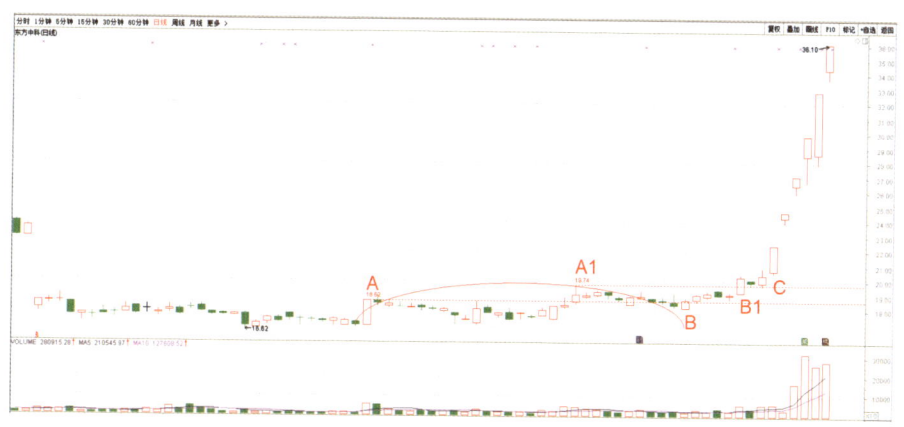

图4-32　东方中科的启动板的实顶线

（2）启动板的实底线。也就是启动板之后出现回踩，只要能有效守住它的实底，特别是有效守住其二分之一位置时，只要一出现拐点和掉头，就可以买入。例如图4-33中的华培动力，启动板之后出现了连续的缩量回踩，但它踩到B1的时候，出现了接力烽火柱，形成了拐点，这时我们就要按照接力烽火柱的原理来设置买点，在B2有效地站稳它的实顶之后适时介入。

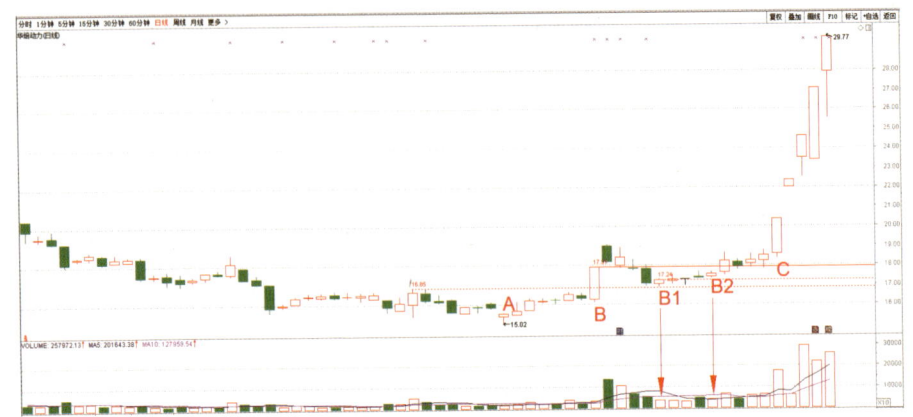

图4-33 华培动力的启动板的实底线

（3）筑底波的右拐点。启动板之后，有些个股不一定会马上拉，而会继续洗盘。因为那个启动板，不是主力真要启动，而是低位买不到筹码了，只好抬高价格去收集。这样的收集，不可能一直拉高，因为那样主力的成本会变得很高，因此在拉30%~50%的时候，它就会往下洗，这就会形成筑底波。当筑底波形成右拐点的时候，就说明主力的洗盘底线就在这里，不想往下洗了。因此这个时候我们就可以介入了。例如图4-34中的领益智造，股价从左峰跌到A柱的时候，已经跌不出什么量了，所以主力只好掉头，抬高价格收集，并在A柱的次日收出了一根启动板。但是，一直出高价收集筹码显然不符合主力的利益，所以拉了42%之后，它又掉头向下洗了，这就为筑底波的形成提供了条件。当它洗到B柱和C柱的时候，都形成了右拐点，这说明主力只想洗到这里。因此，当右拐点形成的时候，我们就要以右拐点的实顶线作为伏击点，它要是敢去突破，我们就要敢于开枪！

（4）接力板的实顶线。我们伏击接力板，并不单单是为了这一个板，更是为了接力板后面的一段涨幅。而接力板的后面要想走出一波新的涨幅，就必须有效突破和站稳在接力板之上。所以，我们也可以把接力板的有效突破作为伏击点。其方法还是跟启动板一样，有效突破、二次突破和回踩不破再掉头。例如图4-35中的中青宝，股价在B柱守住一根启动板之后，马上就出现了回踩，但踩到C柱形成拐点之后，又开始掉头向上。我们固然可以以C柱的实顶线作为伏击点，进而去捕捉D柱的接力板。但要是我们错过了C柱的买点，或者没有抓住D柱的接力板，那么我们也可以在D柱接力板的次日去伏击。因为接力板形成之后，大多都会继续向上，而且中青宝收出接力板之前，已经经过充分洗盘，继续上攻的可能性比较大，我们可以一试。

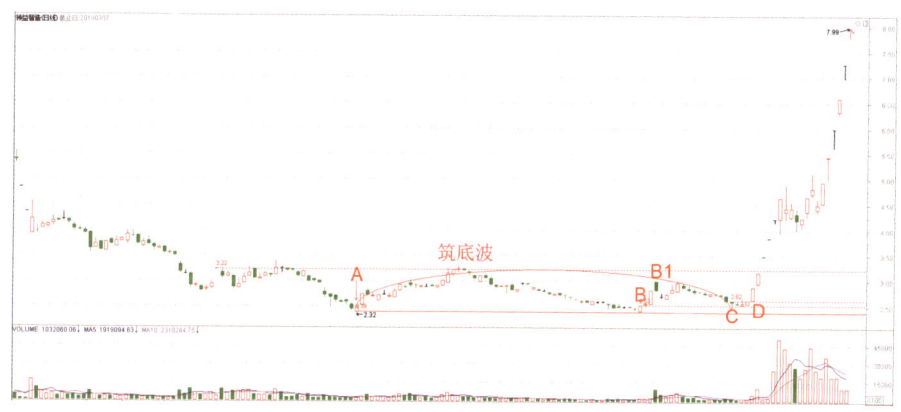

图4-34　领益智造的筑底波的右拐点

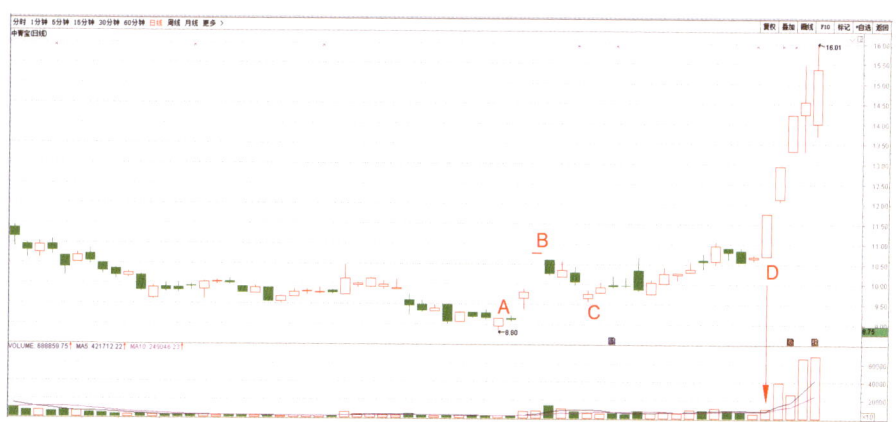

图4-35　中青宝的接力板的实顶线

三、接力板的风险管控

1. 头上压力大时不追高

接力板向上的趋势虽然很明确,但是头上压力大的时候却不会连板向上,冲高回落震荡洗盘更容易被主力所选择。因此,当发现接力板头上成交区密集、成交量很大的时候,手中有票的可以择机止盈,手中无票的可以等待"三买"的机会。例如图4-36中的读者传媒,股价从左峰砸到B柱形成拐点之后,在C柱拉出了一根启动板,而后几天连续拉升,最后拉到D柱出现回调。后面经过几天的震荡,又在E柱收出了一根接力板。假如我们在E柱盘后发现了它,第二天打不打它呢?我认为不能打!因为头上不但有D柱的巨阴,还有A峰的套牢盘,这个接力,一般很难一次性冲过去,冲高回落是一种大概率的事件。我们即使要买,也要等止跌掉头之后再考虑。如果手中有票,也可以在次日F柱遇阻掉头时及时退出,保住来之不易的胜利成果。

图4-36 读者传媒的接力板

2. 跌破实底时必须跑

接力板虽然是上升趋势的确认板,但也不是百分之百都会上涨。世界很大,股市很复杂,再大的概率面前,总会出现一些小概率,也总会出现一些不期而至的意外。就像三国时候的蜀国一样,总认为阴平道很安全,无人能过,但邓艾的部队就是从那里过去直抵成都的。所以,为了避免老窝被别人端掉,我们必须以接力板的实底做风控,一破就要跑,以防那个意外真的不期而至。

例如图4-37中的华谊嘉信,股价从左峰砸到A柱之后,收出了一根启动板,假如我们在A1有效站稳A柱启动板的实顶时买进去了,第二天收出一字板的接力板,我们是不是很高兴?但是,一字接力板之后它却没有往上涨,而是往下跌了,我们该怎么办?我们就要以A1的实顶做风控,因为它是B柱接力板的实底,只要实底一破,我们就要立即逃出,以防自己的老窝被端。要是不出的话,看看后面的走势,是不是夜里都睡不好了?

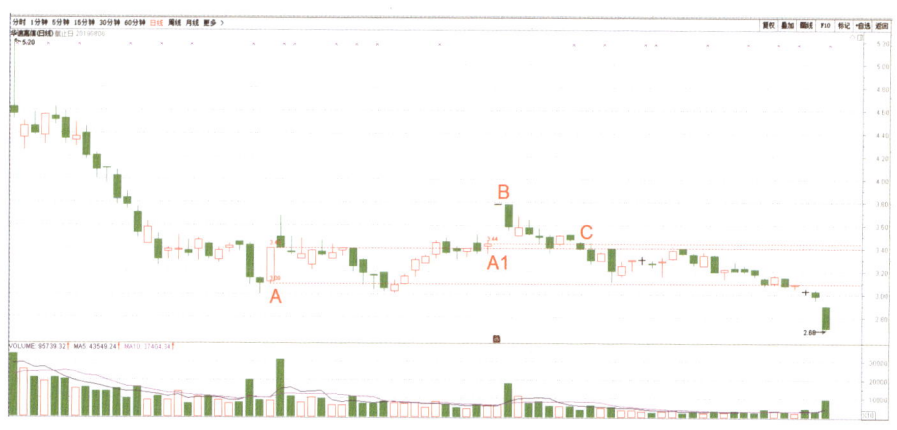

图4-37 华谊嘉信的接力板的实底风控

第三节 焖杀板实战要点

一、什么是焖杀板

从图4-38的中青宝中可以看到,股价从左峰跌到A柱形成烽火柱之后,仅横盘了一天,然后就出现了连板拉升,其中B柱还是一根只有1分钱额差的一字板。这个时候,有票的人无不欢欣鼓舞,准备拿着股票坐享主力的抬轿之乐。但是,主力有这样做吗?没有!主力第二天直接低开低走往下杀,最深还跌破了10个点,补掉了B柱一字板的缺口。这个时候,对于有票的人来说,一定会感到非常的郁闷,本来可以在一字板跑的,但由于不跑,只能在更低的位置跑了。但是,当他们跑完之后,股价却在C柱守住左侧启动板的实底后掉头向上,出现了大涨,第一波就拉出了68.67%的涨幅。我们现在回头去看,那个一字板,就像一个锅盖,把所有不跑的筹码都当作青蛙一样盖在锅里,给生生地焖杀了。所以,我把这种示跌的一字板或涨停板,命名为焖杀板。

这种焖杀板,表面上看是示跌的,但后面只要一掉头,依然还会出现大涨,因此它的技术特征,表面是示跌的,但本质上是示涨的。例如图4-39中的日出东方,也是这样。股价在A柱见底之后,开始掉头向上,并最终在A1开始涨停突破拉升,到了B柱的时候,形成了一个T字板。按说,股价应该继续向上突破才对,但实际上不但没有继续向上突破,反而在次日直接低开低走砸到跌停,第三天再次砸到跌停附近,最终把A1脚下的缺口也给补了。在当时看来,这个B柱焖杀板，毫无疑问是示跌的。但是，当它在C柱回踩A柱的虚底形成接力拐点之后，股价又开始掉头向上，并最终在D柱突破了B柱的压力，出现了连板拉升的大涨。所以，本质上，它又是示涨的。

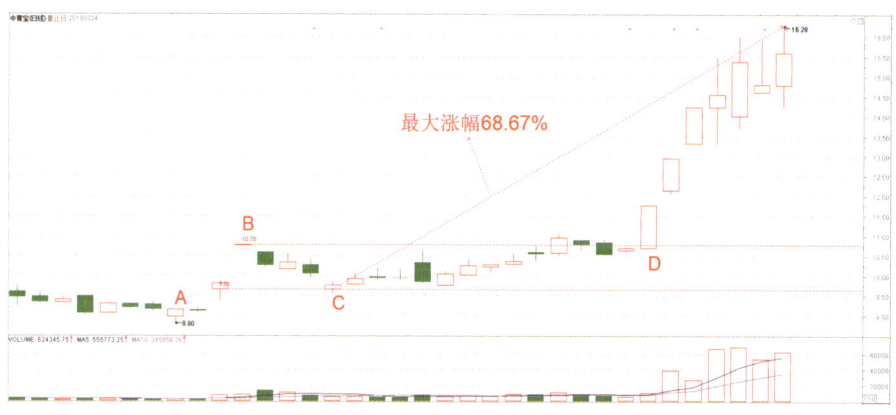

图4-38 中青宝的焖杀板

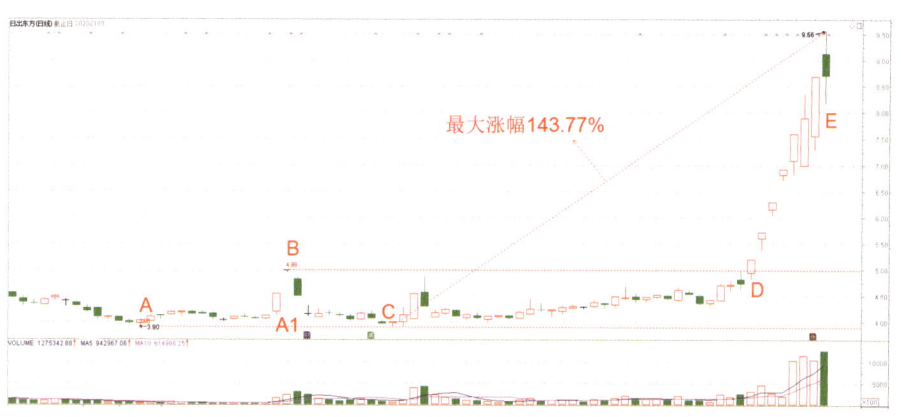

图4-39 日出东方的焖杀板

焖杀板破位下跌之后，为什么还能引发大涨呢？从图4-40中的中青宝可以看到，A柱是上升途中回踩的相对凹底，脚下的窒息量堆告诉我们，股价杀到这里，已经杀不下去了，只能掉头向上。但头上却积累了比较多的套牢盘,要直接上去解放它们,主力也不愿意。因此主力只能想办法把它们骗出来。既然往下砸挤不出筹码,那就先给它们一点希望,然后再让它们绝望,看它们出不出?所以,A柱后面的两个板,就是主力给头上套牢盘和脚下获利盘的一丝希望,让它们觉得主力要拉了,可以有出头之日了。然后又在B柱之后突然低开低走往下凶狠打压,让它们产生绝望,误以为头上压力很大,主力在跑了,为了避免像前两次一样,每拉一个峰后都破位下跌,套得更深,赶紧或割肉或止盈跑出来。于是,在它们跑得差不多并形成拐点之后,主力又开始掉头向上了。从这里我们可以看出,焖杀板大跌之后之所以还能大涨,就是因为它是主力故意制造的一场洗劫,但这种洗劫只是主力洗别人,而不是别人洗主力,因此洗劫形成拐点之后,就必然还会向上。

图4-40 中青宝的焖杀板破位下跌后引发大涨

日出东方也一样,从图4-41中可以看到,A柱的位置,也是上升途中回踩的相对底部,它的脚下,也是一堆窒息量堆,很明显也是杀不下去,只能掉头向上。但要掉头向上,头上也是一个又一个的套牢峰，主力直接去解放它们显然也不甘心，因为那样会推高它的持仓成本。所以，主力也只好采取先哄后吓的办法，先给你一点希望，再给你从头冷到脚的绝望，逼着或割肉或止盈，把筹码交给主力。A1之后的连板，就是主力给出的心灵鸡汤和幻想，B柱之后的大跌，则是主力连续不停地扫出的机枪。在这种情况下，惊恐无助的套牢盘和获利盘，再也没有了坐享主力抬轿一路涨停向上的幻想，留在心里的只有赶紧逃命、别套更深或盈利更少的恐惧。当它们把筹码交出来之后，主力终于又在C柱后面掉头向上拉升了。

图4-41　日出东方的焖杀板引发大涨

所以，所谓焖杀板，就是主力先哄后吓的拐点涨停板，它是主力洗盘骗筹的一个标志性动作。但由于这种洗盘是由主力主导的，是主力洗别人而不是别人洗主力的，并且主力的洗盘不过是为了骗出不稳定的筹码而不是真要下跌的，因此它不会无限制地跌下去，当跌到主力的底线（基本仓、成本仓）时，主力又会掉头拉升。所以，尽管它表面的跌是凶狠的，但本质是示涨的。

因此，在具体的实战中，我们只要把握好这点，就可以利用焖杀板来伏击涨停和连续涨停！

二、焖杀板的实战要点

1. 形态

既然要用焖杀板来伏击涨停或连续涨停,那么我们首先要认清焖杀板的形态。焖杀板的形态,主要有以下三种。

(1)一字板。就是一字板的次日直接低开低走往下砸的。例如图4-42中联环药业的C柱,就是这样的焖杀板,头天还是一字板,第二天却直接在跌停附近开盘,中间虽有反抽一下,但最后还是跌回到跌停。第三天继续往下砸,最终引发了大跌,砸回到筑底烽火柱的头上。C柱一字板没跑的人,郁闷死了,只能在更低的位置跑出或割肉。

图4-42　联环药业的一字板焖杀板

(2)T字板。就是T字板的次日直接低开低走往下杀的。例如图4-43中华扬联众的D柱,就是这样的T字板。头天是涨停封得严严实实,一副继续向上的拉板的样子,任谁都还会继续看涨。但是第二天却直接低开低走杀到跌停,看涨的人以为出现什么利空了,也赶紧跑出。可他们头天割完,第二天就开始往上拉了。对于他们来说,也郁闷得半死,感觉那个T字板,就像锅盖一样,把他们焖在锅里炖熟了给主力配酒。

图4-43 华扬联众的T字板焖杀板

在以上两种形态中,有些虽然不是低开,而是平开或稍微高开的,但只要开盘后快速下跌的,也算。还有些虽然是低开的,但低开之后有过短时间反抽的,只要后面再次大跌的,也算。例如图4-44中的天津普林,D柱焖杀板的次日,股价虽然平开之后反抽了一下,但随后又一头往下砸。没跑的人照样郁闷。明明D柱是可以跑的,但却没跑,第二天的瞬间反抽,还让人以为是低开高走,也没跑,没想到后面却大跌,只能在更低的地方跑了。所以这样的焖杀,还是符合焖杀板的标准。

(3)大阳板。就是大阳板的次日低开低走往下杀的。例如图4-45中的飞亚达的D柱,就是这样的一种焖杀板。头天涨停封死到尾盘,如果要跑的话可以大摇大摆出来,而且也跑在最高位。但由于寄望于次日还会涨停,没有跑。结果次日直接低开6个多点后快速砸到跌停并封死跌停,第三天再次低开9.5个点开盘,后面虽然稍有反抽,但几次都砸回到跌停,即使到收盘止,也还大跌近7个点。D柱涨停板没跑的人，照样郁闷，只能在更低的位置跑。所以，这个让人郁闷的大阳板，一样还是焖杀板！

图4-44　天津普林的焖杀板

图4-45　飞亚达的焖杀板

2. 位置

能够引发大涨的焖杀板，与它所处的位置密不可分。一般来说，焖杀板最好的位置，只在以下两种地方。

（1）低位。就是涨幅小于80%的位置。例如图4-46中的联环药业，它的焖杀板从筑底拐点算起，最高涨幅高达78.75%，看似很高的样子，但即使从最近的左峰算起，跌幅也达到了80%左右，要涨回到那边，涨幅要高达160%左右，如果从顶峰的41.82%算起的话，它的位置只在四一位之下，因此这个焖杀板，还算属于低位。

图4-46 联环药业的焖杀板

（2）中部。就是上升趋势确立后，涨幅大于80%但小于150%左右的位置。例如图4-47中的飞亚达，股价从筑底拐点涨到D柱的时候，涨幅已经高达106%，这在中小行情中已经是见顶的位置了。但是在大行情里面，或者在主升浪面前，它才刚刚开始。因此这个位置的焖杀板，可以算中部位置。还有一种办法，就是用3325来评定。以筑底烽火柱为起点，以顶峰或主峰为终点，凡是在33线以下位置的，都属于底部，凡在50线附近的为中部。这样看就更简单明了。

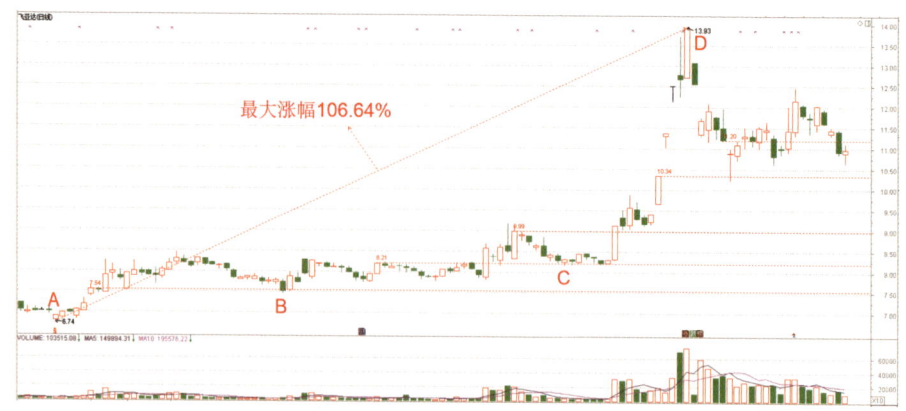

图4-47 飞亚达的焖杀板的位置

3. 基础

所谓基础，就是焖杀板的脚下，必须有两个以上的拐点（筑底+接力）做支撑。因为只有两个以上的承启拐点，才能说明趋势是向上的。例如图4-48中的天津普林，D柱焖杀板的脚下，一共有A、B、C三个拐点。这三个拐点的位置一个比一个高，具有承先启后、继往开来的接力意义，因此这个焖杀板的支撑是很强的，说明这个焖杀板，只是上升途中的洗盘，是可以伏击的。

图4-48 天津普林的承启拐点

又如图4-49中的日出东方，也是这样。它的B柱焖杀板的脚下，有a、b、c、A四个拐点。这四个拐点的位置也是一个比一个高，具有承先启后、继往开来的接力意义，上升的趋势非常明确。因此B柱的焖杀板，也是主力上升途中的洗盘，洗盘结束之后是还要拉升的，因此它也是可以伏击的。

图4-49　日出东方的承启拐点

4．回踩幅度

焖杀板是否是上升途中的洗盘，有一个严格的判断标准，就是不能跌破脚下的承启拐点。跌破了，就说明主力在焖杀板跑了，后面能否快速拉回来，就存在着变数。只有守住承启点的，重新往上杀的可能性才大。

例如图4-48中的天津普林，焖杀板之后的回踩，踩到C柱接力拐点就打住掉头，说明主力还在守护着原有的上升趋势不变。而守住原有的上升趋势不变，则说明了主力还没跑，也说明了主力还想拉。只有这样的焖杀板，才是示涨的。

最好的下跌幅度，以守住一字板、T字板的缺口为准。因为守住一字板、T字板的缺口，就说明脚下是主力的基本盘。主力守住基本盘不破掉头向上，就是还想继续做多。例如图4-50中的华扬联众，D柱焖杀板后面的洗盘，守住了它的缺口不被有效回补，说明脚下的筹码，是主力的筹码，焖杀板之后的下杀，只是一次洗盘而已，洗盘结束后，后面是还要拉升的。

图4-50　华扬联众的焖杀板后洗盘

除此之外，也可以用3325做评估，以焖杀板为起点、以最近的承启点为终点画3325，只要守住50线不破掉头，特别是守住33线、25线掉头，后面就有再次崛起的可能。例如图4-51中的嘉麟杰，我们以B柱一字板为起点，以A柱烽火柱为终点画3325。我发现，C柱当天虽然跌破了50线，但次日却涨停站回。后面虽然再度洗盘，但洗到D柱的时候，却守住50线掉头向上。这说明洗盘只洗到这里为止，后面股价会出现向上失衡。

图4-51　嘉麟杰的3325

5．涨幅

焖杀板止跌掉头之后，一般可以拉出30%~80%的涨幅。例如图4-52中的中青宝，B柱焖杀之后，在C柱出现止跌掉头，而后一路震荡向上，直到最高拉出68.67%才出现阶段性的见顶，符合30%~80%的范围之中。

图4-52　中青宝焖杀板止跌掉头后的涨幅

低于30%和高于80%的，也有，但比较少。这与位置和热点有关。位置低的，或者有热点的，涨幅就比较大；位置比较高的，或者热点不强的，涨幅就比较小。例如图4-53中的日出东方，B柱焖杀板之后，股价一路向下，但在C柱形成确认性的筑底拐点之后，开始一路震荡向上，当来到D柱附近的时候，由于恰好遇上区块链的强劲热点，股价出现了连续涨停，到E柱的时候，最高涨幅达到了143.77%。它能够涨这么好，主要就是因为在底部，又遇上热点。如果没有这两个条件加持，要涨这么好也是有难度的。

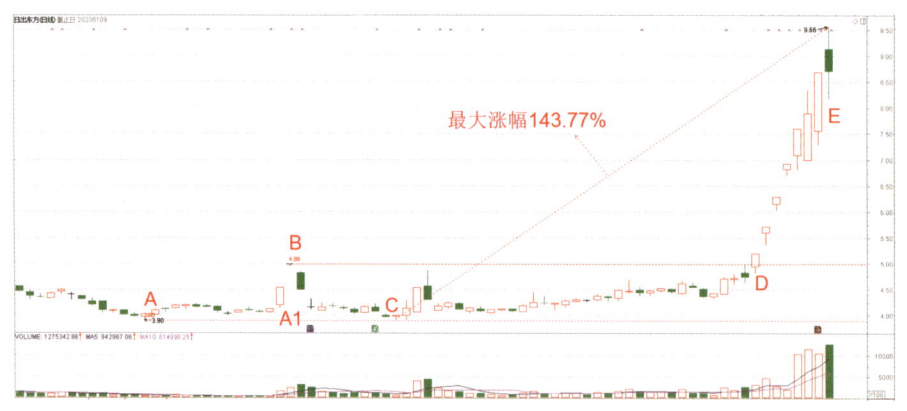

图4-53　日出东方筑底拐点后的涨幅

6. 买点

焖杀板的买点，主要有两个。

（1）拐点柱。就是焖杀板下跌后面形成的拐点柱。它的买点包含两个：有效突破和回踩不破再掉头。

例如图4-54中的天津普林，D柱焖杀板之后，股价一路下跌，当跌到E柱时，形成了奋力拐点，于是我们就可以以它的实顶线作为伏击点，一旦有效突破，就可伏击，回踩不破再掉头，还是可以伏击。

从图中可以看到，F柱那天是有效突破，因为之前很多天都一直无法突破，后面一突破，就是真突破，所以这天是买点。而G柱那天，则是回踩不破再掉头，它是对F柱有效突破的确认。既然有效突破被确认了，后面自然也要涨了，所以G柱也是买点。

图4-54　天津普林的买点

（2）焖杀板。就是焖杀板的实顶线。它也包含两个买点：有效突破，回踩不破再掉头。焖杀板是主力筹码不足和震荡洗盘的标志，如果不是筹码收集够了，震荡洗盘结束了，它怎么会来突破？所以，焖杀板被有效突破或回踩不破再掉头的时候，也可以买。

例如图4-55中的华升股份，B柱焖杀板之后，股价经历了好几个月的震荡和洗盘，直到D柱那天才形成有效突破，因此那天是买点。而D柱涨停的次日，股价又高开低走往下洗，但洗到焖杀板边上时却戛然而止，这说明洗不下去了，因此F柱掉头向上的时候，也是买点，它是回踩不破再掉头的买点，也是焖杀板被有效突破的确认性买点。

图 4-55　华升股份的买点

三、焖杀板的风险管控

1. 跌破承启点的焖杀板不打

我前面已经讲过，焖杀板是上升途中的洗盘，因此要伏击，只能伏击上升途中的焖杀板，下跌趋势的焖杀板不打，因为下跌趋势中的焖杀板，大概率是继续创新低，贸然介入，容易被套。但是怎么判断是不是下跌趋势呢？就看脚下的拐点有没有被跌破。没跌破，趋势就还是向上的，跌破，趋势就是向下的。例如图4-56中的华森制药，它的A1和D柱都是焖杀板，但由于它们左侧的拐底A柱和C柱，都被B柱和E柱所跌破，因此它们都不是底，底还在更下面，在见底之前，我们不买。

2. 高位的焖杀板谨慎打

焖杀板是主力筹码不足的洗盘，本质上就是一种打压式的骗筹和抢筹。而主力要骗筹和抢筹，只有在低位的时候。高位的时候，主力已经骗够也抢够了筹码,正在派发出逃之中,不会也不可能再去骗和抢。因此高位的焖杀板要谨慎打。它能不能打,要看接盘资金的情况。

图4-56　华森制药的焖杀板跌破承启点

例如图4-57中华铁应急的C柱,也是一根焖杀板,但是,这股从脚下涨上来,涨幅已经高达263.28%,主力还要去抢筹和骗筹吗?显然不需要了,它都巴不得赶紧逃出来了,所以C柱焖杀板的本质,就是一种诱多,我们不能上当。

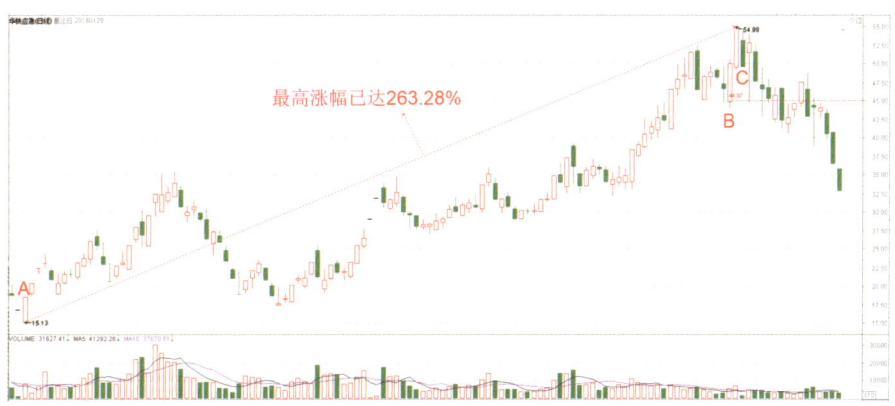

图4-57　华铁应急的焖杀板是诱多

第四节 隔离板实战要点

一、什么是隔离板

大家在实战中经常会发现一个现象：就是有些一字板的支撑力特别强，怎么砸都砸不破，最终引发了大涨。例如图4-58中的光洋股份，股价砸到A柱之后，出现了拐点阳包阴，而后连续拉了两个板，最后一个板B柱，就是一根一字板。但它后面却高开低走，出现了震荡。但最终，还是在C柱有效守住了一字板掉头向上，引发了连拉10个板的巨大涨幅！

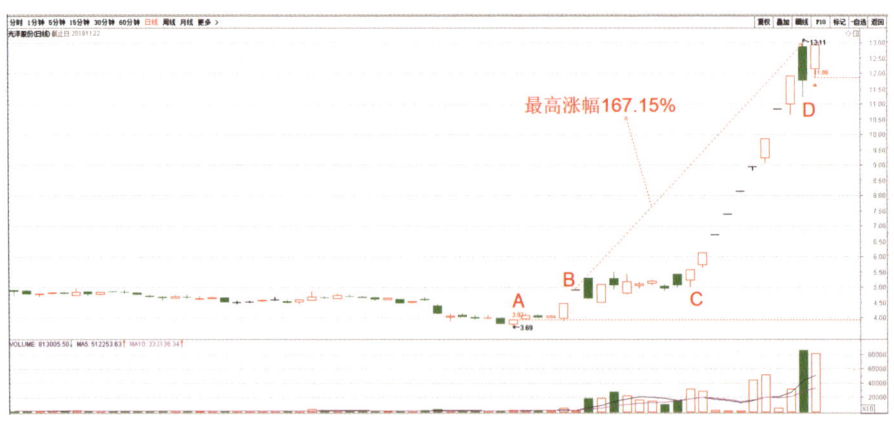

图4-58 光洋股份的一字板

又比如图4-59中的群兴玩具，股价砸到A柱形成筑底烽火柱之后，立即就连续拉了三个板，但C柱后面却出现了震荡，但是这个震荡，只震荡到B柱一字板时就出现了见底，虽然D柱前一天砸破了一字板，D柱盘中也砸破了一字板，但最终却低开高走守住了一字板，并于第二天掉头向上。随后，股价一路大涨，短短12个交易日内，股价最高涨幅就达到了151.84%。

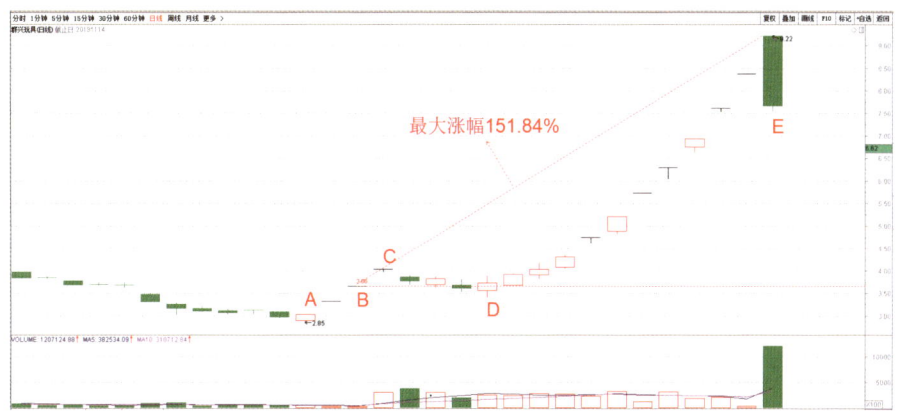

图4-59 群兴玩具的一字板

这个一字板为什么会这么强呢？从图4-60中光洋股份的走势图中可以看到，股价从左峰砸到2018年2月9日形成拐点之后，股价出现了一个长达近四个月的筑底建仓过程，0528虽然出现了冲高回落，但后面的下跌都是急剧缩量，并在0209线下又经历了近四个月的横盘建仓，总的建仓时间长达八个月左右，而其脚下的成交量表明，主力已经吃掉了大部分的廉价筹码，已经很难再吃到有量的筹码。正因为如此，A柱拐点阳包阴之后，才可以拉出两个板。但是，在主力建仓的过程中，也一定潜伏了不少的其他资金，所以主力要拉升之前，就要展开洗盘，把这些资金赶出去。这就是B柱之后为什么会震荡的原因。但是，这个震荡为什么又会有效守住B柱一字板不破呢？从它的走势图中就可以看到，0209线是上下前后两个建仓区的平衡线，如果说平衡线上还有浮筹的话，平衡线下的浮筹是很少的，主力在一字板上下震荡，其实就是对平衡线上套牢盘的诱空。而它有效地守住一字板不破，就是一字板之下几乎都是主力所控制的筹码，不能破的。所以，这个一字板，就成了主力的基本盘跟市场基本盘的分割线，一字板之上，是市场的基本盘或浮盘，一字板之下，就是主力的基本盘，守住一字板不破，就是守护着主力自己的基本盘不被跌破！

图4-60　光洋股份的走势图

而群兴玩具也一样（见图4-61），股价从左峰砸到2018年6月22日之后，也出现了一个建仓筑底的区间，0817后面虽然出现了下跌，但它的双单走势则表明了主力没有跑，脚下也没有多少不稳定的廉价盘，它后面能够连续拉三个一字板，也说明了这点，否则它就拉不起来。但C柱能够放出那么大的量，说明C柱上下是存有较多的潜伏盘的，所以主力就展开了震荡洗盘。但震荡洗盘能够守住B柱不破，就说明B柱之下的筹码是干净的，是主力的基本盘。而能守住基本盘不破掉头向上，则说明洗盘已经结束，主力新的攻势又已经开始。

图4-61 群兴玩具的走势图

所以,能够守住不破的一字板,就是主力基本盘的隔离板。隔离板之下,就是主力的筹码;隔离板之上,既可以是市场的浮盘,也可以是市场合力盘,也有可能是主力自己的接力盘。但不管怎样,只要能够有效守住隔离板不破,就说明主力在坚决守护着自己的仓位。而主力要坚决守住自己的仓位不破,毫无疑问就是主力的操盘任务还未完成,后面还要拉升。因此,守住隔离板不破之后的再掉头,就是主力再次拉升的开始。从这里杀进去,常常能获得意想不到的收获。

二、隔离板的实战要点

1. 前置条件:形态

从前面的分析中我们可以知道,隔离板的形态就是一字板,但真的是这样吗?不,它还可以是以下几种。

(1)砸不破的T字板。例如图4-62中的华映科技,股价从左峰砸到A柱形成拐点之后,一路掉头向上,但在B柱的时候,它却收出了一根放量的T字板，而后就出现了震荡，但这个震荡不但没有跌破它的虚底，还在两天后的C柱缩量涨停创新高！这说明了什么？这说明了B柱T字板脚下，也是主力的基本盘，主力不愿去砸破，而它的放量，表明主力不但不砸破，还要大口吃进别人扔掉的筹码，进一步控制了盘面，所以，后面它才缩量涨停了。因此守住隔离板不破再掉头，就是新的拉升的开始。所以，像这种砸不破的T字板，也是主力基本仓位的隔离板。

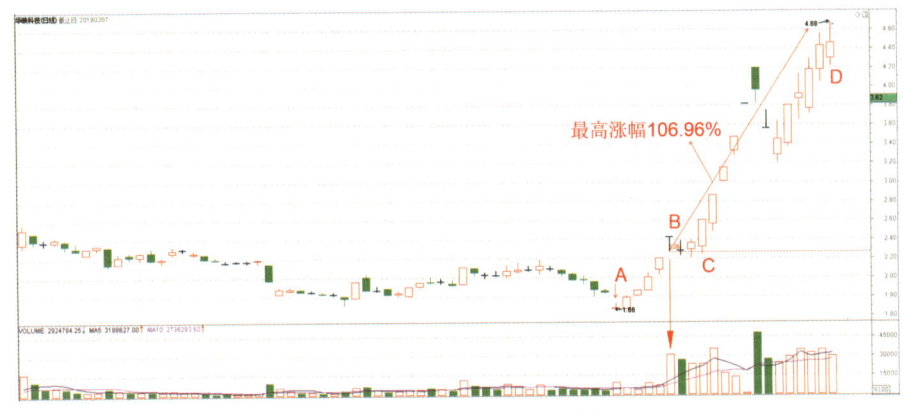

图4-62　华映科技的隔离板

（2）大阳板。也就是我们常见的那种低开或高开的涨停板。这种涨停板，不管是缩量还是放量，只要有效地守住不破再掉头，特别是再板创新高，那么它也是一根隔离板。例如图4-63中的春兴精工，股价在2018年10月19日见底之后，一路向上，最终在A柱形成了启动板。但当拉到B柱之后，股价就出现了震荡。但这个震荡，却有效守住了A柱的实顶不破，在C柱之后终于触底回升，一路大涨。股价砸了那么多天都无法砸破A柱的实顶，说明它的实顶之下，就是主力的基本仓位，是不容打破的。所以，有效守住它的实顶之后，主力就展开了强势的反攻，最终拉出了大涨好几倍的强势行情。所以这样的隔离板，是具有很强的爆发力的。

图4-63 春兴精工的隔离板

以上的案例告诉我们，隔离板不单是一字板，还可以是T字板、大阳板，因此在板学的分类中，它是一种叠加属性，不是单一属性，它可以出现在启动板、接力板、引爆板和合力板之中，是启动板、接力板、引爆板和合力板的增强属性。

不过，在具体的实战当中，最容易辨认的隔离板，就是一字板。因此对于其他板种的隔离属性，知道即可，完全可以按照原来的定位参与实战。而对于一字板，用隔离板来对待则最为贴切。因此在本章中我讲的隔离板，主要就是一字板。

2. 基础条件：量能

除了价柱要守住之外，隔离板还有一个很明显的特征，就是量。这个量，必须是微量。因为只有微量，才能说明没有不稳定的筹码跑出，而没有不稳定筹码跑出的前提，就是主力的高度控盘。所以守住隔离板，其实就是守住隔离板脚下荒无人烟的"无量区"。

例如图4-64中的天邦股份，股价在2018年7月6日见底之后，一路震荡向上，最终在A柱突然跳过左峰形成一字板，而且这个一字板几乎是无量的，脚下震荡那么久，还能收出无量一字板，这说明脚下的筹码都已经被主力所控制。因此B柱后面的震荡，一直都未能砸破这个一字板，而只要守住这个一字板的"无量区"，就表明主力还是控盘的，后面主力还会继续拉升，因为它脚下吃了那么多，不拉高出不来。

图4-64　天邦股份的隔离板

但这也不是绝对的，也有一些一字隔离板是放量的。一般来说，放量表明有人出逃，后面可能要跌。但是如果不跌反涨，那就表明一字板跑出的量不是主力的量，而是散户的量，散户的量跑出之后，反而被主力吃了。这通常表明主力不但在守护自己的基本盘，还强烈看好股票的后市，后面依然还会大涨。

例如图4-65中的恒立实业，股价从左峰砸到A柱之后，就收出了一根放量的隔离板，由于它处于连续五年大跌后的底部，隔离板之上又进行过长达四个月的建仓，因此这个放量，就是主力所吃。因为主力不可能在建仓四个月后的底部一字板上去出逃。建仓四个月后还要下跌，明摆着就是一种恐吓，而见底后的一字板，就是主力强势反攻的开始，怎么可能会在这里出逃？会在这里出逃的，不过是在头上跟主力一起去建仓、后面又被主力故意下跌吓破了胆的散户筹码而已，所以后面才会出现连续性的大涨。

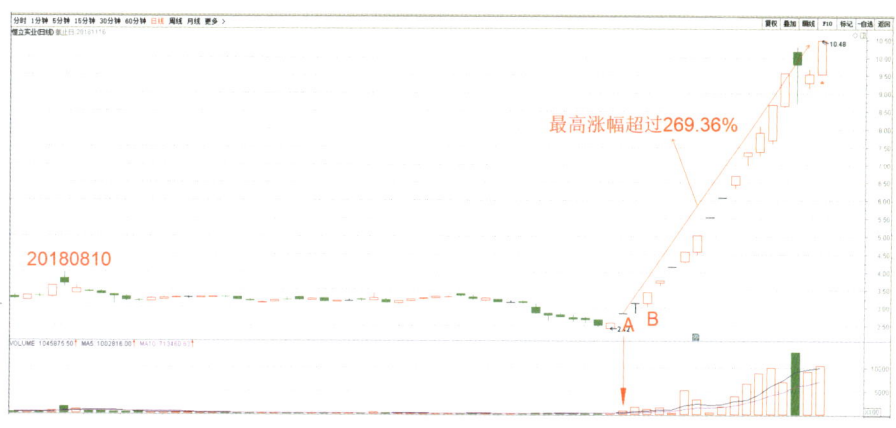

图4-65　恒立实业的放量隔离板

但如果不是一字板的隔离板，那就多为放量。这样的隔离板，后面还能掉头大涨，也是因为主力强烈看好收市，这里的放量，就是主力要筹码不要金钱的强势加仓，是新一轮攻势出现前的一种异动。

例如图4-66中的东方通，股价在A柱见底之后，一路震荡向上，最终在B柱形成启动板之后，于C柱放出了超大量的涨停板。之后，股价又出现了震荡，但这个震荡却牢牢守住了C柱的虚底不破，并在D柱形成拐点掉头向上，最终引发了大涨。从它后面的走势看，C柱放大量而不跌，不但说明C柱脚下是主力的基本盘，同时主力还强烈看好股价的后市。所以C柱盘中激烈震荡的时候，脚下跟进的筹码纷纷出逃，但主力却再次加仓。当不稳定的筹码被消耗殆尽的时候，主力就开始了新的拉升。

图4-66 东方通的隔离板

从以上的分析中我们可以知道,隔离板的量能,特别是一字板的隔离板,最好是近乎无量或微量。因为只有近乎无量和微量,才能最好地说明主力的高度控盘。而T字板和大阳板类型的隔离板,则大多是放量的,它们是主力在保护自己基本盘的同时,还顺带吃掉了恐慌盘,因此它们的后面,大多是一段上涨的行情。

3. 核心条件:位置

隔离板最核心的条件,其实就是位置。一般而言,低位的隔离板,隔离的就是主力基本仓,因此这个位置的隔离板是最安全的。因为主力才刚刚建立基本仓位,整个操盘计划才迈出第一步,波澜壮阔的好戏还在后头。

例如图4-67中全柴动力的隔离板B柱,尽管是一根放量的T字板,但是由于它是处于连年大跌的底部,并且刚刚走出了筑底波,所以这个隔离板的位置特别好,次日盘中虽然跌破了它的虚底,但随后却马上掉头向上,拉上了涨停。这说明脚下的筹码都是主力的,主力不会再让它跌回去。虽然随后股价又出现了回踩,但都没有再跌到隔离板的实顶之下,并且很快又再次向上涨停。所以,当D柱缩量涨停的时候,我就公开发帖进行了点评。后面的走势大家都看到了,它从隔离板的实顶5.54元涨起,最高涨到24.47元,最大涨幅高达341.43%,成为2019年春季行情的牛股之一。

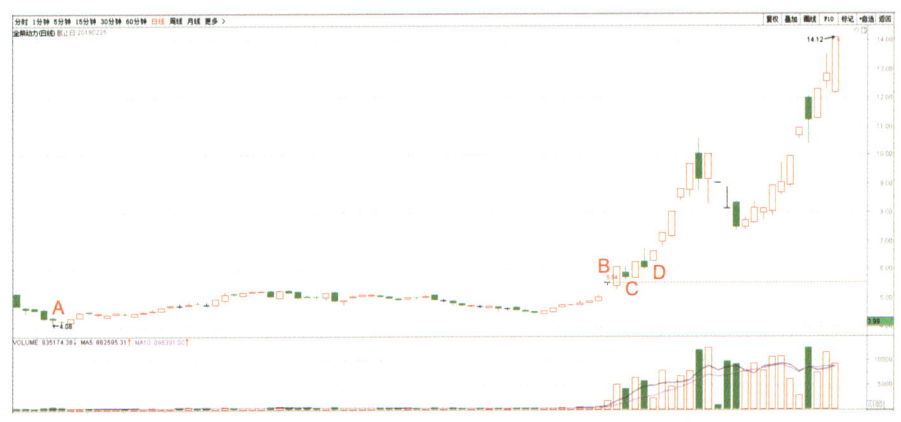

图4-67 全柴动力的隔离板

而中部位置的隔离板,隔离的则多为主力的补仓盘和市场的合力盘。补仓是为了继续拉高,合力也是为了共同做多。因此中部隔离板之后,股价也还会继续向上。例如图4-68中的顺灏股份,A柱见底之后,股价一路震荡向上,最终一口气连拉7个涨停板。股价在C柱之后出现放量下跌,但当D柱跌到B柱一字板的时候,又出现了止跌掉头再次拉升,这是不是被套资金的拉高自救呢?如果是拉高自救,过顶后就必跌。但是,F柱之后虽然是下跌,G柱当天也砸破了E柱的一字板,但G柱次日又掉头向上了。这说明E柱这个一字板,也是一根隔离板。股价既然要守住这个隔离板不破,那就说明E柱和C柱之下的筹码,都是主力的补仓或市场的合力仓,是不能破的。所以,后面才会又拉起来了。

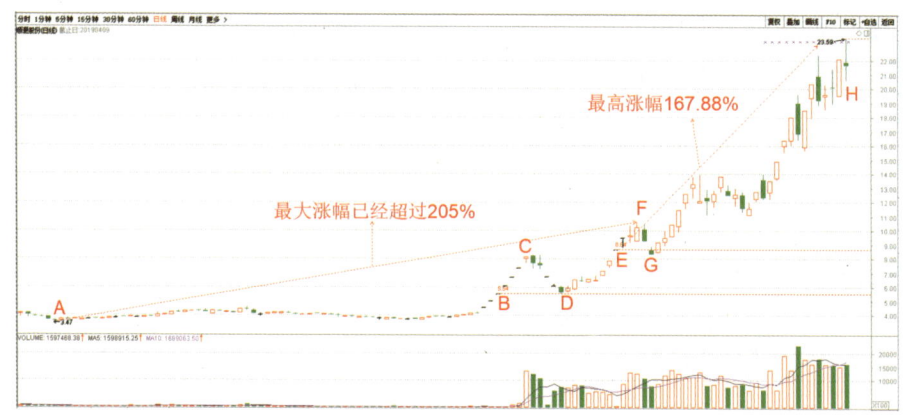

图4-68 顺灏股份的隔离板

但要是高位的隔离板,特别是调整不够充分的隔离板,那就很危险。因为主力在高位不可能再去加仓,因此它多为一种诱多的假象,欺骗大家去接盘,他们好把最后一批货给出掉。例如图4-69中的鲁信创投,股价继B柱连拉两个隔离板之后,又在C柱之后连拉两个隔离板,D柱收盘的时候还站在了C柱后一个隔离板的实顶之上,该不该买呢?从它的走势图里我们已经看到,它从A柱到D柱,最高涨幅已经超过了200%,这么高的涨幅,主力守住隔离板往上拉的可能性很小,D柱守住隔离板不破,更多的是主力在高位的有序出货。主力即使要拉,也要等洗盘充分之后,因此这里不能买。如果不幸买入,次日一破隔离板的实底,就要立即逃出,以免不测。

4. 介入条件:顶或底当

隔离板符合上面几种条件时,就可以设点伏击了。一般来说,隔离板的伏击比较简单,主要有以下三种。

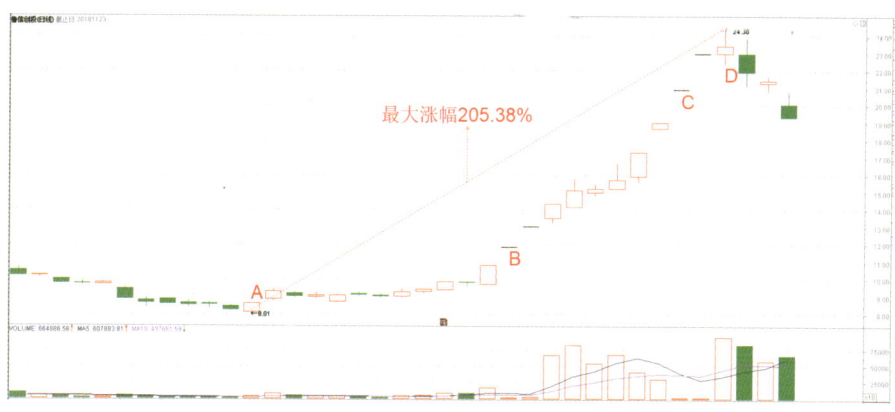

图4-69 鲁信创投的隔离板

（1）守住跳空掉头向上。这种伏击，要关注两个条件，一个是隔离板本身的跳空要守住；另一个是出现确认性的拐点信号。两个条件都符合，就可以进入伏击。例如图4-70中的群兴玩具，它就很符合这个买点。C柱之后，股价出现了回踩，但当踩到D柱的时候，不但守住了B柱隔离板脚下的跳空，还形成了中字拐点柱，因此，当次日股价有效站稳在它的实顶之上时，就是买点。

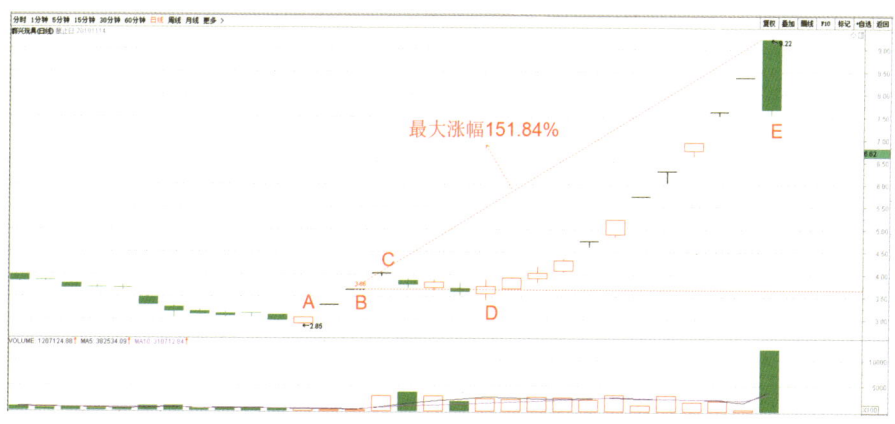

图4-70 群兴玩具的买点

（2）有效守住隔离板的实顶线。这种伏击，主要是用在隔离板后出现冲高回落放量大跌的走势。这种情况下的大跌，只要能守住隔离板的实顶再掉头，一般都会再创新高。但它也有一个前提条件，就是隔离板之后的涨幅不宜超过两个板，涨幅太高再回踩的，主力有出逃嫌疑。只有不超过两个板的，才符合上涨的属性。例如图4-71中的浙江广厦就是这样，C柱隔离板之后，拉了一个板左右就出现了回踩，符合不超过两个板的条件。虽然这个回踩收盘是跌破了隔离板的实顶，但第二天股价却守住隔离板实顶再次缩量涨停。第三天后虽然又在高开低走进行回踩，但E柱也再一次地守住隔离板的实顶线不破掉头向上，说明这个隔离板的实顶线已被有效守住，所以E柱收盘前或次日站稳其实顶的时候，也是一个买点。

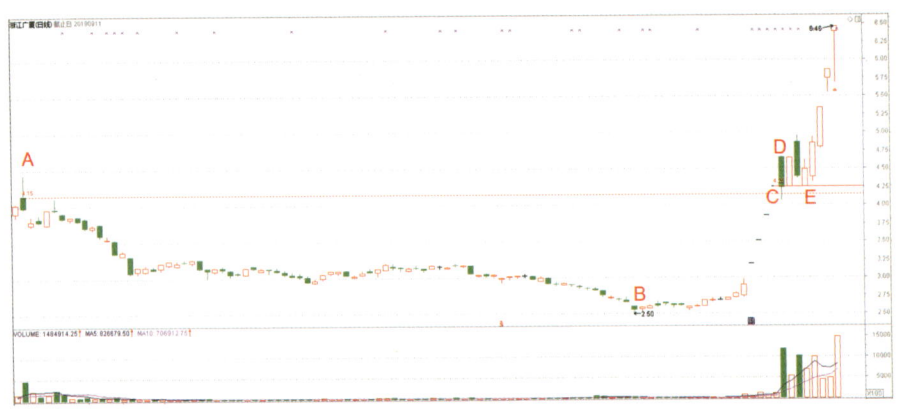

图4-71　浙江广厦的买点

（3）隔离板突破即介入。这种打法，必须符合三个条件：筑底已经结束，头上没有压力，切合持续性强的热点。筑底已经结束，说明主力不会再向下，只会向上拉升。头上没有压力，特别是双单下跌的，说明主力高度被套，它要自救。而切合持续性强的热点，则预示主力的拉升不但会引来场外资金的追捧，还能让场内资金高度锁仓，有利于主力的拉升。例如图4-72中的深大通，就是符合这种条件的个股。

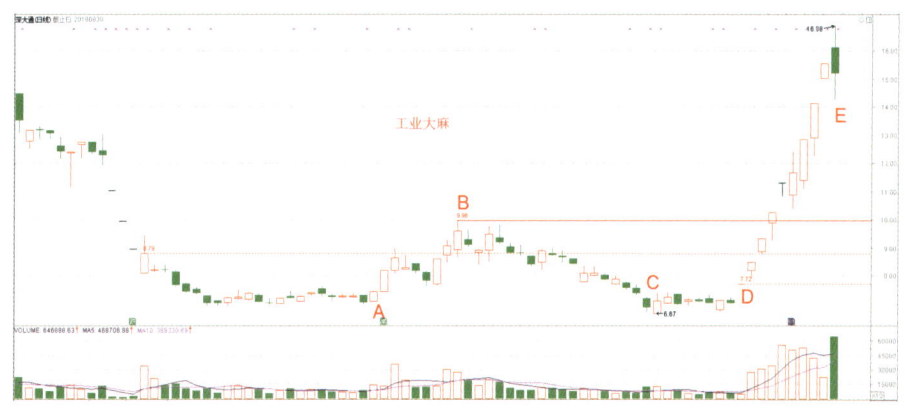

图4-72 深大通的买点

首先，深大通在A、B、C之间，构筑了一个筑底波，D柱的隔离板，是对筑底波形成的一种确认，它说明主力建仓已经结束，准备开始拉升。其次，在筑底波的头上，主力就已经开始建仓，之后的破位下跌，是一个单边下跌，量柱也基本是单边缩量，它不但说明主力已经被套，还说明主力在下跌途中还在吸筹。最后，D柱收出隔离板的时候，正是深圳先行区概念爆发的时候，已经筑底结束，同时还高度被套的主力，就存在着借势拉升进行自救的动机和欲望。因此，D柱的次日突破其实顶之后，就是买点。我也是在D柱当天的辅导课上预判它的。

4. 暴涨条件：风口

一般情况下，完全符合前置条件的隔离板，介入后大多都能获得一定的收获，但收获的大小，则要看有没有强劲的风口。如果有，股票就会大涨，收获就会很大。如果没有，股票就很难出现暴涨，收获就会小很多很多。例如图4-73中的顺灏股份，E柱隔离板后，股价还能在已经上涨近200%的基础上再涨167.88%，毫无疑问是由于赶上了工业大麻的风口，它成了工业大麻的龙一。要是没有这个热点做支撑，C峰或F峰后面就歇火了。

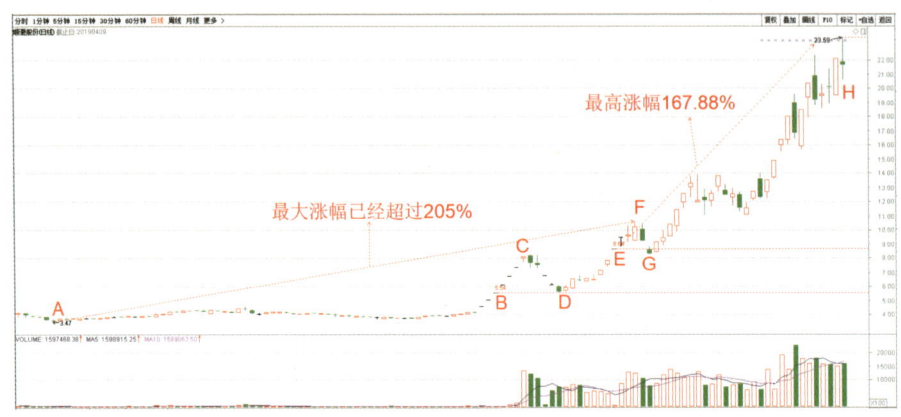

图4-73　顺灏股份的猎风口暴涨

要是热点强度不够，或者只赶上了风尾，那么拉升的幅度就大打折扣了。例如图4-74中的光一科技，它在大跌54.18%的相对底部形成了一个拐点——A柱烽火柱，次日就出现止跌，第三天B柱就形成了隔离板，这样低位的隔离板。按说应该要不错才对，但它只拉了几天，涨幅不到27%就跌了。这是为什么呢？我们梳理一下消息面就可以发现，它这个一字板，是因为知识产权保护概念出现异动才形成的。而知识产权保护这个概念，那段时间都没有持续性，场外资金追捧的热情不高，再加上头上的压力，主力就拉得很吃力，最后只好放弃拉升掉头向下，把一字板的缺口都给补了。所以，要想从隔离板中找牛股、妖股，一定要关注热点的持续性问题。

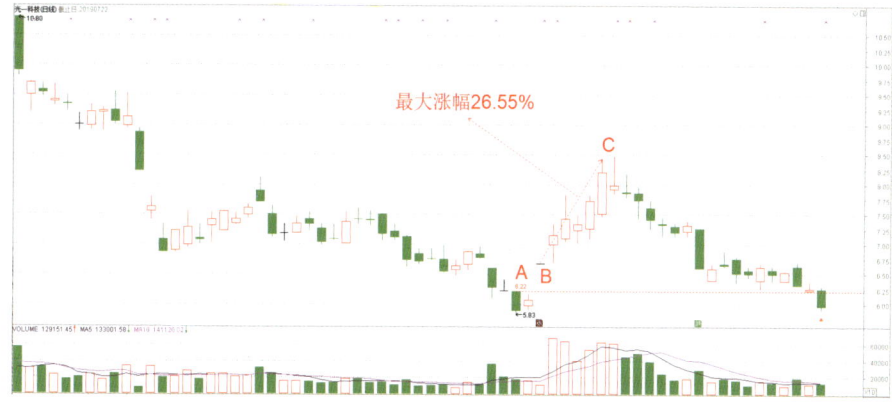

图4-74 光一科技的隔离板

三、隔离板的风险管控

1. 放量的隔离板不买

前面我已经说过，好的隔离板，虽然有放量的，但基本都是无量或微量的。而放量的隔离板，则大多是下跌的，只有少量是上涨的。因此，在具体的实战当中，放量的隔离板不确认就不能打，打了，弄不好就有翻船的风险。

例如图4-75中的理邦仪器，股价在A柱见底之后，一路震荡向上，最后在B柱的时候，突然跳过A1的凹峰形成一字板，大有缔造隔离板的意味。但是，由于它脚下是放量的，我们就不能乱打了，因为，会在一字板逃出这么多的量，一定有大资金在出逃（因为散户天生贪婪，不会在一字板上出逃），如果没有更大、更强势的资金去接盘、去继续拉的话，后面大多是跌的。

图4-75 理邦仪器的放量隔离板

2. 不确认的隔离板不买

隔离板的次日,不是说不能买,但要符合我前面说的筑底结束、头上没压力、契合强势热点这三个条件才行。但很多股民朋友不会判断,会不会继续上涨心里没把握,脑子里只有幻想。在这种情况下,隔离板的次日是不能打的,打进去之后,要是跌了,就会受不了。

例如图4-76中的中原环保,股价在A1和A2之间形成接力性质的筑底波之后,通过B、C涨停板的启动和接力,连续一字板突破A峰,非常

图4-76 中原环保的隔离板待确认

强势,按照隔离板的理论,脚下的筹码,有可能是主力的"粮仓"。那么D柱打开之后,我们能否买进呢?如果看不懂的话,最好等它确认之后再买,因为只有守住一字板不破再掉头,它才是隔离板,否则就不是。我们要是在D柱开盘后匆匆忙忙买进去的话,到收盘的时候,自己的脸就青了。

3. 买入后出现背反走势的隔离板立即逃

我经常跟大家说,任何一种战法,都不可能是百分之百的。隔离板也一样。如果我们买入后不涨反跌,那就说明我们的预判出错了。这个时候,能否第一时间逃出就至为重要。

例如图4-77中的德尔未来,B柱一字板之后,连续三天都守住B柱一字板不破,B柱有被确认为隔离板的可能,假如我们在C柱的收盘前买入,那么后面不涨反跌,我们就要及时跑出,因为我们是预判它会涨才买入的,但它不涨反跌,就说明我们的预判出错了,我们要赶紧跑。如果我们真的很看好它,可以在它有效守住A线或A1线时再跟进。要是一直窝在里面不出来,后面的震荡会让我们很难受的,后果也是不可预测的。

图4-77 德尔未来背反走势的隔离板

第五节　合力板实战要点

一、什么是合力板

大家都知道，高量板的后面通常都是跌，因为一天能跑出那么多的量，大多不是散户所为。散户没有这么多的筹码，即使有这么多筹码，也无法统一意见在同一个交易日里都跟讲好一样跑出来。因此很多时候它是主力抛售导致的结果，所以它后面就会出现下跌。

但这也不是绝对的。有些时候，有些个股，出现了高量板之后，后面还会继续涨或继续板。例如图4-78中鲁抗医药的F柱，就是一根这样的高量板，不但它的换手率高达32.98%，而且它的量能还是上市以来的最高量柱。很明显，按照以前的规律和一般的走势，它的后面是要下跌的。但是，它不但没跌，第二天反而继续缩量涨停！

图4-78　鲁抗医药高量板后的涨停

又如图4-79新通联的F柱，也是这样的高量板。虽然它的量不是上市以来的最高量，但却是近8个月以来的最高量，而且它的左侧还有个D峰，套住了不少的筹码。因此一般情况下，它的后面也是要跌的。但它却不但没跌，反而出现了连续的拉板。可见，不是放出高量的涨停板就一定是跌的。有些放量的涨停板，它的后面还是会上涨或大涨的。我把这种会引发继续上涨或大涨的涨停，叫作合力板。

图4-79　新联通的合力板

那么合力板之后为什么还会继续上涨或大涨呢？从图4-78中的鲁抗医药可以看到，主力D柱之后开始走接力波的结构，按照接力波的原理，B1线被突破之后，正常可以涨50%左右，然后就要再次洗盘。而它从B1线涨到F柱，实际涨幅超过了45%，而左上方还有一个A峰，那里还有套住的筹码，再加上春节长假将到，不少人认为后市存在一定的变数，所以主力就想利用市场的波动情绪，在这里进行一次洗盘，吓出不稳定的筹码。但是由于新型冠状病毒的不断蔓延，场外的资金也高度看好这股，不管谁砸它们都冲进去接，砸多少接多少。在这种情况下，主力当然不会一味往下砸了。因为主力往下砸的目的，是想杀到更低的地方去低吸，但当出现强大接盘资金的时候，主力再这样砸显然不合算，因为那样会把自己的筹码给砸没。所以，经过盘中的几次交锋之后，洗盘资金和接盘资金最后就达成了一致看多和做多的意向，继续推着股价往上涨。

而新通联也差不多。从图4-79中可以看到，E柱之后，股价一直有效守住筑底波波峰线B线不破，不但说明筑底已经结束，也说明接力波已经成形，后面的趋势将是向上。而后面的一字板启动，就是拉升的开始。但连续拉出两个板后，股价已经来到了接力波波峰线D线的脚下，量能也放出了一根次高量柱。这说明这个位置出现了分歧，看涨的人虽然也不少，但看跌的人依然很多。所以主力要来一次洗盘。但主力在F柱洗盘的时候，也出现强劲的买方。几经较量之后，洗盘资金跟接盘资金也达成了一致，最后就出现了合力做多，连续拉板的过程。

所以，所谓合力板，就是主力洗盘资金跟市场接盘资金几经较量之后，达成一致做多意见的涨停板。由于洗盘资金还没跑完，接盘资金又还没赚钱，因此这个涨停板的后面，大多还会继续上涨或大涨。这就是合力板的市场本质。

二、合力板的实战要点

1. 前置条件：位置

合力板虽然是示涨的，但不是每一个高量板都是合力板，能成为合力板的高量板，根据数据归类，要发生在关键的位置才行。关键的位置主要包含以下四个方面。

（1）接力波的波峰线附近。接力波的波峰附近，通常是主力高抛下杀的顶峰，套住不少的筹码，对主力来说，要冲过这道压力线，通常必须借助一点外力。而对场外资金而言，股价能杀回到这里，说明向上突破的可能性大，它们也愿意及时跟进去把握住新一轮的行情。因此内外资金一谋合，就容易形成合力板。

例如图4-80中联环药业接力波波峰线C线附近，就有两次主力高抛打压留下的大量套牢盘，主力要攻上去，肯定要借助外力，因为主力已经吃得够饱了。而由于新冠病毒疫情的暴发，形成了大热点，后市向上趋势明确，场外资金也愿意进场接盘做多，所以D柱的放量板，就是一个合力板。

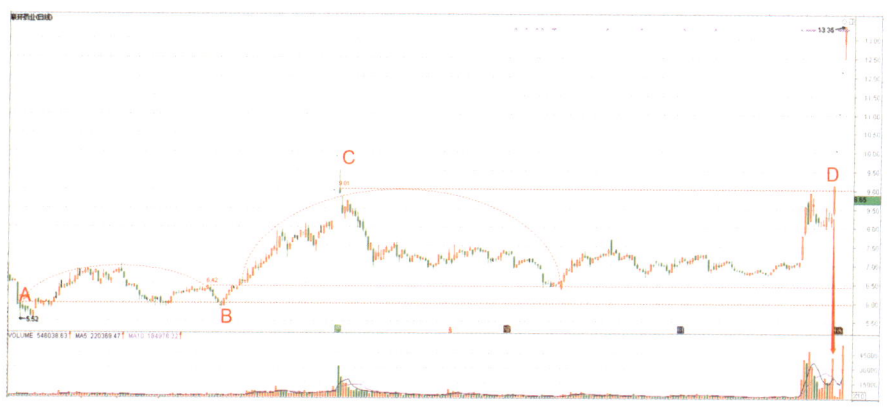

图4-80　联环药业的合力板

（2）合力波的波峰线附近。我们知道，合力波的波峰线一旦被突破，就会形成主升浪，但是合力波的波峰附近，同时又是主力小主升高抛的地方，因为那时候大家以为是主升浪，各路资金都扎堆跟进，因此这里也套住不少的筹码。主力要打通这里走主升，也必须有外力支援，不可能自己去吃独食，因为它在脚下已经吃得够饱了。而对于场外资金来说，主力要走主升，它们也很愿意出力，并从中抓到上升趋势中最彪悍的涨幅，因此这个也是很容易形成合力板的地方。

例如图4-81中的星期六就是这样，合力波波峰线附近，是主力高抛洗盘的地方，积累了较多的套牢盘，主力要想走主升，肯定要先把这些套牢盘给消化掉。但是主力会自己去独自消化吗？肯定不会！因为它之前不但经历了下沉式建仓，也经历了筑底波和接力波的低吸，合力波之后也有过低吸，它已经吃得够多了，因此要去突破这里的压力线，它也要借助外力。而D柱脚下，连续三天放量，却连续三天涨停，主力走主升的意愿很明确，而且它是"网红第一股"，所以场外资金也愿意跟进。因此D柱的放量板就是一个合力板。

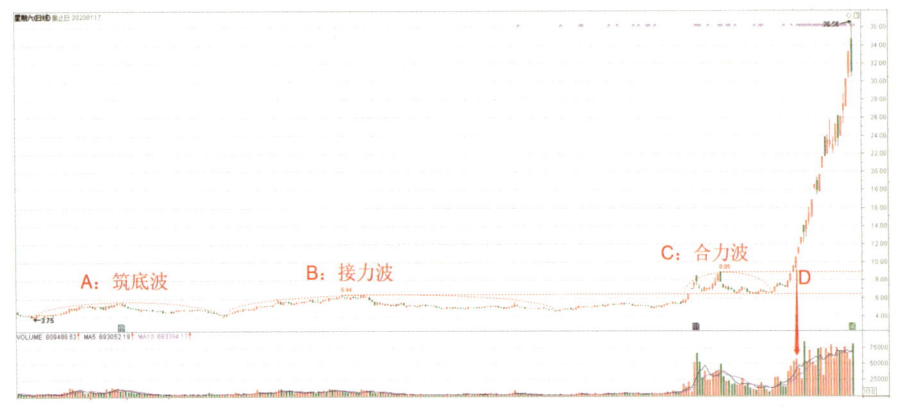

图4-81　星期六的合力板

（3）主升五线附近。主升五线也是重要的压力线，由于主升五线附近位置大多比较高，有的甚至已经翻了一倍多，因此这个地方若让主力去硬攻，也是比较难。一般情况下，主力都会借助看多的场外资金一起去消化这里的压力。因此这个地方也最容易出现合力板。

例如图4-82中的模塑科技的A柱，就是一根这样的合力板。在当时，它的股价已经翻了一倍多，但A柱放量之后，股价依然缩量震荡向上。这说明主力的目标还未完成，还想走主升浪；这里的震荡，不过是主升浪启动前的洗盘。但是，C柱及其右侧，放了那么多的量会是主力吃的吗？答案是否定的。主力吃一部分是有可能的，因为它不带头吃，其他人也不敢放心吃！但要它去通吃，也是不可能的，因为股价从脚下涨到这里，已经翻了一倍多，它吃得已经够多了，再吃多，就会被撑死。所以，它要上攻，也需要外力来帮忙消化市场上的抛盘，甚至是它自己的抛盘，这样才能完成在主升浪中派发的任务。而场外的资金看到主力要走主升浪，也愿意冲进去接盘做多，因为它们知道主力一时半会跑不出，还会拉高，即使进去接盘，也是有利可图的。所以，C柱的放量板，就是主力资金和市场资金合力做多的标志板——合力板！

图4-82　模塑科技的合力板

（4）最后一个地方是主升的初、中期位置。这里由于有大量的资金在接盘，主力也还未完全出逃，因此也最容易形成合力板。例如图4-83中的星期六的E柱就是这样，它这个板的量柱虽然是平量，但相比左侧和脚下依然是高量，但从当时看，它的妖股地位已确立，市场上不怕死的资金纷纷涌进，趋势还将向上的样子，而脚下的量堆，相比左侧放大并不多，说明多头主力还未全部撤出，而在形态上，又形成了主升浪途中的金包银，示涨属性强。因此，E柱的放量板，也是多头资金战胜空头资金、达成一致做多默契的合力板。

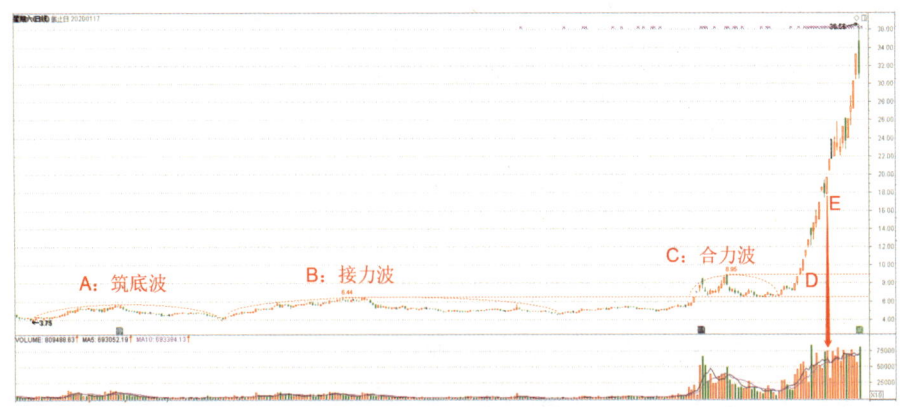

图4-83 星期六的E柱放量板

合力板还会出现在其他一些地方,比如涨幅高的筑底波波峰线附近。但主要的就是以上四种。这四种位置判断正确了,合力板的正确研判就达到了五成。

2. 基础条件:结构

要形成合力板不难,但要在合力板之后继续上涨或大涨才难。怎样判断合力板后面还会不会继续上涨或大涨呢?标准只有一个:看结构。一般来说,合力板之后能够大涨的,必须具备以下三大条件。

(1)主力没跑。什么叫主力没跑?就是必须守住承启拐点,也就是我说的承先启后、继往开来的拐点。例如图4-84中的电魂网络,E柱放量板出来之后,怎么判断后面会不会继续上涨呢?首先要看主力跑掉了没有!怎样知道主力跑了没有?就看脚下的承启点有没有守住。我们从图4-84中可以看到,365线无法突破之后,股价出现了下跌,但它跌到D柱就止跌掉头了,守住了B、C两个承启点,让B、C构成承先启后、继往开来的趋势。主力要守住这个趋势再掉头,就说明它还没跑、还想做多。因此这个合力板的后市是向上的。但如果B、C点都被跌破了,那就难说了。因为头上都是它的抛盘,它一般不会去直接突破。

图4-84 电魂网络的合力板属性判断

（2）充分洗盘。就是在突破之前，这个峰已经经过多次或多轮的攻击，压力已被适当释放，或者虽未经过多次或多轮的攻击，但却经过长时间的横盘洗盘，峰上的压力已经不是很大。这样洗盘后出现的合力板，要对付的主要对手基本就在一个方向，就是脚下的获利盘，受到获利盘和套牢盘两面夹攻的概率就会比较少，后面继续上涨或大涨的概率就大。例如图4-85中的欣天科技，F柱合力板形成的时候，它都还没突破A峰线，怎么判断它会不会继续上涨？看A柱之后的洗盘，压力有没有被充分消化？或者洗盘的时间够不够长？从图4-85中我们可以看到，A峰之后，经过了C、D、E三轮的攻击、释放和消化，它的压力其实已经不大。而从A到F，也经历了5个月的洗盘，从合力板之前的量柱看，大大低于左峰的量，价相近而量相远，说明洗盘比较到位，后市拉升的概率大。所以，F柱的合力板，继续上涨的可能性大。

（3）洗盘区间内，要形成两个以上的承先启后、继往开来的拐点或波浪。它通常表明稀缺筹码的底价越来越高，后市的趋势将会逐渐向上，从而为后面的突破和合力板后的继续上涨奠定趋势基础。还是以欣天科技为例（见图4-86），A柱之后的下跌，在B柱形成了筑底拐点，震荡进攻几个月后，又在C柱形成了接力拐点，而后，又在D、E形成了承先启后、继往开来的再接力点，构筑了一条完整的向上的拐点线（上拐线），它表明底部稀缺筹码的交易价越来越高，往下砸的动能越来越小。而这样的结构，就会导致向上的突破和拉升。它后面也果真拉升了。

图4-85　欣天科技的合力板示涨

图4-86　欣天科技的上拐线

所以，只要是符合这三点要求中的一点的，就可以预判是示涨的。三点要求都符合的，上涨的概率就更大。

3. 确认条件：缩量

我们都知道，再强悍的形态或预判，都必须获得确认才行。合力板后能否继续上涨，除了看前面两个条件外，还要看另一个条件是否确认，即缩量。合力板次日能够继续缩量，特别是缩倍涨停的，后面继续上涨或大涨的概率才大。例如图4-87中的模塑科技的C柱合力板，尽管我们可以根据前面的分析预判它会上涨，但最终要能得到确认才行。怎么确认？就是C柱背后必须再次形成缩量板，最好是缩倍板！因为只有再次形成缩倍板，特别是无量一字板的，才能说明之前进去的资金没有跑，它后面要跑，还得继续拉高！C柱之后我为什么敢发帖说它也许会成为星期六第二？这个合力板的确认也是一个主要的原因。

图4-87 模塑科技的合力板确认

我刚才说的欣天科技也一样，尽管我预判F柱的合力板是示涨的，但最后也要得到确认才行！怎么确认？就是缩量、缩倍，或是无量一字板！从图4-85中我们可以看到，F柱的次日就是缩量的，它说明前面进去的资金没跑，后面还会继续拉升，因此我们可以找机会跟进。而要是无法得到确认的话，我们就不能贸然行动，因为拉升放量无法得到确认，有可能是主力在跑，什么时候跌下来我们无法预计。

4. 爆发条件：热点

确认之后能拉多高，还要看热点。热点热度强，持续性好的，涨幅就大，相反就小。例如图4-88中的星期六，D柱合力板确认之后，上涨是大概率的，但涨得有多高，就要看热点的持续度。而在那段时间里，最热的概念就是"网红经济"，而它正好又是这个概念的龙头，所以它就涨得非常好。

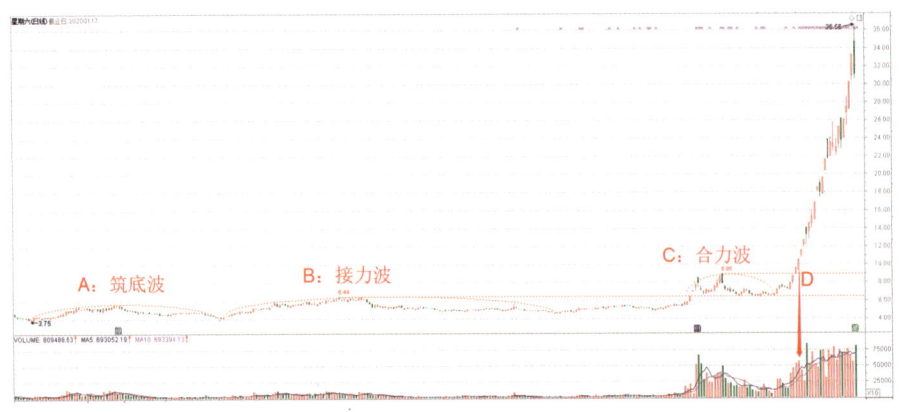

图4-88　星期六的合力板契合热点涨幅高

要是热点不持续，那就很难拉得起来或者拉得好。例如图4-89中的华林证券，它只有证券和次新股两个概念，而这两个概念，那段时间都是不持续的，都是过峰跌的。因此，即使F柱形成了合力板，但也无法得到确认，后面还是出现了"过峰必跌"的结果。

图4-89 华林证券的合力板由于热点不连续示跌

5. 买入条件：三个"时"

合力板的伏击点主要是围绕着合力板来展开。根据合力板后面的规律，它的买点主要有以下3种。

（1）有效突破合力板的实顶时。这个有效，包含次日高开高走或低开高走再涨停，以及回踩不破再涨停。在正常情况下，多为次日高开高走或低开高走再涨停。例如图4-90中的浙江龙盛，C柱合力板形成次日，股价大幅高开高走，鉴于合力板前已经过缩量洗盘，表明主力控盘良好，脚下筹码锁定不错。因此可以确认为有效突破。我们可以根据集合竞价和分时量波的情况择机买入。

（2）有效守住合力板实底再掉头时。这个有效，同样也包含首次回踩守住和二次回踩守住不破再掉头。例如图4-91中的中贝通信就是这样。A柱毫无疑问是一根合力板。但它的次日没有立即上涨，而是出现了回踩，但B柱回踩不破再掉头的时候，就形成了第一个买点，我们就可以先买入底仓，因为它表明下跌的动能不足，上涨的机会大增。但后面无法有效突破合力板实顶再次下跌，并在C柱形成二次回踩不破再掉头的时候，通常说明左侧的下跌是洗盘，当前出现了洗盘结束的信号，因此我们可以在收盘前再次加仓。

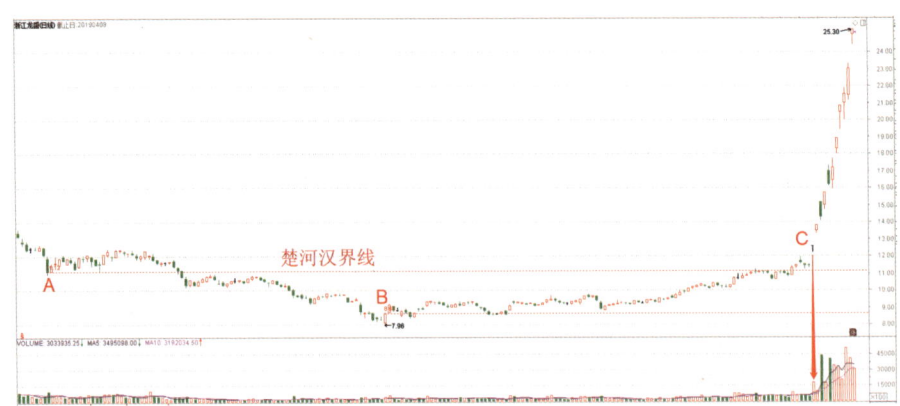

图4-90　浙江龙盛的买入时机

图4-91　中贝通信的买点

（3）缩量板确认后再向上时。这个买点的位置虽然比较高，但却比较安全，是一个相对稳妥的买点。例如图4-92中飞乐音响D柱合力板的次日，是一个缩倍过峰的T字板，而且最低价都在B峰之上。这不但说明前面进去的资金没跑，而且主力做多的意愿极强。因此E柱确认板的次日，我们就可以逢低进入，后面依然还能获得很不错的收获。

图4-92 飞乐音响的买点

三、合力板的风险管控

1. 未确认不打

这通常是一种比较稳妥的做法,特别是在次新股中。例如图4-89中的华林证券,F柱收出合力板后,我们打不打?一般不打!因为它没有确认。我前面已经说过,高量板的次日,只有缩量、缩倍,甚至是无量一字板涨停,才可以确认为合力板,后面才有继续上涨的可能。否则就存在着很大的变数。所以我们不能打。

2. 打错赶紧跑

但防范再到位,也不能保证万无一失。例如图4-93中的中国应急,它的E柱就是一根主升途中"合力板"。但是,假如我们次日在它低开高走突破这根合力板的实顶时杀进去了,那么后面无法创新高后出现掉头向下的第一根绿柱时,就要先跑为上,因为合力板无法得到确认，后市存在变数。如果第一根绿柱还不想跑，就要以E柱次日高量柱的实底为风控线，F柱一旦跌破，就要立即跑出。不能再去等E柱的虚底，因为E柱次日的量高过E柱，E柱合力板的身份不存在了，买点也不存在了，再不跑就要被套住了。

图4-93　中国应急主升途中的"合力板"

第六节　引爆板实战要点

一、什么是引爆板

在前面的章节里，我跟大家讲了启动板，讲了接力板，也讲了隔离板。那么我现在要讲的引爆板是什么东西呢？通俗地说，引爆板就是站在接力板的肩膀上，翻过阻碍股价上涨的围墙的那一根涨停板！

例如图4-94中的光洋股份，在C柱之前，拦住股价不让涨的围墙是哪条线？毫无疑问，是B柱前一天的大阴实顶线，也是B柱后一天的假阴虚顶线。由于假阴虚顶的位置更高一些，要翻过去更难，所以B柱次日的假阴虚顶线就是阻拦股价上涨的围墙线。有了这个线之后，我们就看得很清楚了，A柱是启动板，B柱是站在A柱肩膀上往上爬的接力板，而C柱是站在B柱肩膀上往上爬，并且还露出了脑袋的接力板。它们一个踩着一个的肩膀往上爬，想干嘛？很明显，就是想翻过围墙线！但是，有没有翻过去？谁翻过去了？很明显，D柱翻过去了。于是，该股从围墙线5.49元起涨，前后仅用九个交易日的时间，就大涨了138.97%。

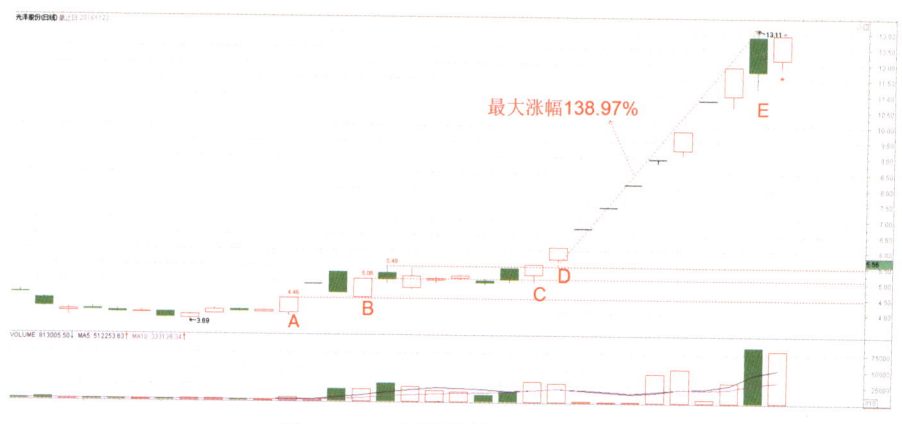

图4-94　光洋股份翻越围墙线

又比如图4-95中的贵州燃气，哪一道是围墙线？毫无疑问，A柱的虚顶线是围墙线！有了这个围墙线，我们看得很清楚了。B柱是启动板，C柱是踩在启动板头上的接力板，而D柱就是那个翻过围墙的引爆板。结果，该股从D柱开始，前后仅用16个交易日的时间，股价就大涨了193.74%。

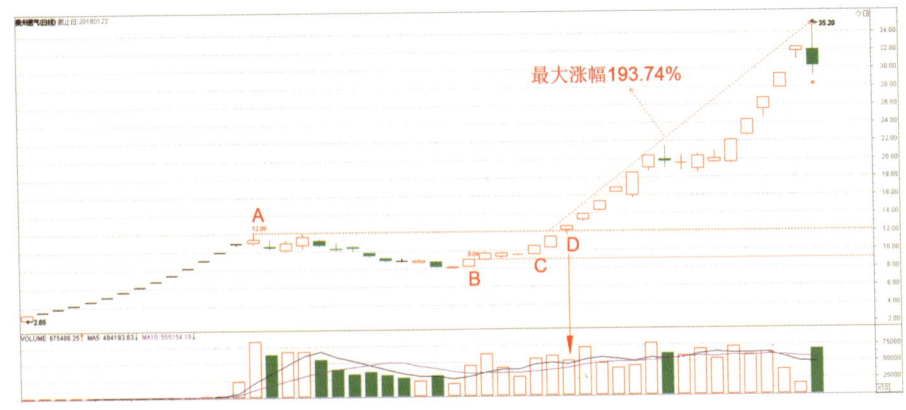

图4-95　贵州燃气的围墙线

引爆板为什么会这么厉害呢？从光洋股份的缩图（见图4-96）中我们可以看到，B、C区间，正是处于走出海底捞之后大的岸基线和岸峰线之间。我们都知道海底捞是股价建仓完毕之后，新的拉升开展之前的最后一次洗盘，既然站上了岸基线，就说明故意打压的运动已经结束。但是，既然结束了，怎么还放出那么大的量呢？近4个月的岸基线建仓，都没有什么量，怎么一下子就冒出这么多的量？很明显，这个量，不是来自海底捞，而是来自0528上下。主力B、C之间的震荡，其实就是要震出头上的套牢盘。只有头上的套牢盘被震出之后，股价才会再次拉升。B、C之间的放量，就是头上的套牢盘被震出。而D柱引爆板的突破，就是震仓结束、拉升开始的信号！

这种情况，用在次新股、复牌股上可以看得更清楚。例如图4-97中的贵州燃气，B和C之间的震荡和放量，就是对头上套牢盘的一种震仓。当量被震出来之后，D柱的缩量突破，就意味着套牢盘已经基本被震出，主力获得了拉升所需要的筹码，也解除了头上的压力和风险，新的拉升马上就要开始。所以，这个D柱，也是主力完成拉升前洗盘、准备引爆股价的一个标志性信号。

图4-96　光洋股份的缩图

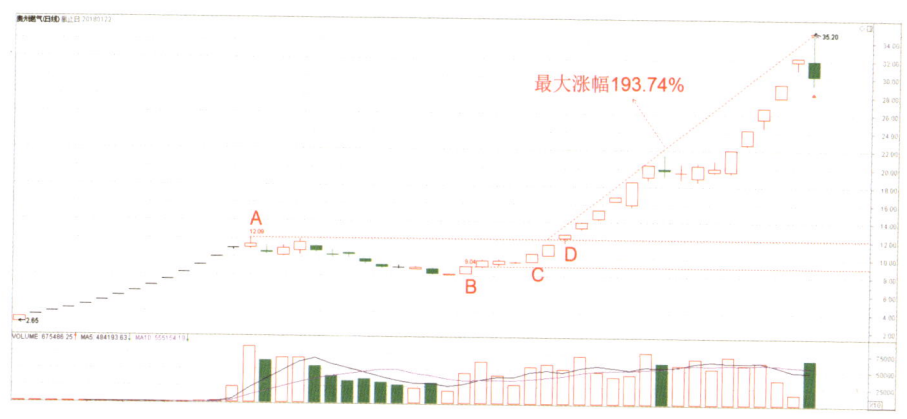

图4-97　贵州燃气的股价引爆的标志信号

所以，所谓引爆板，是主力经过一定时间筑底、启动和接力，充分消化头上最大压力之后，准备拉升股价连板上涨的一个标志性信号。我们要是能看懂这个信号，抓住这个信号，及时地跟进，就有机会抓住连板的上涨行情！

二、引爆板实战要点

1. 前提条件：位置

由于引爆板之后，正常都要出现连板拉升，大多都是主升浪行情，因此引爆板的位置特别重要。一般来说，引爆板的位置，主要出现在以下两个地方：

（1）筑底底部箱体震荡建仓的凹口位置。这个位置，由于建仓已经基本完成，再次下跌的可能性很小，一旦向上突破，将会势如破竹。例如图4-98中的华映科技，它的引爆板C柱，就是位于底部的凹口附近，B柱是根变异的隔离板，隔离板之下，就是主力的基本仓，主力刚从底部起来，不可能往下打，因此在这里的震荡，就是震左上方的套牢盘。当C柱缩量突破的时候，就意味着震仓结束，新的拉升开始，所以后面就大涨了。

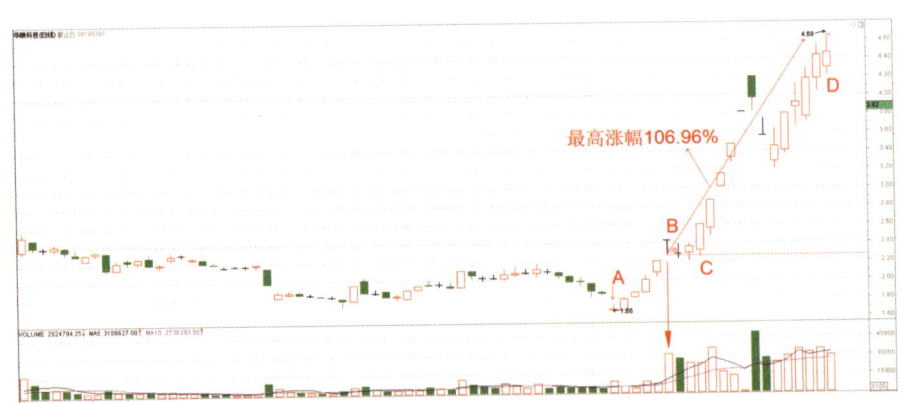

图4-98 华映科技引爆板的位置

（2）中上部的凹口位置。这个位置，虽然幅度已经有点高，但主力的建仓才基本完成,还没有过像样的派发,按照主力的计划,后面还得拉升。所以,重要的压力位突破之后,也容易出现连板拉升。例如图4-99中的宝鼎科技,它的C柱引爆板,就是位于大涨172.67%的中上部凹口位置。但是B峰的左边,是主力小阴小阳的建仓,而B峰的右侧,也是主力横盘震荡的吸筹,主力吃了那么多还没拉高派发,按照主力的计划,后面还是会拉升的。所以,B峰一旦被突破,股价就迎来了大涨。

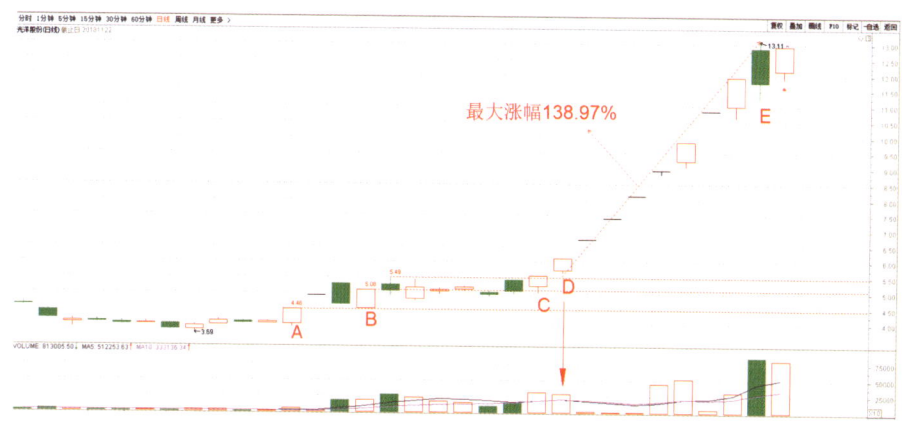

图4-99　宝鼎科技引爆板的位置

从这里我们也可以看到,低位突破就拉升的,多为主力被套或下沉式建仓,中上部突破才拉升的,多为主力被套不深,更多的是向上建仓。所以,分清主力建仓方式的不同,有利于我们对后市的正确判断。

2. 基础条件:结构

但是,不管主力是下沉式建仓也好,上升式建仓也好,突破前都会出现一个箱体整理。这个箱体整理,必须具备以下两大特点。

（1）下跌的时候都是缩量，最好是连续大幅缩量，因为只有这样，才能说明左侧吃进的筹码没跑，这里的洗，仅仅是洗别人而已。例如图4-100中的宝鼎科技就是，它在C柱向上突破之前，形成了六个多月的箱体整理，而在整个箱体整理当中，每次下跌都是连续大幅缩量，这说明左侧吃进的筹码都没有跑。干嘛不跑？很明显，就是想拉罢了。

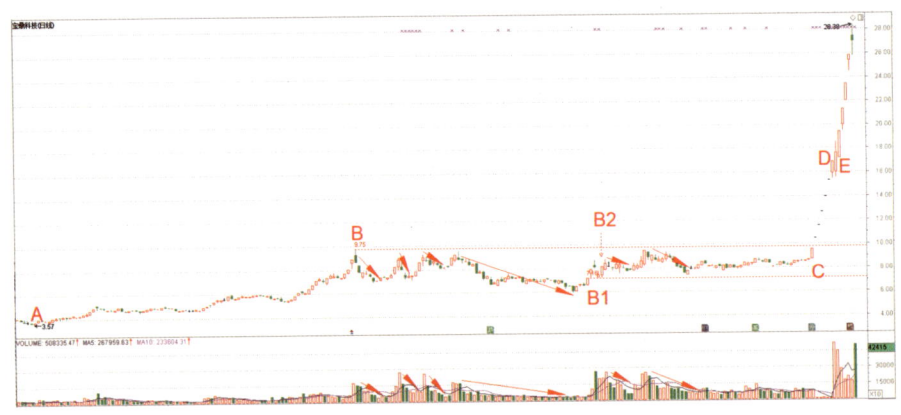

图4-100　宝鼎科技的箱体整理

（2）上攻的时候，不但要适当放量，而且还必须有明显的启动板、接力板支撑。我们知道，涨停板是主力最大的异动，也是主力最强的攻击模式。启动之后还能接力或不断接力，说明主力做多的意愿极强，后面拉升的概率很大。我还是以宝鼎科技为例（见图4-101），继左侧连续下跌之后，每次都是放量往上拉升，而且每次拉升都有涨停板。这说明主力的下跌是有底线的，只要一跌到它的关键地方，主力就要强势拉升，脱离危险之地。这暴露了主力的仓位就在这脚下，也暴露了主力还没跑，还想继续做多。

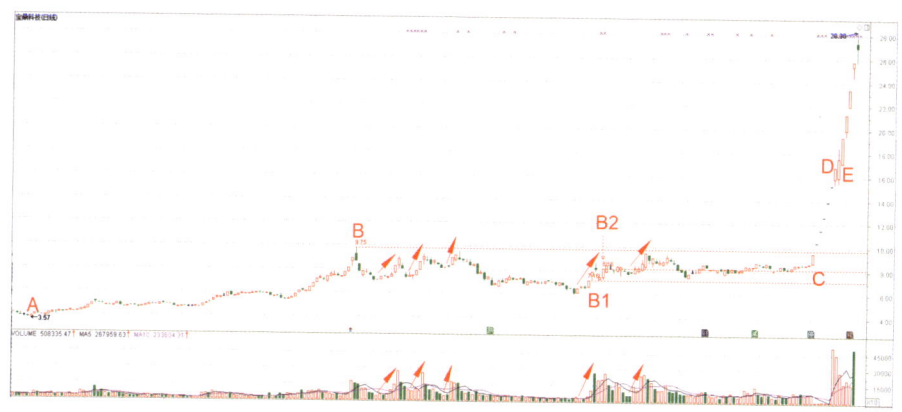

图4-101 宝鼎科技主力拉升的标志

下跌的时候缩量，说明左侧吃进的筹码没跑，跌到低量之后又用涨停启动和接力，这不是明摆着要上攻吗？所以，只要符合这两个条件的，后面一般都会大涨。宝鼎科技C柱突破之后，就是连板拉升，已经大涨225%。

但也有个别的股票，启动板出现之后，没有接力板，只有接力柱，这该怎么看？也可以当作接力板看待，只不过它接力的强度没有接力板强而已。但它后面要是能形成引爆板，那就说明不是不强，而是主力的一种伪装，所以，后面一样还会爆发。还有的连启动板都没有，只有拐点柱和接力板、接力柱，这种情况下，只要是连阳上攻，其他条件又符合的，冲破凹口重要压力线的缩量板，也可以当作引爆板看。例如图4-102中的群兴玩具，它的引爆板F柱之下，只有一个A柱启动板，但B柱右下方却没有形成接力板。但由于C柱拐点之后，不但形成了D、E接力柱，还形成了连阳拉升的突破，上攻态势依然很强，意图也很明显。所以，F柱的缩量板，也是一根引爆板，后面一样会大涨。

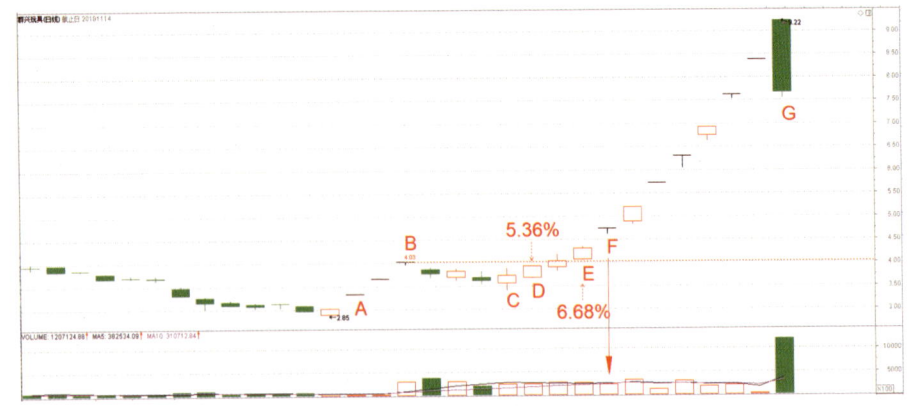

图4-102 群兴玩具的引爆板

3. 核心条件：确认

但是，我们要怎么去确认它后面会涨呢？只有一点，那就是缩量突破确认。这个缩量，不是只跟左柱比缩量，而是跟脚下的接力板和凹峰柱比要缩量，量缩得越多越好。只有缩量了，才能证明脚下的筹码已被主力或多头所控制，要不是被主力或多头所控制，只要它一拉，获利盘、解套盘都会蜂拥而出。

例如图4-103中的全柴动力，D柱形成启动板之后，怎么确认后面会涨？只有一点，就是看它跟左峰和接力板比是不是缩量。如果是放量的，说明抛盘还很多，主力还没控制好盘面，拉升分分钟夭折。但要是缩量的，就说明抛盘很少，主力已经控制了大局，掌握了股价上涨的主动权，后面涨的概率就大。从图中我们可以看到，它跟左峰比是缩量的，跟接力板比也是缩量，所以它大涨了。

又如图4-104中的金力永磁的F柱，也是这样。它的量能跟左峰B柱比，是缩量，跟脚下的接力板E柱和D柱比，也是缩量的，这说明主力不但控制了大局，还掌握了股价走向的主动权，所以，它后面还是大涨了106%。所以说，接力板要缩量才好，缩量才有后市。

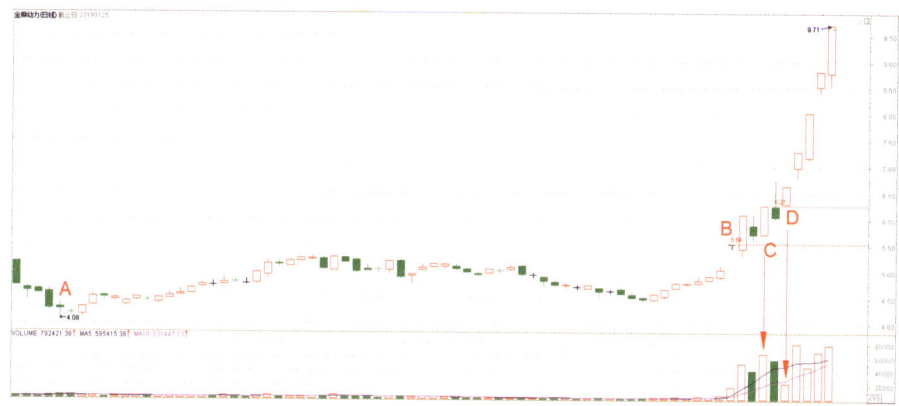

图4-103　全柴动力看涨趋势的确认

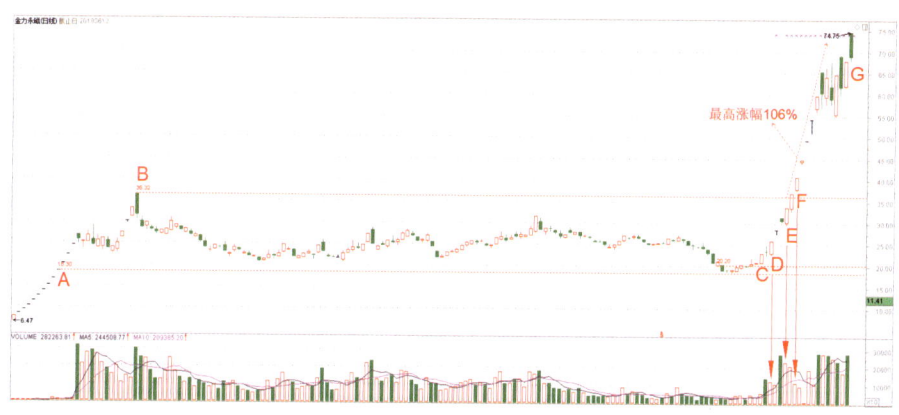

图4-104　金力永磁看涨趋势的确认

4. 介入条件：围墙线

从前面的分析中我们已经知道，主力的所有震荡和努力，都是为了翻过围墙线，最好的办法就是守在墙边，只要它一翻过来，我们立马就可以把它揪住。因此，引爆板的伏击点，只能是围绕这个围墙线来设置的。正常情况下，它有以下三种方法。

（1）首次突破围墙线时。由于前面基础已经打好，所以很多条件符合的引爆板，第二天直接就连板。所以，首次突破是第一买点。例如图4-105中的群兴玩具，它的重要压力线就是B线，如果主力不想围墙，它就不会翻过B线往上涨，它要是翻过B线往上涨，就是想翻墙。所以，E柱那天我们就可以把它抓起来！

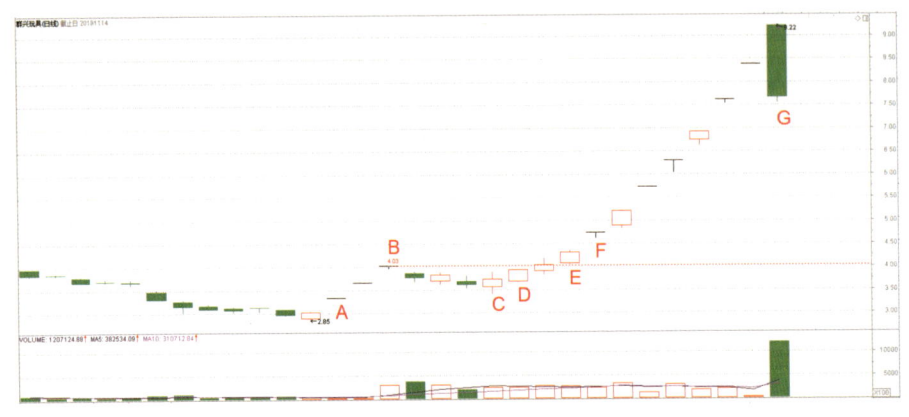

图4-105　群兴玩具首次突破围墙线

（2）二次突破围墙线时。有些个股由于热点比较弱，突破之后还会跌回来，特别是突破是放量的，更容易跌回，因此二次突破就成了第二买点。例如图4-106中的天顺股份，C柱放量突破A柱之后，马上就跌回线下。为什么？压力大呗！所以，我们就要把伏击点放在二次突破。D柱一翻墙，我们就要勇敢地去抓个现行。

（3）引爆板形成的次日。引爆板出现之后，只要前提条件符合，一般都会出现连板拉升或连续上升，因此引爆板出现的第二天，一样也可以买入。例如图4-107中的宏川智慧，C柱的缩倍引爆板，说明主力已经控制了大局，掌握了股价走向的主动权，按照常规走势，后面都会连板拉升或连续拉升，因此C柱的次日，我们可以买。从这里买进去，看似位置很高，但却是股价大涨的开始。

图4-106　天顺股份的二次突破围墙线

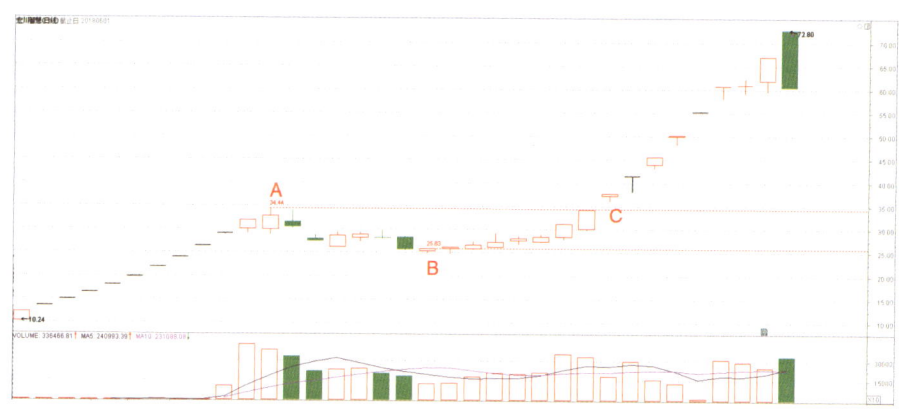

图4-107　宏川智慧的引爆板

5. 暴涨条件：风口

大家都看过《三国演义》，都知道"孔明借东风"的故事。孔明为什么要借东风？因为要是没有东风的话，火就烧不起来。股市也有这种说法，风要来了，猪都会飞起来。所以，引爆板涨得利索不利索，就看有没有风口，风口强不强劲！要有，就会连板大涨。例如图

4-108中的宝鼎科技，它最近之所以会这么牛，就是因为碰上了资产重组和三季报大幅预增的双重热点，所以就大涨了。

图4-108　宝鼎科技借助双重热点大涨

但要没有，就会趔趄向上。运气不济的，甚至还没拉到一半，就从半空中掉下来了。例如图4-109中的商赢环球，它的F柱引爆板，基础相当不错，但却没有遇上强劲的风口，所以没拉多高就掉了。

图4-109　商赢环球的走势图

三、引爆板的风险管控

1. 不确认不买

我前面说过，引爆板要位置、结构、确认三大条件都符合，才能进行伏击，要是条件不符合的话，就不能去伏击，否则就存在较大的风险。例如图4-110中的神马电力，D柱引爆板看似很好，因为它相比B柱大幅缩量。引爆板的量能要求，不但要比左峰压力线低，还要比接力板低，但它却是比接力板高。这就不对劲了。接力板本来要放量的，它却缩量，引爆板本来要缩量的，它却变成放量，这就变成位置倒置了。位置倒置的结局，就是结果倒置，该涨的变成要跌了。所以，D柱的次日不能买了，有票的还要先减仓或清仓了。

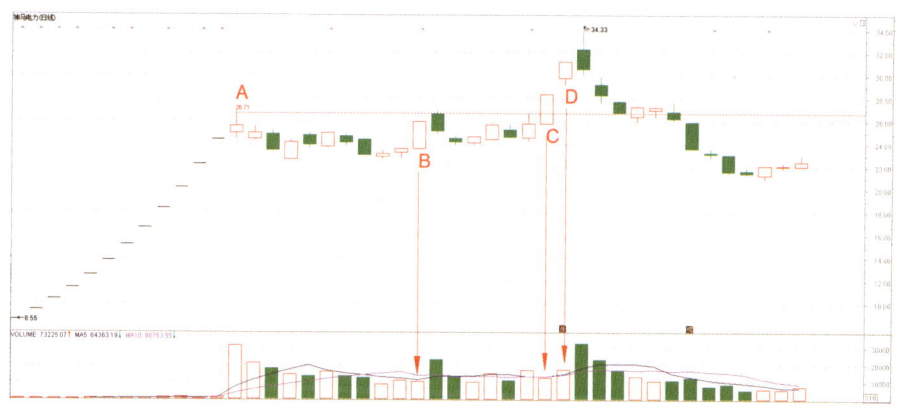

图4-110　神马电力位置倒置导致结果倒置

2. 买错即退出

买错不可怕，可怕的是不纠错。任何一个成功者，都是一个善于纠错者，不善于纠错的，最终都是失败的。因此，我们要想在股市里获得成功，最根本的一点，就是买错即退出。例如图4-111中的亚联发展，E柱引爆板的脚下，有启动板、接力板做支撑，E柱本身也是一根缩量板，浅看很不错的样子。假如我们在E柱买进去了，当次日不涨反跌的时候，我们就要立即退出。因为真正强势的引爆板，必须是连板拉升的。它不但没有连板拉升，反而掉头大跌，这要不是我们看错了，就是个股本身存在缺陷，而不论哪一种，都存在着较大的风险，我们最好立即退出。

图4-111 亚联发展的引爆板缺少连板拉升

第七节 派发板实战要点

一、什么是派发板

从上一节的介绍中我们已经知道，派发板的形态跟合力板基本一样，它有T字板、大阳板、梯量板、破板和未板五大特征，而且基本都出现在波峰或主升浪的中上部。大家请看图4-112中的模塑科技。

图4-112 模塑科技的主力控盘良好

从图中我们可以看到，股价突破主升五线之一的6378线之后，就出现了空中加油，并在B柱的前一天实现了涨停突破。而这个涨停的成交量，是6378线之上的低量，它表明空中洗盘时形成的抛压已被消化，主力控盘良好。

但是，其后的B柱却放出了当时的历史最高量，这个量是从哪里来的呢？当打开它的分时图（图4-112中的左小图）时你会惊讶地发现，它的分时图却格外地有分歧，很明显是有人在出货。是散户吗？肯定不是，因为在前一天主力还是高度控盘的，散户没有那么多的筹码，散户扔掉的筹码，很容易会被吃掉。是空中洗盘时进去的接盘资金吗？可能性也不大，因为它们还没赚到什么钱。

那么会是谁的筹码呢？只能是主力。因为主力头一天已经实现了控盘，它自己不跑，没有多少人会跑，也没有多少筹码可以跑。主力的成本大约在A柱右侧的近峰附近，股价突破那里涨到B柱时，涨幅已经翻倍，主力不能不跑，如果不跑，最后站岗的一定是它。所以，空中洗盘结束后，当市场看涨的情绪被调动起来、热钱纷纷涌入的时候，主力就要派发了。

因此，B柱的量是主力派发出来的量，而B柱的涨停板，就是我所说的派发板。

但是，既然主力在派发了，股价为什么还能涨呢？

这是因为，主力控制的筹码太多，它不可能一天就跑完。它要是跟散户一样，一单就扔出全部的筹码，那就会天天砸跌停，根本没有人敢接盘。所以主力只能分批分次地跑。虽然B柱放出的是当时的历史高量，但那不可能都是主力一个人在跑，大家都在买。它的分时走势那么难看，脚下跟进的散户、中小资金都会跑。主力跑的，只能是其中的一部分而已。

而要想把筹码分批分次顺利地派发出去，主力就要配合接盘的强势资金，控制自己的出货量，那样大家才能拉到更高的位置去派发。从图4-112中我们就可以看到，B柱之后，量能急速萎缩，这表明主力没有再大量抛售，只有涨到C柱的时候，主力才再度大量派发，因为这里距它第一次派发的时候，已接近有三个板的空间，接盘的资金也可以获利跑了。但是B柱之后，除了春节后开市的第一天外，股价再次缩量拉板，为什么？主力还是没有跑完，还得配合接盘的资金继续做多，直到再拉四个板的空间之后，大家才兴高采烈地跑。

因此，派发板虽然是主力的抛售板，但由于主力掌控的筹码太多，既无法一两天内跑完，也无法向下砸跌停跑。因为砸跌停根本跑不出，没有人会为高位的跌停特别是连续跌停买单。它只能控制自己的出货欲望，好好配合接盘资金做多，把股价拉到更高的位置去派发。这就是派发板后面还能涨的市场逻辑，也是派发板后还能伏击的理由。

二、派发板的实战要点

如果我们要伏击派发板的话，要注意哪些条件呢？

1. 位置

从我的经验和归类的数据看，派发板可以出现在任何一个波峰或高位上，但却不是任何一个派发板都能伏击。

例如图4-113中的顺威股份，它的C柱就是派发板。为什么这样说呢？因为B1脚下是隔离板，隔离板之下是主力的基本仓，隔离板之上是主力的增补仓或市场的接盘仓。但从B1之后的走势看，股价是缩倍量涨停，说明多头主力控盘良好。C柱的前一天虽然是跌停，但依然是缩量，这表明多头主力依然控盘良好。但是，C柱出现那一天，股价从跌停杀到涨停，放出一根历史高量，在主力控盘良好的前提下，主力不跑，哪里来的这么多筹码？从打开跌停板之后的分时看，都是出货波的形态，下午更是在涨停板脚下不断出货。因此，这根涨停板，就是主力故意打开跌停吸引抄底资金进去抢筹的派发板。

图4-113　顺威股份的派发板

但是，这根派发板的后面为什么不涨反跌呢？

从图4-114中可以看到，A线是主升五线之一的楚河汉界线，该股B柱之后，股价尽管已经实现了翻倍，但却没有有效突破和站稳主升启动线，因此它在这里的派发，是想做高抛低吸获利了结而已，并没有打算去冲击更高的地方。

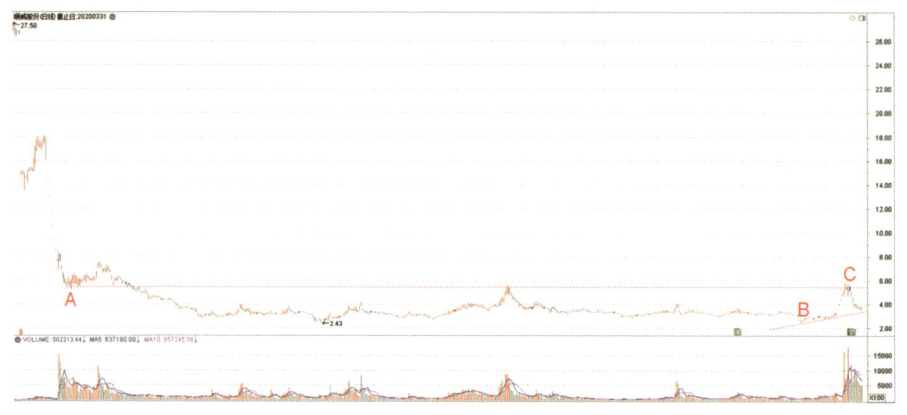

图4-114　顺威股份的派出板是出逃板

所以，主升浪之前所有波峰上的放量板，都不是示涨的派发板，更不是合力板，而是主力做波段高抛低吸的出逃板。

但要是出现在主升浪空中加油或武三丰之后的派发板，则大多可以伏击。为什么呢？因为能够在主升浪启动后形成武三丰或完成空中加油的，主力一般都控盘良好，掌握了绝对多数的筹码，主力无法一两天内就跑完，所以它会配合接盘资金好好往上派发。

例如图4-115中的秀强股份，股价连板突破365线之后，最初形成C、D两根放量板，由于C柱T字板刚突破主升启动线365线，所以它是合力板，是多头资金收集震出的不稳定筹码，合力做多后市的一种标志。而D柱则不一样了，D柱位于武三丰的头上，属于主升浪的中上部位置，主力不可能再在这里吸筹。同时，D柱脚下是个隔离板，它表明多头主力处于绝对控盘之中。而既然多头主力处于绝对控盘之中，主力不跑，谁有那么多筹码跑？很明显，这是主力跑出的筹码。但是，脚下那么大的量堆，主力就靠那一根成交量能跑完吗？显然不可能。所以主力要把筹码顺利地派发出去，就还得配合接盘资金往上拉。

图4-115 秀强股份的派发板

因此，真正能示涨的派发柱，是处于主升浪武三丰形成之后，或主升浪空中加油结束之后的中部或中上部位置，其他的都是示跌的。

2. 量能

派发板的成交量，通常不是历史高量就是阶段性的高量，否则就谈不上派发。但是，这样的高量，与其左侧或脚下的量堆相比，必须是温和或和谐的，不能是鹤立鸡群的，否则就有风险。

例如图4-116中的国恩股份，股价在突破365线A线之后，在C柱形成了一根历史高量，但这根历史高量与脚下的成交量相比，就是鹤立鸡群的，其他的量柱都变成了毫不起眼的微量。这就不好了，因为它是用一连七个一字板拉起来的，成本很低，位置很高，中间也没经过适当的换手。它在C柱突然放出这么大的量，说明主力在利用利好泛滥出货。在这种情况下，第二天必须一字板涨停或缩量一半以下涨停才能化解，因为能够继续一字板涨停或缩量一半以下涨停，说明接盘资金实力强大，也与原来的主力达成了默契。但是它没有。它第二天虽然是缩量涨停，但却是微缩量涨停，这说明主力继续毫无节制地派发。像这样子，接盘的资金自然也不乐意了。人家也不傻，你既然要砸，那就大家一起砸吧，所以它随后就掉头向下了。

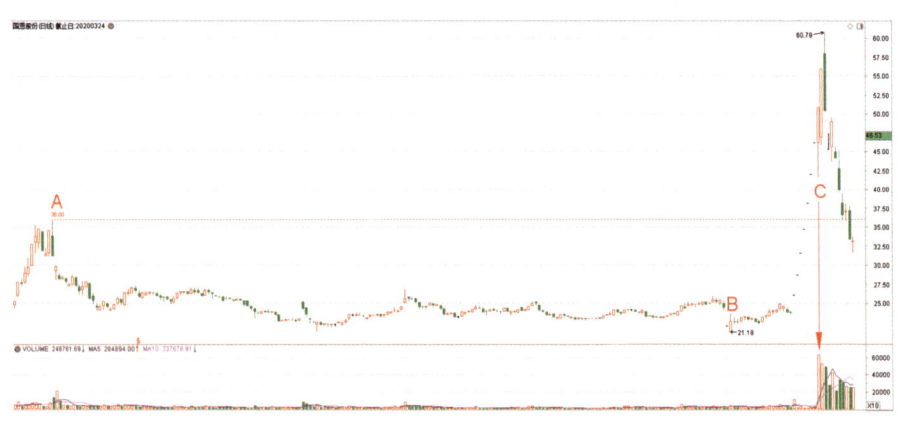

图4-116　国恩股份的历史高量与成交量不和谐

这种情况，多出现在近端次新股、复牌股、小盘股和利好刺激类个股上。

除了鹤立鸡群的历史高量或阶段性高量外，连续大三梯的派发板也有较大的风险。例如图4-117中的保变电气D柱的派发板，虽然位置在武三丰的头上，属于主升浪的中部位置，但是它的量柱却不行。它当天的成交量柱，是连续放量的大三梯，说明主力在毫无节制地连续大出货，而且出货量和力度一天更比一天大，所以D柱的第二天就跌停了。这对接盘的资金来说是很痛苦的，但几经挣扎之后，也毫无办法，只好再次掉头向下。

第四章 涨停板的实战技巧 | 233

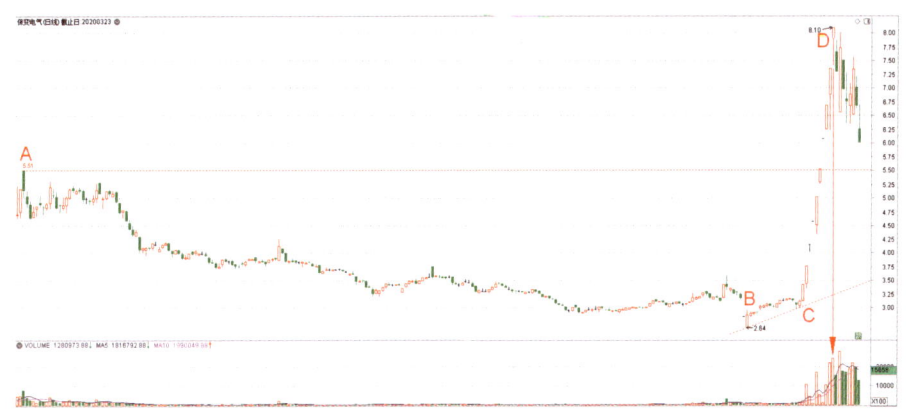

图4-117　保变电气的凶猛放量

而放量温和或和谐的则不同，它们虽然也是阶段性的高量或历史高量，但与脚下或近侧的量柱相比，却显得温和而和谐，这说明它们虽然在派发，但却没有疯狂抛售。能够显得温和而和谐，说明脚下或左侧的量也不小，而它的放量，也不会是主力一个人放得多。

例如图4-118中的星期六，股价突破合力波之后，也出现了主升浪的走势。而在这主升浪的过程中，出现了六根很明显的派发板，其中有A柱的大三梯高量板，也有D柱的阶段性高量板，还有B、C、E、F柱的放量板。但不管它们放出的是什么量，与脚下和左侧相比，都显得温和而和谐，这不但说明主力出货很有节制，还说明筹码转换得非常好，赚钱的股民出来了，刚冲进去大量还没赚钱的强势资金却还要推着股价往上涨。这样的派发柱后面，自然也会继续冲高。

这，就是放量温和而和谐的派发板示涨的奥秘。

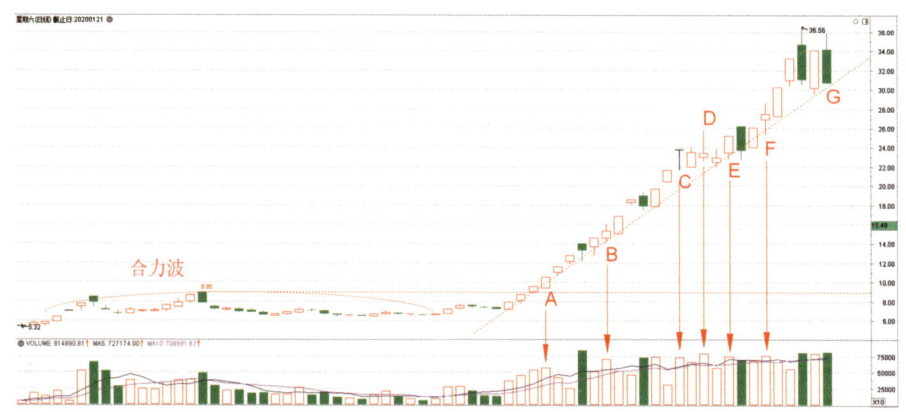

图4-118 星期六的和谐派发板

3. 热点

热点决定跟盘,跟盘决定主力的取舍。如果热点很强劲,跟盘就会很多,跟盘很多,主力就有继续冲高的欲望,所以它不会立即出逃。

这个逻辑其实与拍卖差不多。拍卖的东西如果炙手可热,前往竞拍的人就会很多,大家的出价也会一个高过一个。在这种情况下,拍卖方就不会立即成交,而会等待更好的出货机会。

我刚才讲的星期六就是这样。最近一两年,网红经济突然兴起,网红带货的成交额超过了歌星、明星,也超过了其他的大众传媒广告,其成效说得夸张一点,可以让一个企业起死回生。而星期六旗下遥望网络的社交电商服务业务,是通过签约/孵化网红达人和签约明星艺人基于抖音、快手、淘宝直播、小红书等平台以短视频和直播电商的形式开展的,自我孵化网红达人有50多位,签约明星、孵化网红数量在不断增加,因此被市场强势的大资金认定为网红经济的龙头股,不断加仓和介入。在这种情况下,市场短线资金可以进进出出，但主力就不可能倾囊抛售，它一定会等待更好的机会，分批卖掉。

但要是热点不强劲的，跟风盘就很少，主力就会感觉要继续走高难度很大，这个时候它就会反手做空，把筹码尽快抛掉。

例如图4-119中的世纪天鸿，B柱之后它为什么能够连续拉出七个一字板？这是因为疫情的发生，全国的学校都无法正常上学，只能提供在线教育，而它的概念里，排在首位的就是在线教育，所以它是借在线教育这个风口拉起来的。

图4-119　世纪天鸿借助在线教育的风口大涨

但是很不幸，在线教育的热点并不被市场高度看好，所以它的热点就不能持续发酵。在80来只在线教育的成分个股里，只有它和方直科技、出版传媒三只走得好一点，其他都不行。所以这个概念要成为持续性强劲的热点难度很大。

而它之所以能够连续拉出七个一字板，就是因为主力前期建仓被套住。我之前说过，双单下跌是主力被套的一个特征，同时双单下跌由于没有市场的筹码敢进，因此就没有多少市场散户的套牢盘，主力后面要拉升的话，就容易形成连续一字板或大阳板上涨。

从图4-119中我们可以看到，A柱之后的下跌，就是双单下跌。在这样的跌势里，买到就是套到，所以没有人敢买，只有主力自己敢买。所以那一段的下跌区域里，驻守的都是主力的兵，主力后面要拉起来，自然不费吹灰之力。

但它涨到C柱的时候，却已经来到了重大的压力区，大家不要只看我的截图，你打开电脑看看，它的左上方压力比山还大。热点不够强劲、头上又有重大的压力，作为主力，你会奢望再拉一倍还是先解套为上？当然是先解套再说！所以你看，C柱前一天的一字板上，主力就跑出了23.44%的筹码，到C柱的时候，又有61.75%的筹码在这里完成互换，之后大跌的一天，换手率也高达59.66%，三天的时间里，换手率高达144.85%，筹码几乎全部易主，主力成功地跑出。

所以热点好不好、强不强，与主力会怎么派发具有千丝万缕的关系，特别是头上有重大压力或利空的时候。

4．理论买点

派发板的买点问题，我认为要立足于确认，只有经过确认，派发板才算成立，后面的伏击才算安全。因此，我根据确认的原理，提出以下几个买点供大家探讨。

（1）低开高走强势突破中轴线时。就是派发板的次日，股价低开高走，有效突破前一天收盘价的时候。

例如图4-120中的奥佳华，股价突破6378线A线之后，在D柱形成了一个派发板。那么在第二天低开俯冲站回D柱派发板实顶线的时候，我们就可以开枪伏击。因为D柱这个派发板位置不高，又刚刚完成空中加油的洗盘，后市继续向上的概率大。

（2）高开高走乘风破浪时。就是派发板的第二天，股价没有低开，而是直接高开高走的，可以视机及时介入。

第四章 涨停板的实战技巧 | 237

图4-120 奥佳华的派出板的买点分析

例如图4-121中的模塑科技。它在B柱形成派发板的第二天,股价并没有低开,而是直接高开高走,那么这个时候,我们就要按照龙梯波、发射波等板波实战技巧适时介入。因为它也是刚刚完成了空中加油,大概率是继续上涨的。

图4-121 模塑科技派出板的买点分析

(3)回踩不破中轴线再掉头时。就是派发板之后,股价高开高走拉了一段之后出现回踩,但却守住派发板的实顶不破再上涨的时候,也是可以伏击的。因为能够回踩不破再掉头，说明那个派发板成了成本柱，那天接盘的资金还没出完，还想做多。

这种回踩不破，可以分为日线和分时两种，但在主升浪的途中，这种日线级别的大幅度回踩比较少见，分时的回踩却经常可见。因为主升浪的过程，就是主力想抓住机会尽快拉高股价把筹码派发出去的过程。主力一般不愿意在日线上进行波段式的震荡，所以分时回踩的比较常见。

例如图4-122中的联环制药，股价突破6378线之后，形成了B和C两根派发板，但B柱后面是一字板，没法买。C柱后面不是一字板，而是高开高走的大阳板了，这就有机会买了。所以C柱次日高开高走的时候，我们就可以根据俯冲波、龙梯波、发射波、龙爪波等相关板波形态，及时介入。

图4-122 联环制药派出板的买点分析

三、风险管控

只要在股市走，就没有绝对安全的，除非你是股价操纵分子。但对于散户来说，你即使想操纵，你也操纵不了。所以最好的办法，就是做好风控预案，实盘中灵活应对，把风险控制在第一时间，把损失减低到最小。

1. 条件不符合的不打

从前面的分析中我们已经知道，派发板的示涨是需要许多条件的，条件不符合，示涨就成问题。所以条件不符合的不打。

例如图4-123中的海陆重工（现名为*ST海陆），它的C柱就是一根派发板，但是，它的位置刚刚突破6378线A线，还没有形成武三丰形态，也还未出现空中加油；同时，它的成交量是连续的大三梯，与脚下的成交量柱相比符合鹤立鸡群的定义，而且它脚下是连续六个一字板上来的，筹码转换不充分。因此，它这个派发板是不符合条件的，不能打。要是盲目看多买进去捏住不放，随后下跌的日子里，是会很难受的。

图4-123 *ST海陆的派出板分析

2. 发现买错了要赶紧跑

买错是大家经常碰到的事，可以说是炒股人的兵家常事。但是，很多人买错之后还死死捏住,那就不对了,特别是主升浪的时候。

例如图4-124中的佳力图,股价突破6378线A线之后,在C柱形成了一根派发板,假如我们在第二天股价低开高走突破它的实顶时买进去了,那么后面放量滞涨、特别是D柱放量下跌时,我们就要赶紧跑出。因为我们要买的派发板,是次日能继续缩量涨停的,但它不但没有缩量涨停,反而放量滞涨、放量下跌,这说明主力在这里大量抛售筹码,没有继续拉升的动力。这也说明我们找错对象了,我们要赶紧跑出,否则就有被套被割的风险。

图4-124 佳力图的派生板分析

板 学

（下册）

苏天发 著

中国商业出版社

图书在版编目（CIP）数据

板学：上下册/苏天发著.--北京：中国商业出版社，2021.4（2021.12重印）
ISBN 978-7-5208-1397-6

Ⅰ.①板… Ⅱ.①苏… Ⅲ.①股票交易—研究 Ⅳ.① F830.91

中国版本图书馆 CIP 数据核字 (2020) 第 238151 号

责任编辑：朱丽丽

中国商业出版社出版发行
010-63180647　　www.c-cbook.com
（100053　北京广安门内报国寺1号）
新华书店经销
天津冠豪恒胜业印刷有限公司印刷

*

787毫米×1092毫米　16开　32.25印张　400千字
2021年4月第1版　2021年12月第2次印刷
定价：198.00元（上下册）

****

（如有印装质量问题可更换）

目　录

·下　册·

第五章　板线实战技巧 / 241

第一节　抄底的线：乾坤线 / 243

第二节　启动的线：烽火线 / 261

第三节　起飞的线：龙脊线 / 278

第四节　伏击的线：3325线 / 296

第五节　全天候的实战线：升级版3325线 / 311

第六章　板波的实战技巧 / 329

第一节　抄底的波：龙俯冲 / 331

第二节　打板的波：龙吸水 / 349

第三节　伏击的波：龙登台 / 374

第四节　追击的波：龙发射 / 396

第五节　逃顶的波：龙反水 / 423

第七章　操盘手记 / 443

后　记 / 495

第五章

板线实战技巧

股票的涨跌，是由两个要件构成的，一个是价，一个是量，所以在任何一只股票的走势图里，都有价柱和量柱，这两根柱子，就构成了股价走势的基本形态和结构。

除了这两种基本形态之外，任何一只股票也都还存在着另一种东西：线！比如均价线、趋势线、通道线、黄金分割线等等。而这些线，通常也都具有一定的支撑力或压力，要是站上了、站稳了，它就会支撑股价继续上涨，要是站不上或站不稳，它就会掉头下跌。所以线在股票的走势中，也具有一定的分析意义和参考意义。

但是，均价线、趋势线、通道线、黄金分割线等等，为什么很多时候又会变得捉摸不定而屡屡失灵呢？随着研究的深入，我发现那些线的设置有问题，它们要么就以收盘价为依据，要么就以K线形态为依据，但无论是收盘价还是K线形态，都是可以被主力利用和造假的东西，所以就免不了流于表面和肤浅，甚至还会出现背反的走势。

因此，我决心另辟蹊径，重新创造一个线性系统，这就是板线的来历。很多人会问，这个板线系统跟前面讲的那些线有什么不同呢？我可以明确地告诉大家，板线设置的依据，不是基于收盘价，也不是基于均价，更不是基于流于表面的K线形态，而是从主力的仓位和异动入手，结合主力的操盘计划、已有进展和后期目标来进行设定的。这样的设定，当然要比纯粹以收盘价、均价和表层K线形态作为依据的精彩许多。2018年6月下旬我讲授"抄底线战法"的时候，从我收录进课件，到当期课程结束后，就有4只左右的案例股实现或接近翻倍。它的强悍，由此可见一斑。

那么，这些板线有哪些？为什么又会这么强悍呢？接下来，就让我一一道来！

第一节 抄底的线：乾坤线

一、乾坤线的设置和划分

1. 什么是乾坤线

在股市里生存最怕什么？毫无疑问，就是绵绵不断的、看不到尽头的下跌。但是，根据辩证唯物主义观点，跌的尽头必然是涨，涨的尽头必然是跌。我根据自己的实践经验，总结和创造出了一条很精彩的斜撑线，股价经过一轮大跌之后，只要踩住这条线，就会跟皮球一样跳起来。摔得越重，跳得就越高。比如图5-1中的三变科技，股价从B柱开始，一连三天踩在乾坤线上，一连三天都没破，最后在C柱再次踩在它的线上时，股价就跳了起来，出现了涨停！

图5-1　三变科技乾坤线

2. 乾坤线的市场本质

它为什么会这么牛呢？这是因为乾坤线是主力下跌过程中的仓位线。我们知道，主力都是在下跌中买票、在拉高中派发的。如果说主力在底部建完仓形成资金趋势线之后，就要往上拉高派发，拉得越高，仓位就越少的话，那么，在下跌的过程就会形成背反的原理，主力在高位出逃或被套之后，跌得越凶，它的仓位就会越重，当市场的筹码都跑得差不多的时候，它就涨了。比如邦讯技术（见图5-2），A柱筑底失败后，一路大跌，但主力一路吸货，当跌到D柱时，再也无货可吸。于是E柱踩稳乾坤线之后，F柱逆势涨停！

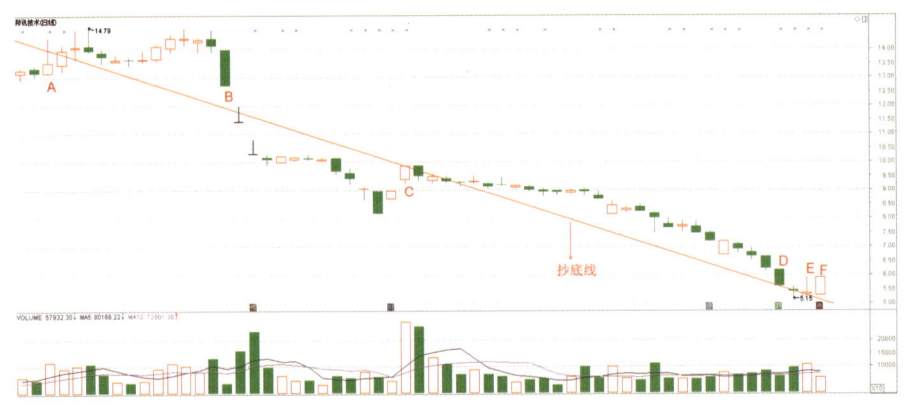

图5-2　邦讯技术E柱踩稳乾坤线

3. 乾坤线的设置

既然乾坤线是主力的反向仓位线，那么我们就要抓住主力的主要穴位，并根据这个主要的穴位来设置乾坤线。一般而言，乾坤线的设置，以主力近端凹峰的阳仓柱的顶或底为A点，尾部最近的阴仓柱的顶或底为B点，两点相连后经第三点确认即可形成，确认点越多，质量就越高。比如高升控股，A柱毫无疑问就是主力近端凹峰的阳仓柱，B柱是近端尾部的阴仓柱，把它们的顶底相连后，形成了多个精准的确认点，因此B柱后面连续2天回踩乾坤线不破之后，终于在第三天高开回踩后冲上涨停并封死涨停（见图5-3）。

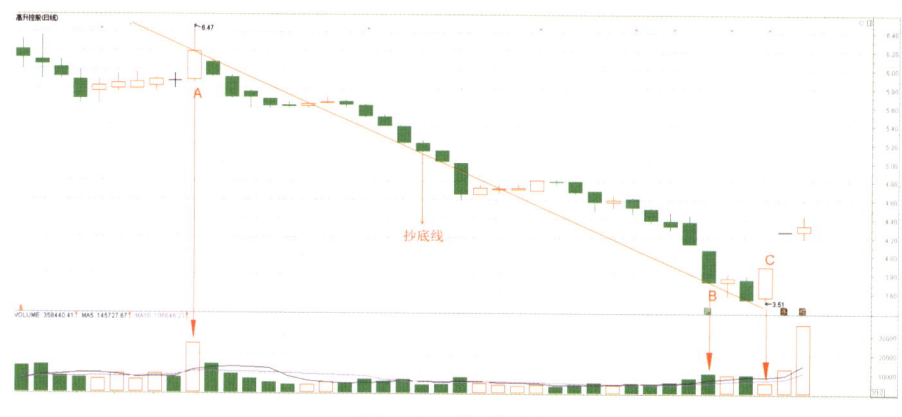

图5-3　高升控股

又比如华纺股份，A点是近端凹峰阳仓柱，B点是近端凹底阴仓柱，把A点和B点的顶底相连，经多个精准点确认之后，B柱后两天踩线不破，于C柱终于触底向上，次日D柱回踩阴仓柱实底不破逆势冲上涨停，E柱再次涨停（见图5-4）。

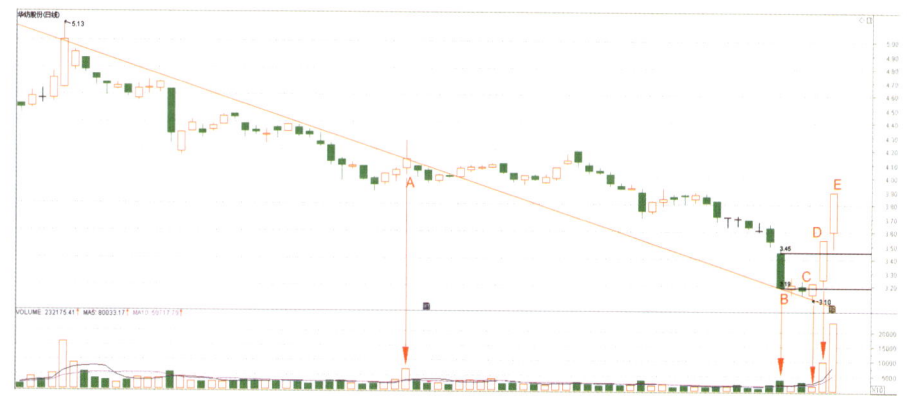

图5-4　华纺股份

从以上的分析中我们可以知道，乾坤线之所有会这么强悍，主要是因为它涉及了主力在下跌途中逆势建仓的综合成本，当乾坤线砸不破的时候，往往是主力已经收足了一定的筹码，足以对抗空头打压的时候，也是主力在尾端掌控大局的一种体现，因此它的后面，多为逆势拉升。而由于股价跌到这条线上能够导致趋势反转，实现扭转乾坤的功能，所以我把它叫作乾坤线。同时又由于在实战中可以根据这条线的功能进行抄底，所以我以前也叫它抄底线。

二、乾坤线的实战运用

1. 踩点要精准

从上面的分析中我们可以知道，乾坤线能不能完成抄底，关键在于乾坤线的设置是否正确。而要设置好正确的乾坤线，就要对乾坤线的本质具有深刻的认识。乾坤线仅仅是主力的建仓线吗？不全是！我们通过前面的分析已经知道，在近端凹峰上的A点，主力已经建仓了，而在后面的大跌途中，毫无疑问主力是被套了。因此，乾坤线不仅是主力的建仓线，同时还是主力的被套线，而后的转身向上，不仅是主力被打痛之后的反击，更是对自我的一种救赎，明白了这点，才能设置好正确的乾坤线。那么，乾坤线应该如何设置呢？

（1）找出主力被套的仓位柱做A点。如南纺股份（见图5-5），股价从左峰15.88砸到A柱脚下的6.96，跌幅已经超过50%，而后在A柱出现了建仓柱。在建仓后拉了一小波出现回落，落到哪里？还是落到它自己的建仓柱，所以，在B柱和C柱这几天有效守住自己的仓位之后，D柱再次发起攻击，虽然最后出现了冲高回落，但第三天E柱却低开高走杀上涨停，请问，谁有这样的力量？当然只有主力！但后面回洗砸破E柱实底时，却出现了近乎百低的量，主力有没有跑？很明显，主力被套住了！所以，E柱可以作为乾坤线的A点。

图5-5　南纺股份

（2）找出主力被套的仓位柱做A点。又比如猛狮科技（见图5-6），股价从左峰跌到A柱，跌幅已达50%以上，A柱从跌停附近拉上红盘，之后的回调都不破它的二一位。横盘几天后，从A1开始再次梯量攀升，到A2时出现了康量过高量的涨停板，这说明A—A2这段时间里，主力在这里建了仓。之后股价出现回落，但在砸破它的实顶和实底时，都出现了百低，这说明之后的下跌，主力也被套住了。因此，A柱可以作为乾坤线的A点。

图5-6　猛狮科技

再比如圣阳股份（见图5-7），股价从左峰跌到A时，出现了价升量缩的走势，毫无疑问，主力在这里偷偷地建了仓。而后的下跌，也没有放量，甚至还出现百低式下跌，这说明A柱建仓的主力被套住了。因此，A柱也可以作为乾坤线的A点，也就是起点。

图5-7　圣阳股份

2. 掐位要到位

所谓掐位要到位，就是B点要选择正确。B点必须是主力的死穴，只有掐住主力的死穴，才能画对正确的抄底线，进而抓住后面的逆转。

那么，什么是主力的死穴呢？主力的死穴，就是主力的故意动作。本来已经跌不动了，但主力却还要来一次大跌，这就是主力的故意动作。因此凹底百低平底不破之后突然下跌的长阴短柱、阴梯量柱，或者大跌后突然冒出的大阴柱，都是主力故意动作的形态表现，它们都是B点的设置对象，因此我要选择主力故意动作的板柱为B点。

还是以圣阳股份（见图5-8）为例，我们通过前面的分析已经知道，主力已经在A柱建了仓，但在A1的时候却突然大跌，砸破了自己的仓位，这就是一种故意动作，但由于两者之间距离太短，尽管其后缩成微低量横盘，还是不适合乾坤线，必须继续观察。到了A2的时候，再次破位下跌，这就要高度关注了。其后，该股一路阴跌，板柱却从微低量开始形成了阴梯量，这是主力逆势建仓的标志，是一种更大的异动。因此当阴梯高被确认的时候，B柱就是乾坤线的终点柱。

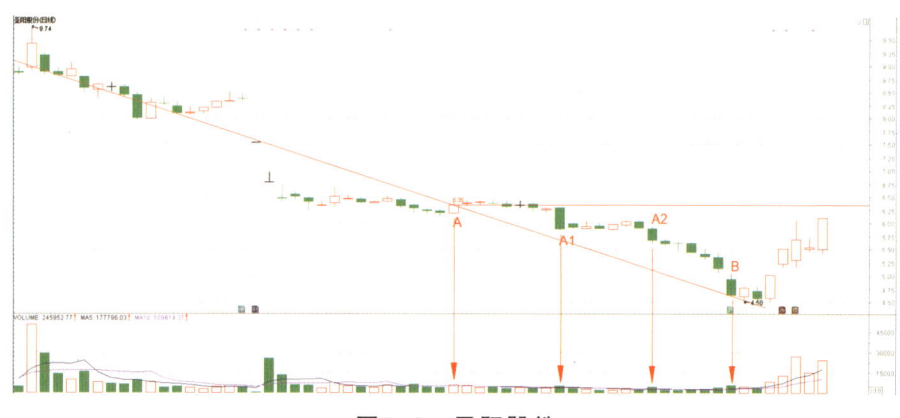

图5-8　圣阳股份

我们再看邦讯技术（见图5-9）。虽然它的乾坤线终点柱D柱不是阴梯高，而是阴梯低，但它一样是主力的异动和故意。因为，股价从跌破C柱开始，出现了三次"反常行为"。第一次是C1。低开高走收假阳，说明这是主力所为。其后两天在假阳实体内缩量横盘，说明主力控盘良好，主力不想跌。第二次是C2。主力不想跌，但在C2还是破位下跌了。但收盘的时候却拉出一根长脚，而其后三天，长脚的虚底都没有被砸破，这说明这次下跌，是环境使然、大势使然！第三次是C3，股价再次暴跌后，C3却低开高走，再次收出一根假阳，但这根假阳的量，比C1、C2都还要低，说明下面没什么筹码了。所以，从C3次日开始，主力就开始了阴梯量建仓。但是阴梯高之后却不但没有止跌，反而出现了阴梯低的跌停板，这说明，这个跌停板就是主力的故意。所以一经次日确认，阴梯低就可以作为乾坤线的终点。

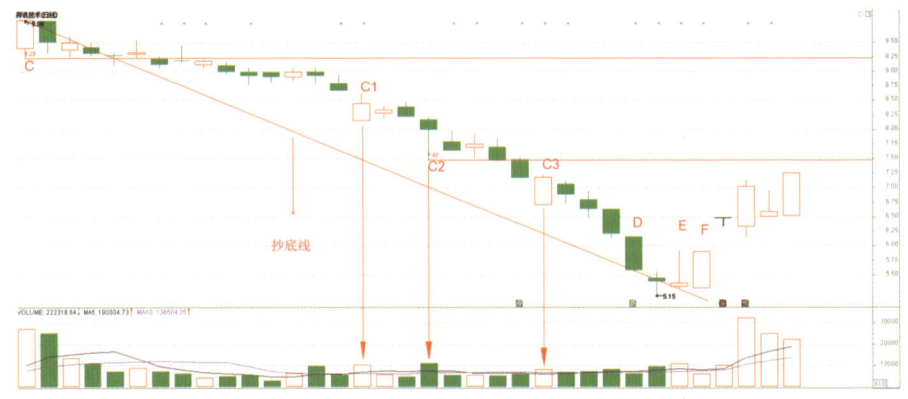

图5-9 邦讯技术

我们再看另一种类型：放量阴。在猛狮科技走势图里（见图5-10），从A2放量阴跌之后，一路都是阴梯量下跌，说明主力一直在逆势建仓。到了B柱的时候，更是从大跌中大口"吃肉"。所以，经过它这么一吃，后面就连续缩量了。在C柱及其前一天里，却再次出现放量下跌，都连续缩量了，哪里来的量？主力在割肉吗？怎么可能！所以，C柱的量很可疑。必须先在C柱的实底画乾坤线，只要后面不破这条线，乾坤线就成立。而它后一天却是回踩乾坤线不破掉头涨停，而且是平量，这说明C柱的量，是主力对倒的量。

图5-10 猛狮科技的放量阴

3. 过程决定路程

设置乾坤线的过程，也是对个股选择的过程。在设置乾坤线的时候，要对A、B点之间的下跌过程进行审查。如果下跌的过程是波浪式的，大多是主力在左峰上逃了，波浪式下跌只是为了筹码向下转移。转移到底部之后，主力要重新建仓，头上的波浪也会对后面的走势形成压力，因而它后面的上涨多有反复。

但是，单边式下跌就不一样了，它没有市场可以获利的买卖机会，在这种情况下一般人都不会去买，只有主力敢买。主力不去转移手中的筹码，反而恐吓市场自己独吞筹码，这通常说明两个问题：手中的筹码，包括主力自己都被套住；主力在逆势建仓，积累反攻的力量。因此它的后面一旦稳住，就会出现反攻，而由于下跌的过程多为主力自己的建仓过程，很少有别的筹码在里面，因此后面的反攻，相对来说会比较凌厉。这对我们来说至关重要，有利于我们在最短的时间内获得最好的收益。

（1）A、B点选出来之后，首先要看的，是不是单边下跌。因为只有单边下跌，才是主力被套的特征。单边下跌可以是缩量下跌，也可以是长阴短柱下跌，还可以是阴梯量下跌。其中，最常见、质量最好的，就是阴梯量下跌。刚才讲的，包括猛狮科技在内的很多股，都是这种类型。又比如下图的高升科技（见图5-11），也是这种类型。它自从近峰破位下跌之后，一连收出了四组的阴梯量。这说明主力一路在吃进，所以，当它有效守住乾坤线的时候，就必然会向上。继C柱连拉两个板之后，再次拉出了一个板！单边下跌的爆发力，由此可见一斑。

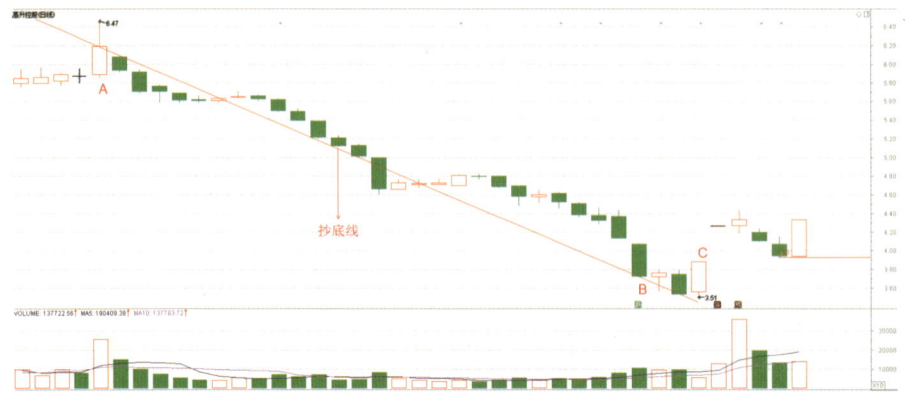

图5-11 高升科技的阴梯量下跌

（2）多点契合。多点契合是过程关注的第二点，因为只有多点契合才能对乾坤线的成立进行确认。同时，如果出现多条多点契合线时，要选择最明显套仓柱作为A点。比如猛狮科技（见图5-12），抄3线只有一个契合点，斜度又太陡，所以不适合。抄2线的契合点虽然比较多，但在A、B点之间的只有一个，其他的都在A、B点之外，而且建仓迹象不如A柱明显，所以也不适合。而抄1线在A、B点之间却有四个契合点，斜度也不陡，同时建仓迹象和套仓迹象也最明显，所以可以成立。这条线形成之后，C柱次日精准回踩乾坤线后逆势涨停，这也算对这条线的质量的一种确认。

（3）逆势建仓。单边下跌的过程还出现逆势建仓，说明主力在拉低中降低自己的持本成本和积蓄后续上攻的量能。当后面机会合适的时候，它就会展开反攻自救。单边下跌逆势建仓的形态主要有两种：一种是我刚才所说的阴梯量，还有一种就是倍量伸缩。比如我前面说的邦讯技术（见图5-13），就是这样的票。乾坤线的A、B点之间，出现过三根倍量伸缩的量柱，这都说明主力在逆势建仓，并且控盘良好。这表明主力实力强，同时也在积极为后面的反攻做准备。

图5-12 猛狮科技的多点契合

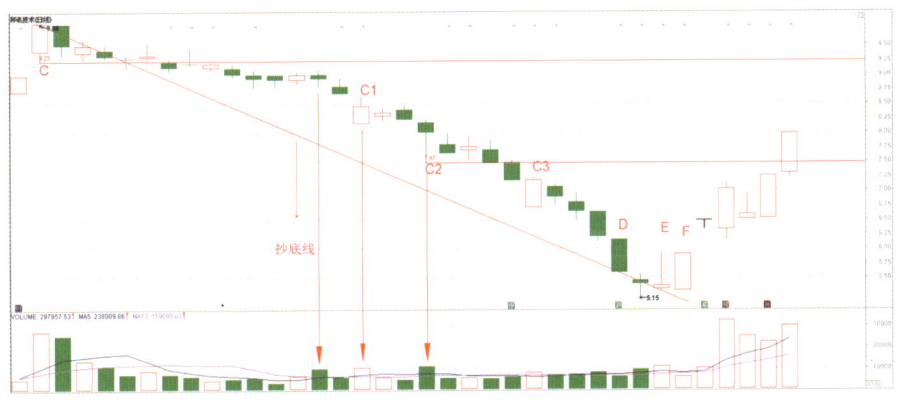

图5-13 邦讯技术的倍量伸缩

4. 热率决定胜率

我曾经说过，股价跟着资金走，资金跟着热点走，热点跟着国家政策和战略走。所以，主力做票，离不开热点。热点热的程度，决定股价的高度。

这个热点，包含三个方面：技术面、消息面、基本面。也就是大家常说的"三碗面"。

我这里说的"三碗面",肯定跟常说的有不一样。

(1)技术面:符合领涨趋势。我这里所说的技术面,主要是指领涨趋势基因。因为符合领涨趋势基因的,大涨的可能性才大;不符合领涨趋势基因的,胜率就小得多。比如我之前分析的领涨趋势基因,就是主力被套的超跌反弹,如果不是超跌的、比如说过峰的,除了几只龙头,大多都不行;即使是超跌的,如果不是主力被套的,而是主力出逃了的,一般也拉不高;只有既是主力被套,同时又是超跌的,反弹的力度才会大。比如猛狮科技(见图5-14),为什么会这么牛?就是因为在那一段时间里,主力被套超跌自救是两市上涨的核心行情,而猛狮科技正好符合这个趋势,所以就牛起来了!

图5-14 猛狮科技的技术面符合领涨趋势

(2)消息面:符合国家政策所形成的热点。有没有这个热点是很明显的。比如晓程科技(见图5-15),为什么会这么牛?这是因为中美贸易战再次开战之后,芯片成为两市关注的重点和大资金追逐的对象。所以超跌建完仓之后,主力就开始借势拉升。如果没有这个消息面的刺激,它能不能走得这么强就难说了。很多股票筑底之后没有热点的,也一样继续下跌!

图5-15 晓程科技走势图

（3）基本面：符合价值投资。价值投资主要由两方面主导。一是低市盈率，二是高收益率。符合这两大条件的乾坤线，抄底的成功率都比较高。例如下图的建新股份（见图5-16），它的静态市盈率一直都在10%之内，而它的产品又一直在涨价（指2018年春前后），所以就成了价值投资者们追逐的对象，不断有资金介入，所以它后面才能拉起来。

图5-16 建新股份走势图

5. 买点决定高点

抄底的买卖跟别的买卖不一样，因为大凡可以抄底的时候，都是出现在下跌之中。下跌之中出现抄底的信号时，虽然可以买入，但买入后能走多远，却不是散户说了算。有的继续下跌；有的拉升一个波段，然后再次回踩找底；还有的却从此昂头向上，拉出了一波波澜壮阔的行情。

因此，抄底的买点很重要。买早了，容易被套住，买迟了，容易追高被套。只有买在最合适、最恰当的地方，才能获得好的收益。那么，怎样才能买在比较合适和恰当的位置呢？

（1）画好垫底线，掉头就开枪。所谓垫底线，就是最后一根踩在抄底线上的实底线或虚底线。比如迪威迅这只股票（见图5-17），B柱是踩在乾坤线上的最后一根价柱，那么就在它的实底上画一条水平线，跟乾坤线连接起来，于是就构成了垫底线。只要其后股价不跌破垫底线并掉头向上，就可以开枪，大多都能收获一根中大阳。

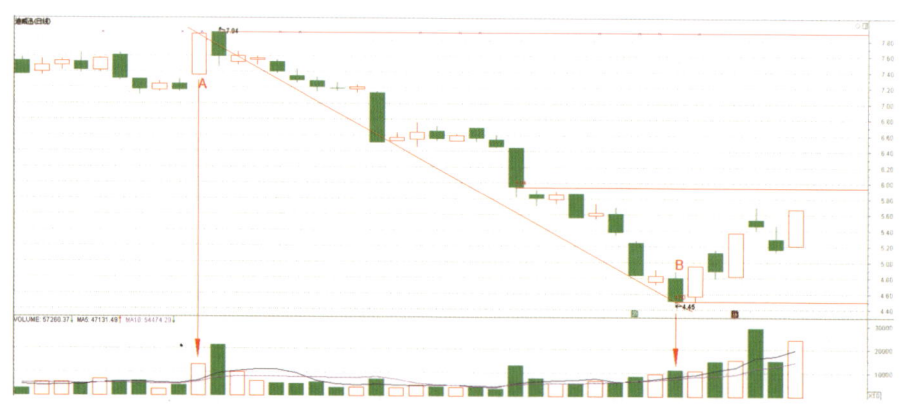

图5-17 迪威迅的垫底线

如果股价在第二天的实底跌破B点的实底怎么办？那就随着踩线柱

下移。比如新潮能源这只股票（见图5-18），B柱第二天的实底变得比B柱更低了，那就把垫底线下移到C柱实底，只要其后有效地守住或突破这条线，就可以开枪。C柱次日回踩垫底线不破掉头向上，可视为有效守住的信号。但由于它是一根上吊线，当天不可介入。而当D柱再次回踩不破掉头向上时，则可认为是一种确认，可以先打个底仓，当E柱有效突破C柱实顶时，再补上一枪。

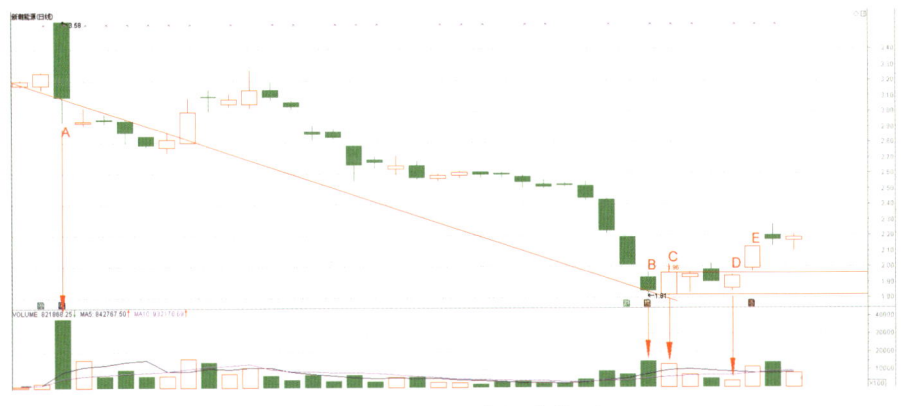

图5-18 新潮能源走势图

（2）乾坤线上出标志，拐点确认就开枪。学过以前课程的同学都知道，用标志性的技术形态来抄底，威力无比。但也有个别同学未能用好，究其原因，就是对是不是底的判断出现了错误。现在，我们给它加上乾坤线做支持，可以帮助伏击的成功率大幅提高。比如晋西车轴的走势（见图5-19），既有蓝眼睛，又有红眼睛，这个底是不是底呢？能不能抄呢？还没走出明量趋势之前，很多人是没把握的。但是，当我把抄底线和垫底线都画上之后，就可以发现，乾坤线被牢牢守住，垫底线也被牢牢守住，因此基本可以判断这个底是真底，这个蓝眼睛红眼睛显示的示涨属性，是有保障的，当F柱掉头向上突破双眼实顶时，就可以开枪。

图5-19 晋西车轴走势图

再比如安凯客车（见图5-20），C柱是一根烽火柱，但这根烽火柱能不能带来股价的反转，相信很多人会犹豫不决的。但是，当我把乾坤线画上之后，把握一下子就增大了。为什么？因为它是乾坤线上的烽火柱。乾坤线本来就是抄底的线形指标，但现在这个线形指标上还出现了标志性的拐点信号，这就使得这里的变盘概率，一下子增加了许多。所以，当D柱跳过烽火柱的实顶线高开高走的时候，我们就可以放心地开枪了！

图5-20 安凯客车的拐点信号

三、乾坤线的风险管控

1. 破线不介入

乾坤线严格上说，是主力下沉式建仓的综合成本忍耐线，只有砸不破的时候，才会出现反抽、反弹或反转，因为主力受不了了。而如果还能被砸破，就说明主力还能忍受进一步的下跌，这里还不是底，因此不可盲目抄底。

例如久其软件（见图5-21），当股价跌到B柱的时候，把A、B连接起来，就成了乾坤线。第二天虽然踩着线掉头翻红，但随后C柱又掉头跌破了乾坤线，说明主力还能忍受进一步下跌，我们不能贸然介入。岂止不能介入，如果头一天有买进的，也要先退出观望，以规避不必要的风险。

图5-21 久其软件走势图

2. 遇阻即退出

乾坤线一般都是用在下跌趋势的时候，乾坤线形成和掉头之后，是趋势见底、还是下跌中继，有时候比较不好说，涉及很多因素。从众多的案例看，有的是见底向上，形成了新的上涨趋势，有的拉了一大波后又继续下跌，还有的，甚至只拉了1—3个板的空间就跌了。因此，大家切不可认为乾坤线会让你大赚一倍或几倍。按照我的经验，遇到压力就要先跑，如果它后面真能走好，可以再进。

例如晋西车轴（见图5-22），它踩稳乾坤线在E柱之后掉头向上，并在F柱那天实现了涨停。但是，F柱的次日它并没有继续上攻，而是在触及左侧的阴梯线后掉头向下，怎么办？要先出来才对，因为这里还是在下跌途中，如果它真能见底回升（比如说有效站稳B柱的阴实顶或F柱次日的阴实顶），再进去也不迟。

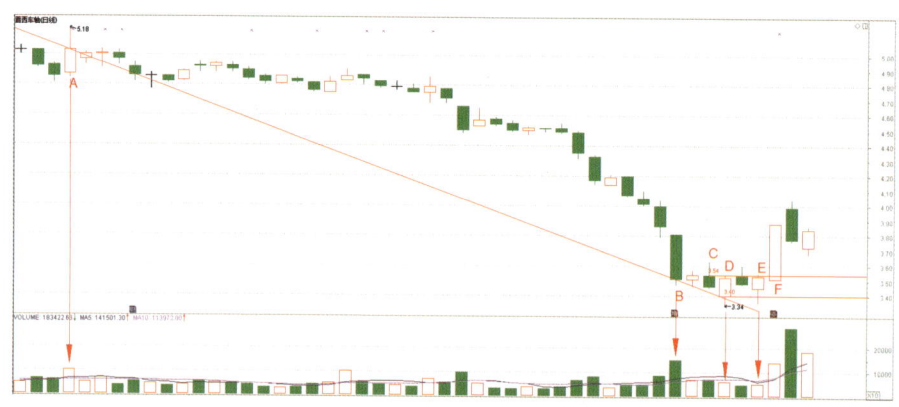

图5-22　晋西车轴走势图

从以上的分析中我们可以知道，乾坤线，本质上就是主力被套之后逆势建仓的综合成本线。越到下部，主力套得就越深，但仓位也越大。当乾坤线砸不破的时候，通常意味着市场上的廉价筹码已被主力消灭，主力已经控制了大局，因此，后面只要垫底线一形成，股价就会掉头向上。

因此在具体的实战中，我们可以借助乾坤线和垫底线相互支撑的作用，股价一掉头就买入，或者，借助乾坤线上的标志性拐点形态，一突破，就开枪，在大多数情况下，都能收获一个中大阳。

但是由于抄底通常都是出现在下跌途中，因此，我们还是要做好必要的防控。当股价跌破乾坤线或垫底线时，我们就不能介入，已经介入的就要先退出。而当抄底成功后出现滞涨、上攻遇阻的时候，也要立即止盈，先保住来之不易的胜利果实！

第二节 启动的线：烽火线

一、什么是烽火线

在之前的课程里，我跟大家讲过一些很经典的拐点柱，比如烽火柱、平底不破、假阳柱、中字柱、红眼睛、蓝眼睛、朝天戟、大阴柱、出头鹰、掉头羊，等等，还从没讲过烽火线的这个技术形态。很多人听了之后，大概都不免心生疑惑：这个烽火线到底是什么玩意啊？

下面，我就来讲解烽火线。

从杭钢股份走势图（见图5-23）中我们可以看到，股价从左峰跌到A柱之后，形成了一根筑底烽火柱，而后，又在A1、A2、A3和B柱，分别形成了假阳、中字柱、平底不破和金包银四个接力拐点，当把A柱和B柱底底相连之后，我们可以惊奇地发现：不但A1、A2和A3在触及或将要触及这条线时止跌掉头，而且在B柱后面拉了一波之后的下跌中，也在C柱破线的当天被拉回到这条线之上。而后，不管股价怎么震荡，它不但牢牢守住了这条线，还在C1、C2形成了2个小拐点，并最终引发了大涨！

图5-23 杭钢股份走势图

可见这种由拐点形成的斜撑线，具有强大的支撑力，股价只要杀到这里，大概率会出现止跌、掉头或引发大涨。例如东湖高新（见图5-24），也是这样。股价从左峰跌到A柱的时候，形成了一根假阳的筑底拐点，而后掉头向上，但当拉到A1的时候，就出现了滞涨，然后依托A1展开横盘震荡。到了B柱时，终于出现了破位下跌。系统学过我的拐点理论的同学都知道，这是一个出头鹰，是主力故意恐吓技术盘的，因此也是一个拐点。当把A柱拐点跟B柱拐点相连之后，我们再一次惊奇地发现：该股第二天不但不跌，反而踩着这条线高开高走往上涨，并最终在C柱引发了连续性的大涨。像这种由拐点生成、具有强大支撑力的斜撑线，我把它叫作烽火线。

那么烽火线为什么会这么强呢？这是因为，拐点是主力洗盘的极限，再往下洗，就不是洗别人，而是洗自己了，所以主力要把股价拉起来，让市场的持仓成本跟自己的持仓成本保持一段距离。而根据这个拐点连接的斜撑线，就是主力洗盘忍受度的综合趋势线。因为随着主力的不断加仓，股价会提高，主力的综合成本也会提高。

图5-24　东湖高新的烽火线分析

再以杭钢股份为例（见图5-25），从A柱到A2，振幅虽然很小，但随着廉价筹码不断地被主力消灭，导致了廉价筹码的缺失，最后主力不得不抬高价格去收集，这样也就导致了主力持仓成本的抬高，所以到了A3和B柱的时候，它的拐点也随着抬高了。而由A柱和B柱相连所形成的烽火延伸线，就是主力日后洗盘的底线。从后面的走势中我们可以看到：B柱之后，从B柱到B1再到B2之间的拉升和震荡，依然是廉价筹码被消灭之后主力抬高价格收购筹码的行为，因此主力的持仓成本也在抬高，烽火线的位置也在逐步提高。所以B2之后的洗盘，尽管由于疫情的原因在C柱盘中跌破了这条线，但主力当天就把它拉起来并最终借势拉升出现大涨。

再如之前的东湖高新（见图5-26），也是一样。股价在A柱形成筑底拐点之后，出现了连续上涨。而这样的上涨，对主力来说，无论是主动还是被动，都会增加它的吸筹成本和持仓成本。从股价后面依托A1所形成横盘震荡看，A柱到A1的上涨，是主力所为。如果不是主力所为的话，股价一定还会被砸回到A柱附近。拉起来而不往下砸，基本都是主力行为。所以，不被砸破的那条底线，就是主力的综合成本线。所以B柱的下砸，就是主力吓别人的，由于吓不出量，最后主力只好赶紧掉头向上，因为再往下砸，就是砸主力自己了。所以B柱也成了拐点。当我们把A柱和B柱进行相连之后，就构成了主力洗盘的烽火线。虽然烽火线是向上延伸的，但B柱之后，主力也是向上吸筹的，持仓成本也是不断增高的，所以后面的洗盘，一般也不会砸到或砸破这条线，因为它是主力洗盘忍受度的临界线。因此，当C柱砸到这条线时，马上就被拉起并逆势大涨了。

图5-25　杭钢股份的烽火线分析

图5-26　东湖高新的连续上涨

所以，所谓烽火线，就是由拐点生成的延伸线。由于它的延伸是随着主力持仓成本的抬高而上升的，因此它也可以作为主力核心成本的综合趋势线，后面股价的洗盘，只要踩到这里，大多都能掉头向上，除非主力已在之前跑了。

因此，在具体的实战中，我们可以把这条线当作主力洗盘的极限去观察，只要能在这条线上止跌掉头，我们就可以勇敢地介入，从而抓住后面的上涨机会！

二、烽火线实战要点

1. 前提条件：穴位

所谓穴位，就是烽火线的A、B点位。从前面的分析中我们已经知道，A、B点就是拐点。但这个拐点，是宏观意义上的拐点，不是微观意义上的。什么是宏观意义上的呢？就是A、B只要是拐点就行，不寻求同一类型的形态。例如北巴传媒（见图5-27），它的A点是假阳，要是按照微观意义上的理解，B点也要是假阳，但它的B点是平底不破。虽然这个平底不破跟烽火柱不是同一种形态，但它也是拐点，在宏观意义上都是一样的，因此它们可以连接画线。而从后面的走势看，这条烽火线的支撑同样很强，后面回踩依然不破，也一样能引发大涨。

但是，作为一个正确的烽火线，单有A、B点还不够，还必须经过主力或市场的确认。只有经过主力和市场确认的，才是成功的。怎样确认呢？就是这条线要能被精准守住。而这样的确认，有些是提前确认，也就是A、B点连线之后，在A、B点之间或之前，就已经精准踩线确认了，这样的支撑力更强。

图5-27 北巴传媒的穴位分析

再如平高电气（见图5-28），A、B连线之后，不但A、B点之间有精准点踩线或咬线，A、B点之后更有多次的精准回踩不破再掉头，这就说明这条线的支撑力很强，怎么踩都踩不破，是得到了市场的确认的，这条线就是洗盘的底线。所以，D柱之后，股价就出现了大涨。

图5-28 平高电气走势图

而还有一些，则是在A、B点连线之后再确认，因为它在A、B点连线之间或之前，并没有出现精准踩线的确认，所以就还要等待B点之后的再确认。例如吉林森工（见图5-29），A、B点连线之后，A、B点之间没有精准踩线或咬线的价柱，A、B之后的若干天，也没有出现精准踩线的价柱，这就说明这条线的支撑力还没得到市场的确认。但是，当C柱以一分钱之差回踩这条线不破掉头涨停的时候，就说明这条线得到了市场的确认。像这样的确认，也可以叫作追认。

图5-29 吉林森工的烽火线

2. 基础条件：类别

烽火线虽然是由拐点生成的，但随着股价的上升和洗盘，拐点的位置和性质却并非一成不变的，因此在具体的实战中，我们就要根据新的情况，设置新的烽火线，这就导致了烽火线会有不同的类型或级别。按照我的经验和总结，它大概有三种。

（1）初速线。就是由筑底拐点和接力拐点构成的烽火线。例如下图的海航创新（见图5-30），它的A点是筑底拐点，B点是接力拐点，把它们底底相连之后就成了烽火线。但是由于它们的高低落差比较小，所以它们的连接线就比较平缓，一般不超过15°角。像这样平缓的线，就是初速线。

（2）变速线。就是由接力拐点跟奋力拐点组成的烽火线，它通常意味着筑底已经结束，上涨的速度将会加快。还以海航创新（见图5-30）为例，它的B点是接力拐点，C点是奋力拐点，把它们相连之后，就成了变速线。这条线的形成，通常意味着筑底已经结束，后面的洗盘只要守住这条线不破再掉头，一般都能继续上涨。从走势图里我们可以看到，C柱之后拉了两个多板就出现了回调，但当D柱有效守住这条线的时候，后面就又出现了连板拉升。

图5-30　海航创新的初速线与变速线

（3）加速线。就是由奋力拐点跟合力拐点组成的烽火线，它通常意味着主力资金跟市场做多资金的共同底线，一旦守住掉头，将会形成巨大的爆发力。例如道恩股份（见图5-31），A是筑底拐点，B是接力拐点，把它们连线之后就成了初速线。当C形成奋力拐点的时候，把B跟它连接起来，就成了变速线。而当D变成合力拐点的时候，我们把C和D连接起来，就成了加速线。从它后面的走势里我们可以看到，加速线形成之后，股价好几天都守住这条线不破，最终引发了大涨，这只股也由此而成为2020年的超级妖股之一。

图5-31 道恩股份的加速线

3. 核心条件：掉头

当上述几种类型的烽火线形成之后，股价能不能在这条线上止跌反弹或反转，最关键的一点，就是能不能掉头。虽然我们通过大量的案例分析，说明烽火线具有强大的止跌示涨能力，但我们终究不是主力，我们只是在研究主力，因此我们的判断是否正确，就要靠后面的掉头来判断。只有后面确实在这条线上掉头了，才能说明主力真的不愿往下砸了。

例如中通国脉（见图5-32），我们把A、B连线之后，它就形成了一条烽火线，按照技术原理，一经确认就会示涨。但是，涨不涨，什么时候涨，最终的决定权在主力手里，我们说了不算。我们只是通过主力操盘留下的标记去研究主力的动向，我们的研究对不对，要等主力后面的动作来确认。只有股价真的踩着这条线往上涨了，才能说明我们的预判是正确的。而往上涨最醒目的标志，就是掉头向上，所以烽火线示涨的核心，就是掉头，只有掉头向上了，它才是上涨的。

而要是不能守住这条线掉头向上的话，通常就意味着震荡还没结束，后面仍有变数。例如老白干酒（见图5-33），A、B连线形成烽火线之后，股价虽然一度站上B的实顶，但由于无法突破A1峰顶线，所以掉头失败，后面很快就破线下跌了。

图5-32　中通国脉的烽火线示涨——掉头向上

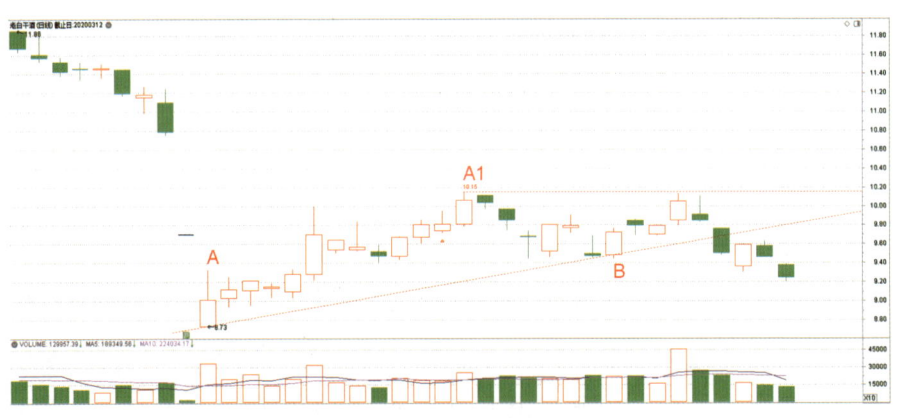

图5-33　老白干酒走势图

说到这里，很多人会问：掉头的标准是什么？怎样确认掉头？①必须在8天内守住烽火线不破。②必须有效突破近侧的重要压力位，这两个条件如能满足，就可以确认掉头。例如特变电工（见图5-34），

A、B连线之后，就构成了烽火线，是不是站上B柱的虚顶就算掉头了呢？不是的。因为它的近侧的重要压力位是A1峰顶线，只有对它形成有效突破，才是真正的掉头。所以在C1的时候才是掉头。

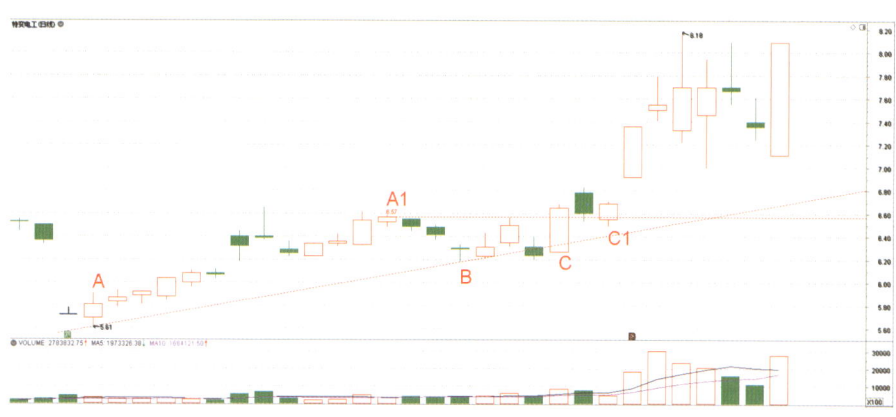

图5-34　特变电工走势图

我刚才说的老白干酒也一样，B与头上的A1峰顶线很近，而A1峰顶线的压力显然大于B实顶线的压力，因此它必须要有效地突破A1峰顶线才有掉头，突破不了就不算，股价就存在继续下跌的风险。

4. 涨幅条件：级别和热点

一般来说，守住烽火线掉头之后，股价都会出现上涨。但上涨幅度的大小，则与两个条件有关。

（1）级别。级别越低的烽火线，涨幅越大，级别越高的烽火线，涨幅越小。因此，初速线的涨速虽然不如变速线、加速线快和猛，但它的幅度却最大，为什么？因为它的位置比它们低。而加速线的涨速虽然最快、最猛，但它的涨幅却最小，为什么？因为它的位置最高。例如下图的保变电气（见图5-35），AB是初速线，它的涨幅最大，因为它在底部，涨幅是从B底算起的。而BC是加速线，它的后面天天涨停,涨速更快也更猛,但涨幅却最小,为什么?因为它在高位,涨幅是从C底算起的。

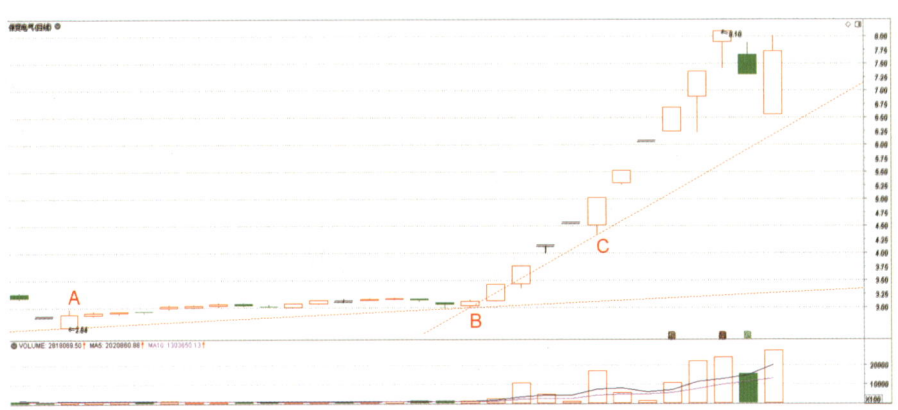

图5-35 保变电气的初速线与加速线

②热点。热点强,持续性好的,涨幅就大,热点不强,或者不持续的,涨幅就小。例如华脉科技(见图5-36),AB烽火线形成没几天,股价就出现了大涨,为什么?因为它有热点,遇上了3月初的5G风口。要是没有这个风口,它要天天拉板是有难度的。

图5-36 华脉科技的热点引发的大涨

热点不但可以促进烽火线的上涨，还可以改变烽火线嬗变的级别。比如我之前说的保变电气，它的初速线形成之后，正常是拉一下就会反复震荡，然后形成变速线再拉，然后再震荡，最后才形成加速线。但是，由于新基建特高压的"黄袍加身"，它在初速线形成之后，直接跳过变速线连板拉升，成了一只妖气十足的牛股。

5. 买入条件：三个"时"

烽火线的买点，跟龙脊线差不多，也是三个"时"。

（1）有效突破烽火线时。例如下图的特变电工（见图5-37），AB烽火线形成之后，股价不能突破近侧A1的压力，所以不能买。但是C柱二次突破烽火线时，一般来说就可以买了，因为C柱前一天跌破了烽火线，形势有点危险，但次日C柱又高开高走站回烽火线，就说明前一天的下跌是恐吓，而后面再次掉头向上形成的二次突破，就是有效突破，它意味着前一天恐吓动作的结束，所以可以先建点底仓，等A1也被有效突破时再加仓。

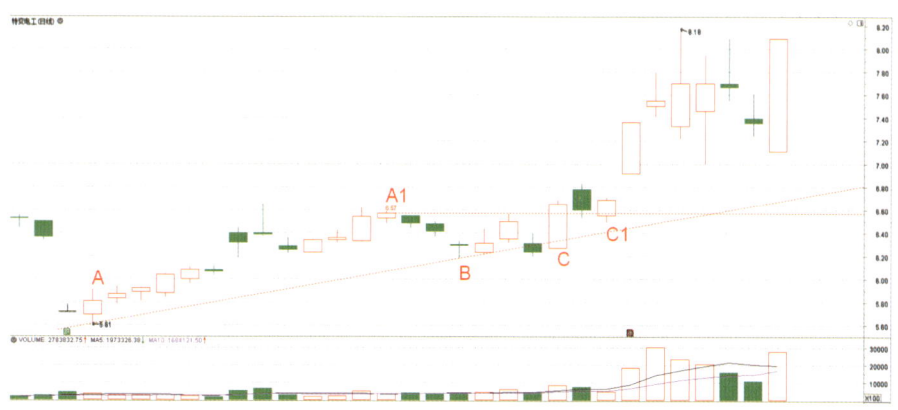

图5-37 特变电工走势图

（2）有效站稳烽火线时。例如顺威股份（见图5-38），AB烽火线形成之后，股价一直沿着烽火线在震荡，能否站稳烽火线不好说，因此可以先看看。但是，当C柱精准回踩烽火线掉头向上后，就可以找机会介入了，因为C柱的前一天差点就跌破了烽火线，而后一天C柱却守住烽火线掉头向上，说明主力不但无意去跌破它，还在有意地守住它，因此这条烽火线有站稳的信号，我们可以先建一点底仓，当股价突破B柱前四天那根单枪的虚顶时再加仓。

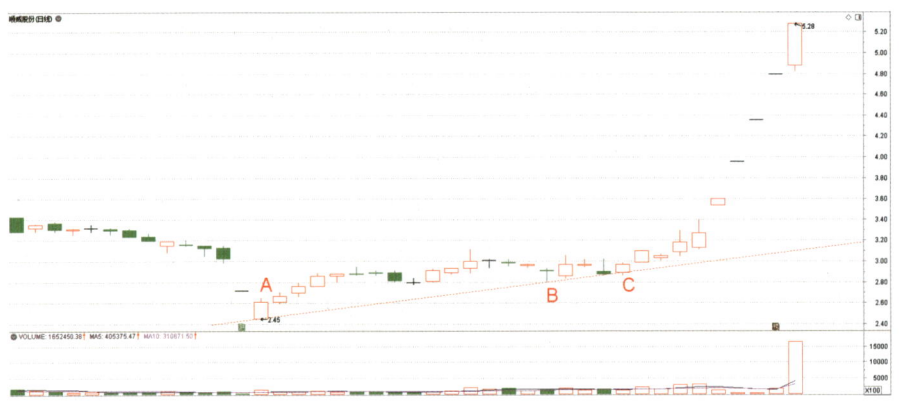

图5-38　顺威股份走势图

（3）回踩烽火线不破掉头时。有些烽火线形成之后，由于时机未到，会出现反复震荡，但这种震荡，只要能够回踩不破再掉头，也是买点。例如通光线缆（见图5-39），BC烽火线形成之后，股价就出现了震荡和回踩。但当D柱回踩烽火线不破再掉头的时候，就可以买了。因为，能够回踩不破再掉头，不但是有效突破了，更是有效站稳了，当然就可以买了。

图5-39 通光线缆走势图

三、烽火线的风险管控

1. 破线不买

烽火线是主力的综合持仓成本线，一般是不能跌破的，而一旦跌破，就说明主力在头上做了高抛，已经不在乎这条成本线了，所以我们就不能买了，如远大智能（见图5-40），BC变速线就是主力当时的综合成本线，主力要是没跑，一般是不会跌破它，而一旦跌破它，就说明主力在头上跑了，已经不在乎这条成本线了。所以，尽管D柱跌停板封不住，我们也不能去抄底，要抄，也要等它站回变速线再说。

2. 不过线不买

烽火线被跌破的情况很复杂，有时候是主力跑了，有时候是出现了重大的利空，有时候是洗盘，其后的走势也不尽一样，在情况还没明朗之前，我们不能买。如融捷健康（见图5-41），AB烽火线形成之后，股价出现了一定幅度的上涨，但涨到B2的时候，就出现了下跌，并在C柱跌破了烽火线。这里的原因很复杂。但从技术上说很简单，就是，不过线我们就不买，管他什么原因！如果不会涨，它自然不会站回烽火线，如果会上涨，它就一定会再次冲过烽火线。因此，我们即使要买，也要等它再次过烽火线的时候买。

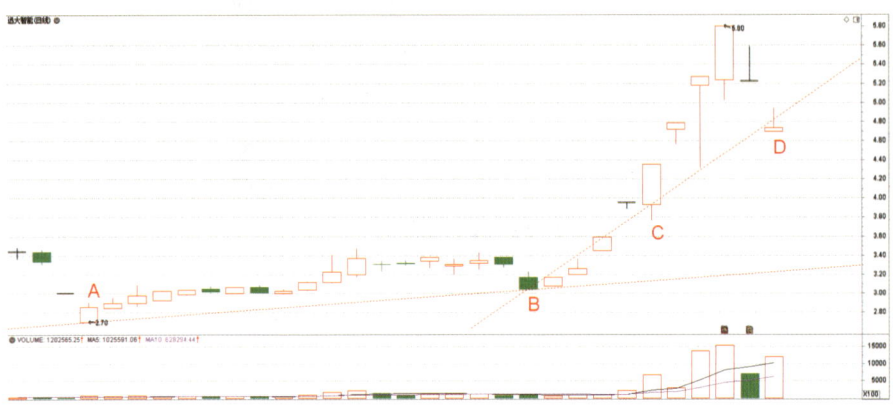

图5-40　远大智能走势图

图5-41　融捷健康走势图

3. 买错即走

买错就要走，说起来很简单，做起来很难。我接触过的许多股友，都懂得买错要及时跑，但实际上却不会跑。为什么呢？因为他还没认识到买错了，即使买入后不涨反跌，他也认为是洗盘，跌跌马上又上来了。怎么办呢？我教大家一个最简单的办法：就是以你买入的技术形态为评判。如果守住就留住，因为你买入的技术依据还在，但要是跌破了，你就要跑了，因为你买入的技术依据不存在了，你还傻等什么呢？

例如天创时尚（见图5-42），如果我们以CD变速线为股价上涨的依据，在D柱后一天精准踩线掉头向上突破左侧阳实顶后买入的话，那么第二天不涨反跌并且跌破CD变速线的时候，我们就要跑了，因为我们前一天买它，是认为这条变速线可以支撑股价一路上涨的，但结果它不但没涨，还又跌破了变速线，这说明我们买入的依据不存在了，那么我们就该止损了。切不可认为它第二天又会站回变速线，或者下面还有初速线做支撑而不跑，更不可担心一卖就涨而死捏，因为它要是不涨、而是继续大跌的话，后面可就揪心了。

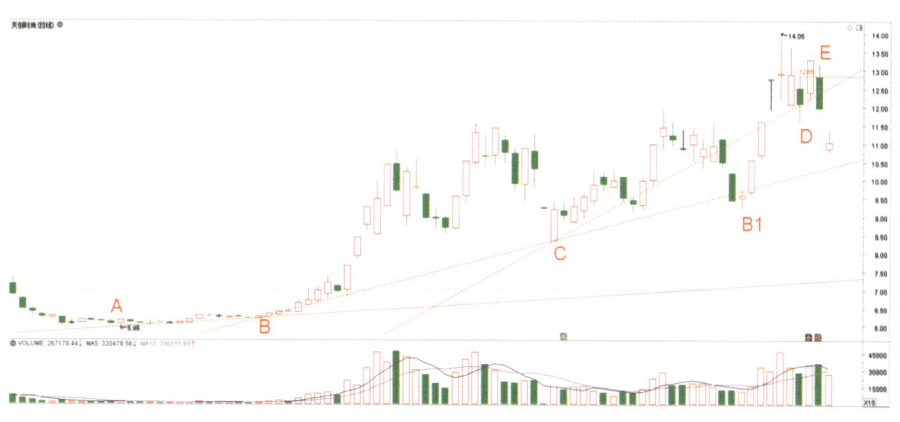

图5-42 天创时尚走势图

第三节　起飞的线：龙脊线

一、什么是龙脊线

我们都知道龙是庞然大物，但这么大的动物能够站起来，不会趴倒在地上，很关键的一点就是它拥有一副强壮的脊椎，要是没有这副强壮的脊椎，它沉重的骨肉就无法支撑起来。同样的道理，在股市里，也有一条很重要的斜横线，股价能够往上走，全靠这条线的支撑。

例如深康佳A（见图5-43），股价从3.92元拉到C柱的时候，最高涨幅达到了196%，而后开始出现下跌。它要跌到哪里呢？我们以A柱启动板的实底作为起点、以B柱接力板的实顶作为终点，画一条斜横线的话，可以惊奇地发现，当D柱跌到这条线附近时，股价像皮球一样跳了起来，最终引发了又一次的上涨。可见，这条线，就是支撑股价走势的脊椎线，我把这样的线叫作龙脊线。

图5-43　深康佳A的龙脊线

只要股票里且形成了这样的龙脊线，基本都能对股价形成重要的支撑。又如富奥股份（见图5-44），也是一样。当股价从脚下的4.14元拉到C柱的时候，它也出现了下跌。如果以A柱启动板的实底为起点、以B柱接力板的实底为终点，画一条龙脊线的话，我们可以惊讶地发现，当D柱跌到龙脊线的附近时，股价也像皮球一样跳了起来，最终再次引发了涨停和上涨！可见，这个龙脊线的支撑力是多么强悍！

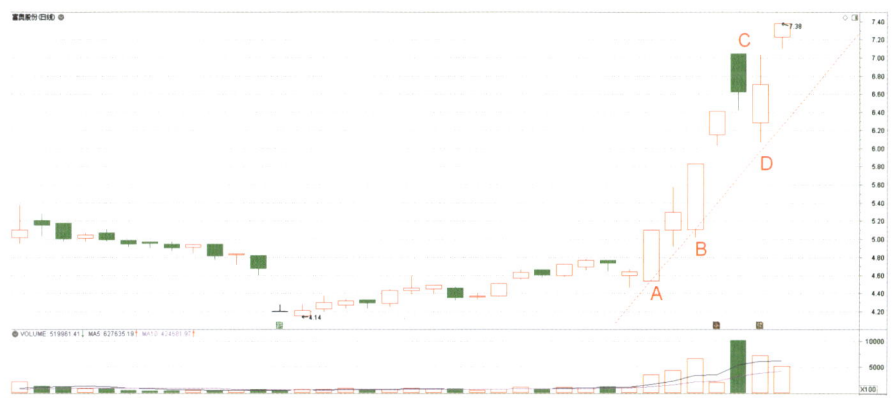

图5-44 富奥股份的龙脊线

那么龙脊线为什么会有这么强悍的支撑力呢？这是因为启动板不仅是对老趋势的终结、新趋势的开启，同时它还是主力的一个成本柱。从深康佳A（见图5-43）中我们可以看到，A柱之前，都出现了低量群，这说明低位的廉价筹码已经基本被消灭，所以A柱的时候，主力只好抬高价格，用涨停的方式去收集筹码。而B柱接力板也一样，虽然它相对前一天是缩量的，但前一天是跌停，后一天还能拉起来封死涨停而且缩量，说明前一天的量也是主力吃的，因此它也是主力的一个成本柱。当我们把这两根成本柱的底底、顶顶，或底顶进行相连之后，就会形成股价上涨过程中的综合成本线。而股价回调踩到这条成本线时会掉头，说明主力只是在洗盘，没有出逃或还没全部逃出，它还在小心翼翼地守住自己的成本。而既然没有出逃或还没全部逃出，既然还要小心翼翼地守住自己的成本，那就说明主力的操盘计划还未完成，后面还会上攻。

又如富奥股份（见图5-44），也是一样。A柱之前的量柱，都是低量群，这说明那个位置的廉价筹码已经很稀缺，怎么震也搞不出什么量来，所以A柱的时候，主力只好抬高价格并用涨停的方式去收集筹码。因此，A柱这个启动柱，也是主力的成本柱。次日，尽管股价冲高回落，放量滞涨，但第三天B柱的时候，却低开高走放量涨停，这说明主力不但消化了前一天的筹码，还用更高的价格去吃掉愿意跑的筹码，这表明B柱不但是接过A柱启动板奠定的涨势继续往上推的接力板，还说明B柱本身也是主力的一个加仓柱、成本柱。当我们把这两根成本柱的底底相连之后，也形成了一根支撑股价上涨的综合成本线。股价砸到这条线上会掉头，说明主力还没跑，它只是在洗盘，它在小心翼翼地守住自己的综合成本线不被砸破，说明它的操盘计划还没完成，后面还会再拉。

所以，所谓龙脊线，就是主力或市场资金的综合成本线，由于主力操盘计划还未完成，自己也还没逃出，因此当股价砸到这条线的时候，主力就会出手守护着自己的综合成本线不被砸破，把股价推向高处，远离自己的成本区，并在时机成熟的时候，继续向上攻击，从而完成自己的操盘计划。

对于散户而言，只要了解到这个特点，把握准穴位，画好正确的龙脊线，就可以以逸待劳，伏击到新一轮的起涨点！

二、龙脊线实战要点

1. 前提条件：找准穴位

所谓找准穴位，就是龙脊线A、B柱的确定。一般来说，它有六组这样的穴位。

（1）启动柱跟接力柱的组合。由于启动柱是新趋势启动的信号，接力柱是新趋势确立的信号，因此这组穴位构成的龙脊线，就是股票上升趋势确立后的基本线，正常情况下它都具有很强的支撑力。

例如新力金融（见图5-45），它的A柱是启动柱，B柱是接力柱，把这两根价柱的底顶相连之后，就成了龙脊线。B柱次日只要有效突破左侧的A1凹峰线，就是买点。为什么这样说？因为A1凹峰线7.30元，就是龙脊线那一天的压力点，如果有效突破，那就说明股价站上了龙脊线，后面就会以龙脊线为依托，加速上涨。而从随后的走势看，B柱次日就是站上了龙脊线并且涨停，而后的日子里，股价就是以这根龙脊线为依托，前后仅用12个交易日，就拉出了超过100%的涨幅。可见，找准穴位画线有多么重要！

图5-45　新力金融的龙脊线

（2）接力板跟接力板的组合。一般来说，从趋势的形成到主升浪的开始，主力是需要经过多次补仓、多次接力的，因此由两个以上的接力板构成的龙脊线，只要守住不破，就表明主力的进展计划顺利，后面还会继续上升。

例如欣龙控股（见图5-46），股价从底部连续一字板拉上来之后，在B柱后出现了回调洗盘，但当它洗到A柱的实底时，就再也不跌了，并在C柱形成了接力板，这说明A柱进去的大资金还没出逃，后面还会再拉。C柱之后，股价连续拉板到D柱时，又出现了放量大跌，当跌到E柱前一天时止跌，并随后在E柱也收出了一根接力板，这说明D柱虽有大资金出逃，但没有逃完，还会再拉。于是就可以把C柱接力板跟E柱接力板连接起来，构成一道主力持仓的综合成本线，只要后面的震荡能守住这条线并掉头，就说明主力还没跑完，而一旦它被有效砸破了，就说明主力全跑了。

图5-46　欣龙控股走势图

（3）接力板跟合力板的组合。接力板是主力奠定趋势、接力向上的信号，而合力板则是市场强势资金主动接盘、准备跟主力合力做多的信号，因此这两种穴位组成的龙脊线，表明市场多头主力的综合成本也在大幅提高，后面的涨速也会更快。

例如道恩股份（见图5-47），它的A柱是一根接力板，B柱是一根合力板，把这两个关键板柱连接在一起，就构成了一道主力在相对高位的综合成本线，后面只要能守住这线不破，就会形成主升浪行情，如果这条线本身就在主升浪途中，那么就会加速上涨，完成主升浪的目标。从图中我们可以看到，它就是这样涨的。

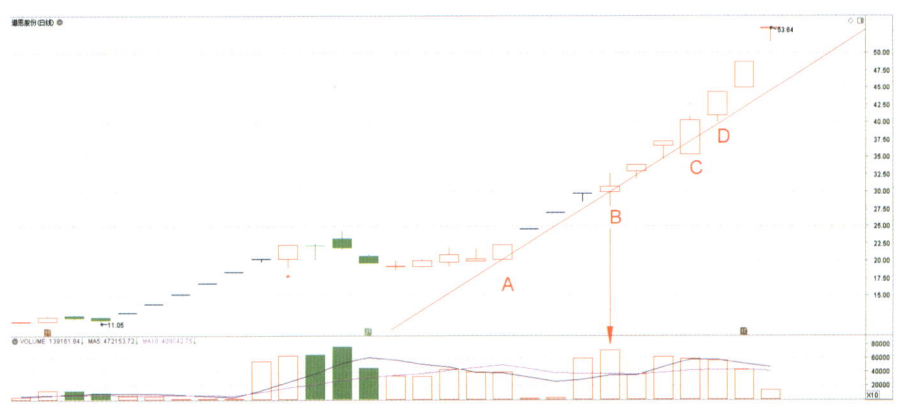

图5-47　道恩股份走势图

（4）接力板跟引爆板的组合。引爆板通常是主升浪开启的信号，接力之后还能出现引爆，说明该股具有主升浪的行情，因此这两种穴位组成的龙脊线，通常就是主升浪行情的主力成本线，只要能守住这条线，就依然还会继续上涨。

例如泰达股份（见图5-48），A柱是接力板，B柱是引爆板，把这两个板柱连接起来，就构成了一道龙脊线，它是该股主升行情的主力综合成本线，只要这条线不破，它就还会再涨，但要是被有效跌破了，那就说明主力跑了，股价见顶了。

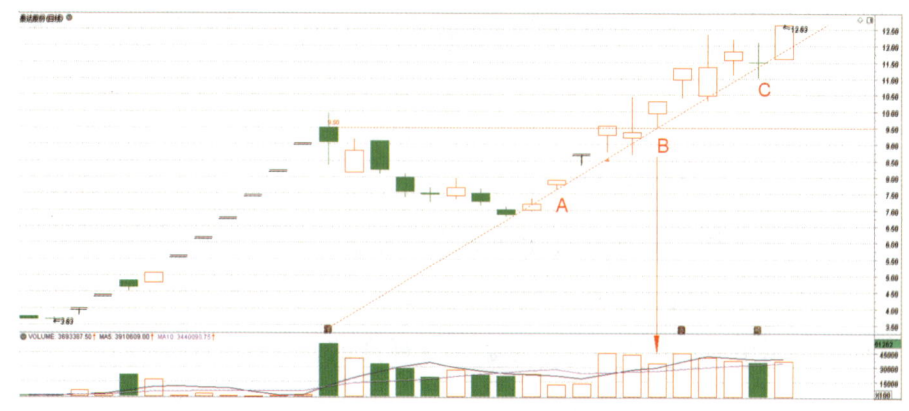

图5-48　泰达股份的龙脊线

（5）引爆板跟合力板、合力板跟引爆板的组合。引爆板是主升开始，合力板是主升开启后市场大资金主动介入合力做多的信号，由这两者组成的龙脊线，表明是市场多头在主升浪途中的综合成本，只要有效守住，就说明市场做多的势头不减，后面还会拉升。

例如延江股份（见图5-49），它的A柱是站稳左峰线（也是365线）的引爆板，B柱是向上突破的合力板，我们把这两根板柱底顶相连之后，它就构成了一道主升途中的主力综合成本线，只要这条线守住不破，主升就还会继续，但要是破了，就说明主力已经跑了，主升就会结束或告一个段落。

（6）引爆板、合力板跟派发板的组合。引爆板、合力板是主升浪启动和形成的信号，而派发板是主力出逃的信号，由这两种穴位组成的龙脊线，通常就是主升浪的强弱线，守住，就会继续向上，跌破，则表明主升浪遭遇了挫折，甚至主升浪可能已经结束。

例如模塑科技（见图5-50），A柱一字板是突破6378线之后的引爆板，B柱是空中加油结束后的派发板，把这两根关键板柱连接在一起的时候，就构成了主升浪的强弱线。只要股价能守住这条线不破，后市就会继续走强，但要是破了，就会走弱，甚至见顶走下坡路了。

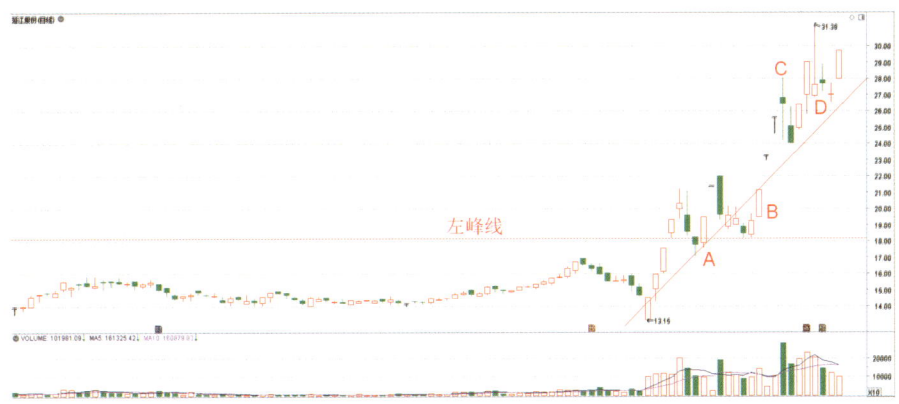

图5-49 延江股份走势图

图5-50 模塑科技走势图

2. 基础条件：线要画好

当上述穴位找好之后，就要把线画好。一般来说，画好龙脊线有三种方法。

（1）底底线。就是把两个穴位柱的底线进行相连的线。这通常是一种下探极限线，是不能被有效跌破的，要是被有效跌破了，新的趋势就有待重新规划或确认，而一旦守住，就会形成强大的支撑，促使股价继续向上。

例如联环药业（见图5-51），它的A柱是合力板，B柱是派发板，当我们把这两个关键板柱的底线进行相连的时候，它就成了一种下探的极限线，后面的震荡只要能守住，股价就会继续大涨，但要是守不住，股价就会大跌。因为极限线被有效跌破，暂时就没有支撑了，后面就会加速下跌，进入洗盘或下行的通道。所以，有效跌破下探极限线，通常也意味着趋势出现了见顶或阶段性见顶。

图5-51　联环药业走势图

（2）顶顶线。就是两个穴位柱顶顶相连的上攻极限线，正常不容易被攻破，如果能咬线上行，说明趋势还是向上的，而要是咬不住线掉头向下，则表明可能会出现短期回调。如果一旦被突破，就说明会加速上涨，后市更加可期。

例如秀强股份（见图5-52），A柱是接力板，B柱是合力板，我们把它们的顶进行相连之后，就成了一条上攻的极限线，很多时候股价都是咬着这样的线往上涨的，要是咬不住，那么就会掉下来，进入洗盘或下跌行情，而要是能强势突破并站稳，那就会出现大涨，因为上攻极限线被有效突破之后，它就不是上攻的极限线，而是变成上攻的支撑线了，股价也由此打开并进入一个新的上升空间。

图5-52　秀强股份分时走势图

（3）底顶线。就是A柱的底跟B柱的顶进行相连的支撑线。这种线，属于常规走势下的强势线，守住它，行情依然强势向上，但要是跌破了，行情短期内就会转弱。

例如引力传媒（见图5-53），A柱是接力板，B柱是引爆板，当我

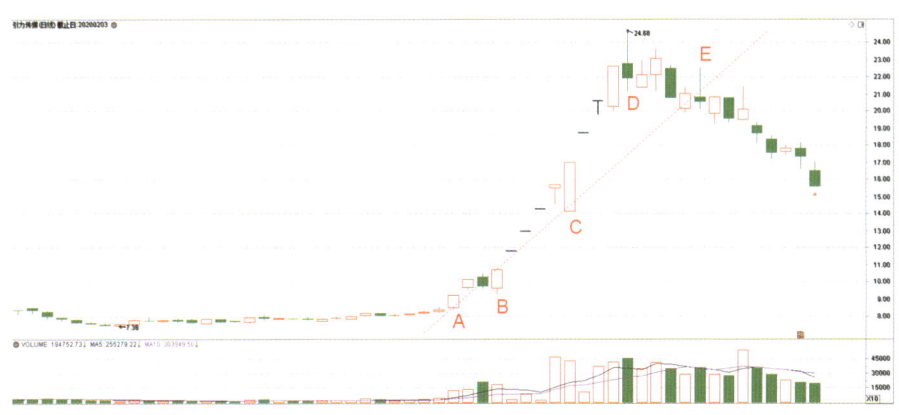

图5-53　引力传媒分时走势图

们把A柱的底跟B柱的顶进行相连之后,它就成了一道常规走势下的强弱线,如果股价是在线上运行,那么就属于强势行情,但要是股价跌破了这条线,那么就进入了弱势行情甚至是下跌行情。

3. 核心条件:确认

线画好之后,画得是否正确,需要市场第三方(第三根价柱)的确认。确认的方法,主要有两种。

(1)一线多精准,就是一条线上,要有多个精准点才好,它通常表明经过多次踩点,已在一定程度上获得了主力和市场的认可。

例如晶方科技(见图5-54),它的A柱是接力板,B柱是合力板,当我们把它们连线之后,是不是就是龙脊线呢?这要看第三方(也就是第三根价柱)的确认才行。古人云:千两黄金外人称。只有别人称过了,确认了,你说你有千两黄金才是真的,否则就是吹牛。对于板线来说,确认的第一个方法,就是要有一线多精准,就是除了A、B柱之外,还要有第三方的价柱能够精准踩在这条线而不跌。有第三方的价柱能够精准踩线而不跌,才说明它真的是不跌,否则就是吹牛。从图5-54中我们可以看到,A、B点连线之后,A柱的前一天有一个精准点,A、B之间有两个精准点,从而形成了多个第三方的精准确认点,所以它是有效的。后来,C柱和D柱砸到这条线的时候,果然就出现了掉头向上,继续大涨。

所以,有没有精准点确认,对于板线来说很重要。只有经过确认的,才会示涨,未经确认的,就存在变数。而且确认的点越多,支撑力就越强。比如你说你有万两黄金,只有一个人去验证过,可信度就不会很高,但要是很多人都去验证过,都说你有万两黄金,那这个可信度就要高很多了。

图5-54 晶方科技分时走势图

（2）触线即掉头。就是踩到龙脊线的附近时，有效守住而不破，进而出现掉头向上的情况，它通常表明这条线具有强大的生命力，也获得了主力或市场的确认，因此后面将继续向上。

例如星期六（见图5-55），A柱是合力板，B柱是引爆板，我们把它们连线起来之后，就构成了龙脊线。后面虽然在C、D、E出现了大跌，但是每次踩线或破线之后，都被涨停拉起并继续上涨。因此，触线或破线之后能被拉起来掉头向上继续涨停的，也可以视作一种确认，这说明这条龙脊线经受住了大跌或放量的大跌的考验，具有强大的支撑力。

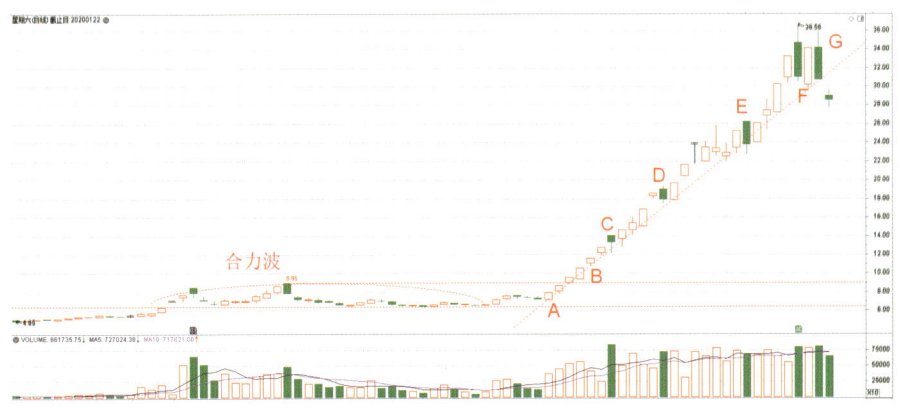

图5-55 星期六的龙脊线

4. 爆发条件：热点

一般来说，踩线掉头之后，都会出现上涨。但上涨的速度快不快、上涨的幅度好不好，则取决于热点。热点强，则涨速快、涨势猛、涨幅好。例如模塑科技（见图5-56），它的龙脊线形成之后之所以会涨得这么快、这么猛、这么好，就是因为碰上了特斯拉的强暴风口。雷军说，风要是来了，猪都会飞起来！何况它不是猪，是主力万事俱备只欠东风的待涨股。

图5-56 模塑科技分时走势图

而要是热点不强，则涨速慢、涨势弱、涨幅差。例如仁和药业（见图5-57），尽管2020年因疫情原因医药股一路大涨，但由于它与疫情很难搭上，所以尽管其他医药股大涨，它却小拉一下就跌了下来。所以，风不是万能的，但没有风却是万万不能的。

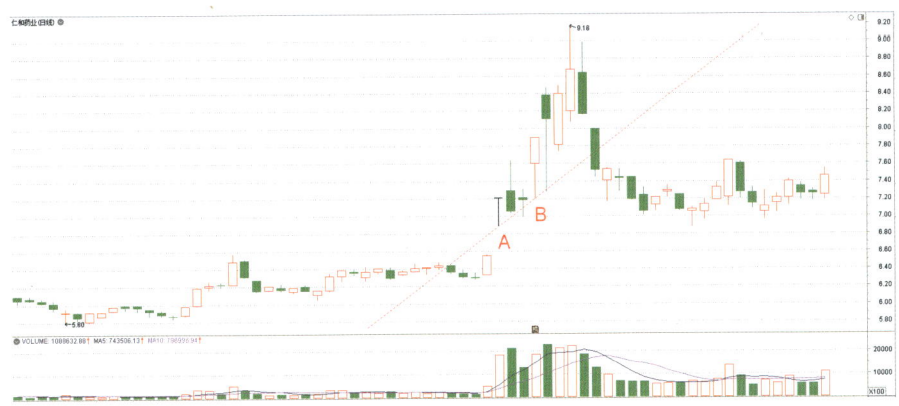

图5-57　仁和药业分时走势图

5. 买入条件：三个"时"

龙脊线画好之后怎么买呢？根据龙脊线的原理，把握好三个"时"即可。

（1）有效突破龙脊线时。什么叫有效？很多股友搞不清，经常私下会问。其实这个问题很简单，所谓有效，就是突破之后不再跌回去了，或者虽然跌回去，但后面又站上去了，这就叫有效突破。

例如新野纺织（见图5-58），AB龙脊线形成之后，次日C柱突破了龙脊线，算不算有效突破呢？不能算，因为它是放量的中字柱，处于

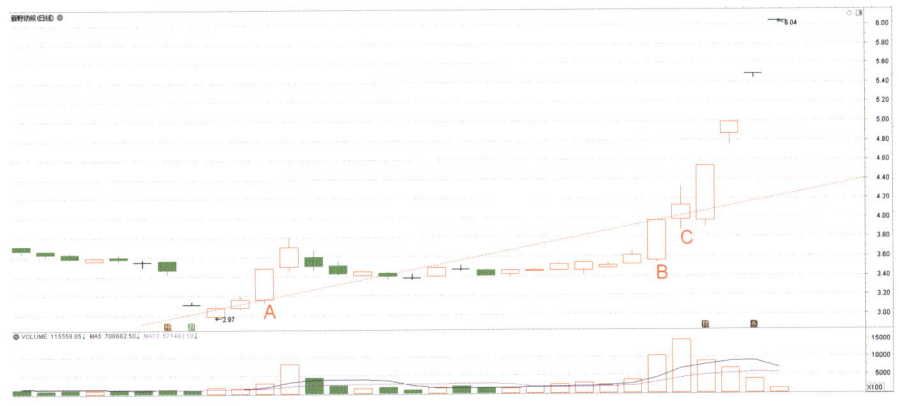

图5-58　新野纺织走势图

相对的高位,又有点烽火柱的意味,因此不能排除它第二天会震荡。而C柱的次日股价果然是跌回线下低开震荡了一上午,所以前一天不买是对的。但是,当它下午开盘后直线拉升冲过龙脊线时,就可以买入了,因为,来者不善,善者不来,它既然能二次强势突破,那么它一定是有效突破,是真拉了。

(2)有效站稳龙脊线时。怎么算有效站稳,不少股友也无法厘清。其实这也是一个很简单的确认方法。简单地说:就是突破之后要是出现震荡或回踩,能够多次守住龙脊线不被跌破的,就叫站稳。这通常也是一个买点,因为能够守线而不破,就说明主力无意去跌破,既然无意去跌破,那么就是还想涨。

例如音飞储存(见图5-59),A、B柱连线形成龙脊线后,先后在C、D柱两处出现回踩,但这个回踩都守住龙脊线而不破,所以它们算是站稳在龙脊线上,因此是一个买点。特别是D柱,在它的前面,C柱已经回踩了一次,已经是站稳了,D柱再回踩,但踩到C柱的实顶之上就掉头了,而从收盘看,它还与C柱构成了一种接力的关系,透露了不会再往下跌的信号,因此D柱收盘前的几分钟,就是一个有效站稳龙脊线的买点。

图5-59 音飞储存走势图

（3）回踩龙脊线不破掉头时。这个买点的原理其实跟刚才说的有效站稳差不多，都是指回踩不破之后的买点，只是着重点不一样而已。有效站稳，重在站稳，回踩不破，重在掉头，这是两者间的差异。

例如搜于特（见图5-60），A、B柱连线形成龙脊线的第二天，该股一字板开盘之后出现了回踩，但当它踩到龙脊线不破再掉头的时候，就可以及时追进，因为它不踩破这条线，就说明这条线确认是它的仓位线，它无意自己为难自己，而它能够回踩不破再掉头，就说明它还想拉，它的回踩只是吓一吓B柱左侧被套住的筹码而已。

图5-60　搜于特分时走势图

三、龙脊线的风险管控

1. 破线不买

我前面已经说过，龙脊线就是主力持仓的综合成本线，只要不破，就还会继续上涨，但如果破了，就说明主力已经跑了或要洗盘了，因此龙脊线被跌破的时候，我们不能买，要买也要等新的板线或板拐形成的时候。

例如北玻股份（见图5-61），BC龙脊线形成之后，股价只要在线上运行，它就会继续涨，我们就可以谨慎看多。但D柱跌破龙脊线之后，我们就不能乱买了，因为它说明主力已经跑了或要洗盘了，我们这时买进去，等于是给别人接盘，替别人站岗。

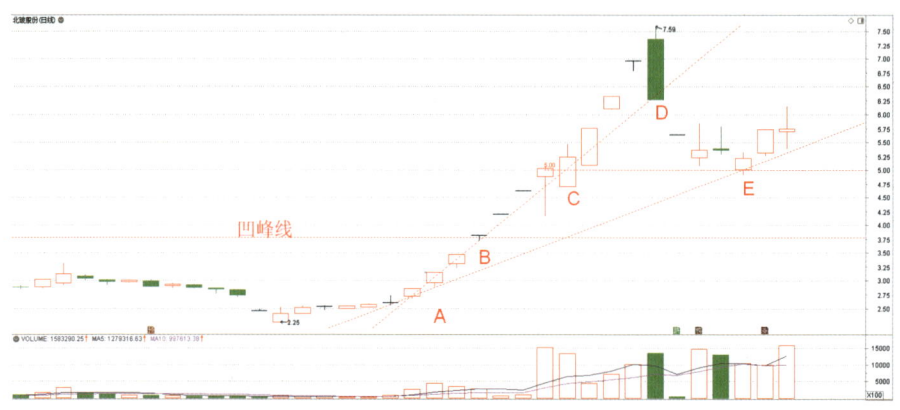

图5-61　北玻股份跌破龙脊线

2. 触线不买

触线之所以不买，是因为它那个位置是一个很不确定的位置，既可以上，也可以下，因此无论是向下触线还是向上触线，我们统统不买。要买，也要等它站稳线上的时候再说。

例如光正集团（见图5-62），C柱在那一天是向下触线，D柱是向上触线，在后面还没走出趋势之前，它们既可以上，也可以下，买不买？不买！因为我们做股票，还没赚钱要先想到亏钱，主力又没有挂电话给我们，说一定会上，我们干嘛要去冒险？我们要是买进了，后面跌停的时候，我们不是很被动了吗？

图5-62 光正集团走势图

3. 买错即出

大家买入一只股票的时候，都自认有充分的理由认为它会上涨，但很多时候它却不涨反跌，这是为什么呢？是因为我们只看到涨的一面，没看到跌的一面，当股价真的出现下跌的时候，就说明跌的一面是占主导地位的，涨的一面是不占主导地位的，甚至是很微弱、微弱到可以忽略不计的。那么这个时候，我们就要赶紧跑，先把本金保住再说。

例如秀强股份（见图5-63），AB龙脊线形成之后，按照原理，只要回踩能够守住这条线，它就会上涨。假如我们以这个为理由，在C柱回踩龙脊线不破再掉头的时候买进去了，那么后面出现下跌的时候，我们第一时间就要先跑出。因为，它的下跌说明，我们只看到它涨的因数，没有看到它位置高、已出现极阳次阴见顶示跌的一面，而实际上，这示跌的一面还是占主导地位的，所以我们买入的理由不能成为支撑股价上涨的依据了，三十六计，走为上计！

图5-63　秀强股份走势图

看了上面这幅图,也许有人会说,跑了不对啊,它后面又涨回去了。但我要轻轻地提醒您一声:没错,这股是站回去一会,但我可以告诉您,很多都是直接趴下去的,要是捏住不放,如果它直接趴下去您怎办?而且,你要是先跑出来了,它后面如果不跌了,你一样可以买回去的。

第四节　伏击的线:3325线

一、什么是3325擒龙战法

3325是我在"次新战法"里的一种实战技巧,以前大多用在次新股的伏击中。但是,作为一种板学武器,它也可以用在龙回头的伏击战。例如四川双马(见图5-64),股价从A柱涨到B柱的时候,最高涨幅已达340%,后面还能不能再涨呢?我们可以用3325来测试,根据

3325的原理，只要股价有效守住33线，突破25线，后面大概率还会强势向上。当我们把3325画出来之后，大家可以看到B柱之后的下跌，股价在C柱前两天没有踩到33线不会掉头，但在C柱踩住33线之后，立即就拔地而起，逆势涨停并连续涨停，10个交易日，拉出了最高九个板的涨幅！

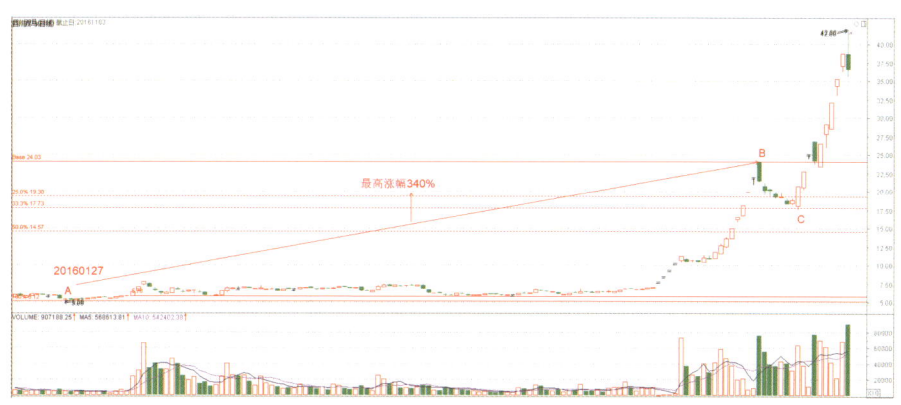

图5-64 四川双马踩住33线后的连续涨停

我们再看东方通信（见图5-65），股价从A柱的实底涨到F柱的实顶时，最高涨幅已经超过352%，之后出现了下跌，它还能不能涨呢？我们也可以用3325来预判。当我们在A柱的实底和B柱的实顶之间画线之后，奇迹出现了！当股价一路下跌到达33线之后，居然出现了平底不破的止跌信号，而后在G柱高开高走，再次逆势拉升，在这之后的12个交易日里，拉出了近12个板的空间，最高涨幅达到了198%，差一点就是200%！成为2019年的第一只翻10倍的超级大牛股！

但是，它是不是就此结束了呢？我们不知道，但是我们还是可以用3325来测试！根据3325的技术原理，在这样的高位，可以有两种画法。第一种，就是以新的高度和脚下的高度进行画线，但由于上涨幅度太高了，因此要把伏击点放在50线附近。根据3325战法的原理，只要能守住50线不破并掉头，股价就还会再次向上。我们把3325画出来之后，精彩再次出现！当股价从H柱跌到I柱的时候，盘中虽然砸破了I柱，但收盘的时候却站了回去，第二天，股价精准回踩50线之后，再次逆势向上，四天的时间，拉出了四个板！

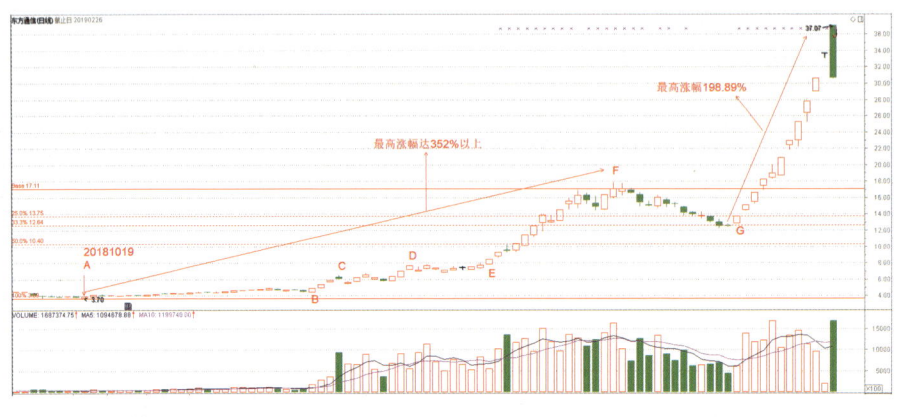

a

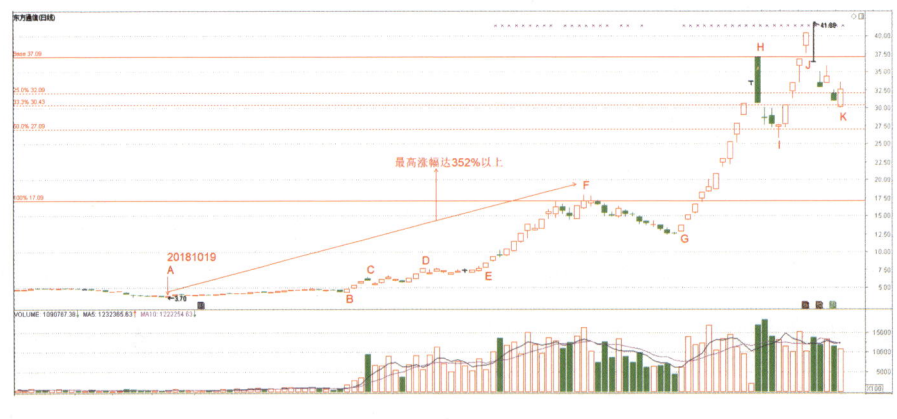

b

图5-65　东方通信走势图

还有一种画法是，依然按照从顶部到底部画。我们把3325画出来之后，再一次见证了它的神奇！当股价大涨10倍之后，在H柱收出了一根从涨停到近乎跌停的巨阴，很多人都说这次是真的走完了！但是，当股价在I柱砸到33线的时候，主力的脚底好像被烧得红红的火钳烫了一下似的，立马就跳将起来，赶紧掉头向上，次日开始，在无数股民的围观之中，又一口气拉出了四个板！

3325为什么会这么牛呢？这里面到底有什么奥妙呢？

从图5-66中可以看到，四川双马B柱的脚下，是一个T字板和一根一字板，量柱都是百低。根据一字板战法的原理，它是主力仓位和市场仓位的隔离区，在一字板之下，是主力和多头的仓位，一字板之上，是市场资金接盘的仓位。因此，B柱的大量，是主力和多头出逃的信号，也是市场资金接盘后被套的标志。但是，由于接盘大资金的实力强大，接盘大资金可以被打压，但不可能被压扁。接盘大资金一定会找个支撑点进行反击。这个支撑点，就是33线。因为对于一段走势来说，砸到33线，幅度还很浅，很容易反击回去，所以33线是趋势强弱的分界线，能守住掉头，就说明行情还是很强势，后市还会强势向上，守不住继续跌，则说明行情已经转弱，后面的走势就堪忧。因此，当股价跌到33线的时候，一般的强势大资金都会出手反击，要是再往下砸，它们就有被套牢的风险，不反击不行。

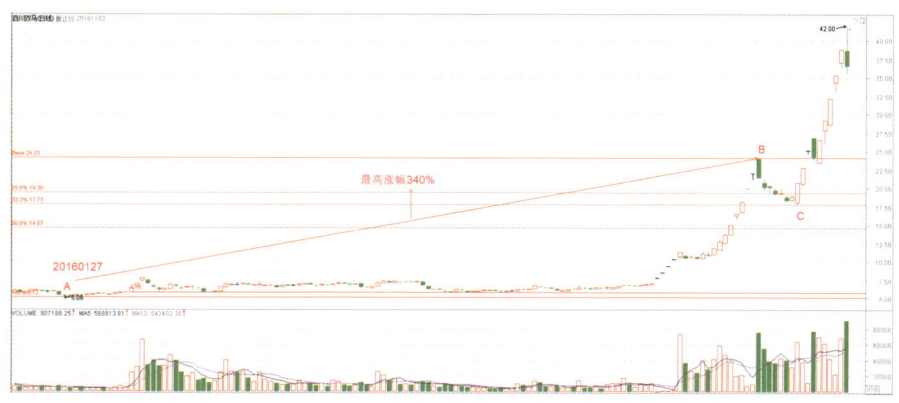

图5-66　四川双马走势图

东方通信也一样（见图5-65a），接盘大资金在F柱前后被套住之后，它的最佳防守线就是33线。有效守住并掉头，就还可以把股价拉过顶峰去，把自己救出来，要是守不住，自己就有被深套的风险。所以，当股价砸到33线的时候，接盘主力就展开了一场绝地反击战，最后借助春节后的好气氛，在G柱掉头向上，拉出了又一波强势的大行情。

二、3325龙回头的伏击技巧

1. 选择翻倍的牛股

我这期的课程，讲的是龙回头战法，因此它有一个前提，就是目标股必须是龙头，否则就不叫龙回头了。那么衡量龙头的标准是什么？按照我在"龙头战法"里面的定义，就是在某个行业的某个阶段里，具有强大号召力、推动力和领涨力的个股。按照这个定义，我们的目标股最少要涨1倍以上才算。因此，我们的目标股，就是新年以来涨幅达1倍以上的个股。例如大港股份（见图5-67），它是最近的芯片龙头之一，股价从B柱的3.37涨到G柱的7.73，最高涨幅已达1倍以上，因此，它可以成为我们的观察目标股。

图5-67 大港股份是近期的芯片龙头之一

又如人民网（见图5-68），它是最近一段时间的创投龙头，涨幅非常彪悍，最近由于公告利空，出现了掉头向下。它是否能够形成龙回头？我们也可以收进来跟踪和观察。

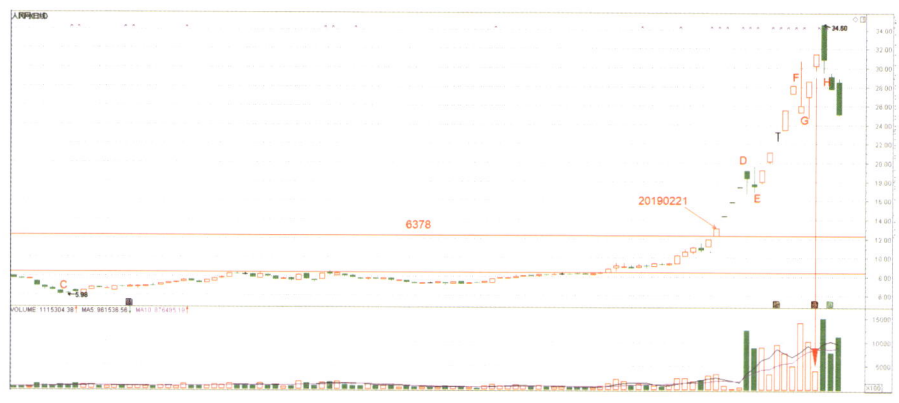

图5-68 人民网是近期的科技龙头之一

2. 画好3325线

收进来之后还不行，我们还要给它画上3325线，这样才好观察和判断。怎么画呢？就是从工具栏里取出百分比，把头上的高点作为起点，把脚下的底部或启动点作为B点，进行画线。我们就以刚才的人民网（见图5-69）为例进行说明，首先我们要打开工具栏，然后打开

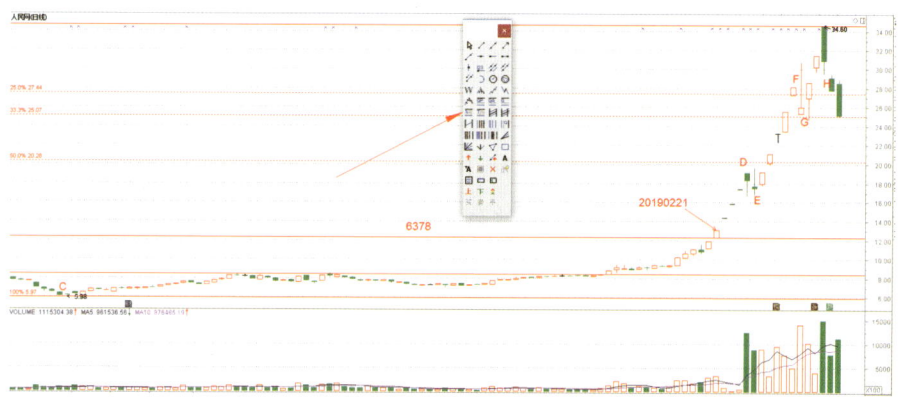

图5-69 人民网的3325线

"百分比"工具,用左手按住"Ctrl"键,右手拿住鼠标,从H柱的最高价,拉到C柱底部的最低价松开,它就自动形成了一个百分比线。有了这个百分比线,就自动生成了3325线。

又如大港股份(见图5-70),我们还是这样做。首先找出工具栏,然后从工具栏取出"百分比"工具,之后,用左手按住"Ctrl"键,用右手拿着鼠标,从G柱的实顶往下拖,拖到B柱的虚底时,把鼠标和"Ctrl"键放开,就自动生成了3325线。我们现在就可以看到,今天它在快要跌到33线时掉头向上了。我们可以关注了。

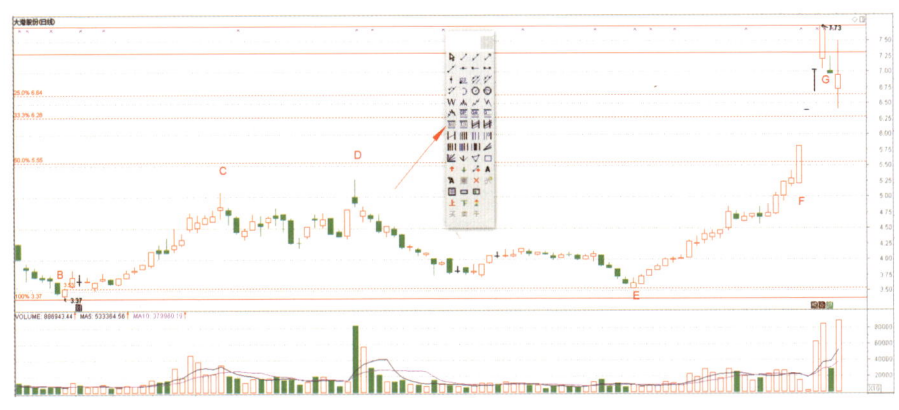

图5-70 大港股份的3325线

3. 关注下跌形态

关注下跌形态,主要是关注下跌过程好不好。这个下跌过程好不好,主要有两种:一种是涨幅比较高的,特别是超过200%的,最好是单边下跌,首跌最好是大幅缩量,后面也是一直缩量或长阴短柱会比较好。例如我一开始说的东方通信(见图5-71),F柱之后的下跌,首跌就是大幅缩量的,之后虽有放量,但总体上是一路缩量,缩到G柱的

前 天，已经缩至低量，它说明头上进去的筹码没有跑出，后面还会反攻！

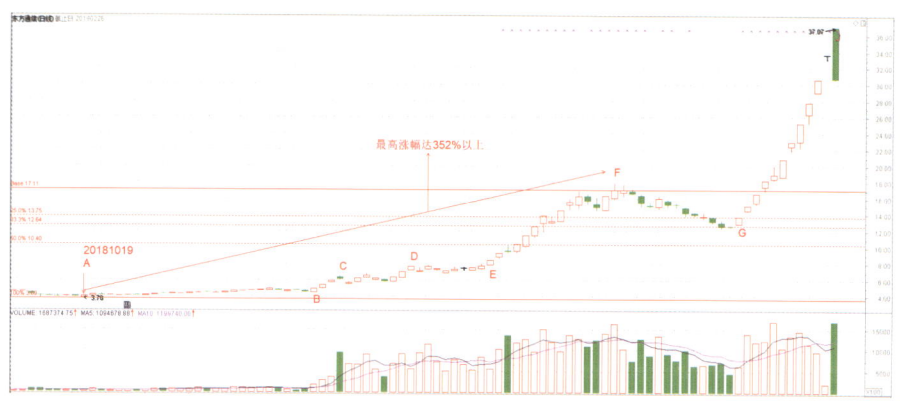

图5-71 东方通信走势图

另一种是上涨幅度不很高的，它的下跌，只要首跌缩倍或者倍量伸缩就行，因为这种强势股，跌幅比较浅，时间也比较短，一般不会出现较长时间的阴跌。例如飞乐音响（见图5-72），B柱小幅放量之后，次日出现放量大跌，不属于首跌缩量，但它的价柱却和前一天组成了毙命朝天戟，解放了前一天的套牢盘，说明主力这里的震荡，主要是洗盘。而C柱低开低走砸到33线后，立马又收了上去，形成了接力烽火柱。它的量柱，相比左柱缩量近一倍，跟前两天组合一起，构成了倍量伸缩，这说明主力不但是故意洗盘，还通过洗盘实现了控盘。在这种情况下，33线自然就构成了强大的支撑，后面也是要上涨的。

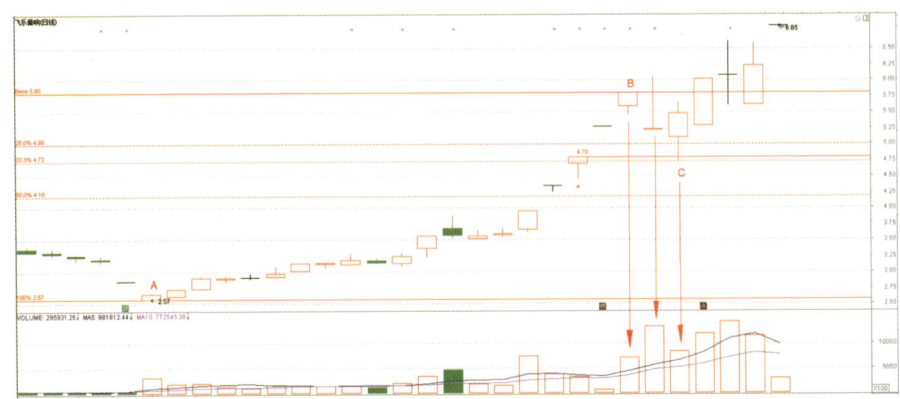

图5-72 飞乐音响走势图

4. 等待拐点和掉头

踩到33线时要形成确认性的拐点。这个拐点,可以是烽火柱,也可以是中字柱,还可以是凹底大阴、平底不破和阴阳剑。但单有这个信号还不行,还必须得到确认,得到确认了才是止跌的信号,而后才有掉头向上的机会。比如我前段时间预报的个股华东科技(见图5-73),B柱之后出现掉头向下,砸到33线附近时,出现了阴阳剑的拐

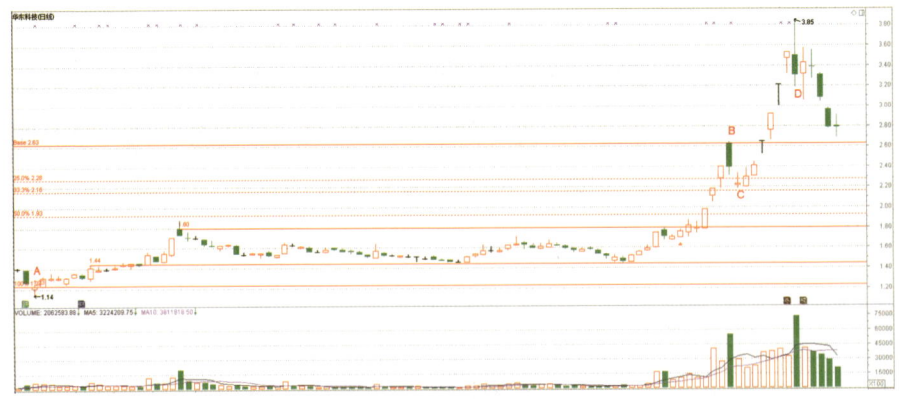

图5-73 华东科技走势图

点信号，但在当时来说，这只是一个平衡的信号。当次日低开高走有效占领阴阳剑下剑的实顶、第三天继续向上的时候，这个拐点就得到了确认，后面一口气拉了五个板左右。

而拐点要是得不到确认，那么就还有可能会跌到50线。例如东信和平（见图5-74）就是这样。股价跌到C柱的时候，也形成了一个烽火柱的拐点，但其后两天都没有站上C柱的实顶，所以后面就出现了继续下跌。当跌到50线的时候，不但在D柱形成了朝天戟的拐点，还在E柱得到了确认。随后，股价才开始了连续的拉板行情。

图5-74　东信和平

5. 设置好买点

3325的买点，主要有三大类。

（1）守住33线，突破25线。守住33线，只是一个止跌的信号，能不能掉头向上，要通过25线的有效突破来确认。因此有效突破25线，就是33线的第一个买点。例如我的预判股领益智造（见图5-75），B柱过6378线之前，股价就出现了回踩33线，虽然当天是涨停，但从次日开始的下跌看，B柱当天还没站稳。当后面踩在25线就止跌的时候，33线就有站稳的迹象了。因此，C1跳空高走日，就是我们的开枪之时。

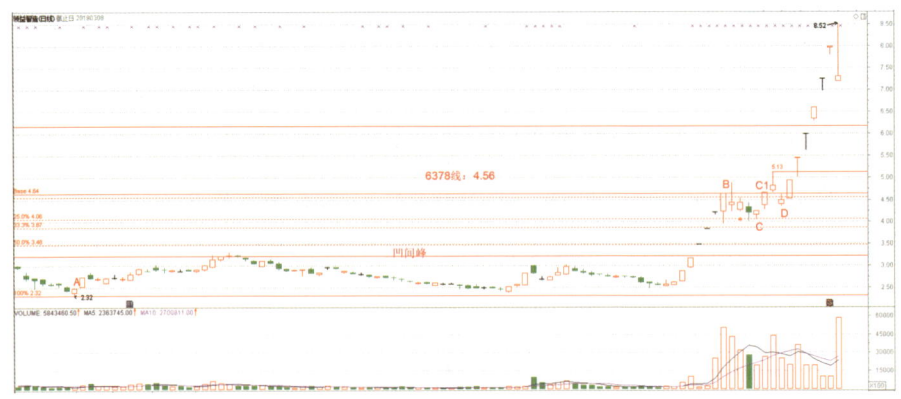

图5-75 领益智造走势图

（2）守住50线，站回33线。有时候，由于涨幅太高，或者其他方面的原因，33线也会被砸破。但是只要能守住50线或50线之上，那么大格局的平衡位就没有被跌破。而后要是能再次站回33线，说明股价已经走出了低谷，获得了再次向上的机会，因此这个时候，也是买点。例如我的另一只预报股全柴动力（见图5-76），股价拉过6378之后，在B柱出现了掉头向下，当砸到C柱的时候，33线已被跌破，形成了一根凹底大阴，但后面没有继续往下跌，而是守住50线掉头向上，因此这个凹底大阴就是3325的拐点。当股价在C柱的第三天站回33线时，说明股价已经重新回到强势状态，因此可以买入，当C柱的大阴实顶线和25线被D柱突破时，更可以买入！而后就出现了再一次的大涨！

（3）跌破50线，站回50线。还有一种强势股，由于获利盘或不稳定的筹码比较多，主力会故意砸破50线，吓跑黄金分割线的技术派。但这种吓，时间不能长，一般要控制在八天之内，最好在五天之内，之后就要站回50线。因为时间长了，就不是吓的问题了，而是真的破位了。因此只要能在八天之内、特别是五天之内站回50线的，就可以视作一种恐吓式的洗盘。当股价站回50线之上时，就说明洗盘已经结束，我们可以及时跟进。例如市北高新（见图5-77），股价拉到A1之后，就出现了大跌，50线多次被砸破，其中B、C两次被砸得最厉害，但都在五天内站了回去，说明这里的跌破，就是恐吓式的洗盘。因此当春节后行情来临、50线重新被D柱攻克时，我们就可以买入了。

图5-76　全柴动力走势图

图5-77　市北高新走势图

又比如我预报的另一只大牛股风范股份（见图5-78），第一波拉到C柱之后，股价也出现了下跌，当跌到D柱之后，跌破了50线，但是，三天后股价又站回了50线，这说明这里的下跌是恐吓式的洗盘。因此，当E柱有效守住50线掉头向上的时候，我们就可以开枪了。因为，洗盘结束了，新的拉升开始了！

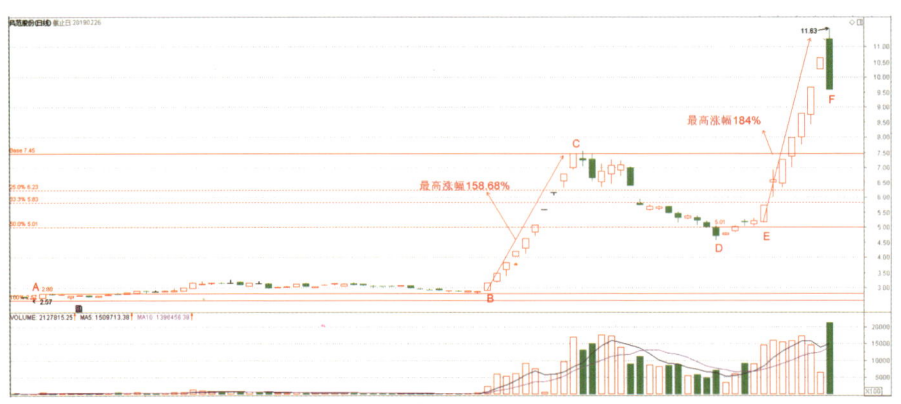

图5-78　风范股份分时走势图

小结

从以上的分析中我们可以知道，3325是股价运行的强势分界线，更是捕捉龙回头强二波的强悍武器。因此，凡是股价站在6378附近出现洗盘的强势股、龙头股，我们都可以收集起来，用3325进行实时监控，只要有效守住33线、突破25线，或守住50线、站稳33线，或跌破50线、站回50线时，我们都可以伺机开上一枪，一不小心，也许就能抓住一只翻倍或接近翻倍的牛股！

从这点上说，3325线就是我们捕捉妖股、牛股和龙头股的伏击线。

三、3325的风险管控

1. 不是龙头不收集

我们要的是龙回头,如果连龙头都不是,那么我们就不要收集。收集了太多的类型,容易分散注意力,放走真正的龙回头牛股。我们要学习非洲的狮子,挑选一只自己能看懂的、有二次起飞实力的龙回头个股,死死盯住,一旦它的股价站上伏击线,就要勇敢地开枪!

例如东方金钰(见图5-79),我们在D柱的时候就说它不成妖也会成牛了,那么它在E柱阶段性见顶之后,是不是就一扔了之呢?不是的。因为它D柱之后能够拉这么多板,肯定就是一只超跌反弹的龙头股,而它既然是龙头股,那么我们就要画好3325线,密切关注着,当它G柱一站稳25线向上拉升,我们就要及时出手,因为它要能守住25线掉头,大概率还有一波。

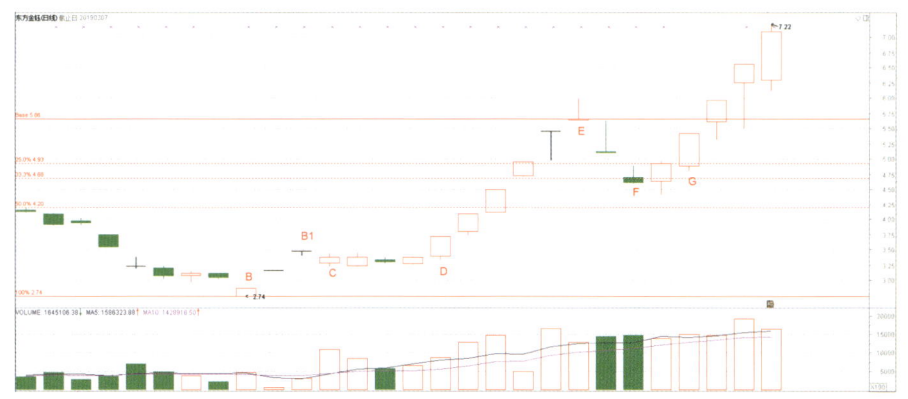

图5-79 东方金钰走势图

所以，只有收集到这样的龙头，我们才能获得较好的收获。如果龙头都不是的话，那就很难相信四天能够收获四个板。

2. 买点不出不介入

从最近几天的情况看，我发现有个别新学员性子很急，买点还没达到，他就开枪介入，这样很容易被套住。3325战法虽然很好，但买点也是需要确认或反复确认的，如果不等确认就介入，一样会被套住。

例如领益智造（见图5-80），D柱之后出现了回踩，有同学在E柱进去了，但是对吗？显然不对。E柱虽然站在了25线上，但头上高量实底都没攻克啊，能打吗？肯定不能。F柱的时候，又有同学进去了，但是，F柱虽然守住33线，但它有站上25线吗？有突破左阴实顶吗？都没有！所以，尽管它形态很好，但买点还没出现，不能打。

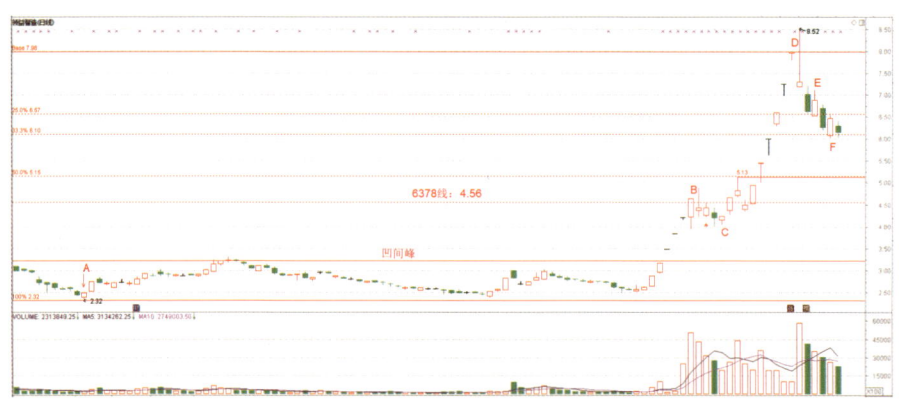

图5-80 领益智造分时走势图

第五节　全天候的实战线：升级版3325线

一、3325的本质特征

世界很大，大到我们穷尽一生也无法走遍它的每个角落，世界很复杂，复杂到人类诞生十几万年，都还无法彻底了解，甚至连自身情况都无法了解清楚。

但是，在这广大而复杂的世界里，有一个法则，不管是物理世界、植物世界还是动物世界，甚至是动植物之间的相互制衡，却始终存在着并影响着。这个法则，就是3325法则。

例如江丰电子（见图5-81），如果以A柱的首开实顶与上市首日的实底画百分比线的话，我们可以惊奇地发现，当股价砸到33%的附近时，却止跌掉头了，而当股价在C柱有效站稳25%时，底部就确认了，

图5-81　江丰电子走势图

而后，股价一路震荡向上，并最终引发大涨。如果从20170718那天33%的23.46算起的话，到20171124的虚顶88.18止，四个月的时间里，最高涨幅达到275.8%，成为2017年下半年的超级大牛股！

又例如我之前在C柱前后分析预判的宏川智慧（见图5-82），如果以A柱的实顶为起点，以上市发行日的实底为终点，进行百分比线划分的话，我们同样惊奇地发现，当股价跌到33%附近的时候，也出现了止跌掉头，并在C柱站上了25%，而后经过三天的确认，终于在E柱引发了爆发。我们即使按25%的26.43算起，到达D柱的实顶止，前后15个交易，最高涨幅也高达197.8%！

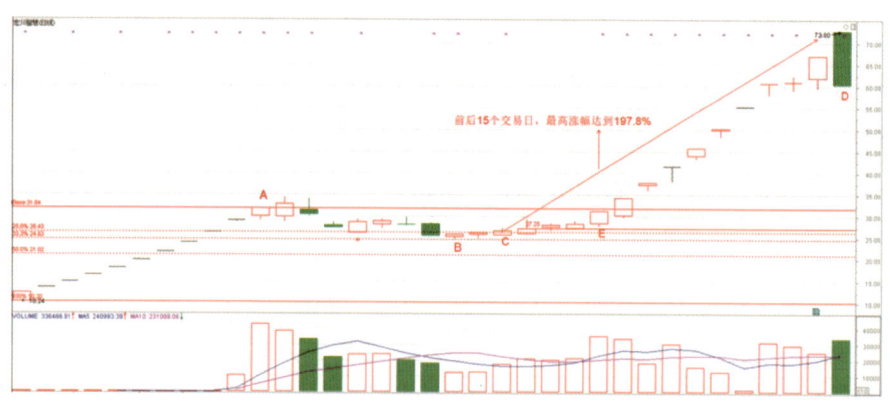

图5-82　宏川智慧走势图

这样的神奇，不单只存在于次新股之中，还广泛存在于除权股、复牌股和常规股之中。例如除权股天润数娱（见图5-83），如果以除权下跌见底后的B柱最低价为起点，以除权首日的最高价为终点，进行划分百分比线的话，我们同样可以惊奇地发现，当股价有效站稳25%、突破33%的时候，股价一样也出现了大涨。

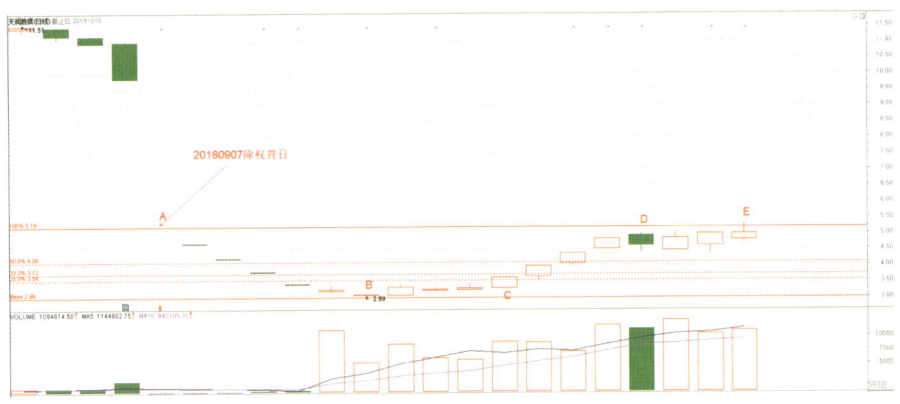

图5-83 天润数娱走势图

又如复牌股德新交运（见图5-84），如果以复牌后下跌的最低价B柱的虚底为起点、以复牌首日的最高价为终点的话，我们同样也惊奇地发现，当B柱有效站稳25%、C柱有效突破33%的时候，也迎来了暴涨。如果我们以25%的11.66计算的话，前后仅用15个交易日的时间，最高涨幅就达到162%！

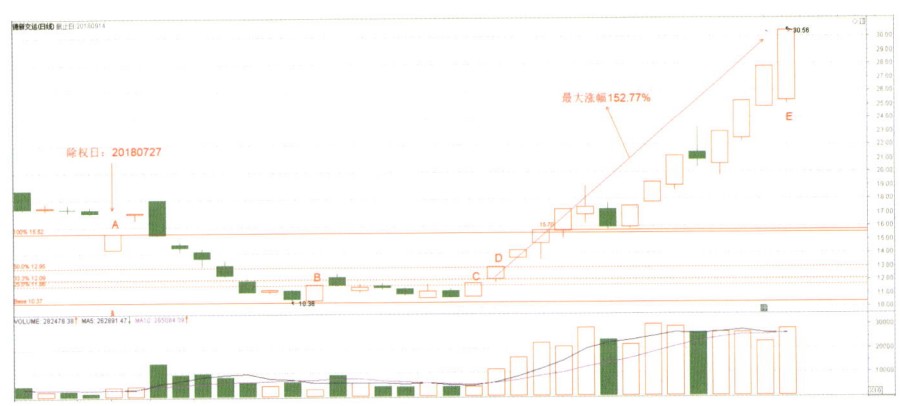

图5-84 德新交运走势图

我们再来看看常态股。例如弘业股份（见图5-85），如果我们以谷底的B柱实底为起点、以近峰的A柱实顶为终点来画百分比线的话，我们同样可以惊奇地发现，当C柱有效站稳25%并有效突破33%的时候，同样引发了大涨。如果以25%的5.56计算，到D柱的实顶13.03为止，九天的时间里，大涨134.35%！可见，这个25%、33%，不是一般的厉害，而是特别的厉害。我把这特别厉害的33%和25%，叫3325！

图5-85　弘业股份走势图

那么，3325为什么会这么厉害呢？这是因为，它是人间万物的平衡法则。在这平衡法则里，50%是多空强弱的分界线。50%之内的震荡，属于正常的波动，只要下跌时有效守住33线，这个波动就是可控的，这个50%的多空强弱平衡点就没有被打破。而要是25线也被攻克，就说明波动的趋势已经出现向上失衡，大势正在向好、向强发展。一旦头顶100%的压力被有效突破，就表明老的周期已被打破，新的周期正在开始。

例如设计总院（见图5-86），股价只要没有跌破50线，那么A柱之后的下跌，就是一种正常的波动。但要是能够守住33线，就说明这个波动对主力而言是可控的，50线的多空强弱平衡点就还被强势地维持着。而后B柱强势守住33线、站上25线，并被C柱确认时，就说明波动的趋势开始向好向强发展，后续可能会去进攻A柱的实顶。而当D柱有效突破A柱的实顶之后，就说明A柱实顶之下震荡的老周期已经结束，新周期正在开始。

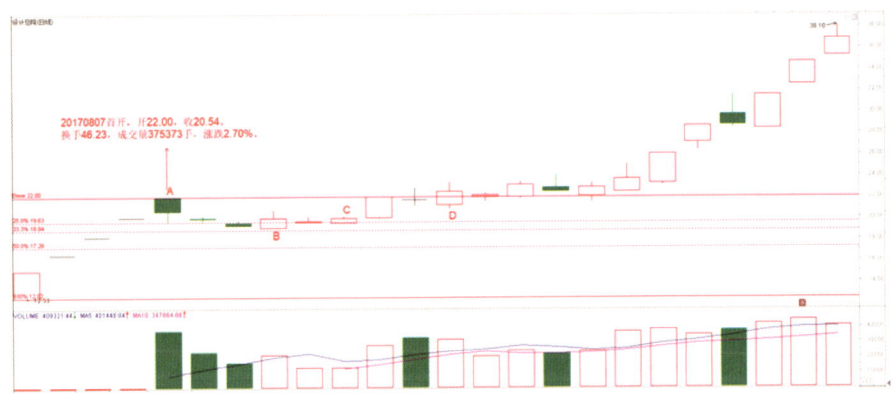

图5-86　设计总院走势图

反过来，对于跌到底的股票而言，25线则是它的生存线，它只有站上25线才有条件活下去。因为25线之下，都是主力的挣扎区域，股价能够站上25线，说明主力没有在挣扎区沉沦没落，而是不断地布局、奋斗，并最终取得了进展，走出了最艰难的时刻。但它要想活得好、活得风光，就还要继续努力，强势突破并站稳在33线之上。因为33线是底部震荡的多空强弱分界线，它是下面50线的75%区域。股价能够攻克下50区域的75%，说明主力一直在奋斗、一直在努力，并且不断取得重大的进步和发展。而这样的结果，肯定是要迎来逆转的。

例如中成股份（见图5-87），股价跌到20180207之后，一直在25线下震荡，但是主力没有沉沦堕落，而是以B柱为依托，进行殊死抗争，不但坚决守住烽火柱不破，还形成了红眼睛和红眼睛接力，而后终于在C柱站上了25线，这说明主力的努力取得了成效，暂时脱离了最艰难的处境。但它要想爬起来，必须要强势突破和守住33线。结果，它盘整一天之后，就于D柱强势站上了33线。这表明主力的反攻计划取得了重大的进展，50线之下的区间，已经被主力攻克了75%的面积，后面只要稍加努力，就能突破50线并向上失衡。果然，经过八天的整理之后，股价终于在E柱站稳在50线之上，并由此展开了全面的爆发。如果从D柱的33线算起，前后仅用18个交易日的时间，最高涨幅就达到103%！

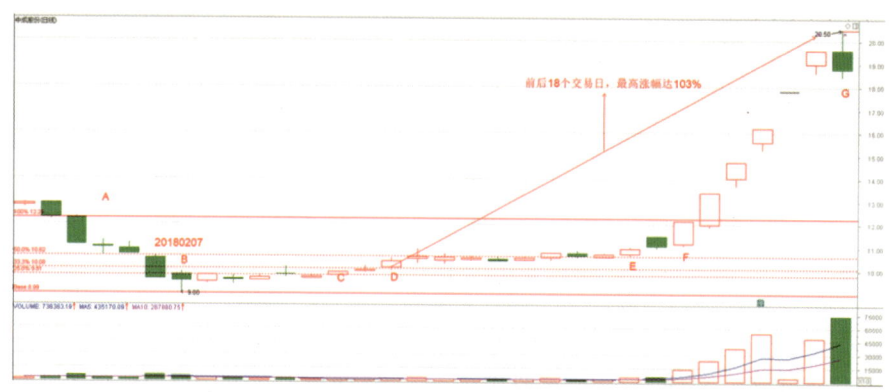

图5-87　中成股份走势图

从以上的分析中我们可以知道，所谓3325，就是对百分比中的33%和25%的简称，它是客观世界平衡与失衡在股市中的体现。

在近峰的下跌中，只要有效守住33线，就守住了多空强弱的平衡点，只要有效攻克25线，股价就出现了向上失衡。它是主力反攻取得重大进展的体现。

而在远峰的谷底，股价只要强势守住或攻克25线，就说明主力守住了反攻的根据地，而要是强势突破并站稳33线，就说明主力的绝地反击取得了重大的进展，股价出现了向上的失衡。

因此，它们的后面，都有一波比较可观的涨幅。由于这种平衡与失衡的强弱分界线，可以广泛分布在大盘、板块、个股的K线图和分时图上，并且每天都为我们的实战提供新的方向和选择，因此它又可以成为全天候的实战参考线。

二、3325全天候的伏击技巧

1. 次新股的伏击

3325原来就是我的次新战法里的一个核心技术，用于伏击近端次新非常好用。例如欣锐科技（见图5-88），以A柱的首开线为A点，以上市第一天的实底为B点进行画线的话，那么我们可以看见，当B柱守住33线不破之后，C柱站上并站稳了25线，而后股价逆势大涨，六天拉出了最高六个板的涨幅！

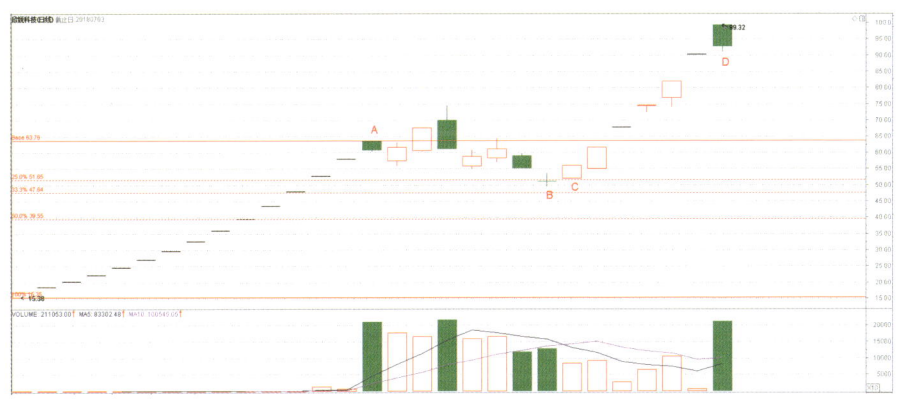

图5-88 欣锐科技走势图

对于一些开板后一路下跌、并且已经跌破50线的次新股，我们可以把它反过来画，以上市首日的实底为A点，以首开线为B点进行画线，后面的走势只要能够守住25线，就会止跌，只要能够站上33线，就会上涨，只要能够有效突破50线，就会大涨。例如中国人保（见图5-89），以上市第一天的实底为起点，以首开的实顶为终点进行画线之后，我们可以看到，股价砸到33线后就出现了止跌，比预计的要强，因为它没有砸到25线，更没有砸破25线。当C柱依托33线强势突破50线之后，股价就迎来了大涨，如果我们以50线作为起点计算的话，到头上的12.89止，前后13个交易日，最高涨幅119.59%。

图5-89　中国人保走势图

2. 除权股的伏击

除权股的伏击，一般也有两种画法。一种是除权后就大跌的，要用下行画法，就是从上往下画，除权的首日，设为起点，底部的拐点，设为终点。当股价站稳25线、突破33线时，也意味着趋势的止跌掉头。

例如天润数娱（见图5-90），我们以除权首日A柱的实顶为起点，以大跌后的拐点烽火柱B柱为终点进行画线后，可以看到，当股价在C柱站上25线、在次日回踩不破25线强势掉头向上突破33线之后，股价就出现了连续性的涨停。如果我们在C柱次日守住25线、突破33线时就介入的话，那么三天的时间，就抓获了三个涨停板！

而对于除权后就大涨的，如果想第一时间伏击的话，可以以除权前的实顶为起点，除权后的实底或虚底为终点进行画线，伏击方法可以按刚才讲的处理。但若除权后大涨没买到，后面又出现下跌的，则要以除权后的实底或虚底为起点,以拉高的波峰为终点。只要后面的下跌有效守住50线或33线,并强势突破25线时,股价还会向上,我们还可伏击。

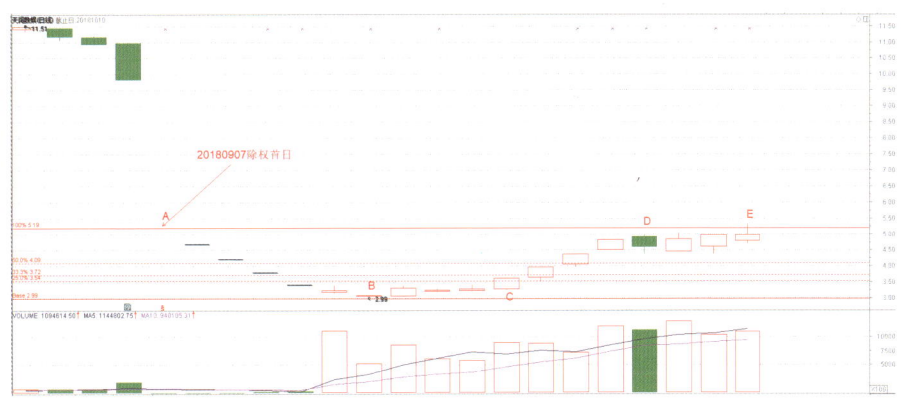

图5-90 天润数娱走势图

例如超频三(见图5-91),B柱除权后大涨,但在C柱之后却出现跌停,那么我们就要以C柱的实顶为起点,以B柱的虚底为终点,只要能守住50线或33线,后面一旦突破25线就还会大涨。而它跌到D柱的时候,不但守住了50线、33线,还强势突破25线,这就说明它的趋势还是向上的。假如我们在D柱那天突破25线时买进去,那么七天之内,我们最少可以抓住六个板!

图5-91 超频三走势图

3. 复牌股的伏击

复牌股的伏击，也有两种画法。一种是采用下行画法，专门用来对付复牌后大涨的个股。它一般以复牌大涨后的波段实顶或虚底为起点，以大跌后的实底或虚底为终点进行画线。如果股价能有效站稳50线、33线，并突破25线掉头向上，那就还会出现上涨。

例如三六零（原江南嘉捷）（见图5-92），股价复牌后连拉了18个一字板，而后在B柱打开并掉头。后面还会不会涨？我们可以以B柱的实顶为起点，以A柱的实顶为终点进行画线。画完之后我们可以看到，股价砸到C柱的时候，守住了25线，没有继续往下跌，而是掉头向上，说明趋势比想象中的强。而当D柱再次守住25线时，则说明趋势还没结束，因此我们可以在尾盘或次日开盘追进，从而抓获后面的四个板。

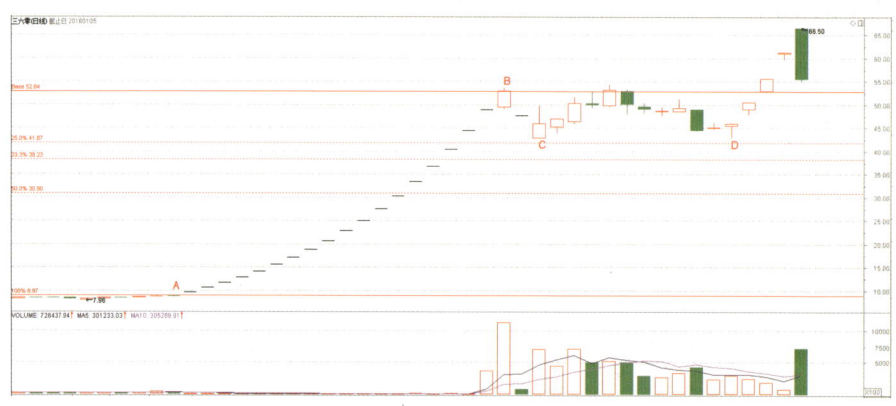

图5-92 三六零走势图

而对于复牌后就大跌，或者小拉一下又再跌的个股，则要采用上行画法，也就是从下往上画。它一般以凹底的拐点为起点，以复牌当天的实顶为终点进行画线，如果股价能守住25线，进而突破33线，那么股价就会掉头向上，我们就可以出手伏击。

例如德新交运（见图5-93），20180727复牌之后，拉了20几个点又出现了大跌，那么我们就可以用上行3325来伏击。我们可以以B柱前一天的拐点烽火柱虚底为起点，复牌当天的A柱实顶为终点来画线，当股价能站稳25线并突破33线时，我们就开枪介入。从后来的走势中我们可以看到，德新交运用接力板守住25线之后，在D柱强势突破33线，它意味着新的趋势形成了。如果我们在33线上及时开枪的话，那么在其后的14个交易日，我们就能获得最高152.77%的涨幅！

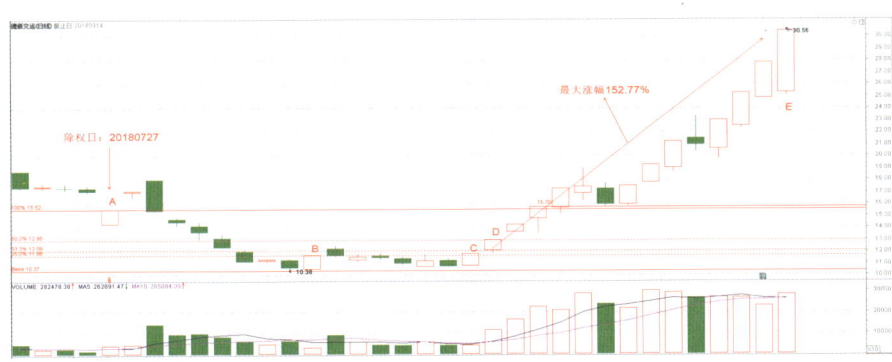

图5-93　德新交运走势图

4. 趋势股的伏击

所谓趋势股，就是上升趋势中的个股。这样的股，也是可以用3325来伏击的。例如春兴精工（见图5-94），A柱筑底之后，股价出现了上升趋势。在B柱形成波峰之后，我们就可以以B柱的实顶为起点，以A柱的实底为终点画线，当股价在C柱站稳25线时，我们就可以介入，从而抓住后面的涨幅。

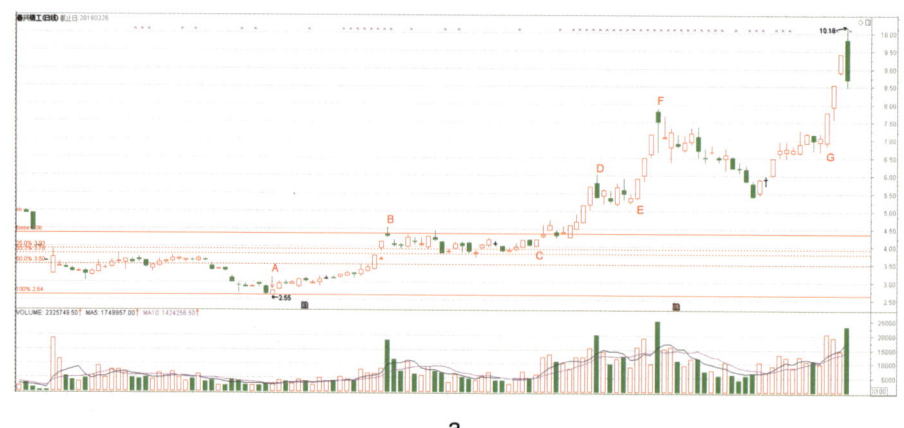

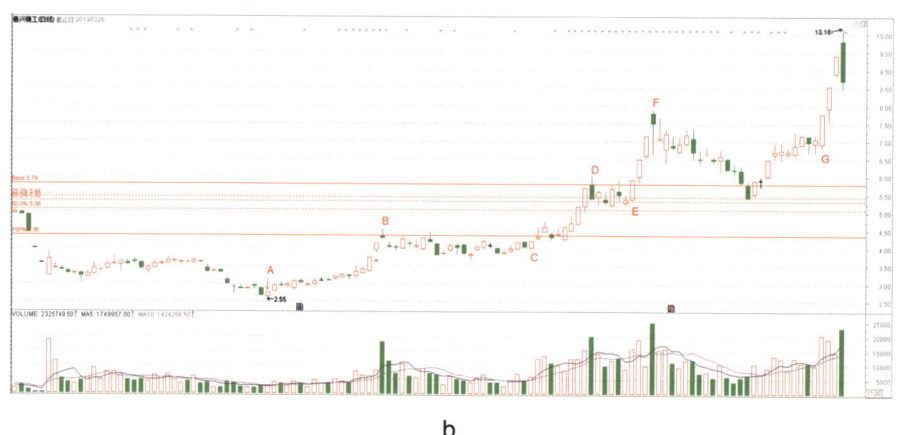

图5-94　春兴精工走势图

当股价涨到D柱的时候，又出现了回落。我们还是可以以D柱的实顶为起点，以B柱的实顶为终点进行画线设伏。当股价在E柱站稳25线掉头向上的时候，我们就可以再次出手，从而抓住后面的几个板！

当股价在F柱出现冲高回落后，我们还是可以以F柱的实顶为起点，以D柱的实顶为终点进行画线设伏。当股价在G柱站稳50线，强势突破33线时，我们就可以介入，从而抓住后面的几个板。我们甚至还可以变换画法，以D柱实顶为起点，以F柱实顶为终点，当股价在F1前后站稳33线时就介入,从而获得更好的涨幅。

5. 3325的抄底

3325还可以用来抄底。抄底的3325,一般使用上行画法,也就是以底部拐点的虚底、实底或实顶为起点,以最近的凹峰实顶为终点进行画线,当股价站稳25线,强势突破或有效站稳33线时,常常意味着筑底已经结束,新的行情正在开始,我们可以开上一枪。

例如弘业股份(见图5-95),当股价跌到B柱形成拐点之后,我们就可以以B柱的实底为起点,以A柱的实顶为终点进行画线。当股价在C柱站稳并突破33线时,我们就可以开枪出击,从而抓住其后九天最高九个板的彪悍涨幅。

图5-95 弘业股份走势图

又比如恒立实业(见图5-96),当股价跌到B柱形成拐点之后,我们就可以以B柱的实底为起点,以A柱的实顶为终点进行画线。当C柱回踩33线不破掉头向上的时候,我们就可以开枪,因为它意味着筑底已经结束,新的行情已经开始。我们要是在这里杀进去的话,那么,在这之后的16个交易日里,我们就能获得最大265%的收益,翻了接近三倍!

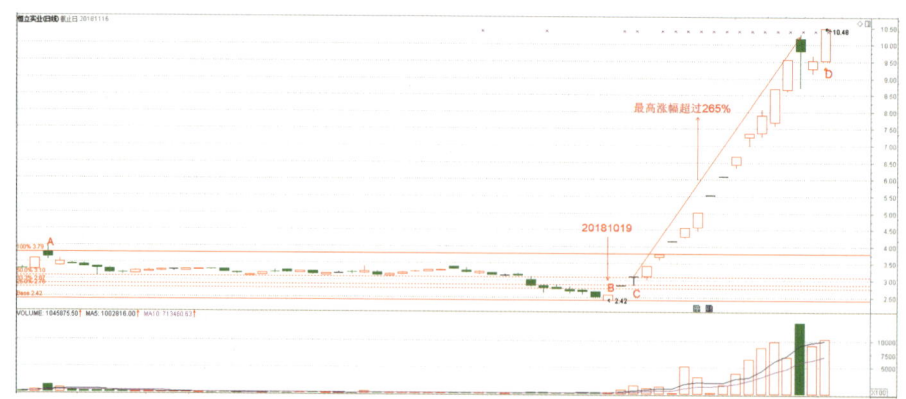

图5-96 恒立实业走势图

又比如风范股份（图5-97），当股价跌到B柱形成拐点之后，我们一样可以以B柱拐点烽火柱的虚底为起点，以近峰A柱的实顶为终点进行画线，当股价在C柱有效站稳25线、突破33线时，我们就可以介入。如果在这里介入的话，在其后的10个交易日里，我们也能获得最高150.84%的收益。

图5-97 风范股份走势图

6. 3325的逃顶

3325不但可以用来抄底，还可以用来逃顶。在3325当中，顶线和50线都是重要的压力线。如果股价在50线或顶线遇阻不过，或者过了站不稳，后面的常规走势是要下跌的，因此我们可以把它当作风控线，当出现过不去或站不稳时，及时逃顶。

例如安信信托（见图5-98），股价在A柱冲高回落掉头后，在B柱形成了拐点，我们就可以以A柱的虚顶为起点，以脚下的A1烽火柱的虚底为终点进行画线，当股价在B柱守住50线站上33线出现拐点信号后，在D柱守住33线再次掉头向上时，我们就可以介入。但是，当股价在E柱守不住顶线的时候，我们就要及时退出，因为它于后面下跌是常规走势。逃在这里，就是逃在顶部。

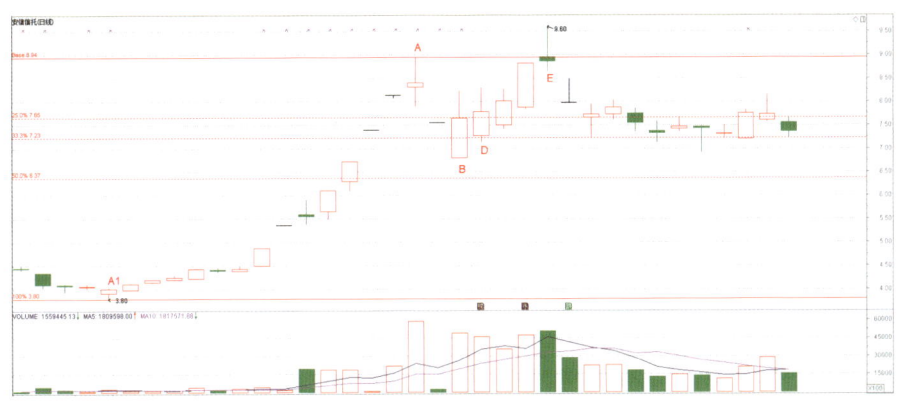

图5-98　安信信托走势图

又如法尔胜（见图5-99），股价从B柱砸到C柱形成拐点之后，我们可以在次日确认的时候买进。但买进去之后，要以B柱虚顶为起点，以上一轮涨幅的起点A柱的实顶为终点进行画线，当股价无法突破或站稳50线或顶线时，我们就要退出。假如我们在C柱次日买进了，当股价在B柱无法有效突破顶线时，我们就可以先退出。这样，我们就能逃在相对的顶部。

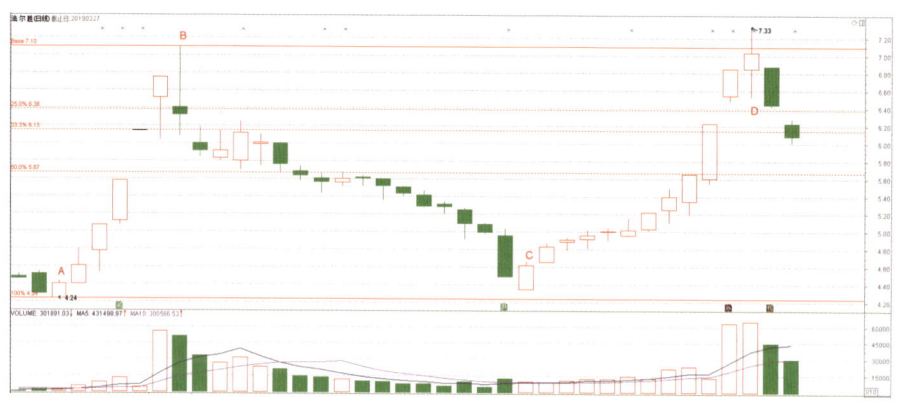

图5-99　法尔胜走势图

7. 3325的高抛低吸

3325不但可以用于抄底、逃顶，还可以用于高抛低吸。例如鲁信创投（见图5-100），股价从A柱砸到B柱形成拐点之后，我们就可以在A、B之间进行画线，当C柱第三次守住底线不破掉头向上的时候，我们就可以及时跟进。但当D柱站不稳50线的时候，我们就出来。当E柱再次守住底线不破掉头向上时，我们还是可以跟进，E1冲不过50线时我们也可以出来，但F柱有效突破50线时还可以跟进。G柱冲高回落砸破顶线时要先退出。之后，经过G1、G2、G3的三次回踩，三次都守住25线时，H柱一掉头往上突破G3柱的时候，我们就要再一次地跟进去，因为，多次回踩不破，后面就必上了。而我们通过这样的高抛低吸，则可以把我们利润最大化。

图5-100 鲁信创投走势图

小结

从以上的分析中我们可以知道，3325战法是一个很强悍的战法，它可以用在任何一只股票上，也可以用在任何一段走势上，还可以实现不同的操盘策略，是平衡与失衡的哲学原理在股市上的精妙运用。大家只要弄懂它、学会它，凭着这一招，就可以在股市里无往而不胜！

第六章

板波的实战技巧

什么是板波？炒股的朋友都知道，每天开盘之后，交易行情软件上会出现像心电图一样的走势图，这些走势图会随着连续的、即时的交易情况而不断变化，其中有一些几经较量之后，最后出现了大涨或涨停。这些可以导致大涨或涨停的分时波形（心电图），就是我所说的板波。

在一般人看来，这些波形毫无规律可言，因为它们都是即时的，而且是随着交易双方的情绪、外部环境的变化而不断变化的。但我经过深入观察、分析和总结之后，却发现它们虽然具有一定的即时性、不确定性，但同时又受制于前一天的交易情况，更受制于主力资金的控制，与主力资金的操盘计划、实施进展和操盘目标息息相关。而且每一天收盘之后，交易双方都会根据各自在当天盘中和盘后收集到的信息，对第二天的交易进行规划和制定，并在第二天进行实施。因此它们的形态和走向，既是前一天交易形态（日线和分时线）的延续，又是新一天交易形态（日线和分时）的开始，但却始终受到主力资金的控制。

虽然这样的"心电图"，自有分时走势以来，就吸引了无数的人在研究、总结，任何一种图案，都不知道已经被总结了多少次，但大多都停留在形态上。久经沙场的老股民都知道，同样的图形，有的会涨停，有的不会涨停，有的甚至还会下跌。为什么会这样？我认为主要是流于以形态论形态的表象主义，缺乏对主力行为意图和趋势走向的战略性把握，或曰总体性把握。

因此在这一章里，我将根据自己的研究和总结，从主力行为、趋势走向、宏观条件（如消息、事件、政策）等方面，对分时走势图进行总结、归类和解读，力图让大家站在更高的位置上，对板波的形成、发展和后市走向具有比较深刻的感悟和正确的把握，从而为自己的实战提供一个重要的参考。

第一节 抄底的波：龙俯冲

一、什么是龙俯冲

所谓俯冲波，就是股价高开或低开之后，像老鹰抓小鸡一样往下俯冲、抓住猎物之后又腾空而去的一种分时形态。例如丰乐种业（见图6-1）B柱那一天，就是这样的形态。当天股价开盘之后，主力就像发现脚下有什么猎物一样，突然就往下俯冲，导致股价出现大跌。但当杀到4.02元的时候，主力又像抓住了猎物的雄鹰，掉头冲空而去。之后，股价再也没有跌回这里，而是一路震荡向上，并最终在E柱之后出现了大涨。如果我们以B柱的4.02元作为起点计算的话，到F柱的17.40元时，在半年多的时间里，最高涨幅达到332.99%。可见，B柱当天出现的老鹰抓小鸡的俯冲走势，具有强大的爆发力，我把这种有强大爆发力的俯冲走势，叫作俯冲波。由于这种俯冲波之后，有很多股票会成为龙头、牛股，所以我们把它叫作龙俯冲。

一只股票里只要出现这样的俯冲波，后面基本都有一波较好的行情。例如英维克（见图6-2）也是这样。股价在B柱收出俯冲波后，一路震荡向上，最后引发了大涨，到C柱的最高价52.50元止，前后仅用三个月的时间，就拉出了239.89%的涨幅。

俯冲波为什么会这么强悍呢？从丰乐种业的走势图（见图6-3）中我们可以看到，B柱俯冲到4.02元的时候，它从A柱跌到这里，最大跌幅已经高达81.72%，巨跌之下，必有反转，所以B柱的俯冲波，其实就是股价掉头时的一次探底，它最后能够拉起来，也说明主力无意再跌。所以，B柱的俯冲波，其实就是股价见底时的分时形态。

图6-1 丰乐种业走势图

图6-2 英维克走势图

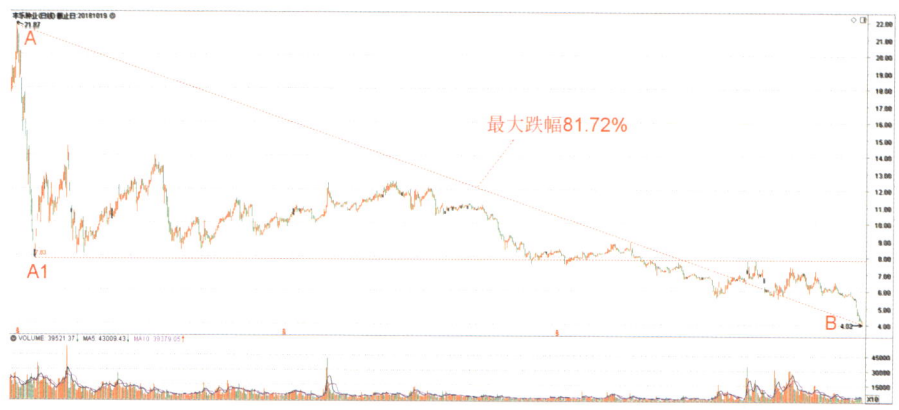

图6-3　丰乐种业走势图

而英维克（见图6-4）也是这样。B柱出现俯冲波的时候，虽然不是顶峰或主峰下来的最低点，但却是相对的低点，而且脚下有一拐和二拐做支撑，它具有三拐的意味。因此，它这个俯冲走势，其实也是一个股价洗盘后在相对凹底见底回升的分时走势。

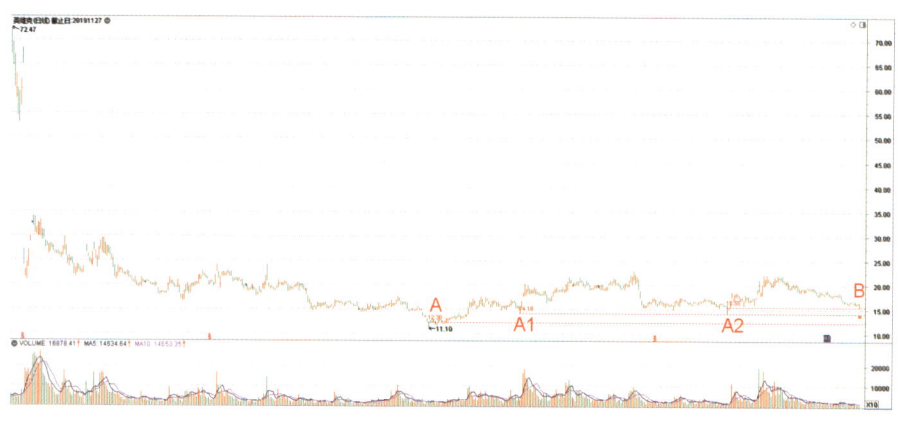

图6-4　英维克走势图

因此，所谓俯冲波，其实就是股价见底后的拐点波，是拐点形态在分时上的具体走势。正确识别和把握好这个分时走势，有利于我们准确判断后市的方向和介入的节点，从而为我们抄底提供比较精准和到位的帮助，从这点上说，俯冲波又是一种抄底波。

二、龙俯冲的实战要点

1. 根据位置选股

通过前面的分析我们已经知道，俯冲波只有发生在关键的拐点位置才能形成强大的爆发力，那么我们就要去找关键拐点位置上的拐点柱是否符合这样的分时走势，或者看到这样的分时走势时，就去看它的位置是否符合关键的拐点位置，如果是，就可以选为自选股。这个关键的拐点位置，一般有四个。

（1）具有转向属性的筑底拐点位置。要求主峰后的跌幅要达到60%~70%或以上，或初始建仓后出现过"三跌"。例如亚玛顿（见图6-5）这只大牛股，它在掉头腾飞之前，在C柱就收出了一个俯冲波。如果我们对这个俯冲波加以分析的话，就会发现股价从A柱跌到C柱的时候，最高跌幅达到78.35%，符合我们大凹底的标准，而从它的下

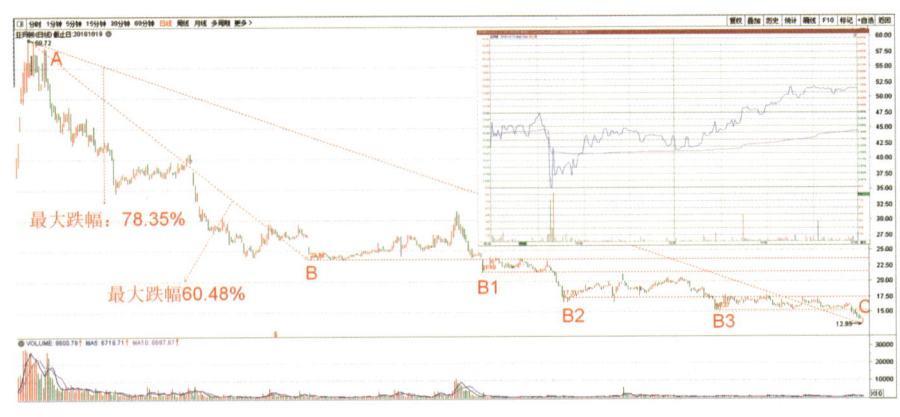

图6-5 亚玛顿走势图

跌过程看，当它跌到B柱跌幅达到60.48%的时候，也出现我说的砸盘仓建仓，之后的破位下跌，还出现了B1、B2、B3的三跌，三跌之后，必有拐点。所以C柱的位置，属于具有转向属性的筑底拐点位置。之后，股价掉头向上，一飞冲天，到2020年2月19日止，最高涨幅达到293.95%。

（2）具有承先启后属性的接力拐点位置。要求站位要高于筑底拐点，或高于底部的小凹口或小凹峰。如鹏翎股份（见图6-6）。它的C柱也是一个俯冲波，但是在它的脚下，还有B柱的筑底拐点做支撑，而它的站位也在B柱的虚顶之上，甚至还是B柱头上的小波浪之上，因此它这个位置，属于具有承先启后属性的接力拐点位置，是示涨的，所以它的后面，股价也拉了一波。

图6-6　鹏翎股份走势图

（3）具有继往开来属性的奋力拐点位置，也就是三拐的位置。要求站位要高于一拐和二拐或筑底波波峰线。如慈文传媒（见图6-7），它的F柱也是一个俯冲波，而它的位置，处于AB筑底波的波峰之上，也处于C柱之后的龙炮之上。主力杀到这里为什么杀不下去了？这只有一个解释，那就是筑底波波峰线之下，都是主力的基本盘，主力不杀下去是在"保家卫国"，而龙炮的完好无损，则说明它的进攻向上的属性没有改变。因此，它的后面也出现了大涨。

图6-7 慈文传媒走势图

（4）上升趋势回踩形成的相对底部位置。要求脚下不但有三拐，还有大的波峰、凹口、关键的板柱形态如接力板、隔离板、合力板等做支撑。如延江股份（见图6-8），它的很多成功的俯冲波，就是这样的。比如D柱俯冲波，它的脚下不但有三拐和关键板柱做支撑，还有365线、B峰线做支撑，所以D柱俯冲之后，最高涨幅达到了一倍！

图6-8 延江股份走势图

从以上的分析中我们可以知道，有爆发力的俯冲波，大多发生在筑底拐点、接力拐点、奋力拐点或上升途中的中继底位置。从涨幅看，筑底拐点因为在底部，所以受益最大，但开始的时候最拖拉。从趋势看，接力拐点最稳定，因为它的脚下有支撑，但由于头上压力比较多，相对来说大多会有反复。而从涨速和涨势看，奋力拐点或中继底拐点最彪悍，它们的后面，大多为连板拉升或主升行情。因此，没有时间看盘、也有耐心的同学，可以选择筑底或接力位置的俯冲波，而有时间看盘又没耐心等待的同学，则选择奋力或中继底的俯冲波为好。

2. 根据形态定强弱

俯冲波的形态有很多种，但根据俯冲的时间，大概可以分为3种。

第一种战斗机型。就是像一架战斗机，一进入交战区的空间就轰炸一样，这种类型的俯冲波，通常一开盘或开盘一个小时内就俯冲，然后冲空而去。例如达安基因（见图6-9），2020年4月14日开盘之后，股价就出现向下俯冲，最低杀到-3.67个点时就打住，然后掉头扬长而去，收盘不但站在了开盘点之上，还强势翻红，上涨了2.48个点。这样的俯冲波，就是属于战斗机型的。

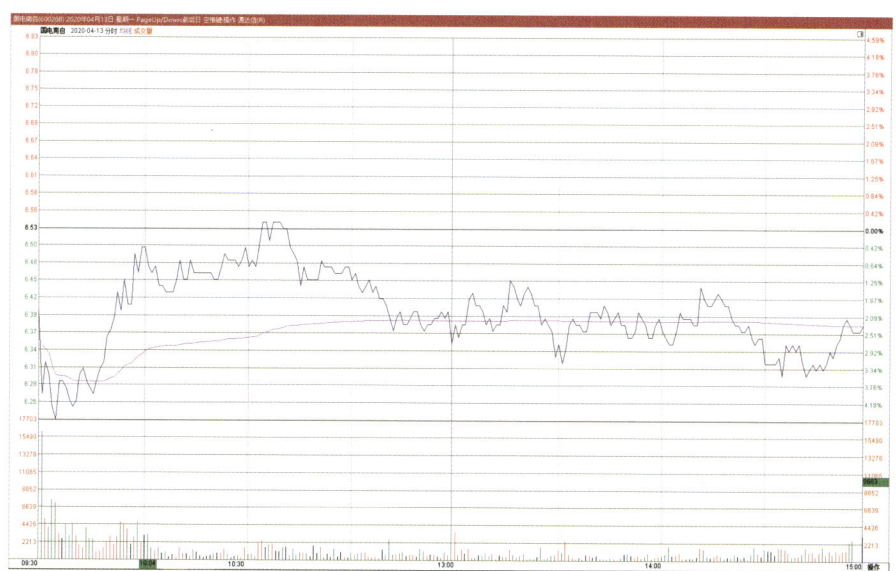

图6-9 达安基因的俯冲波

第二种是雄鹰展翅型。就是开盘之后，开始像雄鹰一样在中轴线附近盘旋，10：30或11：00之后到下午1：30之间，像突然发现目标一样，往下俯冲捕捉猎物，冲到目标位后又扬长而去。例如2018年10月12日的顶点软件（见图6-10）就是如此，当天股价开盘之后，并没有直接俯冲，而是像老鹰一样在低空中盘旋，10：30后才开始俯冲，但当冲到-5.2个点左右时却戛然而止，而后掉头冲空而去，到收盘的时候，不但站上了开盘点，也站在了中轴线之上。而它全天运行的形态，就像一只展翅飞翔的雄鹰，所以叫雄鹰展翅型。

图6-10 顶点软件的俯冲波

第三种是后发制人型。就是在下午1：30~2：30之间发起俯冲，随后又马上拉起来的那种。例如德新交运（见图6-11），2020年3月24日这一天，股价在开盘之后，一直都在中轴线上方震荡，但下午1：30后，股价突然向下俯冲，但当冲到-1.66个点时又突然拉起，最后收于中轴线之上，上涨1.26个点。由于它是后面尾盘才发起向下攻击的，所以它这样的俯冲，就是后发制人的俯冲。

图6-11　德新交运后发制人的俯冲

在这三种波型当中，哪一种更强呢？一般来说，早盘即轰炸的战斗机型最强，也最常见；其次是中盘发难的雄鹰展翅型，但这种形态比较少见；而尾盘突袭的后发制人型虽然很常见，但却具有一定的变数。另外，收盘翻红，特别是站在开盘之上或新高的更强，收盘不能翻红或站上新高的大多后面还会震荡。此外，日线缩量的更强，放量的短期内比较弱。

大家请看航锦科技（见图6-12）：A柱和B柱都是俯冲波，但是它们的结构却不一样，A柱的是尾盘俯冲，而且收于中轴线，既没有翻红，也没有站在开盘点上，是一个弱结构，所以它尽管是缩量的，但后面的走势是震荡下跌的。而B柱则不一样，B柱是开盘就俯冲的战斗机型，收盘不但站在了开盘点之上，更是强势翻红站在了中轴线之上，是一个强结构，所以尽管这个俯冲波相比左柱还放了一点点的量，但最终却是一路向上，形成了大涨。

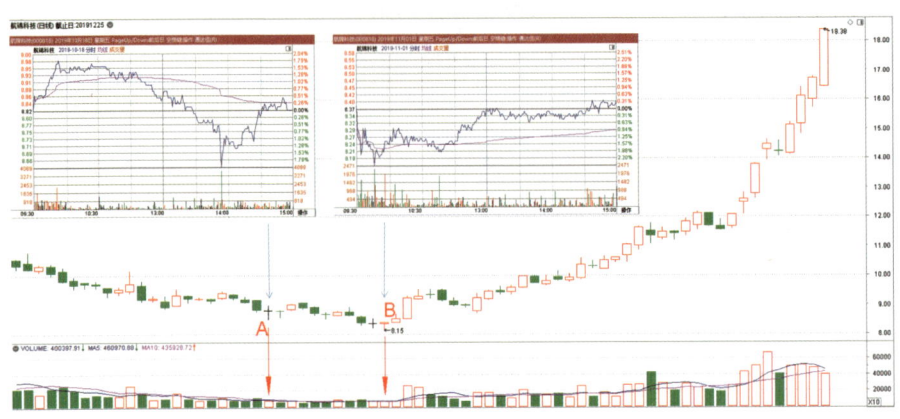

图6-12　航锦科技的战斗机型俯冲和尾俯冲

所以我们在选择俯冲波的时候，不但要选强结构的形态，还要选收盘站上新高或翻红，日线又是缩量、平量或微放量的，这样的成功率才比较大。

3. 根据支撑定取舍

俯冲波虽然凶猛，但必须要有度，因为俯冲是为了吓出恐慌盘，而不是要自虐。就像战斗机俯冲，目的是为了轰炸敌人的阵地，而不是要撞地自杀。所以，这个俯冲必须有个安全线，这个安全线，就是支撑。除了筑底转向的拐点可以放宽条件外，其他位置的，都必须有支撑。这个支撑，主要包含以下两个方面：

（1）关键板柱。如拐点柱、启动柱、接力柱、合力柱、隔离柱等。如航天长峰（见图6-13）的C柱俯冲波，它的支撑就是A柱的拐点柱。C柱俯冲波杀到A柱实顶附近快速掉头，说明A柱实顶之下涉及了主力的仓位，是不容外人触碰的地方。而既然杀到了自己的家门口，主力自然也就不会任由别人胡来。所以在C柱俯冲之后，股价就出现了一路大涨。

图6-13　航天长峰的C柱俯冲波

（2）关键板线。如烽火线、龙脊线、3325线、主升五线，等等。为什么呢？因为，不管3325线也好，烽火线也好，还是龙脊线或主升五线也好，都是涉及主力的综合成本和仓位，在主力还没出逃之前，它们是不容别人染指的警戒线，也是股价上涨的支撑线，只要主力的仓位不破，成本不破，后面主力一定会再次强势做多。

例如达安基因（见图6-14）的D柱俯冲波，如果在C柱冲高回落之后，以C柱的虚顶为起点，以B柱的实顶为终点画3325线的话，我们就可以发现，D柱俯冲精准杀到33线的时候，快速掉头向上，到收盘止，不但强势翻红站上了开盘点，还站回了25线，而后股价出现连板拉升。这说明3325确实具有很强的支撑力。

图6-14 达安基因走势图

如果踩不到关键板柱板线的，大多是还没有踩到位，后面就还有震荡或还有一跌。如盐津铺子（见图6-15）的D柱俯冲波，俯冲的时候用力过大，不但踩破33线，也踩破烽火线，并且也没踩到什么关键的板柱，这说明那个33线、烽火线，都不是主力的底线，后面还有震荡或最后一跌，所以，这个俯冲波之后，股价没有继续涨，而是跌了一下才掉头。

图6-15 盐津铺子走势图

但这个强弱，只是相对的，而不是绝对的。强的在大多数情况下会强，但也不能排除个别的时候会弱，特别是没有利好、大盘不好的时候；而弱的在大多数的情况下会弱，但不排除个别的时候会强，特别是有利好、大盘很强的时候。因此，希望同学们要学会辩证处理，做到临盘应变。

4. 根据确认定介入

从前面的分析中我们已经知道，俯冲波能否形成上涨或大涨，因素虽然很多，但关键在于确认，因此我们在伏击的时候，就要牢牢把握这点。

（1）有效突破俯冲波实顶或虚顶的，可以伏击。俯冲波收出之后，不一定马上就会涨，虽然有很多马上就会涨的，但也有一部分是还要跌一跌再涨的，有的甚至还不涨反跌，这里面涉及很多的因素。所以我们不能急，要等俯冲波的实顶或虚顶被有效突破的时候再买，那样才安全。

例如昌红科技（见图6-16），2020年4月15日的时候（见小图）收出了一个俯冲波，那么我们就要等它的虚顶或实顶被有效突破的时候再去伏击，因为，它要是不想涨的话，就不会上来，一旦冲上来，肯定就想涨。第二天（见大图右侧图）股价低开低走不突破，我们不开枪，它爱怎么震都与我们没关系。但是，当它在2020年4月16日10点30分前站上前一天（见大图左侧图）的虚顶后，我们就可以开枪了。所以我们把枪口对准它的虚顶非常正确，既能规避它震的风险，又能招住它的每一个涨停。

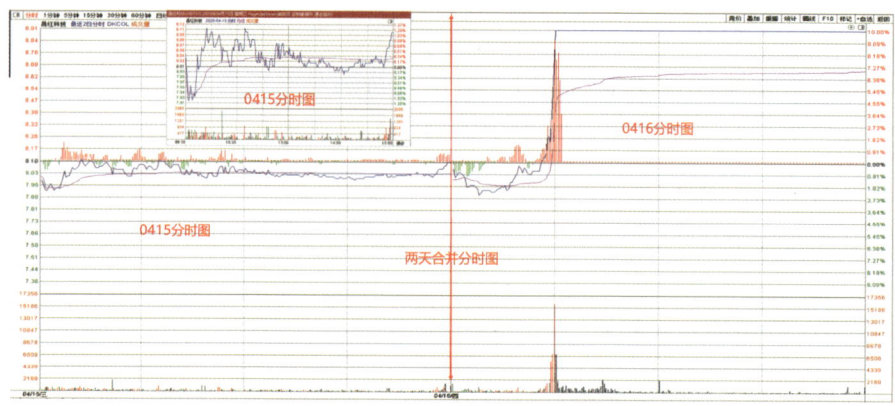

图6-16　昌红科技分时走势图

如果是高开高走的，那买点就更明显。我们还是以昌红科技（见图6-17）为例。它的A柱也是一根俯冲波，同时也是尾盘急拉上来的，如果它是诱多的话，第二天就会高开低走甚至低开低走往下砸，但它没有，它第二天是高开高走往上涨的。如果主力不想涨，它会往上拉吗？显然不会。它会往上拉，起码说明前一天的俯冲是主力行为，也是主力对不稳定筹码的一种恐吓，而它后面的高开高走，就说明主力的恐吓动作已经结束，后面真的要拉了，所以这个时候是可以介入的。

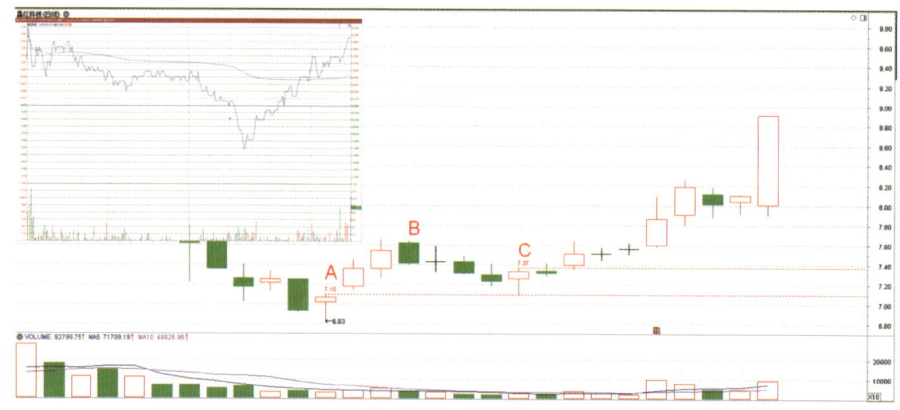

图6-17　昌红科技的A柱俯冲波

（2）回踩不破俯冲波实顶或虚顶不破的，也可以介入。有些俯冲波被突破之后，还会出现回踩，如果回踩能守住俯冲波的实顶或虚顶不破再掉头，也可以买，因为它不去踩破它，就说明它的俯冲得到了确认，示涨的板性会更强，所以这是一个回踩确认的买点。

但这个回踩不破，包含分时级别的回踩不破和日线级别的回踩不破两个方面，如博晖创新（见图6-18），就是一个日线级别的回踩不破。它的A柱，就是一根俯冲波，B柱突破涨停之后，在C柱出现了冲高回落，并形成了回踩的走势。但当D柱踩到A柱的实顶时，却被快速拉起（见小图），这表明A柱俯冲波的性质得到了确认，因此在它掉头向上至收盘前，我们都可以伺机介入。

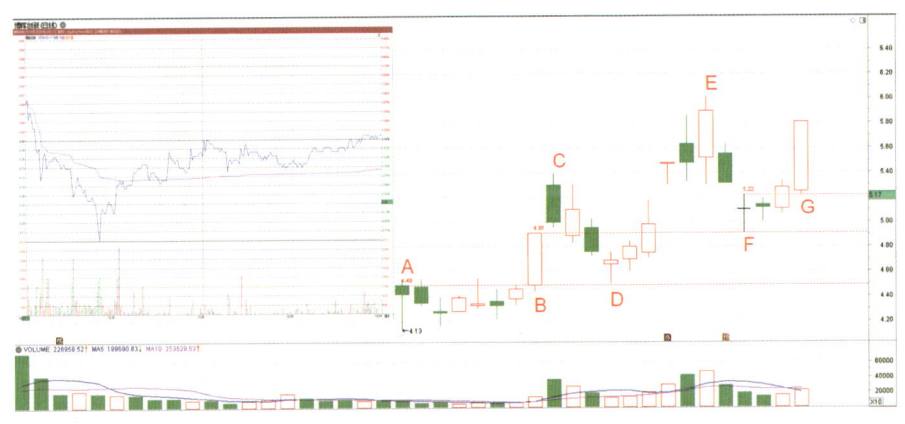

图6-18 博晖创新走势图

5. 根据风口定涨幅

风口的作用，我已经讲过多次。有持续而强劲的风口的，大多一路飙涨，没有持续而强劲的风口的，大多会反复震荡。所以我们买入之后，要拿多高、拿多久，要根据风口来决定。风口好的，我们可以大胆拿住，不见连阳盛阴，决不出来。同时，风口还可以修复或弥补形态本身的缺陷，让它变得跟标准的形态一样具有强大的爆发力。

例如国电南自（见图6-19）的C柱俯冲波，如果从板性角度看，它属于弱结构，因为它收盘的时候，既没有站上开盘点，更没有站上中轴线。但是，由于它恰好遇上了新基建特高压的强劲风口，它不但没跌，反而一路涨停，我做这节课件时它就拉了三个涨停，我编进课件之后，它又拉了近五个涨停！可见风口有多么重要。

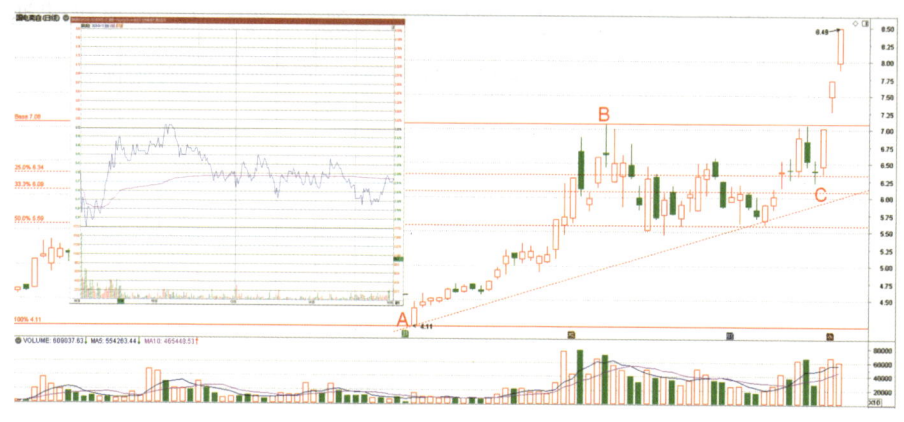

图6-19　国电南自走势图

但要是风口不强劲、特别是没有风口的，每涨三五十个点，我们就要进行适当的风控，特别是形态或前置条件有缺陷的时候。例如北巴传媒（见图6-20），它的C柱也是一个俯冲波，单看形态，它是一个强结构，但它也存在缺陷，它踩漏了AB烽火线，支撑不强，A1线被多次砸破过，没什么支撑力。再加上传媒板块热点不强，因此后面拉的时候我们就不可有过高的奢望，拉那么三五十个点、甚至一二十个点的时候，我们就要随时准备跑路。

图6-20 北巴传媒走势图

从以上的分析中我们可以知道，我们要利用俯冲波来介入的话，一要根据位置来选股，接力、奋力或上升途中回踩的中继底的俯冲波是首选；二是要根据形态来定强弱，收盘翻红或站上新高的战斗机型或雄鹰展翅型，可以作为重点关注，后发制人型的要等待确认；三是要根据支撑定取舍，踩在关键板柱板线掉头的，才可以作为伏击的标的；四是根据确认定买点，要尽量买在第一启动位，不要该买不买，不该买拼命买；五是根据热点风口的强弱临盘应变，该买则买，该卖则卖，既不盲目看多，也不盲目看少。只有做到这样，才能获得较大的收益。

三、俯冲波的风险管控

1. 条件不符合的不能急着买

我们前面说过，俯冲波要走强，是有许多前置条件的，当前置条件不符合或不尽符合的时候，通常还要震一震，因此我们不能急着买。例如尔康制药（见图6-21），它的A柱也是一根俯冲波，但它这根俯冲波却不太符合强结构的条件，因为它的收盘既没有站上开盘点，也没有站上中轴线，所以我们不能急着买。即使要买，也要等它的实顶被有效突破和站稳的时候再买。

2. 买错了的不能捂住不放

只要是人，就没有不犯错误的，在股市里更是如此。买错和卖错，都是很常见的现象。但能不能及时纠错，就关系到一个人的成功。能及时纠错的，总体收益大多不错，不能及时纠错的，特别是同样的错误一犯再犯屡犯不改的，结局大多有点悲伤。

图6-21　尔康制药的A柱俯冲波

例如得利斯（见图6-22），它的B柱也是一根俯冲波，假如我们在C柱突破它的实顶后介入了，那么第二天不涨反跌的时候，我们就要及时跑出，而不能死死捂住不放，因为我们买它是判断它会涨的，它既然不涨，就说明我们买入的理由不存在，我们就要及时松手。

图6-22 得利斯的B柱俯冲波

第二节 打板的波：龙吸水

一、什么是龙吸水

从秀强股份的分时（见图6-23）中我们可以看到，2020年2月4日那天股价高开之后，像老鹰抓小鸡一样，从半空中向下俯冲，然后又像抓住猎物一样冲空而去，封上并封死涨停，像这种高开之后出现俯冲，最后又封上并封死涨停的分时走势，我把它叫作龙吸水。

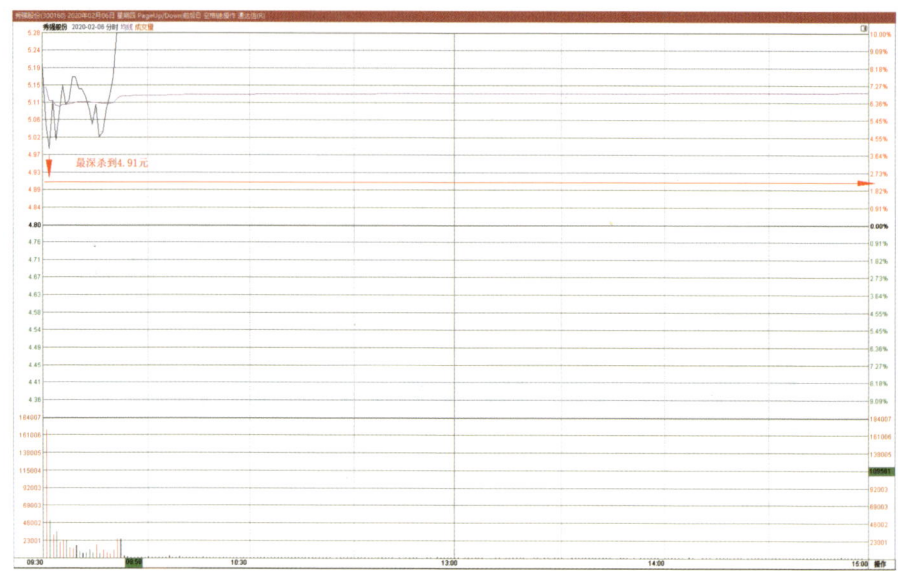

图6-23 秀强股份的龙吸水走势图

这种龙吸水一旦在股票中出现，经常能带来涨停和连续涨停。例如风范股份（见图6-24）的D柱，当天也是高开之后向下俯冲的，但当冲到3.37元的时候又掉头向上，并在10点钟站稳在中轴线上，最后在11点15分之后直线封上并封死了涨停，之后，股价一口气连续拉了七个板。

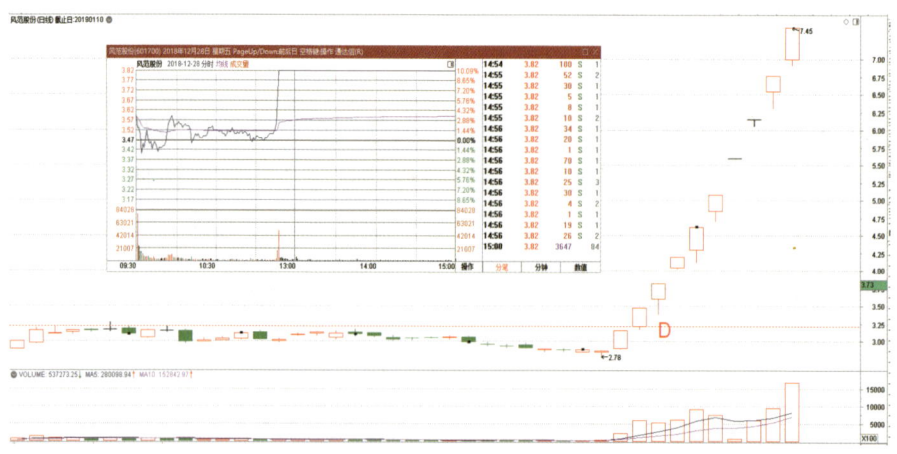

图6-24 风范股份的龙吸水走势图

那么，龙吸水为什么会这么强悍呢？从秀强股份的走势图（见图6-25）中我们可以看到，C柱形成龙吸水的当天，股价正好处于365线A线的水平方向，而A线脚下、特别是B底头上的那个峰，积累了大量的套牢盘，而C柱的脚下，则积累了大量的获利盘，所以主力走到这里的时候，就必须进行一次洗盘，这是龙吸水形成的市场逻辑。而洗盘时间不长就能封上并封死涨停，量能也没高过B峰，这说明不稳定的筹码不多，主力的控盘程度较好，同时还说明主力不想往下杀，还想继续拉板，否则它就不会往上拉板，这是龙吸水的示涨的内在动力。所以龙吸水之后，股价才会出现大涨。

图6-25　秀强股份走势图

又如凤范股份（见图6-26），也是一样。D柱龙吸水的时候，股价刚好突破楚河汉界，来到了B线的水平方向。这个时候，脚下也积累了大量的获利盘，D柱前一天放出的高量就说明了投机盘、潜伏盘有多么汹涌，只要主力一拉，它们就纷纷跑出来兑现落袋为安，而水平方向的B峰，也有一些套牢盘，等着主力的解放。在这种情况下，主力必须要进行一次洗盘，这是龙吸水形成的市场逻辑。而它后面能够封上并封死涨停，量能相比前一天还有所萎缩，说明不稳定的筹码不算太多,主力还想做多。为什么想做多?从日线图里我们可以看到,A柱之后,股票价升量缩,说明主力控盘良好,而A1那天,还一度想上攻,后面2天的连续微量跌停,说明主力没有跑出来。岂止没有跑出来,跌到A2的时候,主力还一口气吃掉了跌停板的筹码。但后面的双单下跌表明,主力吃了那么多,还是没有跑出来,到C柱之后,主力已经高度被套。所以股价突破楚河汉界之后,主力一心想拉高自救,不想再跌,这是它后面能够连续大涨、成为2019年十大妖股之一的内在动力!

图6-26 风范股份走势图

因此,所谓龙吸水,就是股价启动之后,主力资金或市场多头合力资金利用分时走势,对套牢盘、获利盘、投机盘和潜伏盘进行的一种恐吓和抢劫,目的是为后面的拉升清除异己筹码。而清洗一旦成功(通常表现是涨停板被封死),后面大多情况下都会出现连板拉升或连续性的大涨。

二、龙吸水实战要点

1. 前提条件：形态

在讲龙吸水的实战精髓之前，我们首先要先明白龙吸水的类型，只有明白了它的类型，才能更好地为实战服务。那么龙吸水的类型有几种呢？根据我的数据归类，主要有四种。

（1）大阳板类型。就是低开、平开或高开之后形成俯冲，最后封上涨停的。例如国电南自（见图6-27）2020年4月15日的分时走势，就是这样的，股价高开之后，稍做反抽就冲到涨停，然后马上往下杀，但杀到7.26之后又掉头向上，最后在10分钟后封上并封死涨停。像这样的，就叫作高开型大阳板龙吸水。

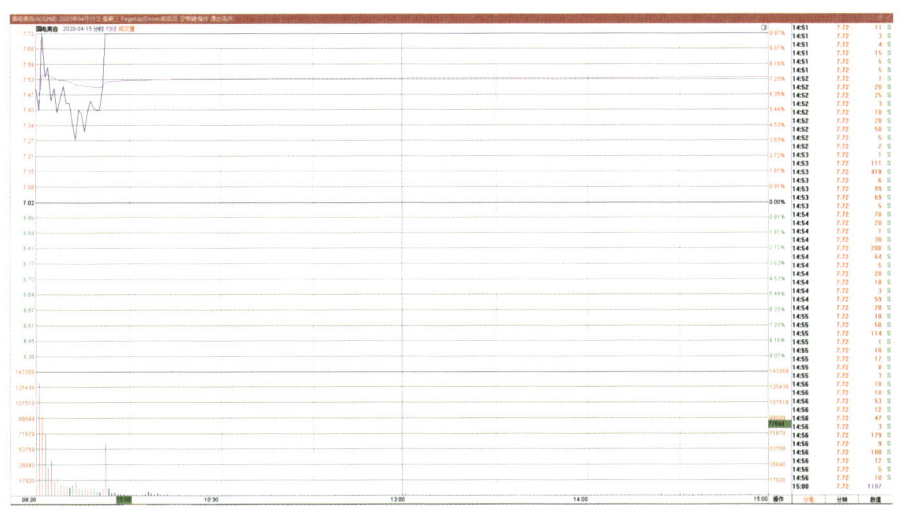

图6-27 国电南自分时走势图

（2）T字板类型。就是一字板开盘之后，涨停被打开，形成俯冲最后又封死涨停的。例如博腾股份（见图6-28）20200203的分时走势,就是这样的。股价当天是涨停板开盘,但5分钟后被砸开,形成了俯冲,最后冲到16.51元的时候,又快速掉头向上,随后封上并封死了涨停。所以它也是龙吸水的形态。

图6-28 博腾股份分时走势图

(3)未板。就是低开、平开、高开之后形成俯冲,但后面却未能冲到或封住涨停的。例如航天长峰(见图6-29)2020年3月31日的分时走势,就是这样的,该股当天以少于中轴线一分钱低开之后,快速往下俯冲,最深杀到跌停,而后又快速拉起。下午开盘后,曾一度向涨停发起攻击,但最后冲到8.53个点就掉头向下了。但由于在砸到跌停附近吃掉了大部分的恐慌盘,上午冲高回落的筹码反而没有多少了,这说明头上的压力和脚下的压力并不大,主力不是没有实力封板,而是故意不封板,以骗出最后为数不多的摇摆盘,所以它后面才会继续涨。因此,像这种故意不封板的俯冲波,也是一种龙俯冲。但由于它没有涨停，所以叫未板俯冲波。这种波要涨，必须在主升浪途中进入才行，否则就容易被套。

图6-29　航天长峰分时走势图

（4）破板。就是低开、平开、高开形成俯冲后冲上涨停也封住涨停、但最后却被砸开的，或者一字板开盘后涨停被砸开、但最后却无法封住涨停的。例如振德医疗（见图6-30）2020年1月22日的分时走势就是这样，早盘的时候它已经形成T字板类型的龙吸水，但尾盘的时候却被再度砸开，形成了破板。但是我们从它的走势中可以看到，尾盘大跌的时候虽然放出了一堆的量，但最后却守住了中轴线，这说明这里有很大的承接盘，这是它破板之后还能继续拉升的基础。但这要注意两点：一是位置，必须是主升浪的途中；二是要有强劲而持续的风口，两点都符合的，大概率继续上涨，只有一个条件符合的，也有可能会继续上涨，但要是两点都不符合的，就大概率会下跌。

图6-30 振德医疗分时走势图

从上面的分析中我们可以知道,龙吸水主要表现在带有下引线的大阳板和T字板,这是它跟龙俯冲的主要区别。龙俯冲一般都没板,绝大多数是中小价柱。但龙吸水不一样,龙吸水除了少量是破板、未板外,几乎都是涨停板。弄懂了这个特征,我们才能把两者区分开来,从而更好地为实战做准备。

2. 基础条件:位置

当明白龙吸水的形态之后,就要关注它所发生的位置了,因为只有在特定的位置上,它才有强大的爆发力,哪怕是破板和未板。那么这个特定位置是什么位置呢?

(1)底部区域,多发生在2—4个板之间。例如风范股份(见图6-31)的龙吸水,就发生在底部的第三个板位置。那个时候,它才刚刚走出底部,脚下都是没什么量的筑底区间,再杀回去也震不出什么量来,因此这个时候它再次杀回底部的可能性很小，它的震荡和俯冲，顶多是对头上、脚下的不稳定筹码恐吓一下而已。所以这种龙吸水的后面，大多还会继续上涨。

图6-31　风范股份走势图

（2）主升途中。主升途中的压力，主要来自脚下，而不是头上，因为股价涨到这里，涨幅已经巨大，主力一味拉升，一旦出现风险，脚下的获利盘跑得比主力还快，因此主力要进行洗盘，把不坚定的获利盘洗出去，换一批更看好未来的强势资金进来接盘，但由于主力的操盘目标还未完成，还要拉高派发，因此它对获利盘的清洗主要是分时级别的，这就使得这个位置的龙吸水具有强大的爆发力。

例如奥特佳（见图6-32）2020年2月20日的分时走势，就是处于这样的位置，当时，它已经走出主升浪空中加油的区域，脚下积累了比较多的获利盘，同时也吸引了很多强势资金的追逐，因此主力必须借这个机会洗盘。但由于其时正处于加速上涨的行情当中，主力的操盘任务也还未完成，不可能再去进行日线级别的震荡，所以它只能通过分时级别的震荡来洗出不稳定的筹码，换一批更看好股价未来的资金进去接盘。由于这些接盘资金还未赚钱,它们不但会给主力接盘、帮主力锁定筹码,甚至还会代替主力去上攻,因此它的后面大概率会继续上涨。

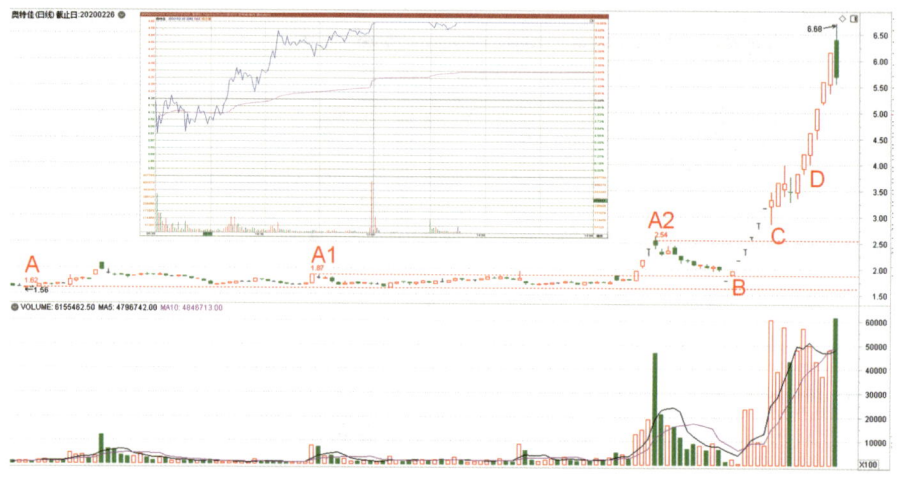

图6-32 奥特佳分时走势图

(3)波峰附近。这个波峰,既包含筑底波、接力波、合力波的波峰,也包含凹峰和主峰。这个位置,头上有压力,脚下有获利盘,但涨幅也不高,股价一触即发,主力掉头向下意愿小,因此就很容易形成龙吸水。例如通光线缆(见图6-33)的C柱,就是处于凹峰A线上,当时股价的连板缩量过峰,表明主力控盘良好,但是A峰之下震荡了这么久,B柱之后的启动又这么明显,也一定会有其他的资金潜伏进去,因此主力要想继续拉升,必须先震荡洗盘才行。所以,下午主力就砸开一字板,形成了破板的龙吸水。但这个龙吸水,换手率才19.57%,对于高度控盘的主力而言,显然还无法安全出逃,于是次日它又掉头拉升了。

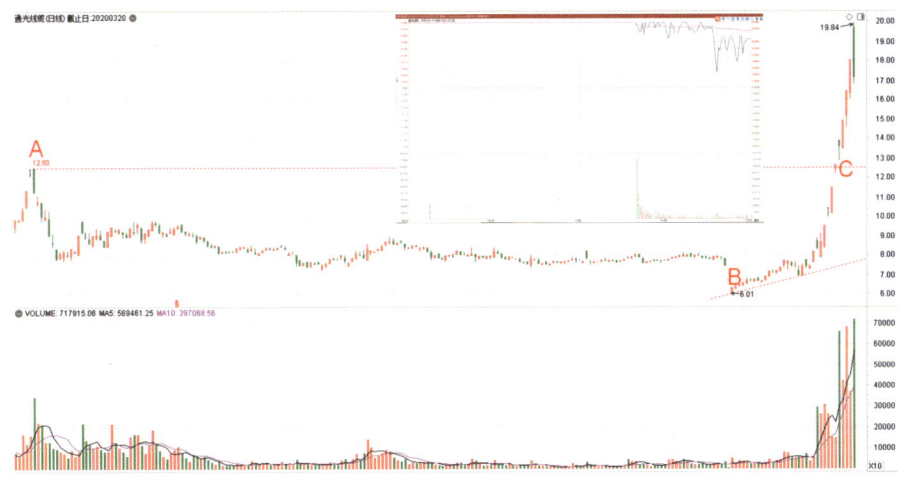

图6-33 通光线缆龙吸水走势图

从上面的分析中我们可以知道，龙吸水的位置，主要是底部区域、波峰区域和主升区域，因此龙吸水跟龙俯冲的第二个区别，就是位置。如果说龙俯冲是股价见底的一种信号，那么龙吸水就是股价上涨或加速上涨的一种异动。因此，正确识别龙吸水的形态和位置，可以为我们抓住龙头股的启动提供重要的参考。

3. 核心条件：结构

龙吸水要走牛，离不开结构性的支撑。它的结构性支撑是什么呢？

（1）如果是中低部区域的，主要是筑底波波峰线、楚河汉界线、底部群峰线、海底捞岸基线或岸峰线、接力波波峰线，突破这些线形成的龙吸水，就是有结构性的支撑。

例如恒立实业（见图6-34）的D柱，就是一根有这种结构性支撑的龙吸水。在它脚下的A线，是海底捞的岸基线，股价跌破这条线时，就是绞杀技术盘的开始，而当股价站回这条线时，就是技术盘绞杀动作的结束。D柱前一天的龙吸水，就是对惊魂未定的恐慌盘的最后一次大规模"收编",它最后能收成T字板,就透露了绞杀动作结束的信号。而次日D柱再次吸水掉头向上的时候,就是对绞杀动作结束的确认。既然绞杀动作结束被确认了,后面自然就要涨了。

图6-34　恒立实业龙吸水走势图

（2）而中高位主升行情下的结构性支撑,就是首开线、群峰线、6378线、365线和武三丰,有这些做支撑的,大多会走强。

例如我前面分析过的秀强股份（见图6-35）,它就是属于这种支撑的。C柱能够龙吸水站上365线,说明出现了主升浪启动的信号。C柱次日形成的T字板龙吸水,这是对这个信号的确认。而它一字板被砸开之后还能继续封板,就是得益于365线的突破。因为任何一条主升启动线都不会被轻易突破的,如果它要能被连板轻易突破,那就说明那条线上下左右的筹码已经被主力控制。因此它被突破之后,自然而然就变成了股价继续上涨的支撑,因为主力控制了大部分的筹码之后,不走主升浪它出不来,它要是往下砸的话又没人给它接盘,所以它只能往上涨。

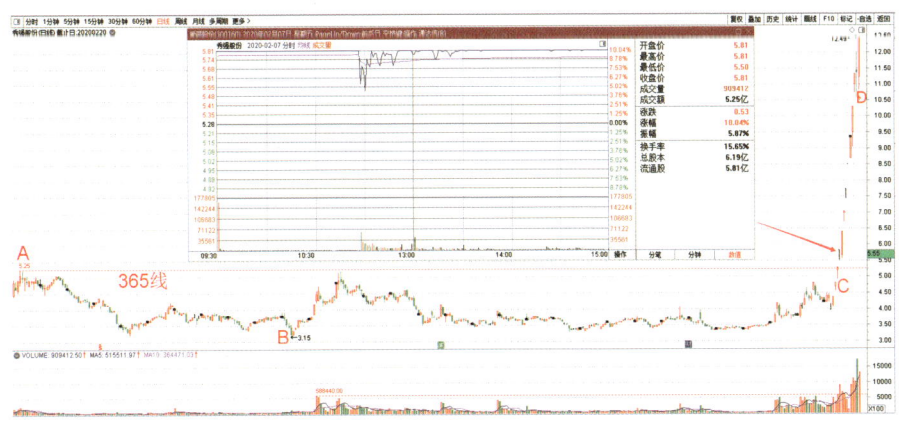

图6-35 秀强股份龙吸水走势图

还有一个,双单下跌也是一个强支撑。双单下跌虽然不是在脚下,虽然它的区位是在头上,但由于双单下跌是主力高度被套的表现,而高度被套的主力必有自救行为,因此它也是一个支撑。这个支撑,我把它叫作前置支撑。

比如风范股份(见图6-36),它在D柱收出龙吸水的前一天,已经放出了阶段性的高量,说明跑的人不少,那么D柱这天回踩站回中轴线之后,能否继续拉高站上B线呢?或者站上B线后能否继续高走呢?这就要看支撑强不强,这个支撑,既可以看前面说的脚下的支撑,如关键的板柱、板线、板构,也可以看左上方的下跌态势。从图中我们可以看到,它不仅脚下的支撑强(启动板、筑底波和楚河汉界线),它左上方的支撑也超强!为什么这样说呢?因为它A1之前是价涨量缩,主力控盘良好,A1之后是双单下跌,主力无法跑出,股价砸到脚下的时候,无论B峰还是C底,主力都被高度套牢,而主力高度套牢之后,就必然要进行自救,所以它会往上拉,这就是双单下跌会成为股价上涨的支撑的内在逻辑。

图6-36 风范股份龙吸水走势图

所以,这个支撑,不仅指关键的板柱、板线和板构,还指下跌过程中形成的双单。把双单当作支撑看的,目前全世界好像只有我们。一只股票要想走好,不但要有板柱、板线和板构做支撑,最好还有双单做支撑,因为有双单再做支撑的,不但可以走得好,还可以走得猛、走得快!

4. 反转条件:板性

从前面的分析中我们可以知道,符合条件的龙吸水一旦形成,大多会继续上涨或加速上涨,但这些都是后面走出来我们才知道的。在还没走出来之前,怎样才能知道它会形成龙吸水呢?也就是说,俯冲下跌之后,怎样才能知道它会反转呢?根据我们的研究和经验,在前面形态、位置、结构的三大基础上,还得看龙吸水板性的强弱,而这个板性的强弱,主要体现在俯冲的振幅上。强的板性振幅一般可分为三种。

（1）高开5个点以上或一字板开盘的，最深不要跌破中轴线，振幅最好在5个点左右或之内。例如下图的秀强股份（见图6-37），高开8.27个点，最低冲到2.25个点，后掉头向上，实际振幅只有6.02个点，大体符合5个点左右的标准，没跌到、更没跌破中轴线，所以它的板性比较强，后面继续向上的可能性比较大。

图6-37 秀强股份分时走势图

（2）高开3个点左右或之内的，最深不要超过-5%，最好在-3%左右或之内。例如风范股份2018年12月28日（见图6-38）的龙吸水，它在3.75点高开之后，就形成了俯冲，但当冲到-2.9个点之后，就止跌掉头了，虽然后面又出现了一次俯冲，但还没冲到-2.9个点又掉头了，所以它也是属于强的板性。只有强的板性，后面才有继续拉板的可能。

图6-38　风范股份分时走势图

（3）低开的俯冲，振幅以开盘点作为计算起点，最大不要超过8个点，最好在5个点之内。例如未名医药2020年4月15日（见图6-39）的龙吸水，股价在-4.19个点低开后直接俯冲，但冲到-8.33个点时就掉头，实际振幅4.14个点，符合最好5个点之内的要求，所以后面还是强势向上涨停了。

除了振幅外，板性的强势还涉及震时，也就是俯冲震荡的时间。一般来说，板性强的震时，从俯冲开始到俯冲结束，大多都在两个小时之内，在一个小时之内、半个小时之内就完成的尤其好。例如星期六（见图6-40）2019年12月16日龙吸水的俯冲，不但形态、位置、结构、振幅都符合，而且震时也符合，它从俯冲开始到结束的时长，还不到一个小时，就半个小时多一点，5个条件没有一个不符合的，所以后面就连续拉板了。

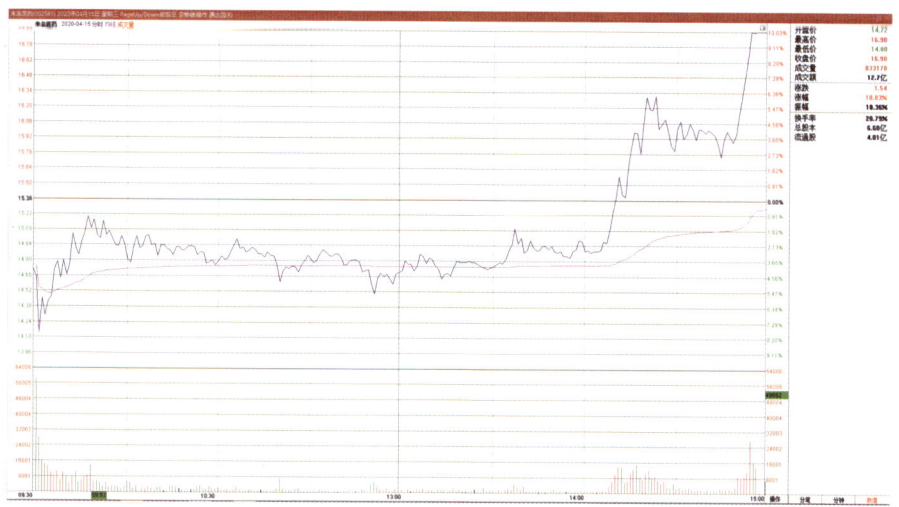

图6-39　未名医药分时走势图

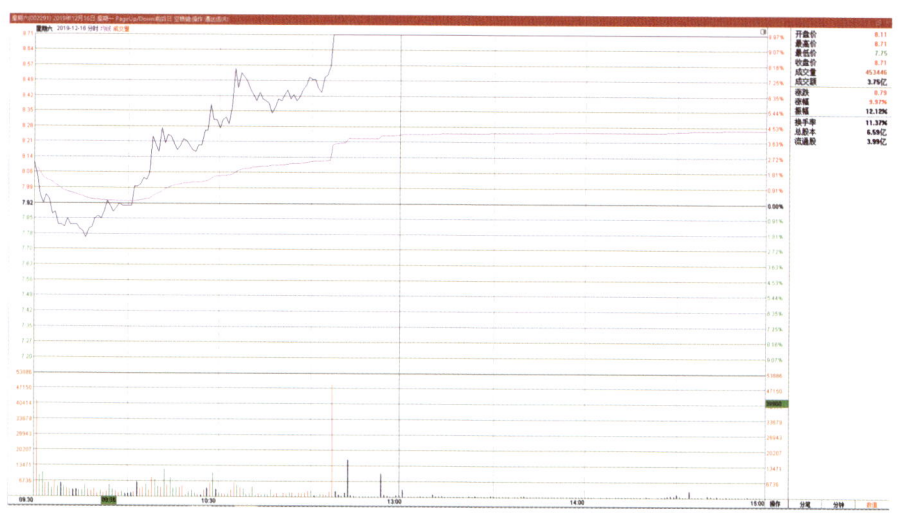

图6-40　星期六分时走势图

但要是时长不符合，如果不是处于主升浪的途中的话，大多会震荡。例如我们刚才说的未名医药，它的震荡时长就不合格，所以它后面就又震荡了几天的时间。

从以上的分析中我们可以知道，一个强悍的龙吸水，不但形态要美，位置要对，结构要好，而且板性（振幅和震时）要强。板性要是不强，比如振幅太大，杀得过深，就有可能拉不起来，即使拉得起来，也容易变成上吊线。这是大家特别需要注意的。

另外，龙吸水的量能也不宜过大，过大说明抛盘大，后面再次震荡的可能性也大。这也是大家要注意的。

5. 买入条件："四个点"

龙吸水的买点，要根据它的支撑、平衡和压力来进行设置，具体到龙吸水当天的分时走势，主要看"四个点"。

（1）不破支撑点。我前面已经说过，龙吸水的俯冲，一般要杀到关键的板柱板线板构的位置，所以我们就要以这个位置作为预设的伏击点，只要有效守住，就可介入。例如建研院（见图6-41）E柱龙吸水，它开盘后不到一分钟就往下俯冲，那么我们应该在什么位置设伏击点呢？第一，以启动板的实顶设伏；第二，在A、B之间画好3325线，以3325来设伏。从它的走势里我们可以看到，它俯冲到33线还差一分钱的时候，就再也不往下跌了，我们就可以在它掉头向上的时候介入。

（2）站稳中轴点。中轴点，也就是我们常说的中轴线，它是指前一天收盘价的位置。为什么把前一天的收盘价叫作中轴线呢？因为在后一天的走势中，上涨只有10个点，下跌也只有10个点，而它位于两个10个点的中间，无论上涨或下跌，都要以它为起点计算，是上涨下跌的轴心，是中间点或平衡点，所以叫中轴线。股价俯冲后要是跌破这个中轴线站不回去，那么就会失衡向下，继续下跌，而要是俯冲之后能够站回并站稳在这个中轴线上，那么就会失衡向上，继续上涨，所以站稳中轴线也是一个买点。

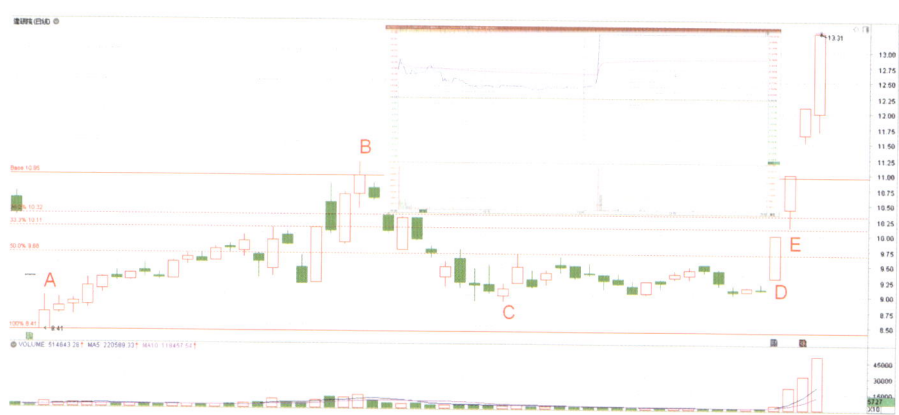

图6-41　建研院走势图

例如省广集团（见图6-42）D柱的早盘，出现了龙吸水的俯冲。它俯冲之后要是站不回中轴线，那么就会继续下跌，但是，它后面很快就站回去了，而且一经站回就再也不破中轴线。考虑到脚下有6378线和C柱合力板的支撑，我们可以在10点、10点30分和下午开盘后的波底介入。因为10点左右的波底守住了中轴线，10点30分和下午1点开盘的波底，连早盘的波底都没破就掉头，可以视为有效守住了。

图6-42　省广集团分时走势图

（3）突破开盘点。对于龙吸水来说，开盘点是一个重要的压力位，如果开盘就俯冲，那么开盘点就是高位点，要是开盘后线拉高再跌破，那么它就成了头上的一个凹底。如果不强势，无论是高点还是凹底，它都突破不了，股价会继续下跌，但要是它被突破了，那么就说明刚才的跌是伴跌，形成龙吸水的可能性就大，因此可以择机买进。例如引力传媒（见图6-43），C柱这天低开反抽一下之后，就出现了往下俯冲，这个时候，它的开盘点9.64就成了头上的凹底，股价要形成龙吸水，第一步首先要突破和站稳在这个开盘点之上，否则就有可能继续下跌。而要是能突破和站稳在这个开盘点之上，那么就有可能迎来反转，形成龙吸水的走势。所以，下午开盘突破和站稳在开盘点之上时，一路都是买点。

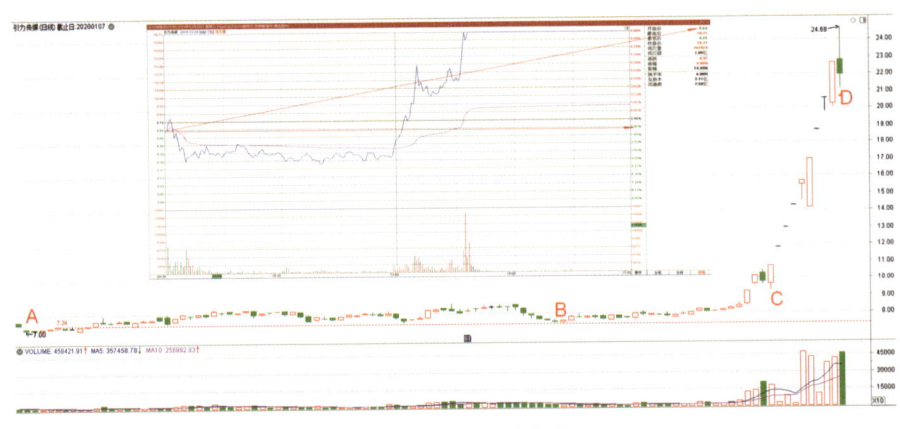

图6-43　引力传媒走势图

（4）次日有效突破前日收盘点。如果龙吸水当天没看到，或者不敢打，那么在支撑条件好的情况下，第二天有效站稳或突破前一天龙吸水的实顶时，也可以打。例如深粮控股（见图6-44），C柱龙吸水突破接力波B波的时候，出现放量涨停，这说明这里有比较多的不稳定筹码，主力要是不想拉的话，通常有两种走势：第一种是高开低走往下跑,把筹码扔给看好的散户;第二种是低开低走往下杀,逼着不稳定的套牢盘、投机盘割肉。但是这两种走势它都没有走,它是低开高走往上拉,这就说明它是想拉的,因为,低开是逼着别人割肉,如果它不想拉,干嘛还去解放别人?所以,当它低开高走再次突破中轴线的时候,就是我们的伏击点。还有一种情况也是主力想拉的,就是高开高走不回头,或高开俯冲一下之后又高飞,这通常说明前一天放出来的量,都被主力吃了,要想再买,就到更高的位置来吧。所以这种走势也算有效突破前一天的实顶,也是可以逢低介入的。

图6-44　深粮控股走势图

突破之后是否又会被跌破?这种情况很常见。因此实战的时候,就要做好两个买:一是分次买;二是确认买。比如陇西科学(见图6-45),无论我们是以中轴线设伏,还是以开盘点设伏,都先后被跌破。但它后面会不会被跌破我们是不知道的,因此我们只能分次买或者确认买。如果是分次买,10:00、10:30、下午1:30都是买点,但分次也不能分太多次,一般不要超过3次,仓位不要超过半仓,最好控制在三分仓之内。如果是确认买,那么就要在下午2:00左右买,因为那时候已经站上早峰之后回踩不破再掉头,脚下的买点已被确认了,尽管买点高了一点，但却比较稳定，基本不用担心再砸回。

图6-45　陇西科学分时走势图

6. 涨幅条件：风口

龙吸水之后，股价能够走多远、走多强，关键取决于风口，风口强劲的，大概率继续拉高。例如国电南自（见图6-46），D柱突破筑底波之后，形成了一个龙吸水，由于它脚下有筑底波和接力板做支撑，向上是没有问题的，但能否突破365线，则要看风口强不强了。而大家都知道，它后面能够顺利突破365线，关键是得益于新基建特高压热点的持续发酵，形成了强劲的风口，要是没有这个强劲的风口，它大概率要翻几个跟斗才行。

图6-46 国电南自走势图

又如国统股份(见图6-47),D柱突破ABC筑底波的时候,也形成了一个龙吸水,但由于风口不强劲,第二天就冲高回落了。虽然后面的下跌守住了筑底波的波峰线,但也没形成向上的有效突破,一直在反复折腾。所以,我们在具体的实战当中,一定要关注风口,有风口的,可以拿住看看,没有风口或风口转弱的,一碰到压力就要规避。

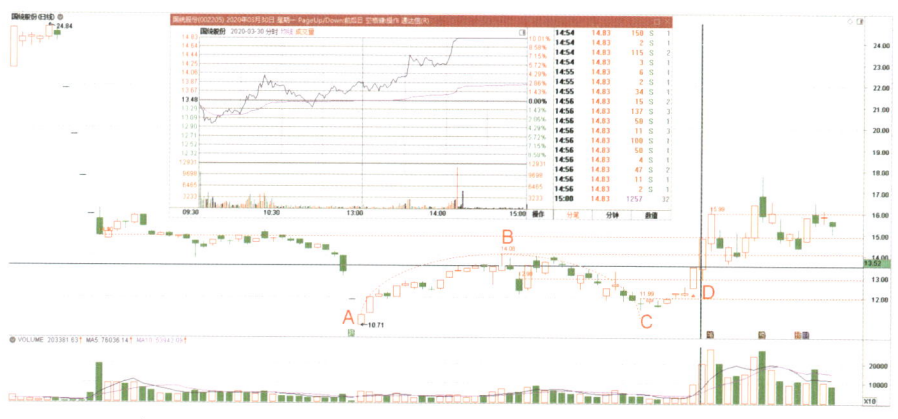

图6-47 国统股份分时走势图

从以上的分析中我们可以知道，龙吸水板波虽然很强悍，但这个强悍是有前置条件的，它必须符合形态、位置、结构（支撑）、板性、热点五大方面的要素才行。而我们要想获得满意的效果，还要在第一时间介入。因此，我们在伏击龙吸水的时候，必须要根据龙吸水出现的位置提前预判，做好预案，这样才不会临盘错失。

三、龙吸水的风险管控

1. 支撑不强不买

从前面的分析中我们已经知道，龙吸水要有关键的板柱板线做支撑才行，要是没有就存在很大的变数。因此没有关键的板柱板线做支撑，我们就不能买。例如联建光电（见图6-48）的C柱，从分时图上看它也是龙吸水，但它这个龙吸水，却没有踩住关键的板柱板线，如A柱的实顶线、虚顶线，都没有踩到，虽然它守住了脚下的一字板B柱，但它即使涨停了，收出的也是一根上吊线，后市是示跌的，所以不能买。

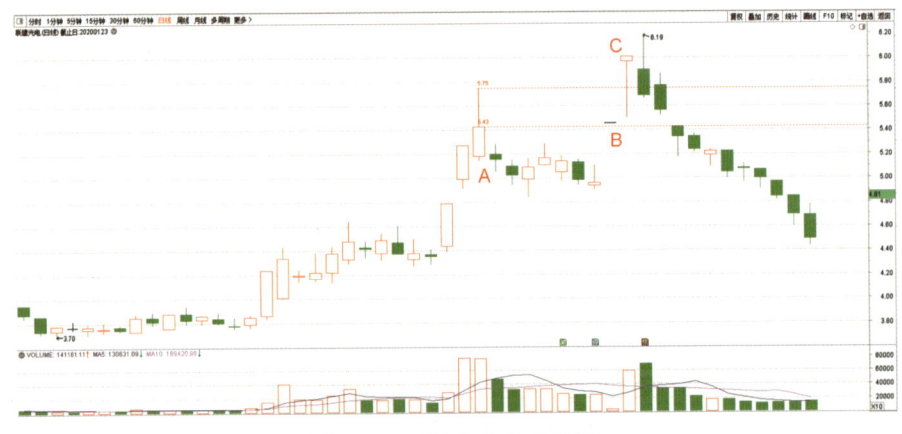

图6-48　联建光电走势图

2. 不突破和站稳中轴线或开盘点不买

前面的分析告诉我们，龙吸水后要拉板，关键要站上并站稳中轴线或开盘点才行，所以不能站上的就不买。例如迈克生物（见图6-49）的C柱，早盘开盘后就出现俯冲，9点37分的时候有214手砸到了38.26元，与B1的虚顶38.22元仅差四分钱，很不错，几十块钱的股票仅差几分钱，算是很精准了。但它后面站上中轴线的时候却没有站稳，更没突破开盘点，所以也不能买，因为这通常意味着后面还会跌。

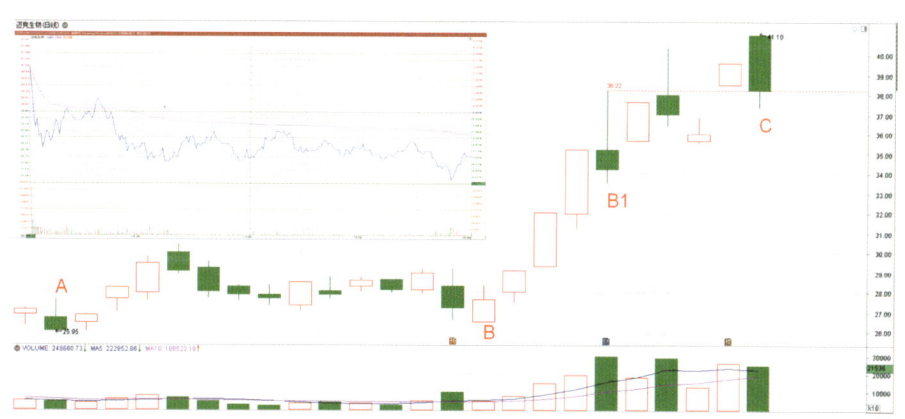

图6-49 迈克生物走势图

3. 买入后与预判相背离的要及时跑

我经常告诉大家，技术没有百分百的，所有的技术都有失灵的时候。而我们掺杂个人意识的预判，更是经常会出错，因此当我们买入一只股票后，出现不涨反跌的时候，第一时间就要跑。例如通达电气（见图6-50）的D柱当天也出现了龙吸水，虽然它的虚底踩得不够精准，但也算守住了4B。假如我们在它站稳中轴线时介入了，那么次日冲高回落不涨反跌的时候，我们就要跑了，因为我们买它是要涨的，既然不涨，那就说明我们的预判错了，要赶紧退出，否则就有被套住的危险。

图6-50　通达电气分时走势图

第三节　伏击的波：龙登台

一、什么是龙登台

从聚飞光电（见图6-51）2019年12月10日的分时走势中我们可以看到，该股当天开盘之后，形成了A、B、C、D四级箱体整理，我们把这四级箱体整理用框框起来之后，它就变成一级一级的台阶，股价就踩着这样的台阶一级一级往上走，最后突破第四级的框体压制，走上了涨停板。像这样可以导致股价走上涨停的台阶式板波，我把它叫作龙登台，简称龙梯波、龙阶波，意味龙沿着这样的台阶（或楼梯）拾级而上，要登台呼风唤雨了。

第六章 板波的实战技巧 | 375

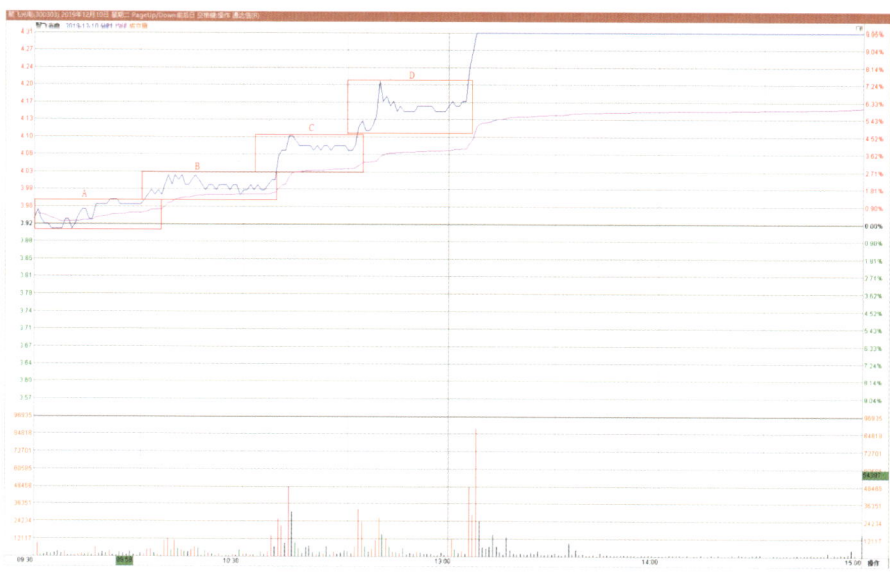

图6-51 聚飞光电分时走势图

一只股票如果出现这样的龙梯波，股价大概率就会冲上涨停，形成龙头登台呼风唤雨的走势。例如通产丽星（见图6-52），股价在2018年7月12日那天开盘之后，也是走出了A、B、C三级龙梯波，而股价也就沿着这三级龙梯波一个台阶一个台阶地往上走，最后突破第三级箱体整理的压制，实现了涨停。而股价一经涨停，后面的涨势就一

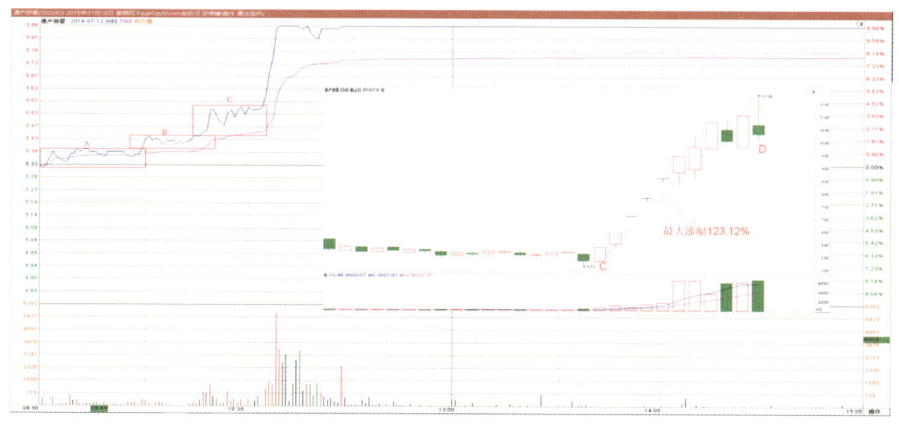

图6-52 通产丽星走势图

发而不可收，出现了连续的涨停，前后仅用11个交易日的时间，就拉出了123%的涨幅。当初的那个龙梯波，就成了龙头股登台表演、大显身手的台阶。

那么，龙登台为什么会有这么强的爆发力呢？从图6-53中我们可以看到，D柱龙登台那天，股价正好位于接力波（C波）波峰之下，再上面也还有一道除权线6378线A线，看似压力很大的样子。但是仔细看一下，除权线脚下并没有多大的量，而且这些量也被转移到接力波波峰线附近。那么，接力波波峰线附近的压力会很大吗？也未必。接力波见顶之后，股价一路震荡向下，但当砸到C1柱的时候，股价却不跌掉头向上了，为什么呢？因为脚下有筑底波（B波），它的掉头向上，说明主力已经筑底结束，后面还有更高的趋势和行情。所以，C1之后，主力花了六个月的时间，用无数的小波浪一路震荡向上，在波峰线附近，就形成了六个波浪，这些波浪都是为了化解接力波波峰线C线脚下的套牢盘的，当股价走到D柱脚下的时候，已经缩成了低量，这说明主力已经化解了压力，实现了控盘。因此，D柱那天股价一个台阶一个台阶往上走，说明主力控盘良好，不惧压力，稳步向上，彰显了主力坚决做多的意志和决心。

图6-53　聚飞光电走势图

又如通产丽星（见图6-54），C柱的龙梯波为什么会这么强呢？从以前的课程里我们已经知道，主力出逃之后，一般在下跌50%左右的时候才会出手建仓。由于主力建仓所需要的幅度是50%左右，因此它不可能向上建仓，如果那样的话，它就等于去解放头上的套牢盘，让自己去站岗。因此它在这里吃到的筹码，是用来往下砸的，它要砸到更低的地方去建仓。要砸到哪里？一般来说，要从第一次建仓的波峰算起，再砸50%左右或以上，或从第一次建仓的波底算起，再砸30%至50%。从图中我们可以看到，主力的出逃峰是A峰，当跌幅达到50%左右，也就是A1的时候，最大的跌幅是48.15%，所以主力这时候才是出手建仓，但这次建仓是用来砸的，而不是用来吃的，所以从其波峰算起，还要砸50%左右或以上，如果从其波底算起，还要砸30%—50%。从图6-54我们可以看到，从A2砸到C柱的前一天，最大跌幅达到54.52%，符合标准，如果从A1算起，最大跌幅38.89%，主力这时候才算建仓完毕，同时也高度套牢，之后主力就要进行自救或派发。所以，C柱的龙梯波，就是主力下沉式建仓完成之后，掉头向上，稳步推进，积极做多的意志和决心，由于不稳定的筹码都在下沉式建仓中被吃掉，所以主力一旦决定做多，后面的涨势就会势如破竹。

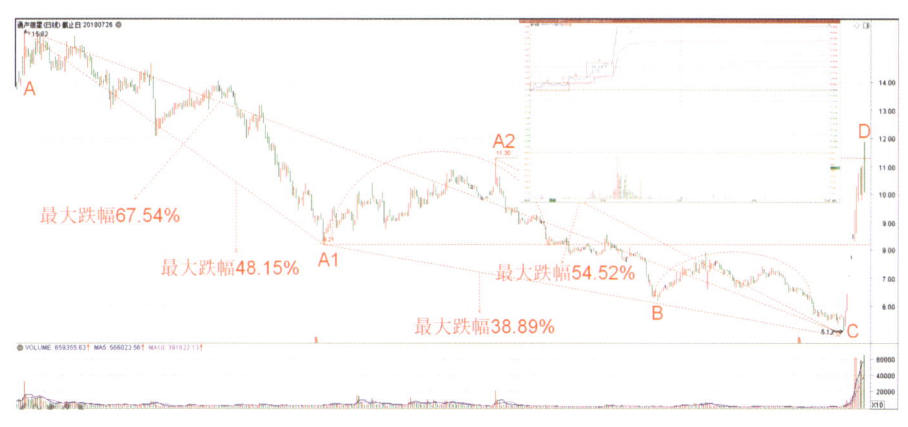

图6-54　通产丽星走势图

因此，所谓龙登台，就是股价一个台阶一个台阶稳步向上的分时走势，这种分时走势形成的背后，多为主力建仓已经结束，或者左上方或水平方向的压力已被消化，主力出手坚决做多的一种信号，因此在这种分时走势的后面，常常是涨停甚至是连续涨停。

二、龙登台实战要点

1. 前提条件：形态

龙梯波的形态，基本上可以分为两大类：第一类是标准型，就是规规矩矩的台阶式分时走势，就像我们前面分析的那种。但这种标准型的台阶，也不完全一致，从前面的分析中我们已经知道，标准的在3~4级就会封涨停，但是，也有的2级就可以封涨停，例如电声股份（见图6-55），它2020年2月26日的龙梯波，就是2级结构，当第2级的箱体压力被突破之后，股价就拉上了涨停。

图6-55　电声股份走势图

除了两级的以外，还有的要在5~8级才能封涨停的。例如英科医疗（见图6-56），2020年4月9日这天，它虽然也走出了龙梯波，但梯级太多，从A到G，一共有七级才冲上涨停，而且是尾盘冲上涨停，这通常意味着头上的压力巨大，起飞具有一定的难度。因此龙登台的台阶，不是越多越好，正常是以四级之内为好，两级能封涨停的更强，但从数据归类看，三四级的最多，其次是两级的，五级以上的不是很常见。可能在四级还不能封上涨停的，主力还愿意去硬封的并不多。这些都是第一类标准型龙梯波的特征。

图6-56　英科医疗走势图

第二类是变异型。龙梯波的类型，自有分时的走势图以来，就一直有人去研究，从各个不同的角度对它进行了大量的分析和总结，为股民的实战提供参考，但主力在拉升的初期，是很讨厌有人识破并跟进去的，所以它们就会进行各种伪装以防范跟盘，因此这就导致了大量变异的形态，也就是不标准的形态。这种不标准的形态，主要表现在两个方面。

（1）打破形态整理的空间标准性，造成不规则和分歧，用以迷惑对手。例如交建股份（见图6-57）2020年3月2日的分时走势，如果按我前面讲的龙梯波看，很不规则，分歧很大，你根本不敢按龙梯波去伏击。但是，当我们用框框把它的每一个波段的高低点大致框起来之后，发现它还是一个三级龙梯波，突破第三级箱体之后，股价一样封死了涨停。从它整理时的成交量和封板后的强度看，主力要封这个板并不难，根本没必要搞得这么震荡和波折，而它之所以要这样搞，目的只有一个，就是把分时图搞得很难看，让大家感觉分歧很大，不敢盲目介入，从而减轻跟风盘的压力。

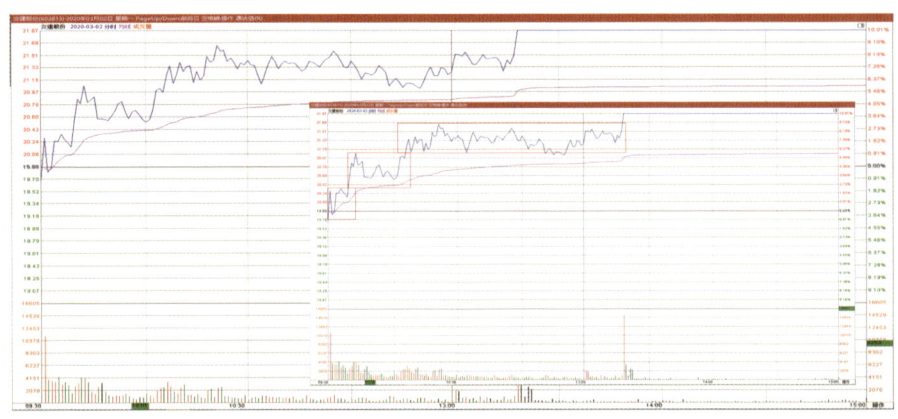

图6-57　交建股份走势图

（2）打破形态整理的时间规则性，用整理过程用时的不规则，突破对手的想象和规划，把对手扔出局外。例如下图的美尔雅（见图6-58）2020年4月14日的分时走势，其实就是一个四级龙梯波，但是我们要是不把它框起来的话，大家几乎都不敢承认。为什么？因为它每个台阶的整理时间，太不符合我们记忆中的图形了。按照我之前分析过的，即使它的一级整理再长，后面的几级台阶再怎么短也要十几二十分钟，但它每级只用几分钟的时间就结束了，而且后面也一样封死涨停了！可见主力要的就是这种效果。要是按部就班搞出龙登台的话，大家都会跟进去，都会去等着主力抬轿。所以主力要打破这种局面，按人们想象之外的形态走。突破1级台阶之后，大家一般都会等它站稳点再进，可它马上登上了三级，由于三级跟二级太近，大家在考虑它会不会回踩1级波峰，与二级合并时，它又迈上了四级。按理说，二三级整理时间太短，四级应该会有半小时左右才对，结果，它整理没几分钟杀上涨停了。主力就是这样通过对时间规则性的打破，甩掉了想让主力抬轿的跟风盘。

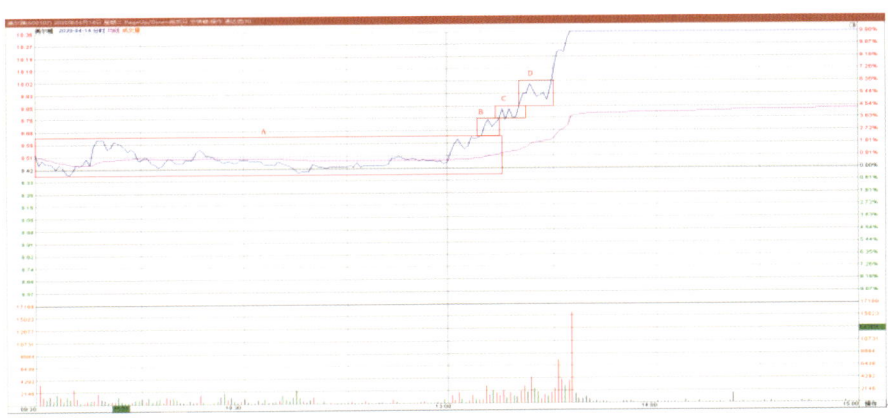

图6-58 美尔雅分时走势图

从以上的分析中我们可以知道，龙梯波的标准形态是相对端正的台阶型，正常为2~3级，以3~4级为多，但也有少数的5~7级的，级数太多的相对较弱，级数少的相对为强。同时，由于理论研究的深化和推广，主力为了防范蝗虫一样的跟风盘，常会采取突破常规的办法以规避，从目前来看，那些变异的因数主要突出在两个方面，一个是打乱常规的形态结构，使之不规则化，另一个是打破常规的时间结构，使之不规范化，从而达到迷惑对手，甩掉跟风盘的目的。这就要求我们在实战中，不但要将常规的标准形态牢记于心，还要识破主力的把戏，及时抓住变异的形态。

2. 基础条件：位置

龙登台的分时走势，不是随意可以出现的，根据我的经验、观察和数据分类，它主要出现在以下两个地方。

（1）波底。包含趋势底和中继底两部分，但以趋势底为多。之所以会这样，主要是因为主力的建仓已经结束，脚下没有多余的筹码，所以主力必须以自己的成本和仓位为依靠，昂头向上，打出一个新的天地来。

例如春兴精工（见图6-59）就是这样，它的D柱，就是一根很标准的龙梯波。主力为什么要在这里昂头向上呢？从它的日势图中我们可以看到，股价在下跌之前就已经出现价升量缩，说明主力在这个时候已经实现控盘，而之后的下跌，又形成了断桥残雪的技术形态，学过线下课的同学都知道，它是下跌见底的标志，也就是主力建仓结束同时又高度套牢的信号。在这种情况下，它除了调头向上，已经别无选择，这是这个位置会形成龙梯波分时走势的原因。

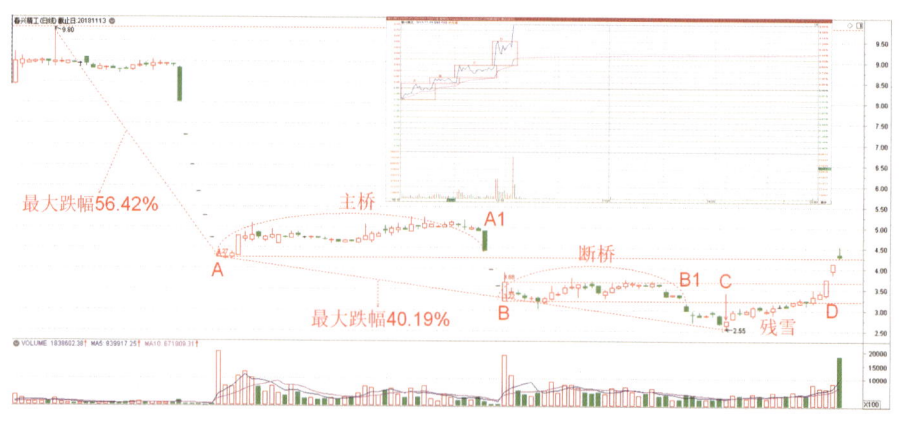

图6-59 春兴精工分时走势图

而上升途中的中继底，也是龙梯波出没的地方。这是因为主力虽然在头上做了高抛，但随着后面的持续下跌，再次割的筹码越来越少，因为想跑的筹码已经跑得差不多了，不想跑的再震也不会出来；而且当回踩到自己基本仓的附近或预设的洗盘底线时，主力一般也不愿意再往下砸，这就会导致中继底的形成。当再也无法砸下去的时候，主力就会再次昂头向上，稳步推进。

例如四环生物（见图6-60）C柱的分时图，就是一个相当标准的龙梯波，但它的位置是趋势底吗？显然不是，因为它的脚下不但有B底，还有2.48元的底，因此它只能算是上升途中回踩的中继底。从成交量看，A峰虽然主力做了高抛，但杀到B柱的时候，已经形成了微量群，这说明该跑的筹码都跑得差不多，再杀也挤不出多少血了。同时B柱左侧，还有一个隔离板，底下就是趋势底，很明显，主力不想往下再杀，所以它才会掉头向上震荡，但这个震荡，只要一回踩，就会形成微量群，就在C柱的前一天，还再次出现了窒息量。在这种情况下，再往下已经毫无意义，所以C的掉头向上、稳步推进的龙梯波就出现了。这是中继底会形成龙梯波的主要原因。

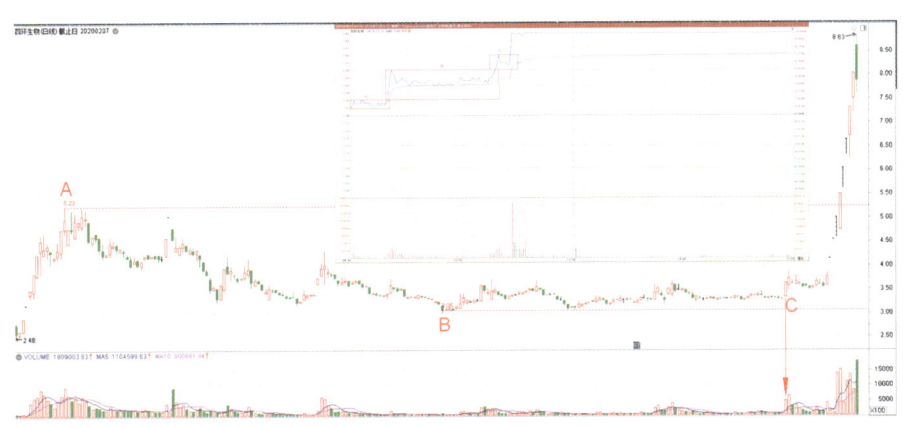

图6-60　四环生物走势图

（2）凹口。凹口也是龙梯波经常出没的地方。凹口通常压力比较大，一般情况下首次是过不去的，但要是主力搞定了脚下的筹码，就会义无反顾地去突破，这种突破通常表现为两种，一种是快速突破甚至一字板突破，这多为有强劲的风口助力，场外追捧的资金很多。另一种是昂头向上、稳步推进的突破，也就是龙梯波的突破，这种多为热点还不够强劲，场外追捧的资金还不够多，只不过它要把股价推高到凹口之上，脱离自己的仓位区而已。所以有不少龙梯波突破凹口之后，还会整理巩固一下。

例如中视传媒（见图6-61）就是这样。C柱龙梯波的位置，就是凹口的位置，而它脚下的缩量表明，A峰之下的筹码，其实已被主力控制，所以在它拉高的时候，才没有抛盘涌出。因此它的龙梯波涨停突破A线凹口，不过是为了把股价推高到一个新的高度，让市场的买入成本与自己的持仓成本保持一道防火墙而已。而由于风口不大，所以突破之后，它整理了一个多礼拜，一方面继续消化头上的套牢盘，另一方面在等待强劲风口的到来。由于这种龙梯波基础很扎实，后面只要有风出现，依然还会出现大拉特拉的行情。

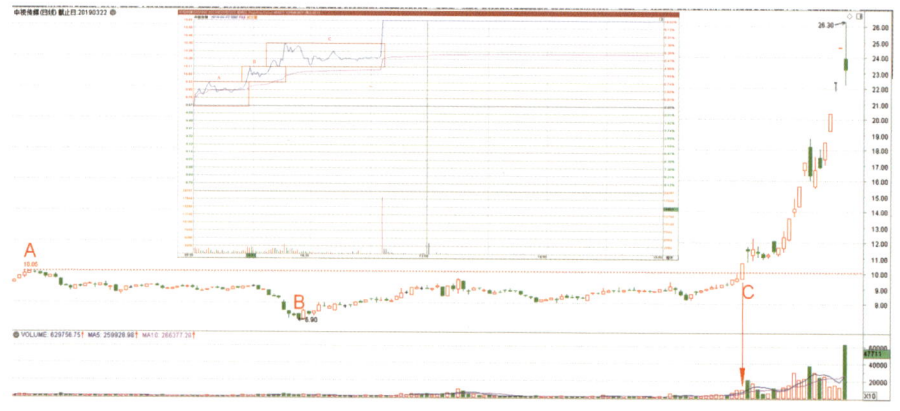

图6-61 中视传媒走势图

从刚才的分析中我们可以知道，龙梯波最好的位置，就是凹底和凹口，它们的后面，涨是大概率，跌是小概率，因此我们在涨停板复盘的时候，看到这个位置的龙梯波，就要高度关注，或者在看到龙梯波时，只要它的位置符合上面的两个位置，我们就要高度警觉。

3. 核心条件：板性

这个板性，主要包含三个方面。

（1）支撑。就是龙梯波的脚下，要有关键的板柱板线板构做支撑，它们是龙梯波后面股价登台表演大显身手的基础，基础越强，多数情况下就会涨得越好。例如我前面分析的春兴精工（见图6-62），它的D柱龙梯波的脚下，就是断桥残雪的强大支撑，有了这个支撑，趋势才会向上。所以，在D柱龙梯波之后不到半年的时间，该股就大涨了357.43%。

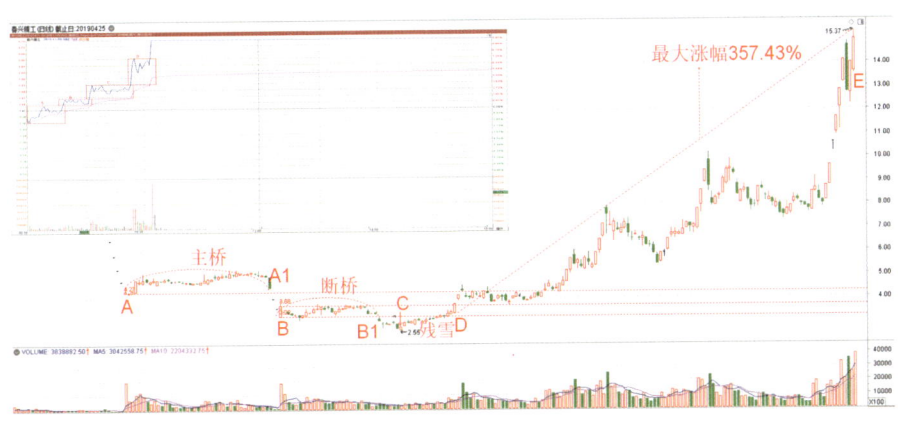

图6-62　春兴精工走势图

（2）日线量能。一般来说，日线上的量价可以分为两种情况，一种是凹底的。凹底的量，一般来说要以缩量为好，特别是下沉式建仓的，因为缩量表明不稳定的筹码已在下沉式建仓中被消耗殆尽，后面向上的攻势就会比较猛烈。但由于毕竟在底部，头上也一定会跟进一些技术盘，因此也允许适当的放量。例如国联股份（见图6-63），A柱见顶下跌之后，在B柱形成了相对的底部，而后股价掉头向上，这个时候，是有技术盘会跟进去的，但股价连缩缩砸回到C柱的时候，它们毫无疑问被套住了。因此，当D柱掉头向上稳步推进的时候，那些套住的筹码就会选择解套。因此，这个时候不放量是不可能的。但由于位于相对的底部，这样的放量说明有人接盘建仓了，而放量还能涨停，则表明进去的资金不仅实力强大，还透露了积极做多的方向和信号，因此这种龙梯波的背后，依然还会上涨。

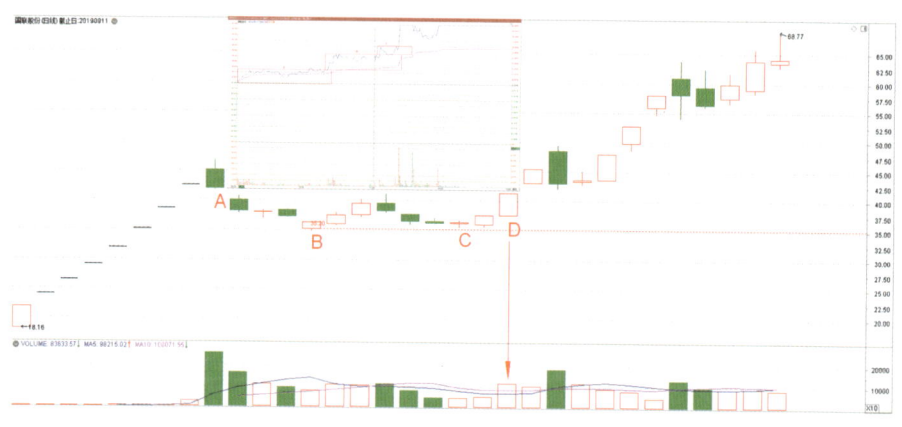

图6-63　国联股份走势图

但凹口的量则不一样，如果不是碰到特大利好或风口，凹口的量以缩量为好，缩量才表明脚下的筹码已被控制，后面才不会掉下去。例如湘潭电化（见图6-64），它的C柱和D柱，都是龙梯波，都位于凹口附近，但是，C柱虽然相比左柱是微缩量，相比左峰却放量10多万手，本质上还是放量，属于A峰之后的次高量，因此它后面就出现了剧烈的震荡。但D柱则不一样，D柱相比左柱不但是缩量的，相比左峰更是大幅缩量，这表明主力控盘良好，所以，后面就出现了连续性的拉升和一字板涨停。

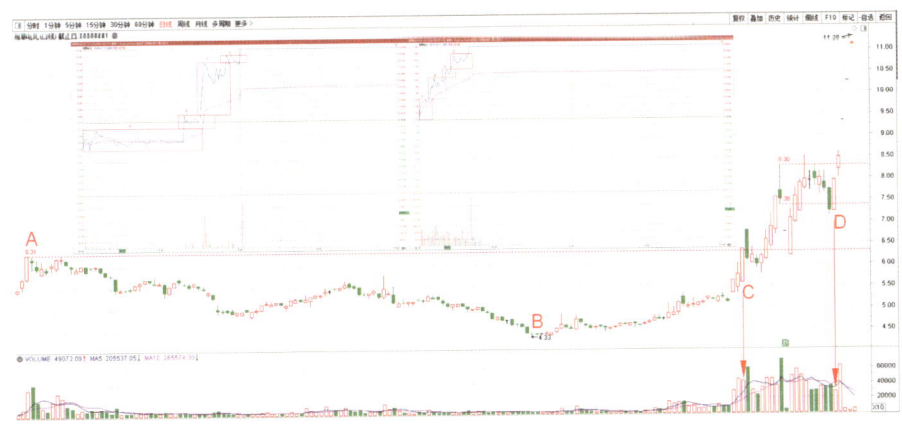

图6-64 湘潭电化走势图

所以，日线的量能，凹底的能缩量最好，不能缩量的，适当放量也行。但凹口的则要求以缩量为好，缩量的大多上涨，放量的大多震荡，除非有强大的风口。

（3）分时价量。板性强的分时价量，基本都是拉升的时候放阳量，横盘或回踩的时候放低量、微量，甚至没有成交量。拉升的时候放量，说明多头主力在大口吃进，把股价推上更高的台阶，表现出积极做多的意志和决心；横盘或回踩的时候放低量、微量，甚至没有成交量，则说明往下砸已经砸不出多少筹码，说明底下的筹码稀缺，或者底下的筹码其实已为主力所控制，因此它的后面还会继续向上。例如四环生物（见图6-65），股价开盘后，主力用一根大量拉上一级台阶，说明主力在大口吃进，推高股价，随后，股价出现了小幅回踩，但却马上缩成低量，甚至没有成交量，这说明下方筹码稀缺，所以，后面主力连续放量，把股价拉上二级平台，但随后的下跌，很快就缩成了低量。为什么会这样，只有一种可能，脚下的筹码已为主力所控制，只要主力不跑，脚下就没有多少筹码跑，所以横盘震荡一段时间之后，主力只好再次出手，把头上的筹码吃掉，放量拉上第三级台阶。但后面的短暂下跌，又缩成了低量，这样耗着只会引来市场的抢筹，所以几分钟之后，主力索性拉上涨停封住了。

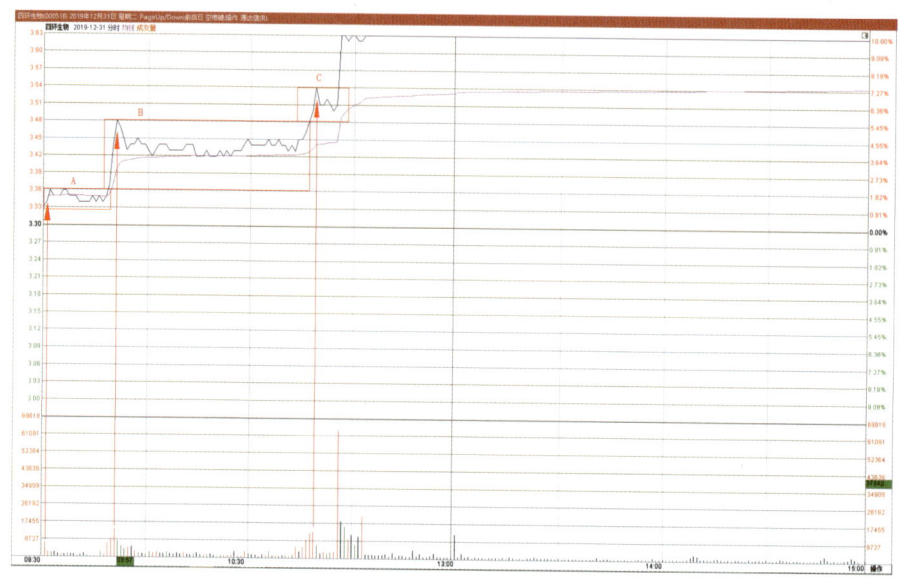

图6-65 四环生物分时走势图

另外，封板时间的早晚，也与板性有一定的关系，一般来说，下午2点之前封板为好，最迟不要超过2点半，2点半之后再封板，往往透露出较大的压力，后面可能会震荡。例如美尔雅（见图6-66）D柱的龙梯波就是这样，它当时的形态、位置、板性都符合，但后面不但没涨，还连续两个跌停，为什么？就是封板太迟，虽然它当时是缩量的，但左峰那么大的量，套住那么多的人，涨停板脚下那么久的震荡，都没有多少人跑，是不是都想等着主力去抬轿？主力心里会不放心，所以次日它要掉头反噬，看看能逼出多少的筹码。因此，封板太晚的龙梯波，多为主力信心不足，后面回头反噬是大概率的，继续上涨是小概率的。只有早于2点之前封板的，才是可以稍为放心的。

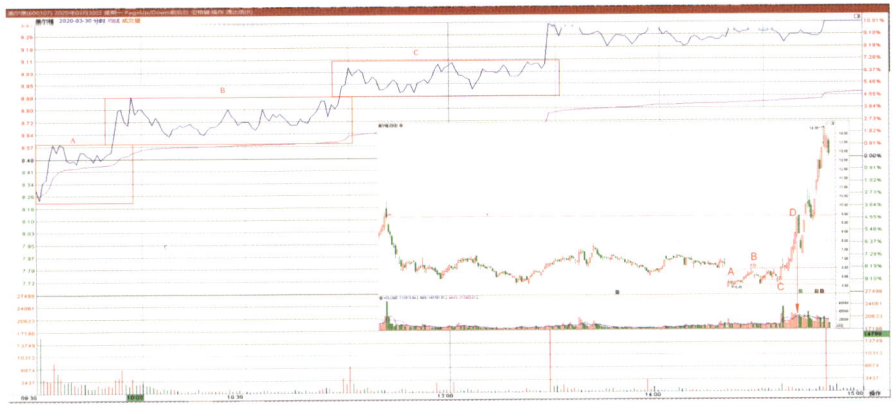

图6-66 美尔雅走势图

因此，龙梯波虽然好，但我们要伏击龙梯波的话，除了要把握好形态和位置，还要把握好板性，只有板性把握好了，才能获得大的成功率。

4. 买入条件：稳+突

龙梯波的特点是稳步向上，那么我们在设置伏击点的时候就要抓住它的两个特征：一个是稳步，一个是向上。稳步是指踩稳现有的台阶，向上是指突破现有的台阶，形成新的台阶。根据这个特点和相关形态的规律，我总结了三个理论性的买点。

（1）稳一买二。就是一级台阶踩稳之后，我们可以买突破后的二级台阶。例如四环生物（见图6-67），一级台阶形成之后不到25分钟，股价就开始向上突破，形成了二级台阶，那么我们就可以在它回踩不破一级台阶形成低量时买进。

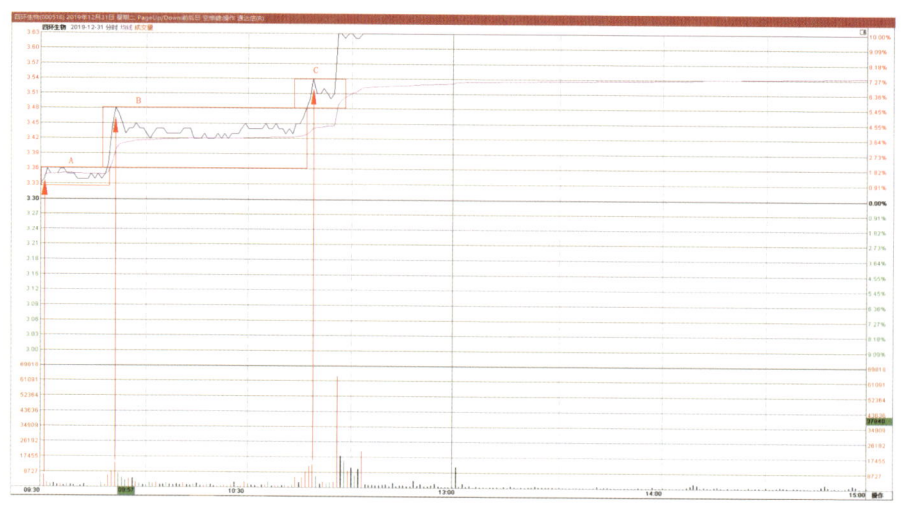

图6-67 四环生物分时走势图

（2）稳二买三。有的股票，一级台阶和二级台阶的构筑时间比较短，假如我们没有及时跟上的话，那么我们可以选择买第三个台阶。例如春兴精工（见图6-68），股价开盘后不到半小时，就形成了一级台阶和二级台阶，还没等我们缓过神来，它又站上了第三级台阶，这个时候，我们也可以在它回踩二级台阶不破并形成低量后再介入。因为回踩二级台阶不破还形成低量，基本可以说明踩不下去了，二级台阶可以形成了，后面大概率还会向上，因此可以在这个时候伺机介入。

（3）稳三买四。就是股价站稳三级台阶、向上突破形成四级台阶的，也可以伺机介入。例如聚飞光电（见图6-69），11点之前连续构筑了三级台阶，11点之后又形成了第4级台阶，而且形态很美，量能条件也很符合，位置也对，我们要是错过了前面两级买点的话，那么我们也可以在第四级回踩缩成低量群时买进。

第六章 板波的实战技巧 | 391

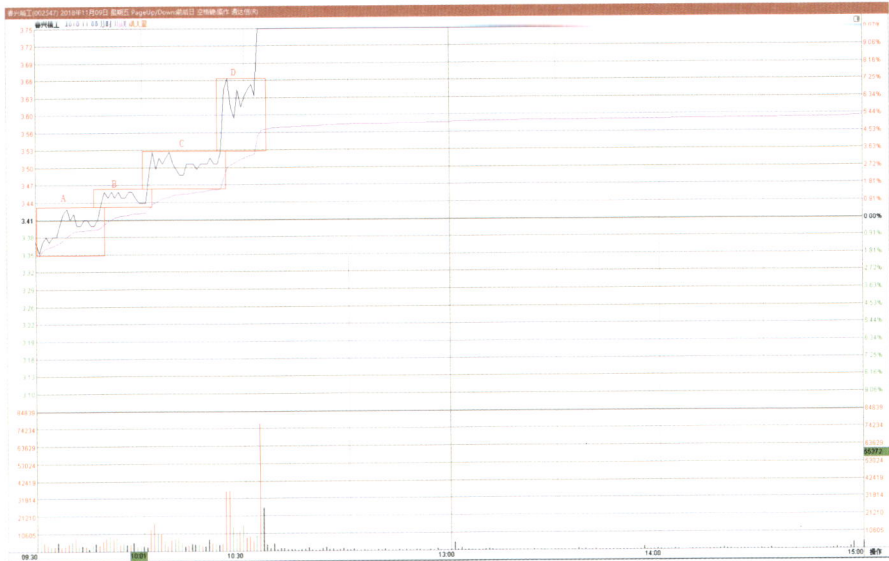

图6-68 春兴精工分时走势图

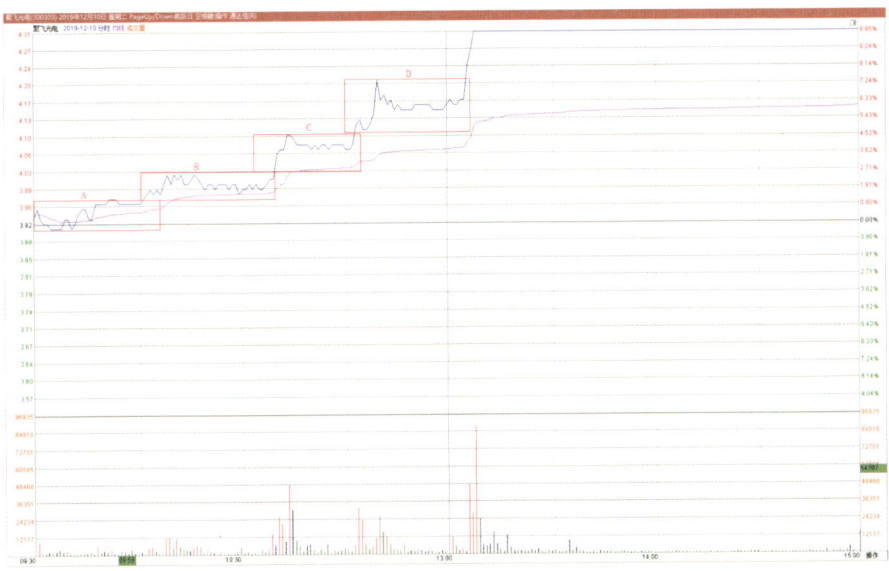

图6-69 聚飞光电分时走势图

但不管在哪一级买，有一点要注意的是，买入的点位最好控制在五个点之内，最大不要超过六个点。因为超过六个点，即使涨停也赚不了几个点，要是尾盘杀下来，或次日直接低开低走，那么就有被深套的风险。

5. 涨幅条件：风口

龙梯波买入之后，股价能不能涨好，很大程度上与热点有关。例如双塔食品（见图6-70）2019年6月13日C柱的龙梯波，就是这样。在这个龙梯波的头上，有B柱的极阳次阴，按照一般的情况，这肯定是冲不过去的。但是，由于它是人造肉概念的龙头股，那时候人造肉行情特别好，一波又一波地拉，结果它不但冲过去了，还拉出了新的高度。所以，有持续性强热点做支撑的龙梯波，涨势通常都会很猛。

如果热点不强或持续性不好的，后面则大多会震荡。例如赛腾药业（见图6-71）C柱的龙梯波就是这样。这只股的上涨，基本是靠病毒防治概念的支撑。但是病毒防治概念已经走完好几波了，目前已经开始退潮了，所以它的C柱龙梯波在之后的一个月里，反复震荡，十分磨人。不过病毒防治虽然在退潮，但经常还会表现一下，所以震荡一个月后，它总体还是向上的。而要是没有热点做支撑的股，很多震荡之后都是向下的。所以大家要关注热点，有热点特别是强热点做支撑的，可以逢低介入放心做，而要是没有热点做支撑的，那就看看就好。

从以上的分析中我们可以知道，龙梯波虽然很稳当，但要获得满意的效果，不但要把握好形态，选择对位置，抓得准进场点，还要看得清热点。只有多个条件都能满足，才能站稳这一片江湖。

第六章 板波的实战技巧 | 393

图6-70 双塔食品走势图

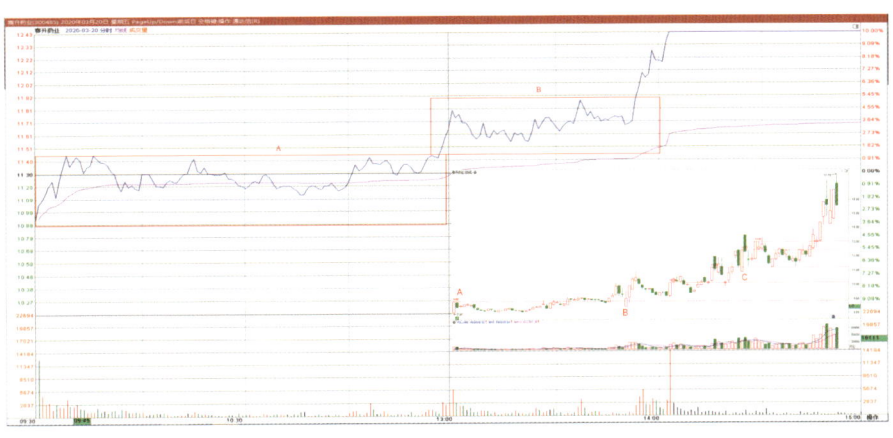

图6-71 赛腾药业走势图

三、龙登台的风险管控

1. 高位的龙梯不买

从前面的分析中我们已经知道,龙梯波少的有两个台阶,多的有七个台阶，并且台阶越多，位置就越高，因此我们要介入的话，必须在三个台阶之内为宜，或者五个点之内为宜，太高了风险就会陡升。

例如紫金银行（见图6-72）2020年3月13日的龙梯波，如果我们买在第三个台阶的低量处，涨幅只有1%点多，拉到涨停还能赚八个点，第二天基本能获利出来。但要是买在第五个台阶E阶下五六个点的地方，那么风险就很大，次日一低开就有被套的风险。所以我们要买的话，最好在三个台阶之内（但点数必须在五个点以下，2~4个点之间最合适）。高位的我们一概不买。

图6-72 紫金银行分时走势图

2. 没热点的龙梯慎买

我经过大量的案例分析，发现没有热点或热点不强的龙梯波后面大概率会回调，因此原则上要谨慎买。例如南京公用（见图6-73）

2019年12月10日的分时走势就是这样，它在上午和下午之间，形成了二级很明显的台阶，我们该不该去伏击呢？原则上说，要谨慎伏击。因为它是属于燃气水务板块，这个板块在近一两年里很弱势，而它又是属于这个很弱势板块里的很弱势个股，又没有什么利好，即使拉起来，后面也一样要掉下来。因此我们可以先观望，等左下方有了启动板之后再去伏击，或者，即使要打，也要有随时出逃的准备。

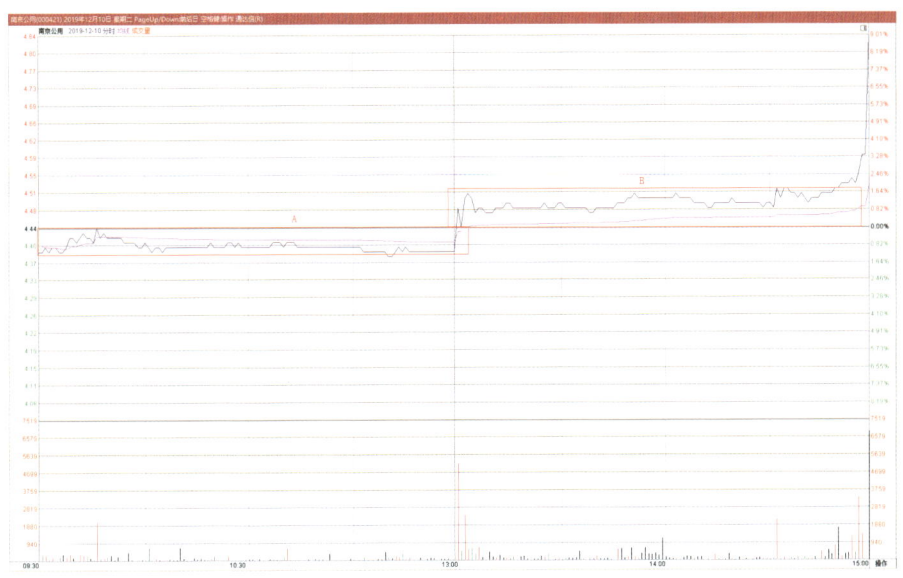

图6-73　南京公用分时走势图

3. 买错的龙梯要及时卖

一般而言，我们买入的时候，都是预判后面要涨的，但它后面不涨的时候，就说明我们预判错了，因此次日要赶紧先跑为上。例如金利华电（见图6-74）C柱的龙梯波，很标准也很漂亮，唯一的缺点就是封板太迟。假如我们在第二个或第三个台阶买进去了，那么它后面冲高回落的时候，我们就要及时跑出，因为我们原来买它，是预判它要连续上攻的，但它不但没有上攻，反而放量冲高回落，那么就说明我们预判错了，我们必须要先跑为上，否则就有可能被套在里面挨打。

图6-74　金利华电走势图

第四节　追击的波：龙发射

一、什么是龙发射

从山推股份（见图6-75）2015年10月9日的分时图中我们可以看到，该股当天开盘拉升至9.24元之后，既没有形成龙登台，也没有形成龙俯冲，一直在两个点之内震荡，但是下午接近1点30分的时候，却突然发起攻击，直线涨停。由于它攻击的力度和角度，都与导弹发射很相似，所以我们把它叫作导弹发射或导弹波、火箭波、发射波，由于这种波常常成为龙头股启动的信号，所以我又把它叫作龙发射。

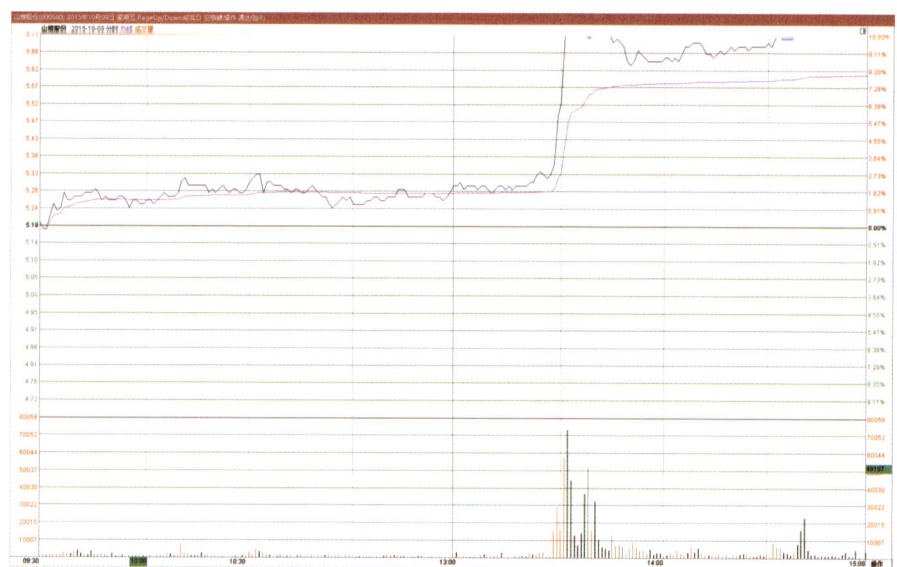

图6-75 山推股份分时走势图

一只股票里只要出现这样的波，很多时候都能出现连续性的上涨和大涨。例如我在2020年2月19日周三辅导课上提醒大家关注的新力金融（见图6-76）就是这样。这只股在A柱开盘之后，在两个点内横

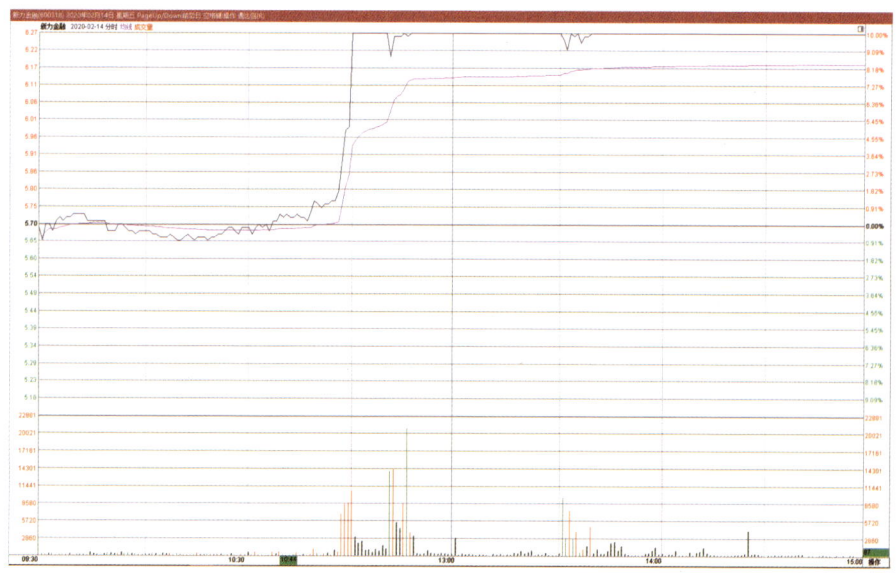

图6-76 新力金融分时走势图

盘了近一个半小时，最后在接近11点之前突然发起攻击，一线拉上涨停，形成了导弹发射的板波。之后，股价出现连续性的上涨和大涨，前后仅用16个交易日的时间，就拉出了155%的涨幅。

那么，龙发射为什么会这么强悍呢？主要有三个原因。

第一，主力已经吸不到廉价的筹码，只好突然拉升，封上涨停。例如容大感光（见图6-77）2019年5月9日的龙发射就是这样的，从它的日线图里我们可以看到，B柱之后，股价的走势是价升量缩，但当走到C柱的时候，却出现了一根大阴，怎么回事呢？它的成交量告诉我们：这是洗盘。因为它的量柱跟左柱比，缩量一半多，如果主力要跑的话，怎么可能就这点量？这点量主力哪里跑得出来？所以，主力没有跑，主力往下杀，只是逼别人交出筹码而已。可是，当股价洗盘洗到D柱前一天的时候，已经出现了极微小的窒息量，那天主力在前面两天明显见底的情况下还上下开弓大打出手，但获得的居然极微量，很自然，脚下已经挤不出什么廉价的筹码了，所以D柱那天，主力在两个点内横盘一个多小时骗出最后一点恐慌盘后，只好直线拉板，免得别人进来捡便宜。

图6-77 容大感光走势图

第二，主力已经实现了控盘，股价也已经来到了关键的位置，箭在弦上，不得不发。例如图6-78中铁工业（原名中铁二局）的C柱龙发射就是这样的。在C柱之前，股价已经突破脚下的群峰线，来到了A峰的脚下，积累了大量的获利盘。但是，C柱之前的反复震荡，不但没有放量，反而缩量一半，即使从B柱算起，到这里也接近翻倍了，头上又有高量峰的压力，为什么就没有人跑呢？这只有一种解释：那就是脚下的筹码都被主力控制了，只要主力不跑，就没有像样的量可跑。而对于主力来说，只要把A峰给干掉，后面就是天高任鸟飞了。所以，在这种情况下，主力基本没法向后退，因为它向后退，就等于把自己辛辛苦苦收集到并且已经控盘的筹码亏本抛售，而这对主力而言是不可能的。所以，C柱那天开盘之后，它在两个点内横盘震荡了一个多小时，就突然发起进攻，直线封上涨停，随后便开启了主升浪的行情，把自己控制的筹码拉到更高的位置去派发。

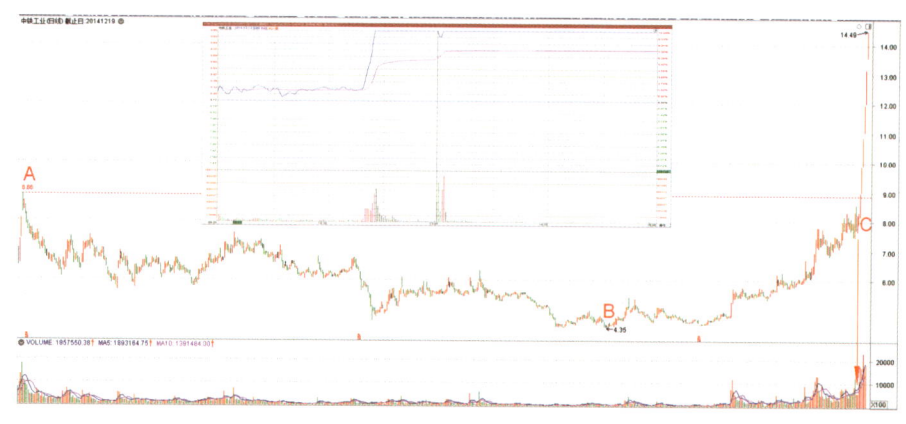

图6-78　中铁工业走势图

第三，出现重大事件或利好，主力果断直线封板，以免相对廉价的筹码被场外的资金所抢。例如达安基因（见图6-79）2019年10月11日的走势就是这样。该股当天开盘之后，股价延续之前几天的走势半死不活,直到中午收盘都没什么动静。但收盘之后却突然爆出实控人变更的消息,这对上市公司的经营管理以及二级市场的股价必然会产生连锁反应,尽管这个反应有多大一时还不好判断,但场外的资金会进场抢筹却是必然的,对于主力来说,影响能有多大以后再说,必须要先封板,必须要先杜绝别人抢筹,即使要让别人抢,也要拉上板后再让它们抢。所以下午开盘之后,股价直线封板,别人想买,只能在涨停板上去买。

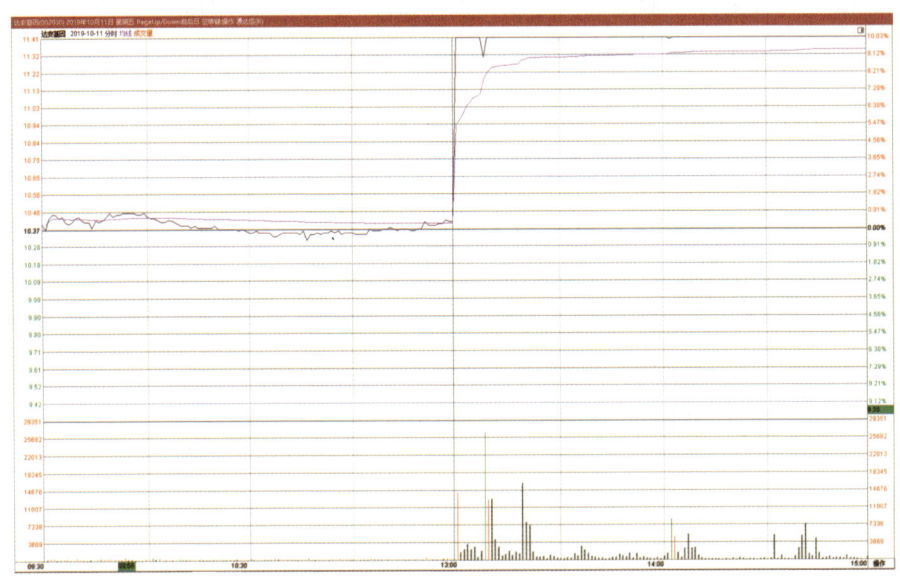

图6-79 达安基因分时走势图

从以上的分析中我们可以知道,龙发射主要是廉价筹码出现极度衰竭,或者主力出现高度控盘,或者出现突发性事件、消息之后,大资金通过快速封板进行锁仓、封仓的一种分时走势,其目的就是让股价瞬间脱离自己的成本区,以便把筹码拉到更高的位置去派发,或让市场的交易区域出现在更高的地方。由于这样的封板可以引起广泛的关注,吸引众多的场外资金进场追捧,因此它后面通常会形成水涨船高的走势,这是龙发射后面大多有一轮不错行情的根本原因。

二、龙发射实战要点

1. 前提条件：形态

虽然我前面对龙发射的形态进行了分析和解读，但龙发射的形态却不止前面的类型，因此我们要想伏击龙发射，或者利用龙发射来伏击后面的行情，首先就要认出哪些是龙发射，哪些不是龙发射。而要做到这点，就必须从两个方面入手。

一是形态结构，也就是龙发射的分时结构。

按照我的研究，它可以用"2没2不1允许"来概括，其中"2没"的内容是：

（1）没有明显的台阶。有了明显的台阶，哪怕只有两级也不算，因为那是龙梯波了。例如三五互联（见图6-80）2020年1月22日的分时走势就是这样，尽管它下午开盘后直线封板，符合龙发射的特征，

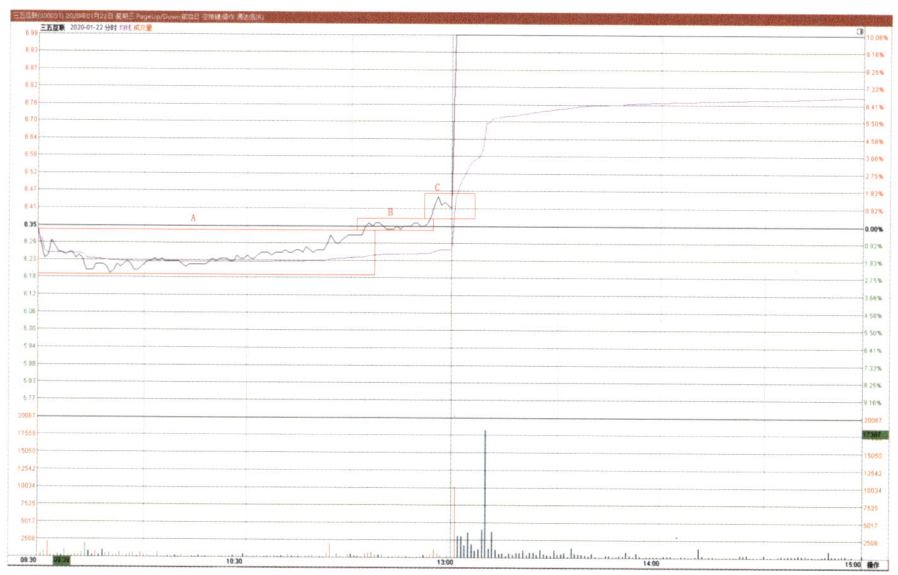

图6-80　三五互联分时走势图

但由于它在发射之前，已经形成了三级龙梯波，所以不能当作龙发射看待。只有没有形成明显的台阶的，比如它在突破一级台阶的压制时就直接封板的，才算龙发射。换句话说，只有一级台阶以内的，才算龙发射。

（2）没有明显的俯冲。因为有了明显的俯冲，就是俯冲波了，不能归类于发射波。比如双飞股份（见图6-81）2020年4月30日的分时走势就是这样的。它在开盘之后小幅震荡了1分钟，就出现向下俯冲的走势，然后再掉头向上直奔涨停，虽然它有发射的过程，但由于发射之前先出现了俯冲，所以要当作俯冲波看，而不能当作龙发射看。这种情形和前面的例子说明了一个问题，就是龙发射形态的认定，不能只看发射，更要看发射前的特征，前面的形态是因，后面的形态是果，只有两个条件都具备才算，如果前面的因数不具备，就要以前面的因数做界定。

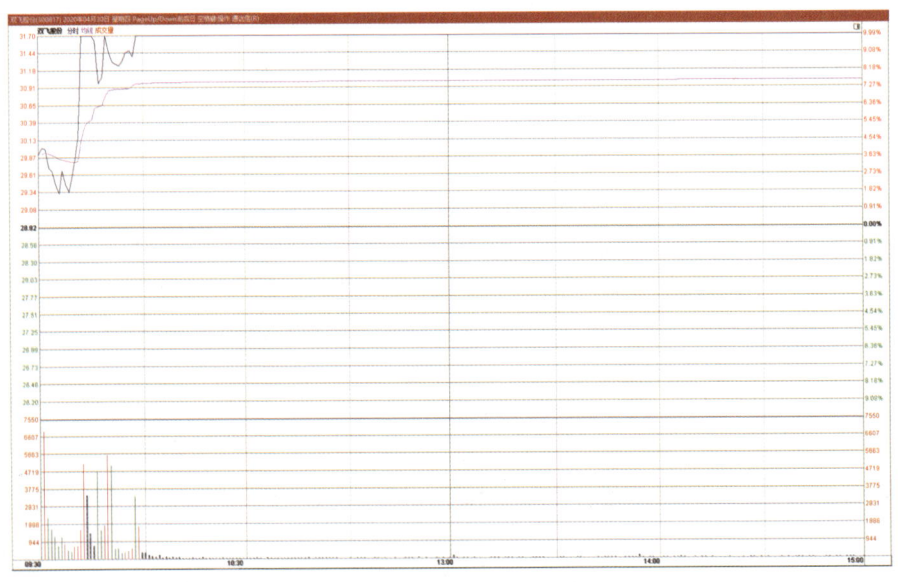

图6-81　双飞股份分时走势图

"2不"的内容主要是指：

（1）振幅不大于两个点。就是它横盘震荡的时间不能大于两个点或两个点左右。为什么这样说呢？因为我前面说过了，发射之前的小幅横盘震荡，是主力的一种伪装，它故意告诉大家我涨不动了，你们不要等了，赶紧跑吧！这其实就是一种诱骗行为，只有实在骗不出多少筹码了，它才会突然拉起，脱离这个不安全的地方。而要是振幅大于两个点或两个点左右的话，那么这种欺骗就很难维持，而是一种多空分歧较大的激烈搏斗了。例如金山股份（见图6-82）2019年3月12日的分时走势就是这样。它当天一开盘就拉升三个点左右，后面又逐渐回落，跌到中轴线之下，随后又被拉起，并在突破早盘高点后直奔涨停，这样的，算不算发射波呢？正常是不能算。因为发射波有个前置性的结构，就是横盘的振幅不能大于两个点或两个点左右（高0.3个点之内是允许的），而它高低点框起来之后，已经超过三个点，这说明这横盘震荡不是窄幅震荡，不具备故意和拐骗的属性，是核心资金有分歧造成的结果。

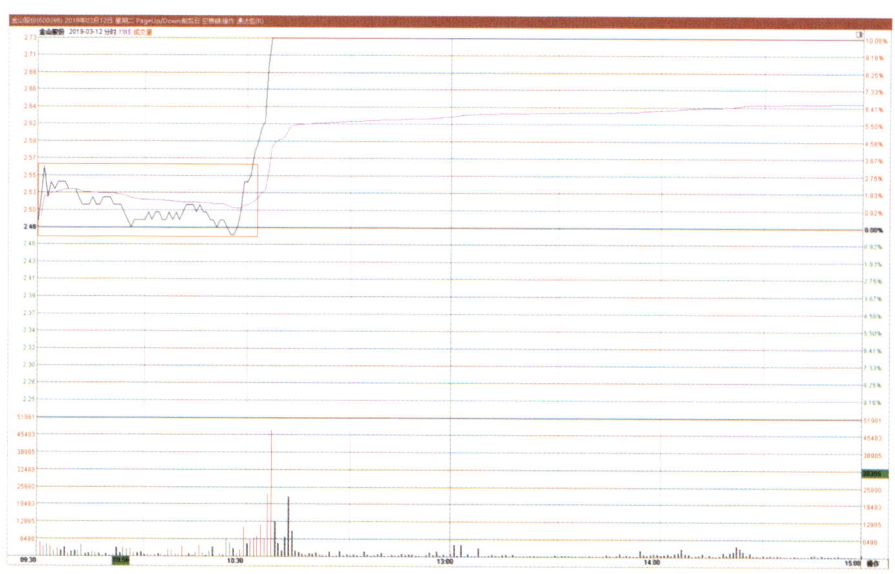

图6-82　金山股份分时走势图

（2）横盘长短不限制。就是横盘的时间没有具体的限制，可以短于半个小时，也可以长达三个小时以上。例如我前面讲的达安基因，横盘时长达一个上午。而下图的南京港（见图6-83），横盘时间只有半个多小时，但这丝毫也不影响它们作为一个发射波的事实。因此对于发射波横盘的长度，是没有具体的限制的。

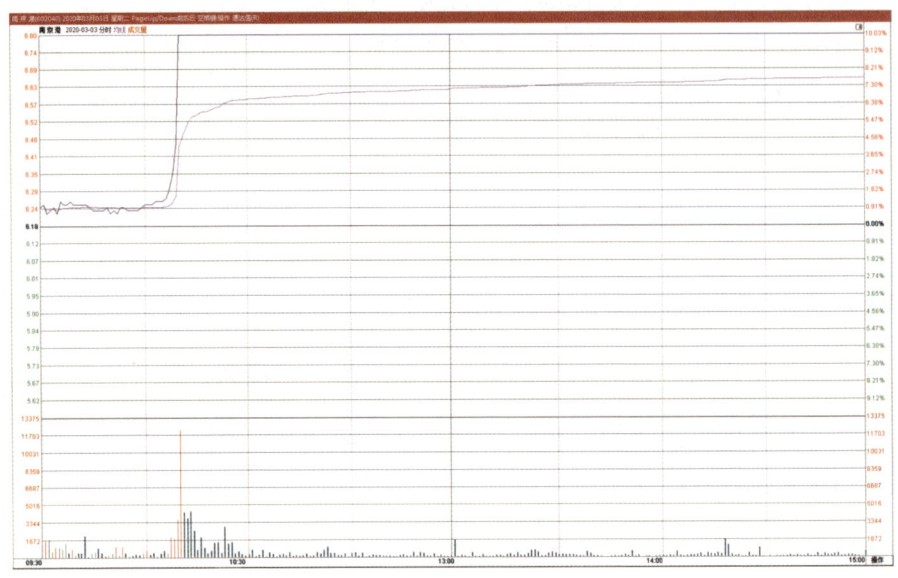

图6-83 南京港分时走势图

"1允许"是指发射波允许直线拉升过程有接力，但接力一般最好不要超过三个，每次接力时间不能超过一分钟。例如渝三峡（见图6-84）2015年10月9日的分时走势就是这样的。它开盘之后，在中轴线下小幅横盘震荡了近半个小时之后，突然突破上轨向涨停发起冲锋，但在冲锋的过程中，形成了两个比较明显的褶皱，说明具有一定的压力，但它能在1分钟内见底掉头向上，继续发起攻击，那依然还能说明主力的攻击力度是很猛的，这和发射火箭一个道理，我们要把飞行器发射进太空，有时候是需要多次推力的接力才行的，所以它还算发射波。但接力时间要是超过 分钟，那就不好说了，要看具体情况才能下结论，因为超过一分钟的容易形成龙梯波。

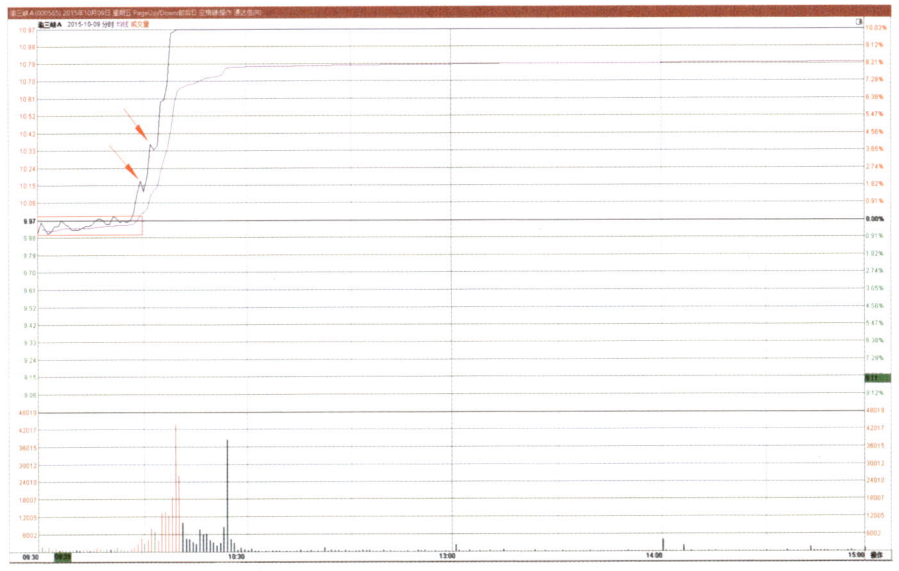

图6-84　渝三峡分时走势图

二是龙发射的发射方式。根据我自己的实战总结，它大概可以归为四大类。

（1）空中发射，就是在中轴线之上横盘之后的发射。例如江南高纤（见图6-85）2020年1月20日的分时走势，就是这样的。它当天高开之后的横盘，出现在中轴线的上方，如果我们把中轴线当作地面的话，那么它毫无疑问就是悬在上不着天下不着地的低空或半空中，就像一架飞机在空中盘旋良久之后，突然掉头向上发射出导弹一样，所以它是属于空中发射的类型。

（2）地面发射，就是咬着中轴线横盘之后的发射。例如普邦股份（见图6-86）2020年4月23日的分时走势就是这样，它在当天开盘之后，一直咬着中轴线运行，就像一辆坦克在大地上行进一样，下午开盘后不久，坦克突然竖起炮架，接连向空中射出炮弹，一举拿下涨停，所以它是属于地面发射类型。

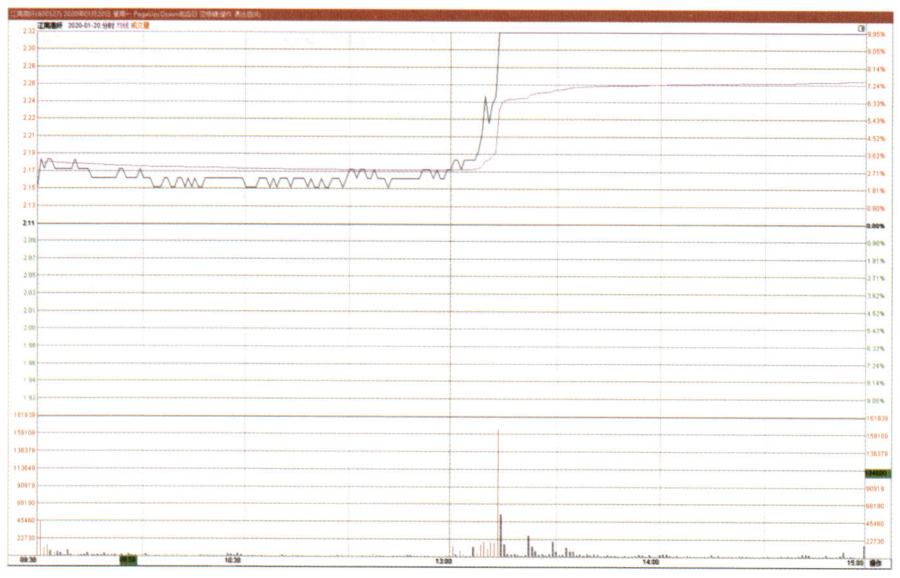

图6-85　江南高纤分时走势图

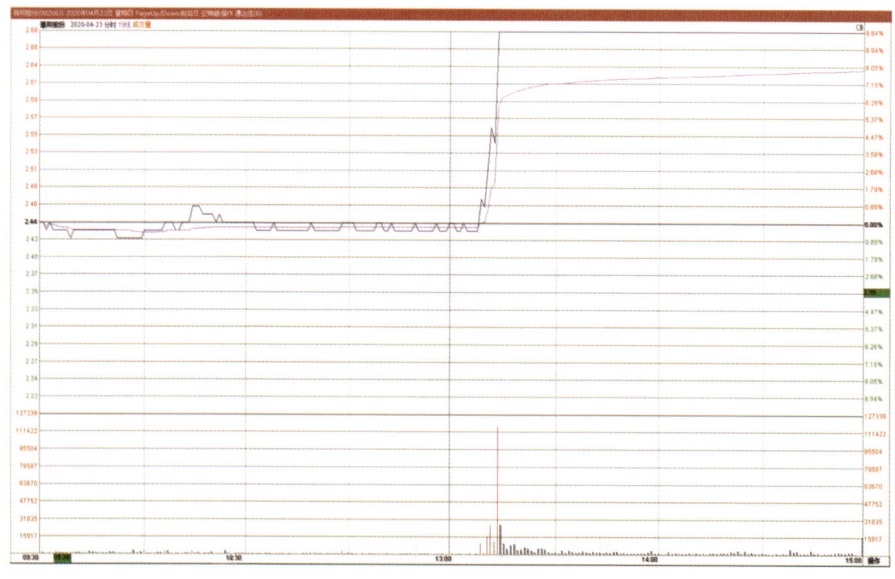

图6-86　普邦股份分时走势图

这个地面发射还包括一种情况，就是开盘的时候虽然是低开的，但后面却站上了中轴线，在中轴线上形成震荡的，也算地面发射。例如张家港行（见图6-87）就是这样子，它开盘的时候是低开的，但后面站上了中轴线，并且股价一直在中轴线上运行，也在中轴线上发射，所以它还是属于地面发射类型。

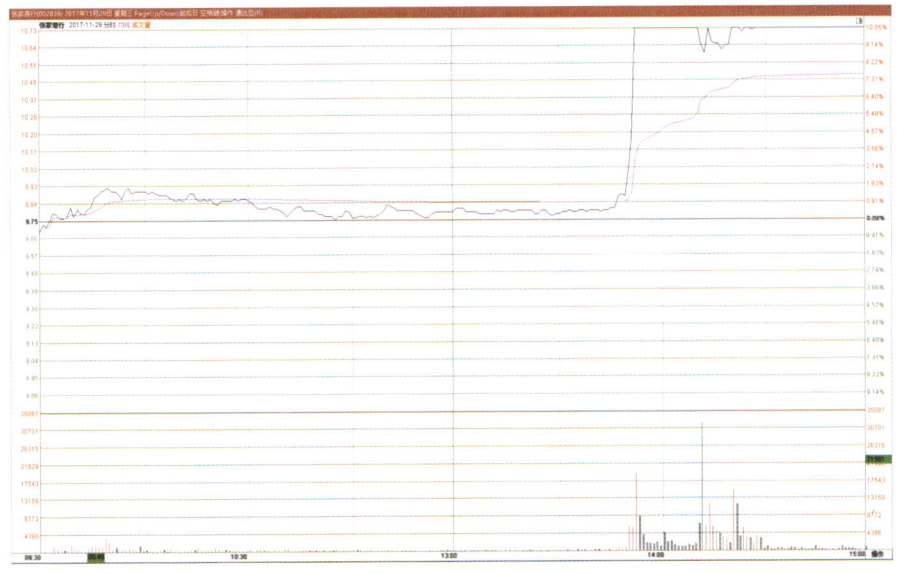

图6-87　张家港行分时走势图

（3）水下发射，就是在中轴线之下横盘之后的发射。比如中铁工业（见图6-88）2016年1月19日的分时走势，就是这样的。股价开盘之后稍做俯冲，就在两个点之内横盘震荡了近一个上午，然后才在上午收盘的前10分钟内，从中轴线下直接发射，它就像游弋在太平洋水面下的核潜艇，游着游着，突然竖起炮架，接连向空中发射出导弹，直接杀上涨停并封死涨停。所以，我把它归类于水下发射类型。

（4）开盘直射，就是开盘后就直线拉升的发射。例如北玻股份（见图6-89）2020年2月24日的分时走势就是这样。该股当天虽然是低开的，但它低开之后却一口气杀上涨停，就像万事俱备的火箭军，一接到指挥部开打的命令,立即就万炮齐发,直封涨停。像这样的走势,我把它归类于开盘直射的类型。这种类型,大多发生在强势洗盘之后。

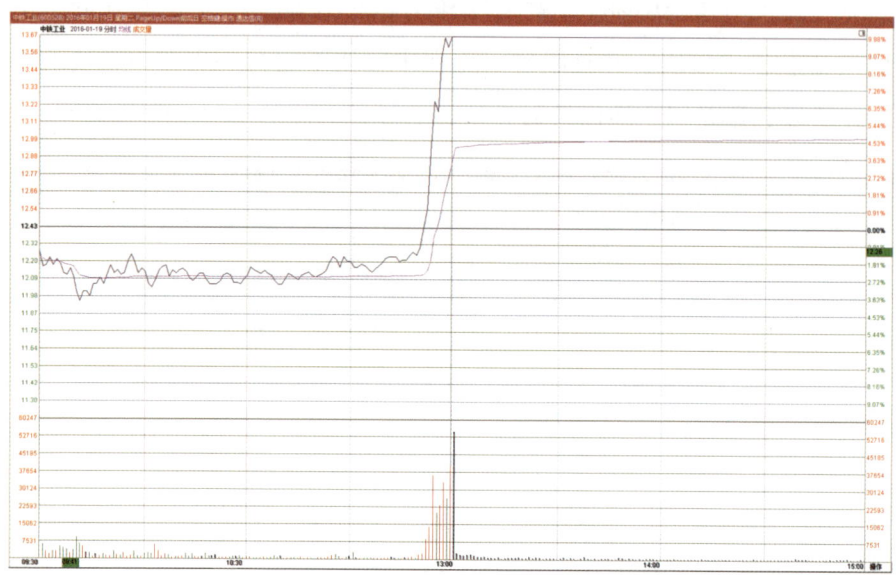

图6-88 中铁工业分时走势图

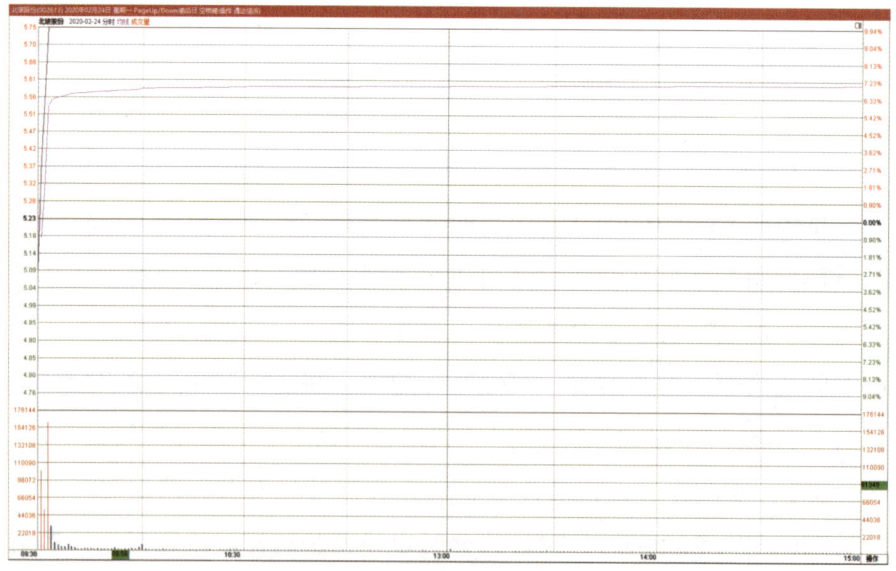

图6-89 北玻股份分时走势图

像这种的开盘直射，有两种情况，一种是高开直射。我刚才讲的北玻股份，是属于低开直射，而下图的国农科技（见图6-90）则不一样，它属于高开的，所以它是属于高开直射。

图6-90　国农科技分时走势图

还有一种是在开盘直射的过程中，很多时候会出现褶皱。比如威唐工业（见图6-91）2019年12月23日的分时走势，就是这样。但是，它从遇阻到回踩见底的时间，没有超过1分钟，因此按照前面讲的定义，它还是属于开盘直射的范畴。

从以上的分析中我们可以知道，龙发射的形态条件主要包含形态结构和发射类型两个方面，其中，形态结构包含没有明显的台阶、没有明显的俯冲、实际振幅不大于两个点左右、横盘时间不做限制、允许发射过程有短暂的皱褶五大因子，简称"2没2不1允许"；而发射类型，则包含空中发射、地面发射、水下发射、开盘直射四大类。我们只有把这些条件都搞清楚了，才能更好地为实战服务。

图6-91 威唐工业分时走势图

2. 基础条件：位置

虽然龙发射有时候由于事件、消息或利好的突然出现，可以发生在任何一个区间，但这必须要主力准备好才会形成大涨，主力要是没有准备好，或者是事件、消息利好还不够强大，那么它随后就会跌下来。所以，在正常的条件下，最有风向标意义的、同时也出现最多这种形态的，大概只有三个地方。

（1）波底，就是一个波浪的底部或相对底部。例如保变电气（见图6-92），它的C柱形成的龙发射，就是处于这样的一个波底位置。而且它这个波底位置，具有三大特点：其一，它是2015年之后的大凹底，巨跌之下，必有强势的反弹，这为它后面的走好，提供了前置条件；其二，B柱之后，形成了一道燃烧的导火索形态，这为后面股价的引爆提供了强大的技术支撑，无数的案例已经表明，导火索引爆的背后，股价不是涨停就是连续涨停；其三，A峰之后的下跌，都是双单下跌，这说明这段路途上很少有市场的套牢盘，后面一旦拉升，必将势如破竹。所以，这样的波底背后，股价要不涨好也难。

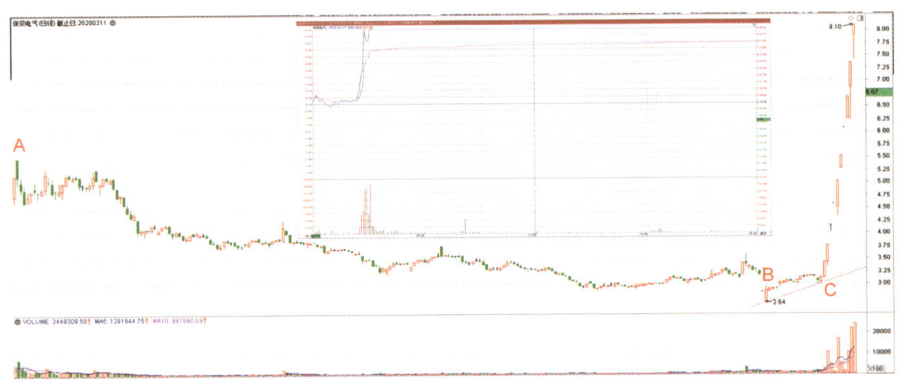

图6-92　保变电气走势图

（2）主升五线附近。这种位置，通常都是主升的临界点，主力要是没有准备好的话，一般都不会去突破，而一旦主力用发射波去突破，则通常表明主力不但已经准备好，而且还按下主升浪的启动键了。例如人民网（见图6-93）D柱的龙发射就是这样。在它左上方的A线，是一道6378线，是主升五线之一，如果主力没有准备好，是不可

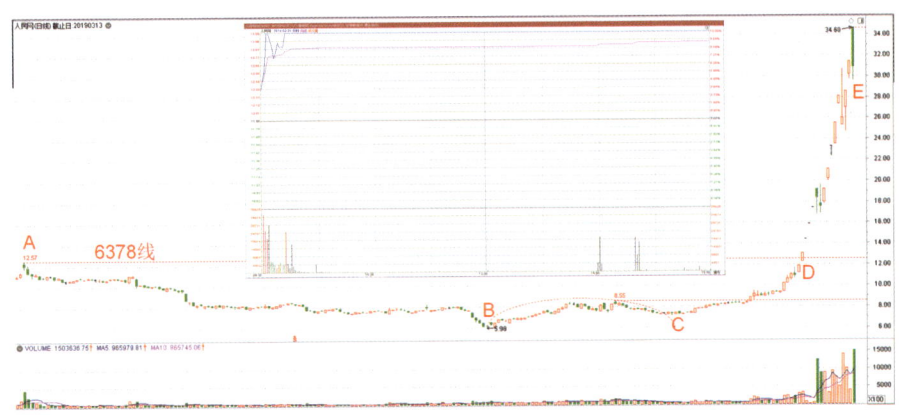

图6-93　人民网走势图

能去碰它的。但是我们从图中可以看到，股价从A柱跌到B、C之后，成功构筑了一个筑底波，而后股价掉头向上，并在D柱的前一天用一根接力板逼近6378线，透露出强烈的往上突破的信号，说明主力可能准备好了，要启动主升浪了。而次日D柱用发射波强势突破6378线的压力，说明主力已经按下了主升启动键，股价将像航天飞行器摆脱地心引力一样，进入广袤的太空中去飞翔。所以，D柱后面的股价，像导弹一样直射九霄云外。

（3）主升途中，就是主升五线之上的地方。例如模塑科技（见图6-94），C柱形成龙发射的时候，股价已经位于6378线的上方，说明股价已经进入主升浪的轨道。而龙发射的出现，通常表明股价出现了加速上涨的信号，因为主升浪的时候，脚下已经积累了大量的获利盘，主力一般都是边拉边洗边出货，分时震荡特别地厉害。而它的分时上居然没有什么震荡，直线拉升，快速封板，说明主力在这个位置上不惧抛盘，只要你敢扔，它就敢吃，而且它自己也不派发，高度锁仓。这说明什么呢？只有一个解释，那就是在主力的眼里，这个位置还不算高，它心中的目标位还在更高的位置，所以它才会大口狂吃，并且锁仓。而这种情形的背后，一定是大涨特涨。从图中我们也确实看到了它后面的股价，就是火箭发射的速度在一路猛飞，因为主升浪的过程不会很久，主力要抓住时机赶紧把股价拉上去，把筹码扔出去。

从以上的分析中我们可以知道，位置对于龙发射来说非常重要，只有抓住对的位置，才能获得好的效果。因此我们要靠龙发射赚钱的话，一定要吃透位置、盯紧位置、掐死位置！只有这样，我们才能在年终岁末的时候开怀畅饮、引吭高歌！

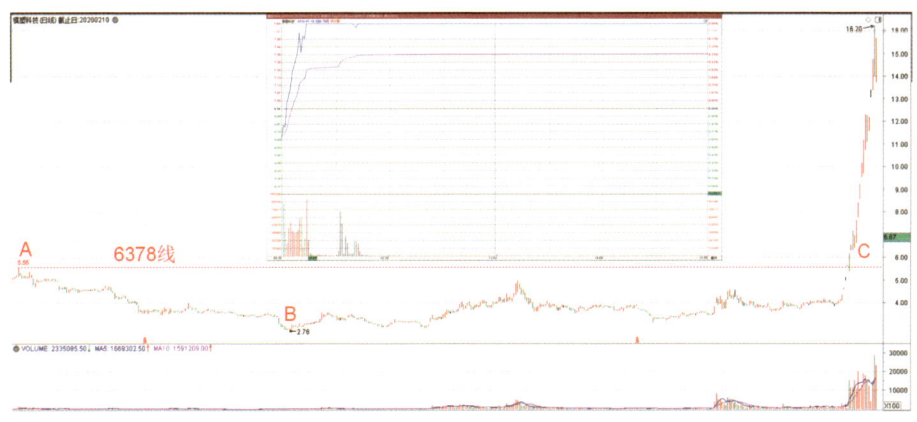

图6-94 模塑科技走势图

3. 核心条件：板性

由于龙发射的成因相对复杂一点，所以它的板性要从四个方面来确认。

（1）位置。一般来说主升途中的龙发射爆发力最强，它出现的后面，几乎天天都是拉板。例如我前面讲的模塑科技，就是处于主升浪途中，它的后面都是连续拉板，13个交易日内，最高涨幅149.98%。其次是凹口的，这个凹口可以分为两种，一种是主升五线之下的，一种是主升五线之上，主升五线之下的爆发力可能会弱一点，但要是正好处于主升五线之上或边上的话，它的爆发力就会丝毫不比主升途中的差。我刚才讲的人民网，它的龙发射就是出现在6378线边上，之后连板拉升，15个交易日内，最高涨幅达到了181.22%。凹底相对差一点，虽然有强热点配合的话，它也能像保变电气那样成为妖股，但从统计学角度而言，就比前面两个位置弱许多，大多小拉一下之后就震荡了。这可能与底部的压力较大有关。

（2）形态。根据我自己实战中形成的经验，开盘直射的爆发力最强,空中发射的次之,地面发射的第三,最后才是水下发射的。

例如国农科技(见图6-95),它C柱那天的龙发射,就是开盘直射,第二天开盘后虽然出现剧烈震荡,最低杀到跌停,但最后还是封回了涨停,而且它次日之后,还连续来了三个涨停,并没有像其他涨20个点振幅的个股,第二天就跌停了。这说明这个开盘直射的龙发射,具有强大的爆发力!主力既然敢用开盘直射封涨停,一定是做好了准备,不怕打压、不怕挑战,一心一意要做多的。否则,明知左峰A线有压力,脚下还有大量的获利盘没出来,主力怎么可能会用开盘直射去封板,让它们都获利出来?

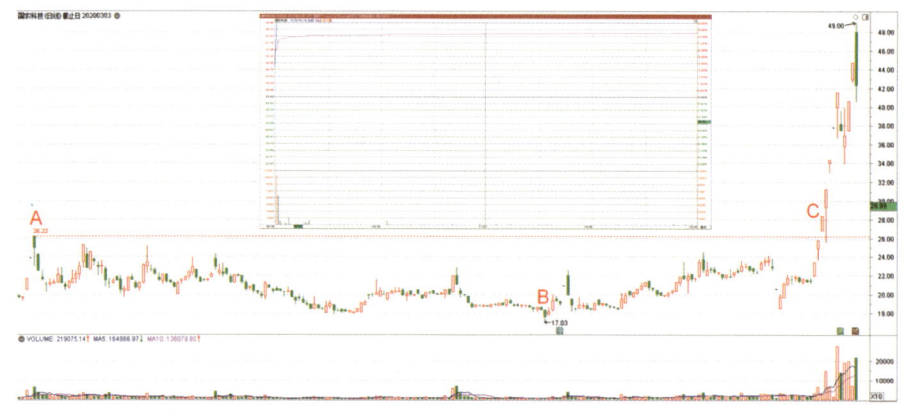

图6-95　国家科技走势图

(3)封板时间。封板时间越早的越强,尾盘封板的最弱。其他波峰性是不是这样我不敢说,但对于龙梯波和发射波,却基本都是这样。这不是胡说八道凭空捏造的,而是大量的数据归类之后形成的结论。

例如运达股份(见图6-96)的B柱龙发射,就是在尾盘10来分钟才发射的,而它涨停之后,股价并没有延续之前的涨势,而是一路震荡向下,最后还跌破了B柱的虚底。为什么会这样呢?主要有三个原因：一是主力建仓还没结束，二是左上方压力大，三是利好力度不强。由于这些原因，导致主力不敢放开胆子早早去封板，而这些原因，也不是一时半会能解决的，所以它们在后面，大多走弱。

图6-96 运达股份走势图

（4）成交量。缩量或平量的最强，温和放量的次之，放出大量的比较弱。因为缩量和平量，通常意味着主力控盘良好，后市还会向上；温和放量虽然是放量，但温和这个程度，却表明主力还可以接受，后面上攻的意愿还不会减弱或放弃。而放出大量则不同了，放出大量通常意味着有很多人借着主力的拉高拼命跑，这可能会出乎主力的意料之外，当天尽管还能封涨停，但主力却被迫吃下太多的筹码，主力自然咽不下这口气，一般次日就会掉头绞杀。所以，缩量或平量的最好。

例如北玻股份（见图6-97）的B柱龙发射，它就是缩量的，它这个缩量，表明前一天龙发射突破凹峰线放出的筹码，是主力吃的，同时主力也在锁仓，如果主力没有锁仓的话，而是也在抛售的话，它就不可能缩量了。而既然吃下那么多筹码还锁仓拉板，它的目的只有一个，就是拉到更高的地方去派发。所以，缩量或平量的龙发射，后面大多还会继续走强。

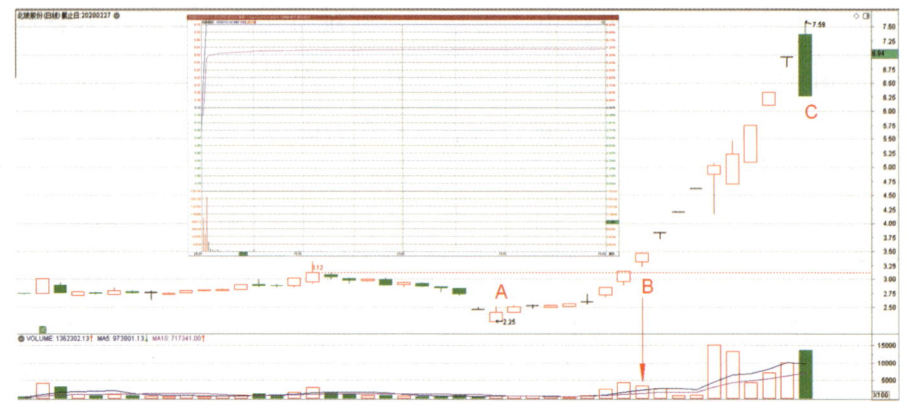

图6-97 北玻股份走势图

从以上的分析中我们可以知道,龙发射的板性是与位置、形态、封板时间和成交量密切相关的,只有四个条件都符合,它的板性才会强。否则就会减弱。所以我们在实战的时候,必须高度关注这些要素。

4. 买入条件:"三个时"

根据龙发射的技术原理,它的买点主要体现在"三个时"。

(1)横盘潜伏时。这时候虽然还很弱,而且并不是所有横盘的个股后面都会去冲涨停,但是考虑到龙发射的时候很多都追不上,因此可以在它横盘的时候买一些底仓。例如新力金融(见图6-98),当天开盘之后,它就缠着中轴线横盘震荡,一下翻在线上,一下翻在线下,那么我们就可以在它11点后站稳中轴线时先买入一些底仓,免得它后面急拉时我们追不上。万一买入后它不拉,或者跌了,我们由于仓位小也损失不大。而要是拉起来了,我们即使没跟上也没关系,反正我们有底仓在里面,要真能走好,我们后面还可以继续加仓。

图6-98 新力金融分时走势图

（2）有效突破左柱或左侧压力时。一般来说，股价横盘潜伏的时候，左柱或或左侧都有貌似不小的压力，一般情况下不会去突破，而一旦去突破，说明主力的进攻开始了，所以可以买一些试试。但龙发射一般都是拉得很急的，即使有些个股会出现波动，时间也极短，这就要求要提前做好功课，画好压力线，并且专心盯盘，提前做好准备，一旦买点出现，立即出击。

例如容大感光（见图6-99），D柱开盘后就出现了龙发射前的横盘，那么我们就要迅速从日线上找出它最近的压力位。它最近的压力位在哪里？在14.43元，那么我们就要在分时图上在14.43元的位置画一条线，同时把单预设在14.43元头上的一个点之上，后面只要股价一突破14.43元，立即按下确定键。只有这样，你才能在它急拉中买到这只股票。如果不提前做好这些准备的话，我们就根本追不上。

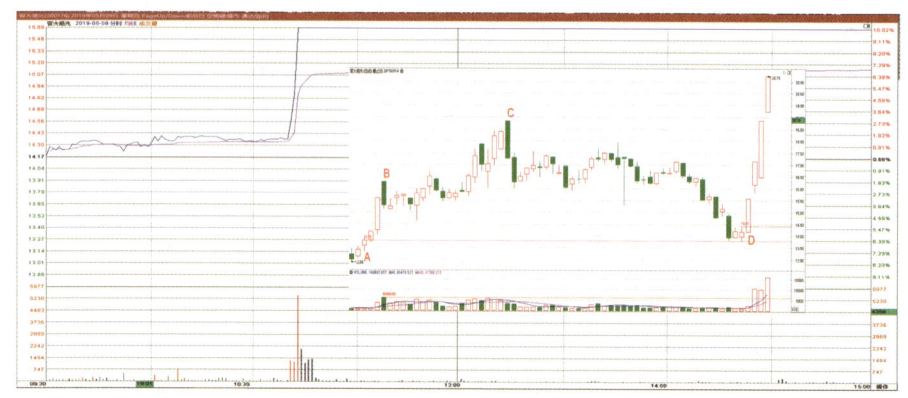

图6-99 容大感光走势图

（3）次日突破龙发射实顶时。如果当天没买到，或者不敢买，那么次日有效突破和站稳龙发射实顶的时候，还是一个买点。但这种买点，必须是日线基础牢固，头上也没有什么压力的情况下才行，否则也有较大的风险。所以这样的买点，要在主升浪启动后的连续上攻中才比较安全。

比如模塑科技（见图6-100），它的C柱龙发射，就是位于主升中途，打这种位置的龙发射就比较安全，因为它能走主升浪，说明底下的基础很扎实，头上的压力也不大，否则主力就不会去启动主升浪。

图6-100 模塑科技走势图

而它的位置，正好是武三丰空中加油的地方，它突破左侧的大阴，说明空中加油已经结束，新的行情正在出现，而它脚下的缩量，表明主力控盘良好，而且还处于锁仓状态，后面大概率会继续拉高。所以，即使C柱当天我们没买到，第二天一样还可以买，也有机会买。

5. 涨幅条件：风口

龙发射之后，股价能不能涨好呢？一般来说，要涨得比较好的话，必须要有热点和风口配合。热点或风口强劲且持续的，就能大涨特涨。例如保变电气（见图6-101），它的技术基础特别好，龙发射之后能涨到哪里呢？这最终得看风口强不强。风口要是不强的话，拉到A峰的脚下就会打住，而要是风口强的话，就会突破A峰再向上。从图中我们可以看到，龙发射出现的时候，正好碰上了新基建特高压的强劲风口，所以主力抓住这个风口乘势而上，一口气拉出了10个板，成为当时两市上涨行情的黑马。

要是热点风口不持续的，大多很难走强。例如我2014年初入股市，在网上跟一个叫檀溪的老师学炒股的时候，他就告诉我，有些股票开盘后会一直在一两点之间横盘，但它不是不涨，有些股一直横着，突然就直线涨停了。2014年12月26日我就碰到了这样的个股，它就是首钢股份（见图6-102），那天首钢股份开盘之后没多久，就像檀溪老师说的那样在两个点之内横盘了，到了下午开盘后约20分钟，它就突然掉头上攻，不到10分钟就封上了涨停。但是，次日之后，它并没有连续上攻，而是以这天涨停板的实顶为依托，上下震荡了四天之后，终于掉头向下，出现大跌。虽然这天的分时走势用我今天自己总结的技术看，存在一些缺陷，但更重要的，却是热点不强的问题。它突然涨停，是因为有关部委又出台了一个土地流转的政策，首钢据说空置土地不少，可以受益。但是关于土地流转的政策，之前已经发布过很多，后面的再次发布，鲜有出人意料的，所以难以支撑首钢的股价依靠这个大涨，首钢也不一定愿意把土地流转出去！所以我们要抓热点，就要抓大出人们意料之外的热点才行。

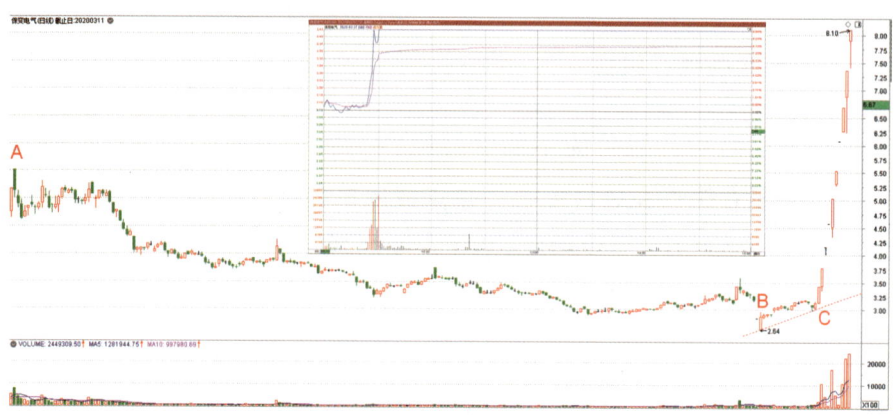

图6-101　保变电气走势图

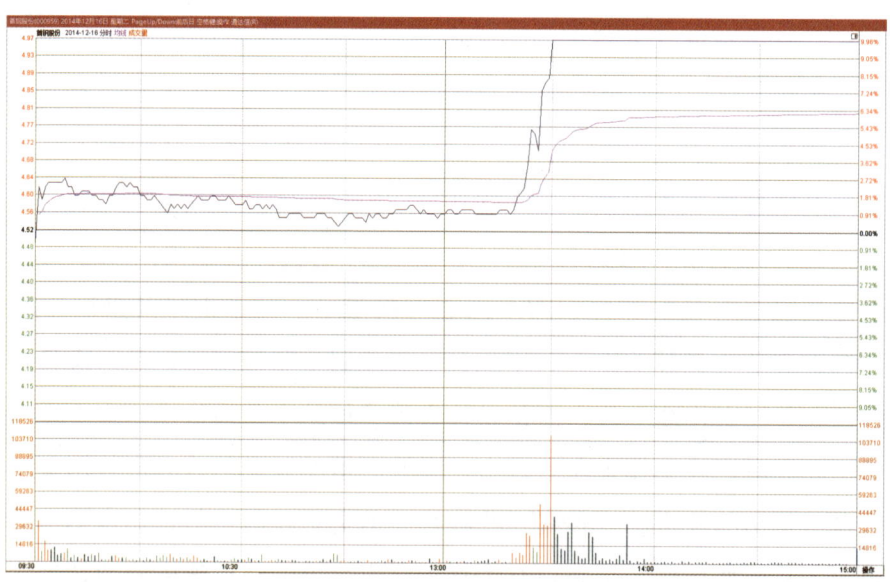

图6-102　首钢股份走势图

三、龙发射的风险管控

1. 消息类的龙发射谨慎买

消息对股价的影响是巨大的，但不是所有的消息都能导致股价大涨，什么消息能导致股价大涨，什么消息不能导致股价大涨，需要很好的新闻敏锐力和判断力，而这却是很多股民都不具备的。在这种情况下，先把消息放一边，看一两天再做决定，很多时候可以帮助我们避开风险。

2. 低位里的龙发射小心买

低位的龙发射要想持续走强，一般来说需要三个条件：一是主力建仓已结束；二是出现强劲的热点和风口；三是头上没有大的压力。三个条件都具备，一定走强，三个条件不具备，一定走弱，三个条件不完全具备，后面拉起来也会震荡。

例如南京港（见图6-103），C柱形成龙发射的时候，主力建仓是否已经结束？从涨停板学理论看，A峰是主力的出逃峰，A峰到B柱的跌幅，后复权后只有53%，说明还不够，因此主力建仓还未结束。而它当天的涨停，只是板块异动，并未出现什么特别的利好，更未形成强劲的风口。它的头上，还有海底捞岸基线的压力，所以三个条件基本不符合，这种情况下，小仓位潜伏是可以的，涨停或涨停后再买进，则要小心了，因为三个条件都不符合的龙发射，大多还要跌下来的。

图6-103 南京港走势图

3. 买错的龙发射赶紧卖

很多人买股票的时候都信心满满,总认为自己一定对,股价一定会按自己的预判走,这其实是心智不成熟的表现。自从盘古开天地,三皇五帝到如今,还没有一个不会出错的人。所有的牛人之所以会成为牛人,不是因为他的铜牙铁齿,而是善于纠错和总结。因此,我们一旦出现买错的情况,不要认死理,因为事实胜于雄辩,我们判断错了,第一要务就是纠错,就是赶紧先跑出为上。例如运达股份(见图6-104),假如我们在B柱龙发射时潜伏进去了,那么后面不涨反跌的时候我们就要跑,切不可认为它会像保变电气那样一口气拉出10个板而死死捏住不放,因为它后面几天不涨反跌,就说明它不可能像保变电气那样连续拉板,我们的预判已经出错,必须先跑为上。要是不跑的话,后面大多会被套住。

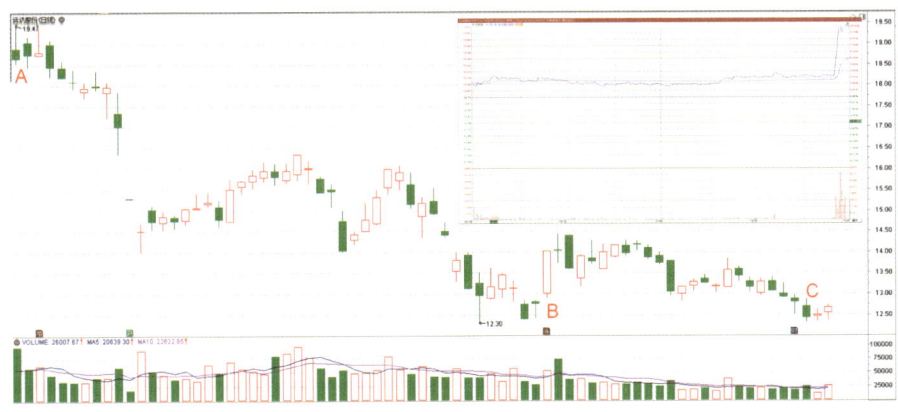

图6-104　运达股份走势图

第五节　逃顶的波：龙反水

一、什么是龙反水

关注股票分时走势的人经常会碰到一个很揪心的现象，就是有些股票开盘的时候很不错，通常都是高开，有的甚至高开八九个点乃至涨停，让大家满心欢喜，但是开盘之后的走势却是让大家很扎心，因为它们高开之后通常在几分钟之内就砸破中轴线，或虽然没有砸破中轴线，但在中轴线附近逗留一两分钟又往下砸，最后导致手脚不伶俐、心存幻想、开盘就买、砸下来就抄底的人悉数被套。

例如世纪天鸿（见图6-105）20200213那天，股价在高开3.18个点之后，一头向下砸盘，仅用1分钟就砸破了中轴线，而后一路震荡向下，最终封住了跌停。而从当天的分时图看，股价后面连续大跌，到D柱的时候，跌幅高达55.70%，砸回到了原来的启动点位置。可见，

2020年2月13日那天的高开之后往下砸的分时走势，就是股价见顶的标志。由于它高开下砸的走势和力度，很像天河开闸倒水的样子，所以我把它叫作天河倒水，而这种天河倒水出现在大涨后的龙头股身上，常常成为龙头股见顶和衰落的标志，所以我又把它叫作龙反水，意为从这个时刻开始，它已经不是上涨的龙，而是下跌的龙了，因为它反水了。

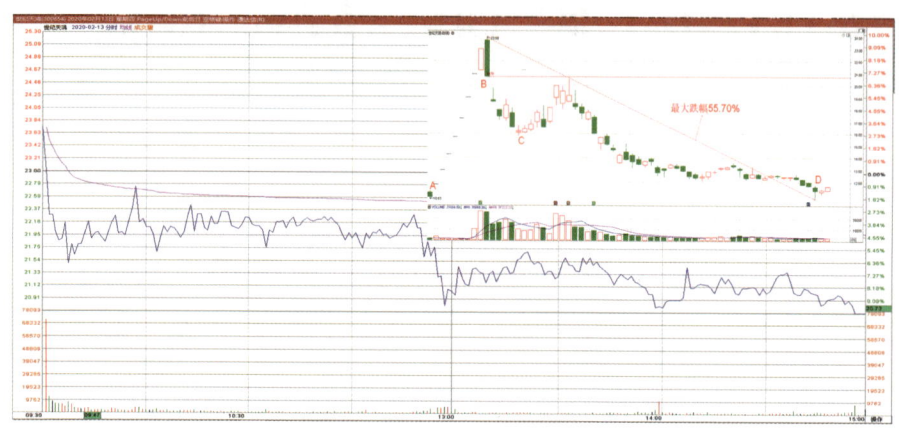

图6-105　世纪天鸿走势图

这种反水波一旦出现在龙头身上，后面几乎都是一轮暴跌。例如银星能源（见图6-106），就比刚才的世纪天鸿更可怕。该股在2019年6月25日那一天，是在涨停板上开盘的，延续了之前连续一字板拉升的走势，但是，两分钟后，涨停板被砸开，然后仅用一分钟的时间，就把股价砸到了-7个点左右，巨震17个点左右。之后经过几度挣扎，最终封死在跌停板上。而从日线上看，股价在这天之后一路下跌，跌到B柱时止，最大跌幅已达62%以上。2019年6月25日A柱那天的天河倒水，成了真正的龙反水。

第六章 板波的实战技巧 | 425

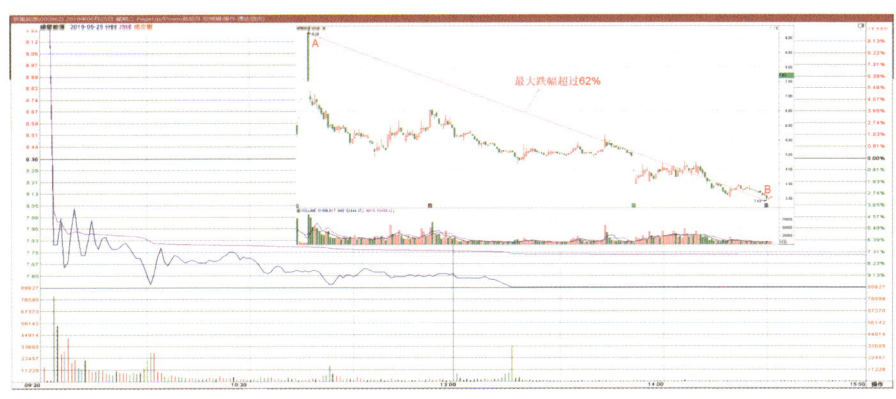

图6-106 银星能源走势图

那么龙反水为什么会这么恐怖呢？从世纪天鸿那天的分时图中我们可以看到，它第一分钟的成交量是70994手，第二分钟的成交量是12456手，两分钟加起来是83450手，折成股数是834.5万股，而它的流通股数也不过是6554万股，也就是说，在这两分钟之内有12.76%的筹码跑出（见图6-107）。而它当天在3.18个点开盘之后，曾瞬间攻上4.3个点，上涨1.12个点，但随即被后面的大单砸下，谁有这么大的单子来砸呢？肯定是主力，而不是散户。因为散户的筹码散，个体分布也散，单个散户没有这么多的筹码来砸，群体散户也无法统一意见在同一时间段一起砸，因为散户不但筹码散、分布散，意见更散，更无法联系讨论和表决，所以这么大的单子，只能是主力在砸。而既然主力在砸，别人自然也拉不起来，所以聪明的资金都在跟着主力一起砸，最终导致了跌停。

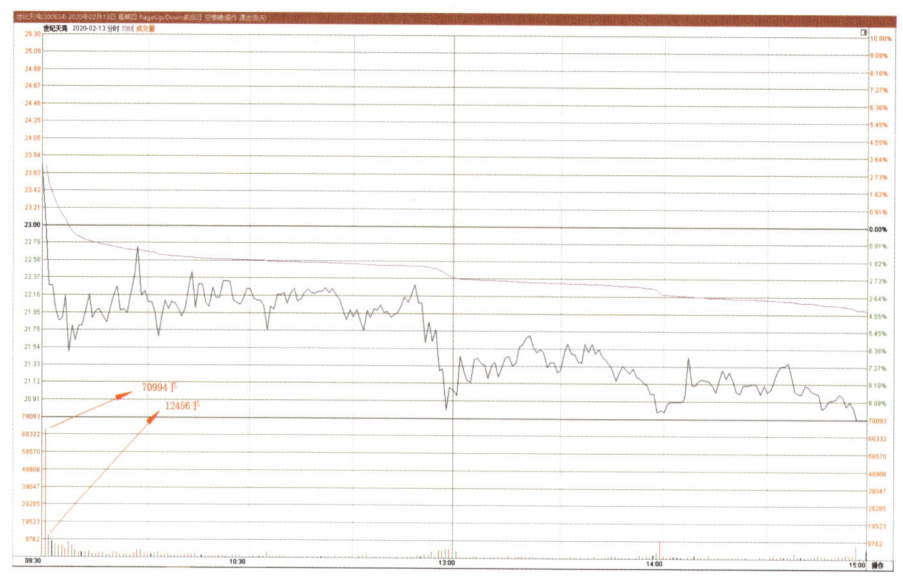

图6-107　世纪天鸿成交量

银星能源（见图6-108）也一样，从9点32分涨停板被砸开算起，到33分为止，一分钟内砸出81661手，也就是816.61万股，如果把前面在涨停板跑出的量算进去，几分钟内跑了97524手，也就是975.24万股。谁有这么多的筹码在这个时间里一起逃出？很明显，只有主力。从后面的分时量柱看，大单接连砸盘出逃，比谁砸得更狠，比谁逃得更快，在这种情况下，除了跌停外，好像看不到第二条路。

所以，龙反水后面之所以会大跌，主要是因为主力砸盘出逃，而既然是主力在砸盘出逃，聪明的资金也会跟着一起砸，赶紧跑出观望。而既然大资金和聪明的资金都在跑，剩下的走势自然也就"跌跌不休"了。这就是龙反水示跌、示顶的市场本质。

图6-108 银星能源成交量

二、龙反水实战要点

1. 前提条件：成因

我以前讲完天河倒水之后，不少同学和读者私下都问了一个问题：主力为什么要这样慌不择路地出逃？我想，这主要有三个原因。

（1）主力的操盘目标已达到，货也差不多出完了，可以毫无顾忌地跑了。例如北玻股份（见图6-109），主力在B柱海底捞建仓结束之后开始掉头向上，然后连续拉板到C柱才开始出货，而由于热点强、场外接盘资金大，尽管从成交量看主力的抛售力度有点大，但股价继续连板上攻，当攻到D柱的时候，主力已经跑得差不多了，所以毫无顾忌地抛出了筹码，C柱前后接盘的短线强势资金也有了获利的空间，所以也不顾一切地把筹码扔给后来的接盘者，这才导致了一线砸到跌停上，形成了很极致的龙反水形态。

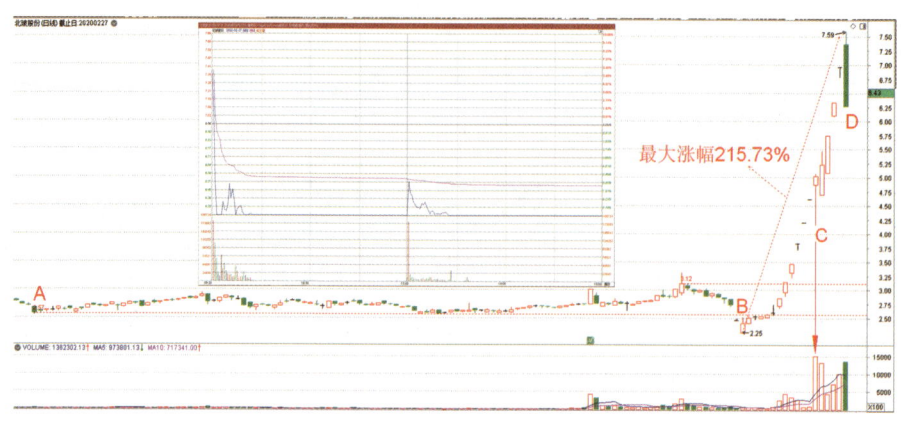

图6-109　北玻股份的龙反水形态

（2）出现利空，对股价后市产生了重大的负面影响，主力只好反手做空，先跑为上。例如ST界龙（见图6-110）2020年4月23日的C柱，就是这样的龙反水。在C柱之后出现了滞涨，而且缩量很厉害，由于它的涨幅还不高，左侧还有一个峰（日线图省略），因此这里的滞涨是很明显的诱空和洗盘。随后由于传出会被ST的消息，股价一开盘就往下砸，形成了龙反水的走势，最终杀到了跌停。虽然该公司公告预报2020年第一季度扭亏为盈，看C柱的成交量也没放出多少，具有主力未跑的迹象，但也不能排除主力利用利空进行进一步的打压。所以不管主力跑没跑，它都会变成主力反手做空的借口。这只股要是没有预告一季度预增的话，主力很大概率会选择出逃的。

（3）在拉升中遇到了重大的压力位，短期内无法实现突破，所以决定先跑为上。例如哈投股份（见图6-111），股价在B柱见底之后，一路震荡向上，但当来到股灾底A线的时候，头上的压力无疑是山大的，主力在D柱之前就曾组织过两次冲锋，但都被打下来。所以D柱前一天的涨停放出历史次高量的时候，就意味着头上的压力依然巨大。因此主力次日就掉头向下，反手做空，先跑为上了。

图6-110　ST界龙的龙反水形态

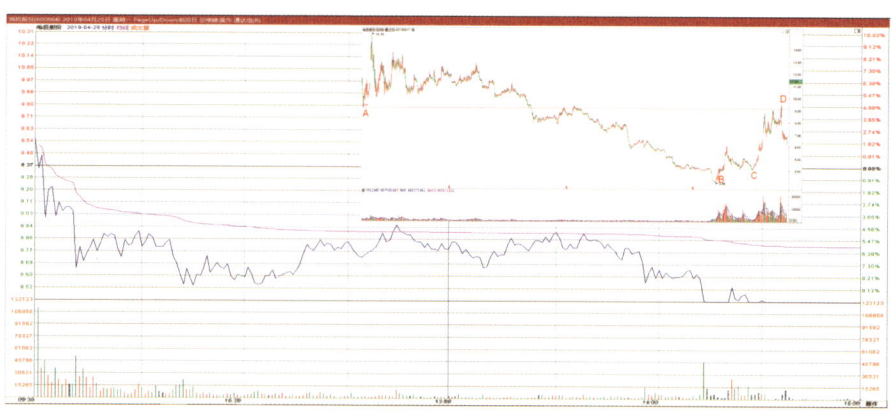

图6-111　哈投股份走势图

龙吸水的成因可能还有好几种，但从数据归类看，主要就是这三种。在这三种中，最致命的是第一种，因为主力操盘目标完成之后，跌幅一般都很深，时间也很久。后面两种则具有一定的不确定性，要看具体的情况。如果涨幅不高，遭遇的是头上的中小底，或者是不严重的利空，那么后面就还会上来，但遭遇的要是特大的左上底，或者是严重的利空，那么后面的下跌也会比较厉害，要想站回去，可能就要花费许多的时间了。

2. 基础条件：结构

这个结构，主要是指分时的结构。日线的结构当然也很重要，但有时候龙反水很凶狠，不容你去研究它的日线结构，等你看清搞懂日线结构的时候，它大多已经跌停了，你跑不出来了。例如永太科技（见图6-112）2020年2月10日的龙反水，从高开到跌停，只有四分钟的时间，等你研究完日线再回来的时候，它早已经封死了，你跑不出来了。因此在龙反水的形态当中，分时结构重于日线结构，一旦出现，必须先跑。

图6-112　永太科技走势图

那么龙反水的结构是怎样的呢？①股价高开低走（个别有平开低走或小幅低开低走），五分钟之内砸破中轴线，或虽然没有砸破中轴线，但在中轴线附近逗留一两分钟再砸破。②砸破之后不但反攻不回去，而且还继续向下破位。③半小时内均线跌破中轴线。④均价线和分时线全天都在中轴线下方运行。例如航锦科技（见图6-113）2020年2月27日的分时走势，就是这样，当天股价高开之后，五分钟之内就跌破了中轴线，然后均价线也在半小时之内跌破了中轴线，这过程中股价虽然有过三次的反攻，但三次都没站上中轴线，最后导致股价继续破位下跌，股价（分时线）和均价线全天都在中轴线之下运行。这样的分时结构，就是龙反水的结构。

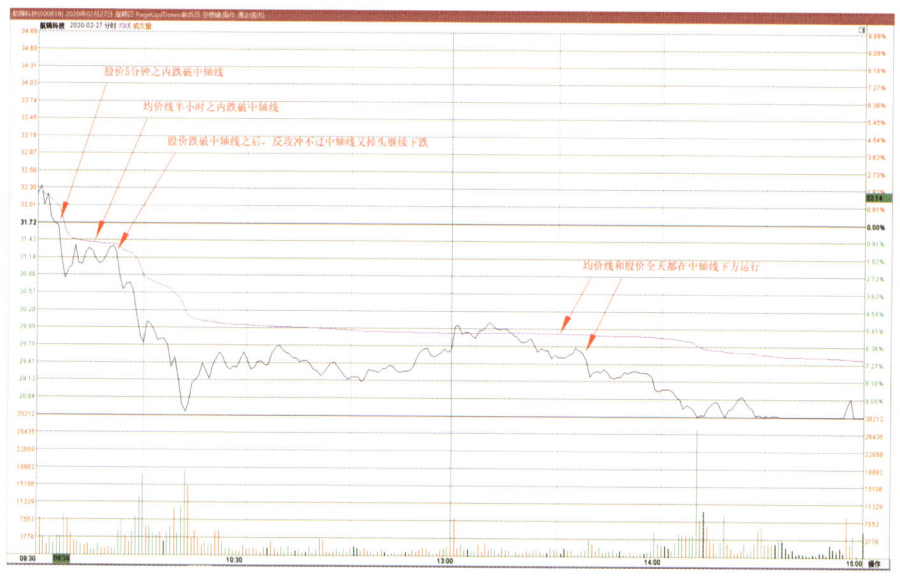

图6-113　锦航科技分时走势图

又如航天长峰（见图6-114）20200424的分时，也是这样的走势。它当天虽然不是高开的，但它一开盘就跌破中轴线，是符合"五分钟之内砸破中轴线"这个标准的，只不过它时间更短，开盘就破而已。低开之后它出现反抽站上中轴线，但不到五分钟又跌破中轴线，这就是有效跌破中轴线了，有些看见股价低开高走翻红就打的朋友，往往就吃亏在这里。如果直接低开低走的，只要反抽站不上中轴线或均价线的,也算"五分钟之内砸破中轴线"。有了这个补充标准之后,只要后面的条件都符合,也算龙反水的结构。航天长峰的股价五分钟之内砸破中轴线之后,均价线也在半小时之内跌破中轴线(其实也是开盘就破),随后出现的反攻,不但站不回中轴线,也站不回均价线,而且从收盘看,分时线和均价线也都在中轴线下方运行,并以跌停收盘。所以,即使它是低开的,但也一样是龙反水的结构。

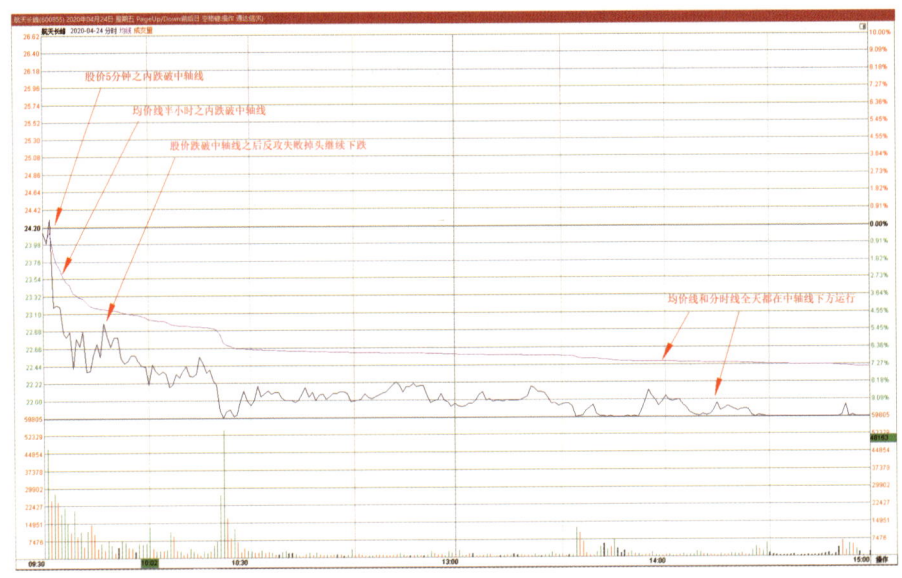

图6-114　航天长峰分时走势图

因此,龙反水的分时结构,虽然标准的都是高开低走,但也有一些会平开低走、低开低走的,它们的背后,都是主力的出逃。因此在具体的实战当中,我们一定给予高度关注,不要幻想它会出现低开高走的走势。因为龙反水一旦形成,后面大多要形成一波比较深的下跌。

3. 核心条件：位置

龙反水的分时结构形成之后，后面是不是一定会跌呢？这要看位置。一般来说，头部的肯定大跌，因为那多为主力筹码派发完成之后的离场清盘。例如安居宝（见图6-115），股价从筑底拐点涨到D柱的时候，最高涨幅已经达到194%，而且它的脚下还有筑底波和接力波，即使从接力波算起，它也拉了7个板左右。根据主力行为学的模型，接力波之后，不是合力波就是主升波，而不管合力波或主升波，都是主力拉高派发的地方，特别是涨幅巨大的时候。因此D柱龙反水的形成，就说明主力在清盘离场，股价已经见顶或阶段性见顶。所以这样的位置，股价大多要出现大跌的。

图6-115　安居宝走势图

中部位置的也会跌。因为中部位置的头上经常有压力，主力不会死扛上攻，多会利用这个地方做波段性的高抛低吸。例如图6-116中世纪天鸿的D柱，就是这样。那时候它刚刚突破主升五线之一的365线，脚下也有筑底波和接力波做支撑，又还没形成像安居宝那样的合力波或主升波，因此它还属于中部位置，不属于头部位置，后面的股价是还会继续向上的。但是龙反水会形成，说明股价上涨的压力是存在的，主力短期内继续向下追砍是大概率的，因此即使它是处于中部位置，它也是示跌的。但是，也就是由于它是处于中部位置，所以这样的下跌，基本都是上升途中的洗盘，只要洗到位了，后面就会继续掉头向上，拉出新的高度来。

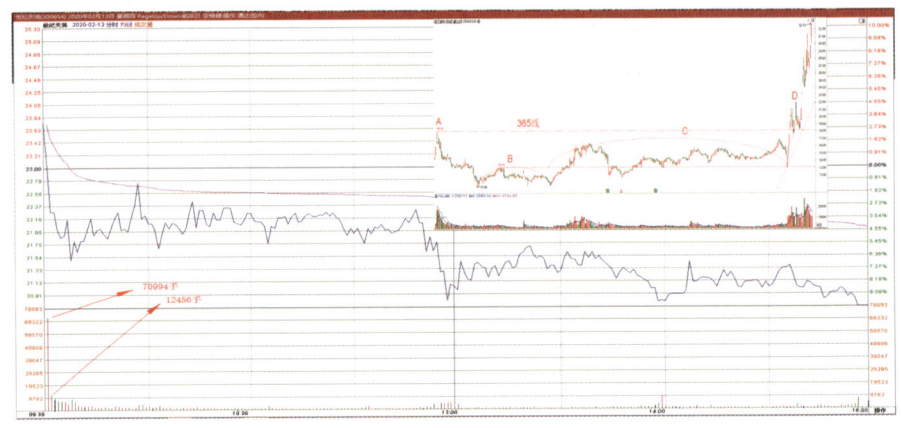

图6-116　世纪天成走势图

还有一个是下跌途中，这里多为主力建仓不成功之后的出逃，或利用买到的筹码往下砸，砸到更低的地方去建仓。例如派生科技（见图6-117）2019年4月25日的C柱，就是这样的。如果不复权，那么它好像已经跌很低了，属于大凹底的位置。但是只要后复权一看，你就会大吃一惊，因为即使从2015年7月份的股灾底算起，到B柱的时候，它的涨幅也达到了1421%，比贵州茅台、东方通信都还要牛。这样的涨幅，与它的基本面相比，毫无疑问是极度的虚高。所以，当股价跌到C柱附近的时候，跌幅尽管已经破了50线，依然还是虚高。而且B柱之后的下跌，是连续9个一字板的下跌，真正的筹码转换，是在第10个一字板被撬开之后才出现的。所以C柱附近的位置，才是筹码出逃的开始，因此这个龙反水，还是处于下跌途中，它不过是撬板资金建仓不成功之后的出逃而已，后面还将继续下跌。

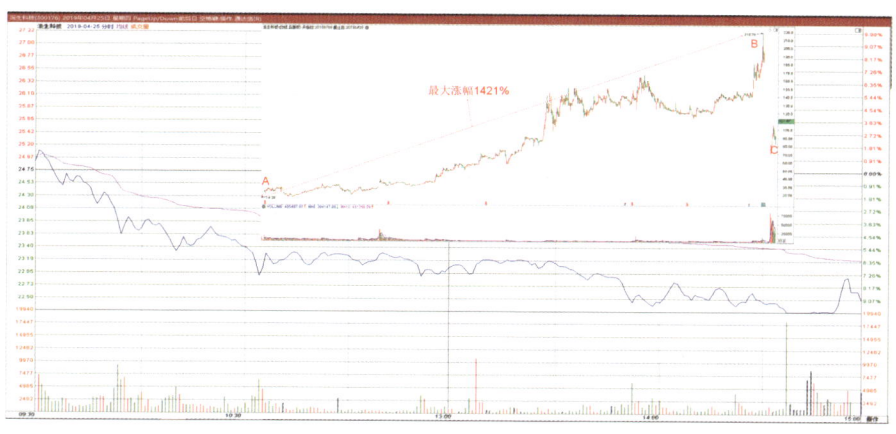

图6-117　派生科技走势图

但如果这个龙反水出现在超跌后的底部，那么就不一定会大跌，很有可能下跌一些天之后就又拉起来了，因为这个位置的龙反水，多为一种恐吓。例如西安饮食（见图6-118）2020年3月17日的D柱龙反水，就是这样。它当时正处于2015年之后的大凹底区域，即使与2019年4月份的A峰相比，最大跌幅也超过了53%，继续破位下跌的可能性很小，何况它脚下不但有导火索做支撑，还有烽火线做垫底，向上趋势的基础相当牢固。因此，D柱的龙反水下跌，更多的是一种诱空，是做给A2线上下的套牢看的，告诉它们我涨不动啦，要下跌啦，你们赶紧割肉啦！可大家看看，它喊空的话音刚落，后面股价就立马涨停了。所以，超跌底部的龙反水，大多是一种诱空。

从以上的分析中我们可以知道，龙反水的形态虽然大体一样，但由于位置不同，性质却不太一样。真正会引发龙反水大跌的，是头部位置和下跌途中的位置，因为它们是出货清盘的性质；中部位置的虽然会下跌，但由于是洗盘性质，一般都不会创波段或趋势新低，洗到位之后，就又会重新站起；而超跌后的底部位置，龙反水的性质则多为诱空，因此它是示涨的。大家要灵活把握。

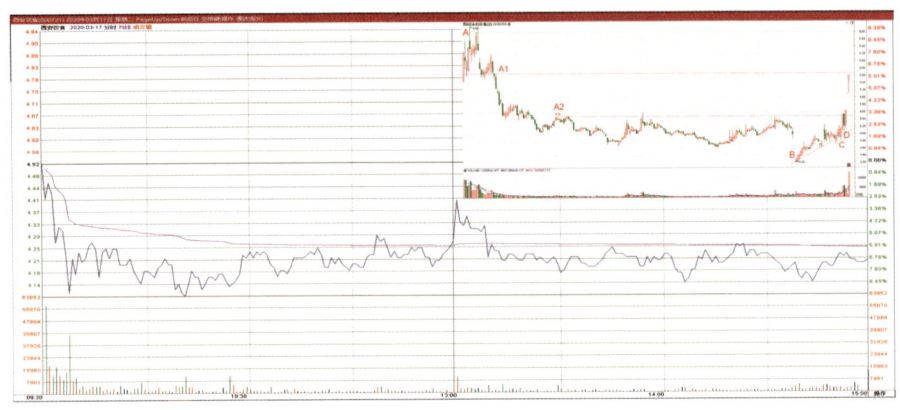

图6-118　西安饮食走势图

4. 卖出条件："三个跑"

从大量龙反水的走势看，它高开低走会走弱，主要有两个关键点被跌破：中轴线和均价线，所以我们的卖点可以据此而设。

（1）跌破中轴线反攻不过掉头跑。例如以岭药业（见图6-119）2020年4月24日的时候，股价一开盘就是高开低走，并在10分钟之内跌破了中轴线，这就出现了龙反水的信号。当它杀到34.3左右时，曾出现掉头上攻，但这个上攻，攻了20多分钟都没有攻占中轴线，当它在10点后掉头向下时，我们就要出逃，因此这个龙反水的第一个条件确认了，我们必须先跑。我们不能等到四个条件都满足后再跑，因为那样就太迟了，很有可能已经跑不出了，即使能跑出，损失也大了。

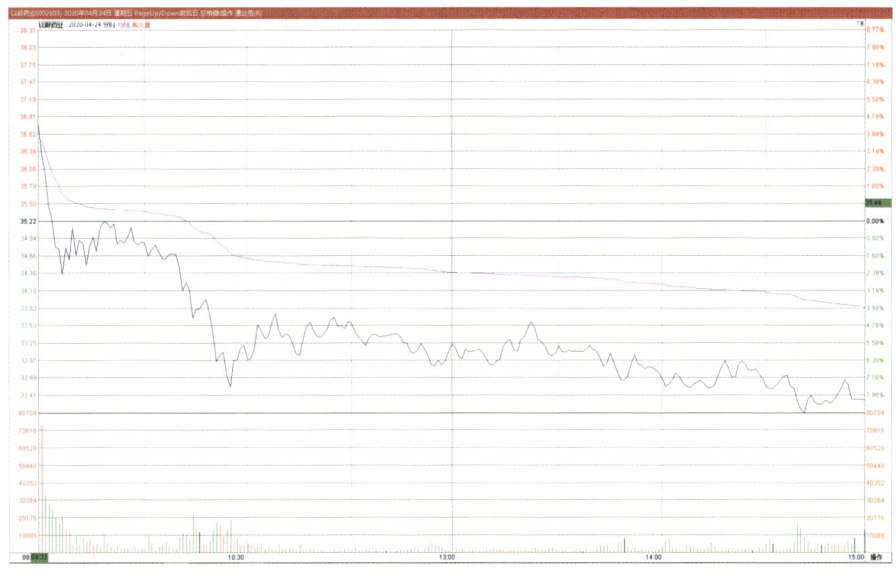

图6-119　以岭药业分时走势图

（2）均价线跌破中轴线后反攻不过掉头跑。龙反水的股票，很多开盘的时候都有投机性的大资金在吃进，所以股价跌破中轴线的时候，均价线还没跌破中轴线。这通常会出现三种卖点：一是均价线跌破中轴线的时候跑，因为它显示大资金在连续出逃；二是均价线跌破中轴线之后，股价多次反攻无法突破均价线掉头时跑，因为它表明做多的资金很微弱，不足以支撑股价出现反转；三是反攻站不稳均价线掉头跑，要是能站稳，说明做多力量在增强，后面也许会上，但要是站不稳，则说明做多资金反攻失败，后面会出现加速下跌。

例如界龙实业（现名*ST界龙）（见图6-120）2020年4月23日的分时走势，股价开盘后就跌破中轴线，均线也是跌破中轴线，一般来说，均线跌破中轴线，就说明大单在跑，如果股价后面涨回去，说明看多的资金力量更多，它得到了修复，但是要站不回去，或虽然站回去但却站不稳，那么我们就要赶紧跑，因为那说明空头的资金还是占上风。例如图中的第一个圆圈里,股价虽然一度站上均价线,但却站不稳,所以当它再次跌破均价线的时候,我们就要跑。而在第二个圆圈里,股价也是一度站在均价线上,但最终却没有站稳,因此我们也要在下午开盘后再次跌破均价线时及时跑出。

图6-120　界龙实业(*ST界龙)分时走势图

另外,如果出现利空的、头一天巨量的,第二天一开盘可以直接挂跌停价跑。例如2020年4月28日的美尔雅(见图6-121),头一天晚上该公司发布一季度业绩同比下跌436.22%,由于它当时的位置正处于高位,这样的业绩与它的股价是不相匹配的,所以这样的消息对它的股价来说,肯定会出现重大的负面影响,第二天集合竞价的时候,就要挂跌停板跑,因为这种情况很多都是一字跌停,挂高了、挂迟了都跑不出。但可喜的是它不是一字板跌停,而是高开一个多点走龙反水的形态,但由于你是挂跌停的,你跑在了卖一。所以,同样的龙反水,由于分析不同,卖点不同,获得的效果也会有很大的差别。

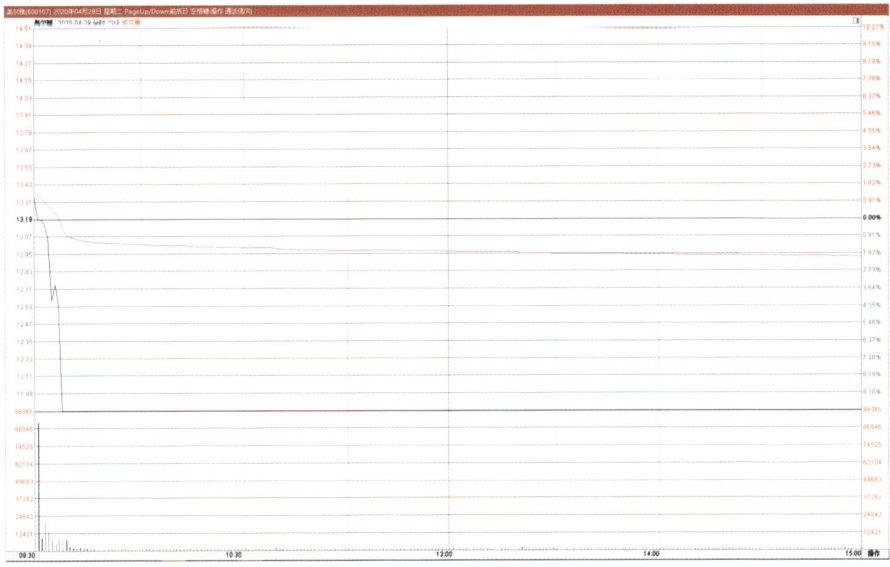

图6-121 美尔雅分时走势图

三、龙反水的风险管控

1. 超跌的龙反水谨慎卖

我前面已经说过,超跌后的龙反水很可能是一种恐吓和诱空,因此我们不能动不动就卖,特别是在被深套的时候。即使要卖,可以先卖一半,然后在它止跌掉头时再买回。例如大名城(见图6-122)2019年1月29日的B柱,就是这样。早上开盘的时候,它就出现了龙反水,但是,由于B柱位于2015年之后的大底,即使不从2015年的高峰算起,从A峰算起,最高跌幅也达到了69.87%,是属于严重超跌的状态。因此这个龙反水不能乱卖乱割肉,可以看看再说。而从全天的走势看,尽管开盘是龙反水,盘中也砸到了-7.16个点,但最后却出现了掉头,形成了龙俯冲,成为后面大涨204%的启动点。

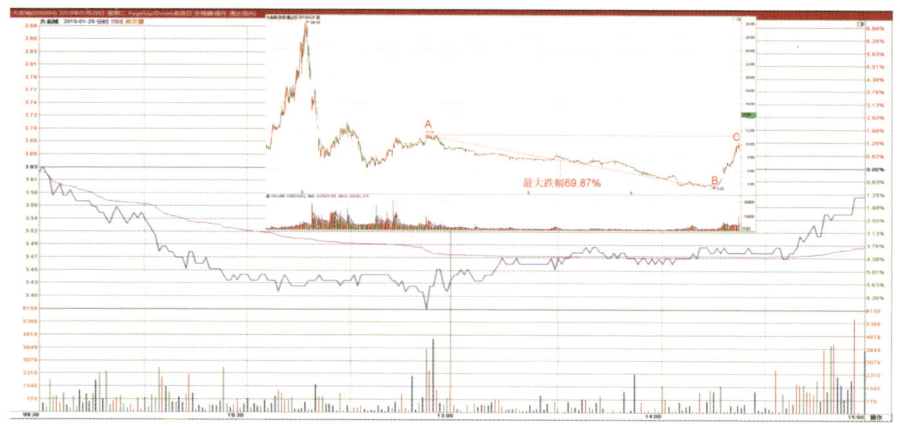

图6-122　大名城走势图

2. 站稳中轴线的龙反水不能卖

跌破中轴线能够在半小时内站回并站稳中轴线的龙反水不能卖，特别是位于底部区域的时候，因为这种龙反水，很多时候会变成龙吸水或龙俯冲。例如中迪投资（见图6-123）2020年4月30日的分时走势就是这样，当天该股低开低走，最深杀到-4.57个点，但最后却掉头而上涨停了。怎么办呢？如果没有卖的，那么当它站回并站稳在中轴线的时候，就不能卖了，如果已经卖了的，那么在它站回并站稳中轴线的时候，也可以买点回来。因为它开盘反水，但后面很快又能站回并站稳在中轴线上，那么就说明这不是龙反水，而是龙吸水了。

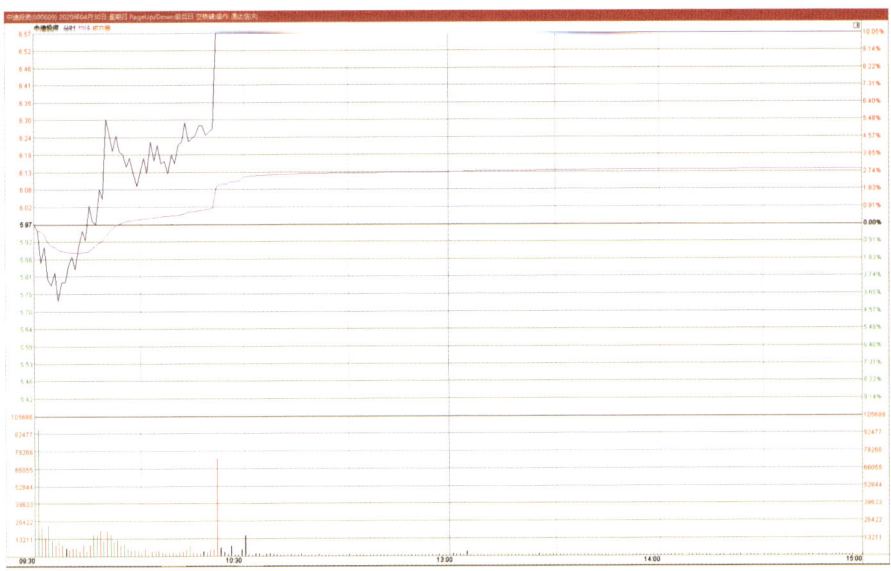

图6-123 中迪投资分时走势图

第七章

操盘手记

曾经有不少读者多次跟给我留言,要求我把之前发布过的帖子整理成书,公开发行,这样大家要翻看之前的帖子就会变得很简单。其实我也想做一做这项工作,对自己过去的认识进行一次总结,但由于时间关系和出版计划的限制,这件事一拖再拖。

　　这次,我借《板学》出版之际,顺便整理一章,收录了2020年春节前的一些精华帖,供大家参考。帖子中除了明显的错别字稍做修正之外,其他都一律不动,因此总体上还是原汁原味,希望大家能够喜欢。

　　当然了,这些帖子也仅是我这几年发布的内容的冰山一角,要想看到全貌,还真的要另做一本才成。希望大家看了之后,把相关想法告诉我,我会在适当的时候,把它整理出来,献给广大股民朋友做个参考。

　　谢谢!

1. 通用股份：次新股的假阳战法

（发表于2016-10-29东方财富网）

以下是我对图7-1中通用股份的分析。

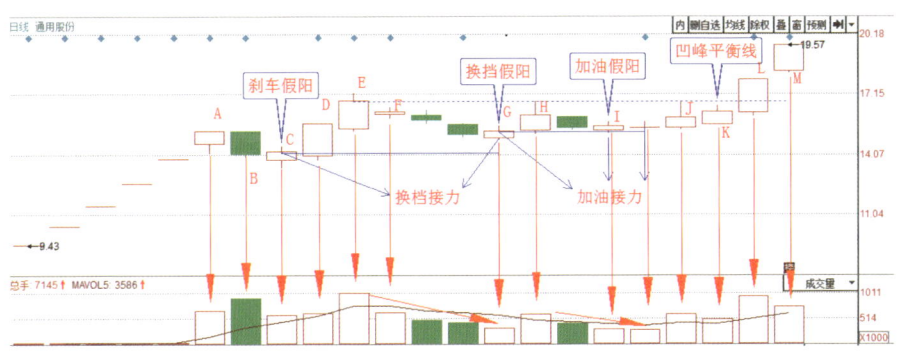

图7-1　通用股份走势图

（1）A和B是该股开板之后的筹码转换之处，其涨幅经过B的打压，已经回到七个板左右，符合次权三通战法的涨幅要求。

（2）C该跌不跌，反而低开高走，收出一根缩量假阳，表明主力已经基本控盘，是见底的刹车假阳，符合假阳战法的新股抄底条件，此为第一买点。

（3）D平量涨停过前峰，次日必有新高，但过峰之后常有回踩确认动作。确认之时就是第二买点。

（4）E如期上涨，但却无法封上涨停，并且收出一根高量柱，表明脚下有跟风盘跟进，抛压甚大。按照量学理论，高量柱常态示跌，原来预判的过峰回踩动作也许马上就要开始，因此这里必须撤出战斗。

（5）F开始如期下跌调整，至G时，量能已缩至下31之下，并且收出一根接力假阳，形成了假阳战法的第二买点。

（6）H如期上涨，收出一根倍量单枪，但由于主力对左峰触而不过，可能头上还有没跑的筹码，主力可能还要继续震荡。

（7）H之后如期进入调整，至I时，量柱再次缩为低量，并且再次形成一个假阳接力，特别是第二天再次收出一根平量假阳的时候，向上攻击的欲望就更明显，具备了刹车、换挡、加油的三级梯进的格局，股价的爆发一触即发，因此，这里是第三买点。

（8）J柱如期上涨，但量柱增一倍，价柱照样触顶回落，按照常态，次日要跌。

（9）K柱不跌反涨，价柱逼近左峰，量柱却在收缩，主力的控盘和拉升欲望被暴露得一览无余。因此，这是假阳战法的第四买点。

（10）L柱倍量涨停过左峰，突破了所有的压制，股价的上涨趋势被彻底引爆。其突破左峰线时是第五买点。

（11）M柱跳空高走缩量涨停，表明后市仍将向上，根据假阳战法的测幅，应该要涨到28元以上。

（12）前面的买点已经过去，后面的买点，应该在它再次回抽确认之时。如果它一飞冲天，那没买的也只好让它去了。追高的代价毕竟是很大的，不建议盲目介入。

最后声明一下，本帖的案例，仅作为技术分析之用，不作为实盘依据。本人不是主力，案例实际走势与分析预判南辕北辙的事常有发生，据此造成的损失，本人概不负责！因此恳望大家切勿介入！切记！

2. 异动点评：大连电瓷值不值得碰

（苏天发2017年12月12日19:11发布在微信公众号"牛股异动监控"等）

在连续六个跌停之后，大连电瓷昨天收出了一根高量，今天再次在跌停板上开盘，而后低开高走，盘中反复震荡，尾盘几乎又要砸到跌停，但在最后的九分钟里，股价被从-9.26左右的位置，拉上了红盘，最终收于-0.66，让市场内外刮目相看，见图7-2、图7-3。

图7-2　大连电瓷1

但是，这样的股值得去追吗？

我认为，不值得！

为什么？

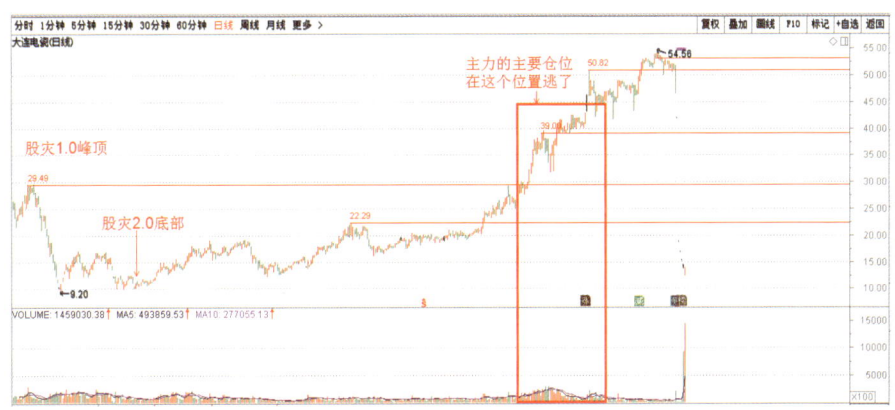

图7-3　大连电瓷2

因为，该股从股灾2.0之后，一路上涨，股价已经从当初的最低价9.86元，涨到了停牌之前的最高价54.56元，涨幅高达453%，继续上涨的动能很小。

而把它的走势图缩小之后，可以看到该股在跨越股灾1.0的凹峰前，一直都是价升量缩，控盘良好。但在跨过股灾1.0的高峰后，却放出了一大堆的高量堆。而后的走势，震荡剧烈，高位缩量横盘，到停牌前两天，出现破位下跌，连续跌停两天！

从高量堆的角度来看，跨过1.0左峰之前，该股一直价升量缩，表明主力控盘良好，没有出逃。但跨过1.0左峰放出一堆高量堆之后，股价高位滞涨，激烈震荡，说明主力已经在高量堆里出逃了。由于接盘资金需要获利，所以高量堆的后面还能惯性上冲。但由于市场资金不能形成合力，所以后面的上冲幅度有限、上冲的波动也相当激烈。而高位缩量，这表明除了场内资金自娱自乐之外，没有新的资金进场接盘。到了最后，场内资金只好互相踩踏夺路出逃，这就是停牌之前连续跌停的原因。

那么，在连续六个跌停之后，主力还会不会重新进场把它拉起来呢？

也不会！因为主力不会去解放套牢盘而把自己套进去！

那它为什么会在这里放出这么大的量呢？

如果不是主力，谁能吃下这么多的筹码？

这就涉及了筹码转移的问题。如果主力一口气砸到底，那么所有的筹码都逃不出来，到了底部，主力即使想低位吸筹，也吸不到筹码，而要往上拉升的话，又是满满的压力。所以，再下跌的过程中，主力一般都会拉出一个或多个凹间峰（俗称波浪），让头上的资金割肉，把筹码转移到下面来。然后，往下狠砸，再拉出一个凹间峰，让头上那个凹间峰的套牢盘再割肉。主力就是通过这样逐波下跌的走势，把头上的筹码转移到脚下的。

因此，昨天和今天打开跌停，就是让水平方向和头上约15-30个点左右的筹码出逃的。把头上15-30个点左右的筹码转移到下面来，也把左边水平方向的筹码转移到右边来。如果没有敢死队配合，明天（放出历史高量次日）就继续大跌，如果有敢死队进驻配合，后面就会拉一下，但拉的目的，还是让头上和水平方向的筹码割肉。当场外资金看见止跌拉升的假象冲进去之后，这两天进去的敢死队就会把筹码交给进来接盘的资金，然后再往下砸。根据之前的经验，最终，大概要砸到9-14个板左右才会真正止跌。

如若不信，请打开华信国际看看（见图7-4）！这也是一只业绩很好，夹着重大利好复牌的。但复牌之后，一路下跌，跌到现在快两年了，也还没刹住跌势！

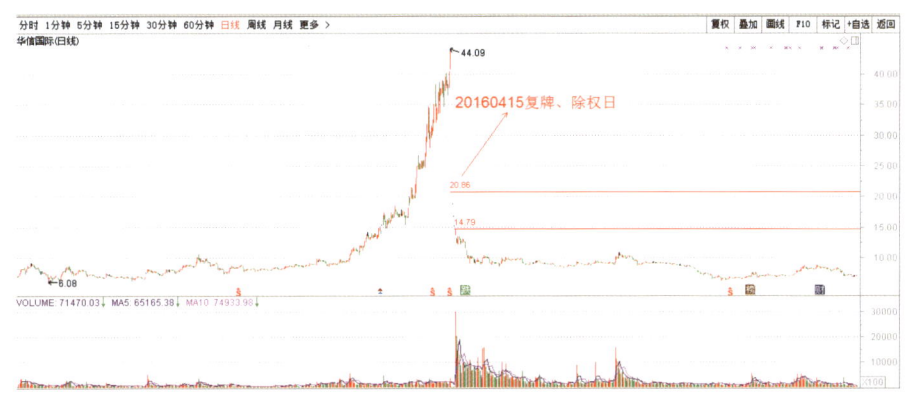

图7-4　华信国际

看看它，你再激动的心情也会冷却了！

因此，华信国际这样的股票，本质上说，不值得我们去碰。因为我们要的不是激烈震荡、刀口舔血的一两个板，而是趋势明确、涨势稳定的一段行情！

如果你真的要干,我只能叮嘱你一句:快进快出,千万别被忽悠!

3. 股市生存的四项基本能力

(发表于2018-3-8发布于"牛股异动监控"等)

炒股是一种很残酷的零和游戏,70%的人亏损,20%的人平手,只有10%人的能赚。所以,开着宝马冲进去,踩着自行车逃出来,就成了绝大多数人的宿命。

但是,股市又是很迷人的地方,尽管很多人亏得心里要滴血,却依然乐此不疲。为什么呢?这除了股市本身的魅力以外,可能也与一些客观因素有关。比如炒股不需要养工人,除了交点印花税、手续费什么的,也不用缴个人所得税。所以股票要是炒得好的话,万事不求人,还能赚大钱。这是很多人所期盼的一种生活状态。

但是,你想要在股市里获得这样美好的生活状态,你必须具备四项最基本的能力,否则还是退出股市为好。这四项基本能力是什么呢?

(1)看懂大势的能力。所谓大势,不只是大盘的趋势,还是市场资金的趋势。比如去年是权重蓝筹的行情,你必须要能看懂,要能顺势操作,而不能一直死守题材,只有这样你才会赚钱。如果市场向东你向西,市场朝南你朝北,那么不管你技术有多好,资金有多雄厚,最后一定是郁郁寡欢的。又比如今年春节后,风格转换,市场资金跑到题材上来了,你要是再去追去年的白马,那么最近的日子也一定很难过。这就叫方向不对,努力白费!

(2)看懂板块趋势或热点趋势的能力。如果说第一种能力能保证自己不亏钱的话,那么这第二种能力就是对自己能不能发现商机赚到大钱的一种保证。如果只能看懂方向，看不懂板块趋势或热点趋势，那么只能赚个小钱，而赚不到大钱。就像20年前一样，很多人都看到了互联网的前景，但最终绝大部分的人都没赚到很多钱，真正成了大气候的，也只有马云、马化腾、李彦宏、刘强东几个，因为他们看懂了互联网下的"热点板块"：商城、社交等。

（3）看懂涨停趋势（技术趋势）并把它跟热点趋势或板块趋势相结合操作的能力。这个能力，实际上就是抓住机会及时介入的能力，要是没有这个能力，你就是能看懂方向和热点，也不知道该如何着手，更不知道从哪里着手。千万不要开实盘可以讲得头头是道，一到临盘就满脸茫然。要是有了这个能力，那么你就既能看懂方向，又能看懂板块和热点，还知道怎么介入，从哪里介入，可以在实战中如鱼得水。比如我在3月5日收评一文中的盘前贴图里，告诉大家要关注的第三点是："海南、深圳、雄安、自贸区（实为自由港，打错）是否再次出现异动"。而在3月4日之前的收评或盘前预报里，一再说明涨停趋势是凹底大阴及其凹底起跳线，如果你对我的预判有同样的认识，那么，你就会判断在海南、深圳先后涨过之后，接下来的就有可能要轮到雄安了。如果你再按凹底大阴战法的要点，在雄安板块的成分个股里去寻找、筛选相关标的，特别是按照我们昨晚讲的基因链去选股的话，那么，今天雄安的大涨，你也许就抓住了一个涨停！

（4）懂得保护利润的能力。我经过大量的调研发现，很多人开始的时候其实是赚钱的，但由于想赚得更多，回调也不舍得跑，最终亏大钱了才割。问他为什么不跑，他说有些时候他一跑就拉了，但真的不跑了又跌了。这种苦恼很多人都有过。那么我们要怎样才能既能保住利润，还能继续享受拉升的福利，又能在下跌中不怕被套，甚至套住了也一样赚钱呢？

今晚，我跟大家分享一个行之有效的办法，希望能够帮你走出困境。

（1）不要乱打股票，更不要天天打股票，一个礼拜打一只就足够了。或者一个月30天，要用25天来跟踪分析，做股票的时间五天就够了。要把股票研究透彻，熟悉它就像熟悉你的爱人一样，它的一举一动，你都能知道它背后的意图。这是做对股票的大前提。

（2）逢低介入、不追高。一般的时候都不打，不敢重仓的点位也不打，只有在关键量柱量线上止跌调头或突破的时候打，并且只有在可以重仓的位置打。但要设置好止损点，万一错了，及时退出。这是保证利润和风控的策略。

（3）拉出大阳或涨停后，立即视机抽出成本，留下利润（赚的股数）在那边陪主力玩，主力要是继续拉，我们一样是赚，主力要是不拉，甚至往下跌，我们也不用怕，因为我们的本金跑出来了，里面的股数是赚的，只要不是退市，我们的利润就永远都在！

比如启迪设计（见7-5），我多日不点评大盘，是因为大盘没有大的风险，可以精做个股。我预判在海南、深圳之后雄安可能会崛起，也预判凹底大阴会继续领涨两市涨停板，那么我就可以根据凹底大阴战法在雄安板块里寻找标的。最后，我找到了启迪设计。因为它的助涨基因链跟深华发一样，也更贴近最近的凹底大阴战法的新形态。因此，我们可以根据凹底大阴战法来设置伏击点。凹底大阴战法最安全、最稳妥的伏击点，就是突破凹底起跳线之后、回踩凹底起跳线不破再掉头之时。因此，3月1日收盘前几分钟是我们的伏击点，昨天（3月7日）也是一个伏击点。假设我们在3月1日收盘前杀进去了50万元，那么我们的防守线就是3月1日的实底，要是有效跌破它的实底，我们就止损退出，要是有效站稳在它的实顶之上，我们就再追加50万元。3月1日进去后，它的实底一直都没有被跌破，所以我们也不用跑，而前天（3月6日）虽然站上了它的实顶，但由于是放量的中字柱，不是买点，根据中字柱的战法，还必须等待突破中字柱的实顶才行。昨天3月7日的时候，股价直接在3月1日的虚顶上开盘高走，收盘站上了3月6日中字柱的实顶，买点出现，因此收盘前我们再追加50万元，合计100万元。今天涨停，理论上已经盈利10万元以上。

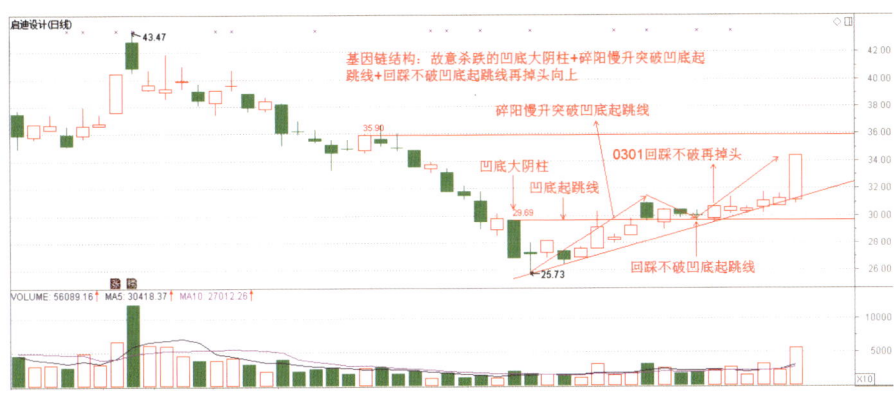

图7-5　启迪设计

接下来，就是最关键的了。比如明天在涨停上一直要封不封，我们既渴望它能像深华发一样连续涨停，又怕它冲高回落跌下来，怎么办？我的建议是：把本金撤出，赚的20万元左右留在那边，它要是继续拉，我们一样赚，它要是不拉，我们也是赚，顶多是少赚一点。

这个办法，可以保证我们稳定地盈利，避免从赚钱到亏钱。我们要是不撤出本金的话，只要后面一跌破3月1日的实底，我们就从赚钱变成亏钱了。但要是我们把本金撤出，把赚的股数留在那里，即使它后面大跌50个点，我们也还是赚，因为留在那边的股数，都是我们赚的，只要它不退市，我们就不存在亏本一说！要是它能再翻一倍，我们就能赚40万元了！

如果你感觉这个方法很好，那就赶紧转发吧！老兵帅克谢谢你！你的亲友也会感激你！

4. 宏川智慧：再来一个缩量板就成妖了

（2018-5-13 21:47发布于"牛股异动监控"等）

宏川智慧（见图7-6）是五一小长假结束后，我在中国人民大学教育培训中心量学大讲堂量势教室里连续点评的一只次新股。第一次点评时是在5月3日D柱。当初点评并叫同学们注意它的原因，是它站上了连续两根的凹底烽火柱（C柱及其次日的量柱）。次日，它最高冲上9个多点，收于2.06个点，形成了一根变异型的毙命朝天戟。

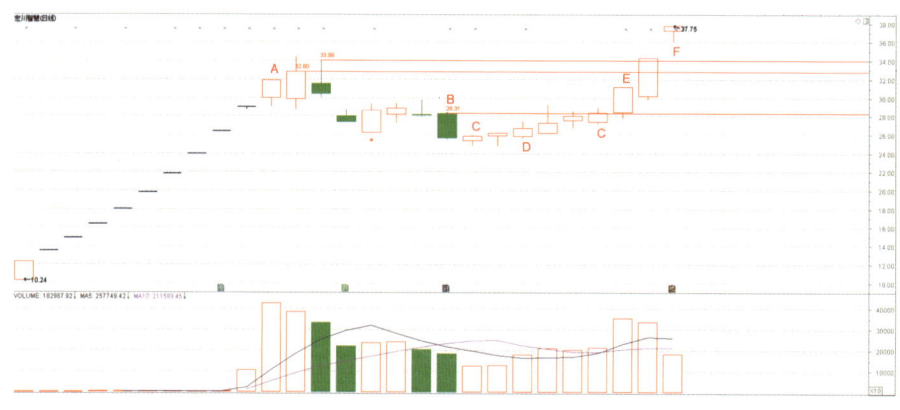

图7-6　宏川智慧

而后，我在5月8日再次点评了它，并要同学们关注它收盘能否站上B柱凹底起跳线（见图7-7）。次日，该股放量涨停并在随后两天的时间里连续涨停。到上周五F柱的时候，已经缩倍量涨停。

至此，它已经具备了成妖的基本条件。只要明天再来一个缩量板（最好再次缩倍量），它就可以成妖了。

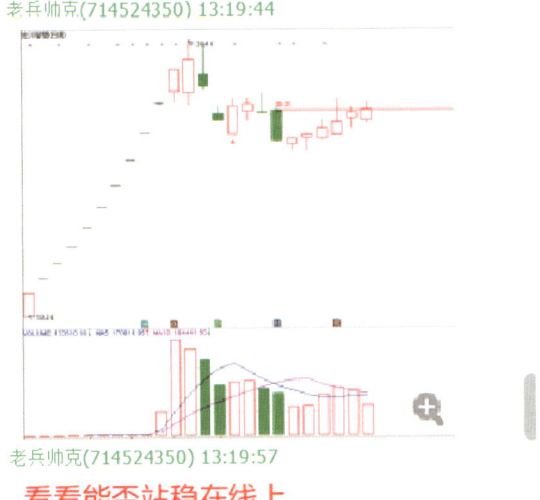

图7-7　QQ截图

为什么这样说呢？主要原因如下：

（1）该股开板之后，主力在A柱吃了不少筹码。A柱次日低开高走打开新高度，形成金包银，就证明主力已经掌控大局，有拉升的欲望，第三天再次低开高走更是证明了这点，如果主力不想上攻，干吗去解放套牢盘？

（2）4月19日的冲高回落及其后面的下跌，主要是大盘环境不好，不利于拉升，所以主力借此进行洗盘。下跌时的缩量，更说明主力没跑，主力还在吸筹。而下跌幅度之浅，说明主力的洗盘掌控有度。

（3）B柱是一根长阴短柱的凹底大阴，当随后出现C及其次日的两根凹底烽火柱之后，本可以立即拉升的，但主力却没有这么做，反而通过一条燃烧的导火索去消耗套牢盘的压力，特别是D柱之后的毙命朝天戟，更是让套牢盘的压力得到了充分的释放。所以C柱站上凹底起跳线之后，三天连续拉出三根涨停板。

（4）在走势图里，有两根的高量柱，即A和E，它们都是主力的仓位柱。而周五的缩量，则是主力仓位的确认柱，它证明了脚下的筹码都为主力所掌控，主力要把它们完全派发掉，并且获利出来，必须继续拉高才行。拉高才有出路，拉高才有钱赚！

（5）但是，即使是拉高派发，也有两种不同的走势。一种是连续放量拉高，这样的话，主力虽然也能获利出来，但拉的高度可能不会太高。还有一种是明天再次缩倍量涨停，周二放量涨停，周三再缩量涨停，如果是这种，那么，它就会成妖了！

而要走出这样的行情，明天能不能缩量特别是缩倍量涨停至为关键！

5. 宏川智慧明天怎么看

（2018-5-14 21:29发布于"牛股异动监控"等）

我在昨天《宏川智慧：再来一根缩量板就成妖了》的帖子里，说宏川智慧已经具备了成妖的条件，只要今天再来一根缩量板，就可以成妖了。

而今天的走势，一开盘就是一字板，并且一直封死到尾盘。但下午2点28分左右，一字板却被砸开，最低杀到中轴附近，最后虽然封死回去了，但却变成一根放量板了。

这，又该怎么看呢？

别急，我好几天没说大盘了，我先来说说大盘（见图7-8），说完了大盘再回来说这个。

在早上开盘之前，我就在中国人民大学教育培训中心量学大讲堂的学员群里，公布了今天的盘前三线：3147（或3128）-3161-3192，同时对今天的走势进行预判。

我说："最好反包，通过导火索去消化左峰的压力。要是不行，就会回踩脚下的凹尖峰（即3147或3128）。盘面上，受富士康刺激，独角兽可能会走强。宏川股份要能继续板的话，次新股或将有机会。"

图7-8　上证指数图

而今天的实际走势是，大盘开于3167，最低回踩到3163，与中线仅差两个点，最高杀到3183，与上线还差九个点，最终收于3174，形成了一根单枪。总的来说，既没有下跌，也没有反包成功，只能算差强人意。

但是，由于今天的单枪是微缩量的，最高还捅破了左阴的实顶，具有朝天戟的味道，因此明天还有继续上涨的可能。但作为策略和预案，也要做好两手准备。毕竟周二下跌的日子比较多。所以，如果明天要是不涨的话，只要有效跌破3161，就要根据手中个股的强弱决定去留（明天的盘前三线是：3161（或3147）-3174-3192）。

盘面上，今天两市涨停的股票只有21只，扣除新股复牌股一字板五只，只有16只常态股涨停。而在这16只正常涨停的常态股里，富士康独角兽和次新股概念的，就占了13只，占比高达81%。所以，老兵帅克很开心，今天再一次蒙对了！

这里要特别再讲一下的，就是宏川智慧（见图7-9）。这只股，是我五一后要同学们重点关注的四只次新股之一,也是我跟同学们说最有可能成为新的次新股龙头的两只目标股之一。我昨天点评它今天要继续缩倍量涨停才好,但它今天虽然封死涨停了,但却放量了。这该怎么看呢?

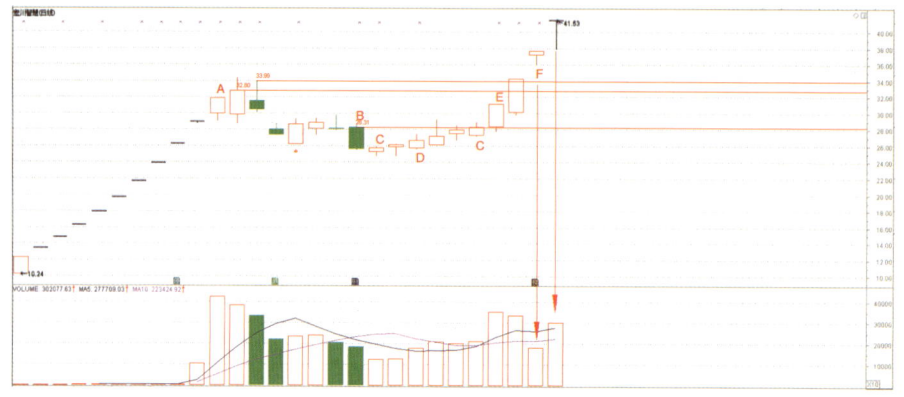

图7-9　宏川智慧

从"涨停板战法"里面的派发柱角度来说,今晚要是不被特停的话,明天肯定还有大阳的机会,因为上周五的缩倍量涨停,表明了主力的高度控盘,主力今天收出的那一根量柱,根本就无法跑光,必须继续拉升才能胜利出逃。而今天进去的资金,由于还没赚钱,也会拉到更高的位置去派发!

但是,由于今天尾盘的放量,说明底下进去的主力心中有较大的顾虑,想见好就收。因此,它后面的目标价,能否根据启动板的测幅涨到62元以上,就存在了较大的变数。也许,杀到50元左右,甚至不到50元,就支撑不住也不一定。

关键的是明后两天能否继续缩三一二一涨停。

6. 猛狮科技还能涨多高

（发表于2018-6-21"牛股异动监控"等）

前天收评里着重点评的五只个股，昨天涨停三只，今天本来还涨停两只的，但集泰尾盘被砸，只剩下猛狮科技（见图7-10）还在涨停榜上当个委员。恰好，这股，是我昨天开盘后买着玩的一只股票。

图7-10 猛狮科技

现在我就来说说我为什么会买它，它的后市我是怎么判断的。

记得在前天的收评里，我是这样介绍它的："下跌吓住这么多人，底部又吃了那么多的量，今天还是平量过左阴，收出凹底的龙炮，后面可能会有较大的机会。现在的关键点是：明天能不能缩倍继续涨停？能，就是英雄，不能，就是狗熊！"

而我买它的理由，就是它下跌的时候一直阴跌，没人敢买，只有主力自己敢买。而主力在底部吃了那么多量，毫无疑问是在强势建仓。"你们砸多少，我就收多少，决不让股价再往下跌"。这说明主力的底线就在这里。再砸下去，主力自己被深套了。所以，主力必须反击。

但主力的反击是相当有策略的，头一天涨停，后一天高开低走，吓出一根大阴，第三天（6月19日）又是低开高走拉上涨停，量柱却是一根平量柱。这说明两个问题：①前面的量大部分是主力自己吃的；②经过这么大开大合的震荡，抄底的、套住的、不想跑的，都被震出来了。主力吃了这么多，收出的一组龙炮又是可以打到世界任何一个角落的洲际导弹，它要不拉就是有病！

所以，这股是值得伏击的。在视频课上，我已经提前对它进行了分析。问题是，昨天（6月21日）能不能出手伏击？

我前面已经说过，"现在的关键点是：明天能不能缩倍继续涨停？能，就是英雄，不能，就是狗熊！"从我的这句话里基本可以判断出我的预判倾向，即：它会涨停，只不过是放量涨停还是缩量涨停的问题。而这个问题，只有到收盘才能知道。但要是它在收盘之前涨停了，你就根本买不到了。所以，在这个节骨眼上，我们就应该赌一下。我们在集合竞价就挂单了。开盘后急速拉升无法成交，但跌下来后就成交了。

那么买进去后，它会涨到哪里呢？从技术上看，它会涨到12.7元左右，因为5月28日之后的下跌，没有人敢去买，只有主力自己敢买。砸到底下的时候，主力自己是被深深套住的。为了解套，主力必须自救，而要完成自救，就必须杀到12.7元左右。

但从操盘的条件讲，主力能不能达到目的，是受很多因素影响的。如果主客观条件对主力的操盘有利，那么主力的目标就会实现。但要是主客观条件对主力操盘不利，那么，半途而废也是很正常的事。

因此，我现在的策略就是：它要是能涨到12.7元左右，我就拿住。但它在拉升的过程中出现了极阳次阴，或预判有可能会出现极阳次阴,我就立即扔掉!

7. 猛狮科技:考验是不是真龙头的时刻到来了

(发表于2018-6-24"牛股异动监控"等)

猛狮科技(见图7-11)和集泰股份是我周二收评里点评的五只股票中,走得最牛的两只股票。其中猛士科技是我买着玩的一只股。其后的走势,一如先前的预判,不鸣则已,一鸣惊人!到周五收盘止,它俨然成了超跌反弹的龙头股!

图7-11 猛狮科技

但是,它是不是真龙天子呢?明后天就可以看出来了。

我在"龙头战法"里讲过,真正的龙头股,天生一种王者的气概,不但具有一种登高一呼天下响应的魄力,还具备一种超强的修复力!不怕利空、不怕监管、不怕打压,即使一时被打下去,用不了两天,它又收复了失地!我当初还以宜华地产为例,对这个问题做了深入的分析。

而现在,猛狮科技也到了这么一个检验它的实力的时候。上周五盘后该公司发布消息称，公司实控人的股票已被法院冻结，这是一个利空的消息。猛狮科技能不能化解这个利空，关系到是不是真龙。如果它是真龙，即使有打压，很快也会站起来继续上，如果不是真龙，那么这一巴掌下去，它也许就要很久起不来了。

如果单从技术上看，周五毫无疑问有很多资金在出逃，但是主力脚下的仓位太重，它一天是逃不出来的。要是没有利空的话，由于风险（获利盘和套牢盘的抛压）得到一定的释放，明天大概率是继续缩倍量涨停。但现在利空出来了，它还能不能缩倍量涨停，甚至还能不能继续上涨，都存在着较大的变数。

因此，明天要是它还能缩量涨停，那它就是当之无愧的真龙，12.7元的目标就有望实现。如果明天受挫下跌甚至跌停，但后天又能从地板上反包上来，就像周五的集泰一样，那它就依然还是一条好汉，12.7元的目标就还会实现。但要是明后几天趴下去站不起来的话，那么要实现12.7元的话，可能就要费比较大的劲了。

但不管怎样，只要明天不涨停，就要先跑！要是下跌，特别是出现天河倒水，更要及时跑！

8. 德新交运会涨到哪里

（原创：苏天发"牛股异动监控"2018-08-26原标题《指数看四大金刚，赚钱看四大美女》）

德新交运（见图7-12）是我在8月20日的盘后叫大家关注的。当初要大家关注的理由主要有两个。

（1）从涨停板战法的角度看，B柱是启动板，D柱是接力板。这说明筑底已成功，向上的趋势已确立，后面的行情，将是向上的行情。

图7-12 德新交运

（2）从红眼睛战法的角度看，A、B红眼睛是刹车红眼睛，它的市场意义是把跌势刹住，让趋势掉头。而C、D红眼睛是换挡接力红眼睛，它的任务是接过A、B形成的涨势，把股价继续往上推进。所以，接力红眼睛，也是底部确立后新行情的出发点。

而这两个技术原理，都指向后市将继续向上。而实际上，它也天天往上涨停，到上周五收出的一根缩量板为止，五个交易里，拉出了五个板的空间。

但是，很多人都还在问，它现在还会涨吗？它会涨到哪里？对于这个问题，我的判断是这样的：

（1）如果按A柱后一天的烽火柱预测，它的第一目标价是20.76元左右。

（2）如果按启动板或A、B红眼睛预测，它的第一目标价是21.1元左右。

（3）如果按接力板或接力红眼睛预测，它的第一目标价是21.62元左右，如果没有受到不可抗拒之力的制约，最高也可以杀到23.58元左右。

因此，综合以上判断，去掉一个最高价，去掉一个最低价，第一目标价可能会出现在21-22元。

如此看来，后面的空间已经不大，而风险分分钟都会出现。因此还没介入的朋友，最好不要介入，看看就好。因为后面的行情，对你而言是鸡肋行情。而已经持有的朋友，可以持股待涨，等到触顶不过掉头时再出来。

以上观点，仅为一种理论探讨，不作为实盘依据。据此操作，盈亏自负。老兵帅克概不负责！

9. 广东甘化：回踩烽火顶，掉头或涨停

（原创：苏天发"牛股异动监控"2018年9月3日，原标题《回踩烽火顶、掉头或涨停》）

现在大家都知道烽火柱强悍的示涨功能了，但是，是不是烽火柱一突破就会涨停呢？

肯定不是。有些个股，由于烽火柱的所有的要求都符合，突破的时候就能涨停。而还有些股，由于烽火柱的相关要求未能全部满足，所以突破之后还会震荡。这样的股，在回踩烽火柱实顶不破、掉头向上的时候再介入，收获中大阳的概率会更高。

比如图7-13中的广东甘化，从左峰跌到A柱的时候，收出了一根烽火柱。但是，收出烽火柱之后，它并没有立即去突破，而是咬住它的实顶线横盘了三天之后，才在B柱取得突破。

但是，B柱突破之后，也没有立马就开跑，而是继续在A柱烽火柱实顶线上，以B柱为依托，进行反复震荡。当震到C柱的时候，出现了回踩烽火顶的走势，但收盘的时候，却高于烽火顶一分钱，而其量柱却缩量一半，这说明下杀的动能不足，这个动作则是主力的一种强势

洗盘。

图7-13　广东甘化

因此，今天D柱踩着烽火顶掉头向上并突破C柱实顶的时候，就意味着洗盘的结束，新的行情的开始。从这里买进去，可以轻松获得一个涨停板。这种走势和打法，就叫"回踩烽火顶，掉头或涨停"。

10. 绿庭投资：守住4B，或将牛气

（原创：苏天发2018年10月30日"牛股异动监控"）

绿庭投资（见图7-14）从左峰跌到凹底形成烽火柱之后，一连拉了四个板，其中有三个是一字板，而A柱则是近乎发烧柱的高量板。这说明在这一天里，左峰和水平方向上有很多的套牢盘涌出。

按理说，在这种情况下，第二天B柱要大跌才对。但它一开盘虽然大跌，但是后面却封上涨停。更奇怪的是，在最后的几分钟时间里，涨停板却被打开了，最后收于6.53个点，收出一根比前一天更高的量柱，这说明抛盘汹涌。

图7-14　绿庭投资

因此，C柱的跌停，是毫不奇怪的。而它所缩的量，也不算到位，正常情况下，第二天要继续下跌才对。

但是，今天D柱不但没跌，反而早早缩量封死涨停！这说明什么？这说明前几天的筹码都是主力吃的啊！那个震荡是主力故意制造用来吸筹的啊。而从目前的结构看，左边的筹码都被转移到右边，脚下的筹码也被转移到了头上，大家的持仓成本都已经大体一致，因而对后市的期望也会相对一致。

因此，从4B战法的原理出发，明天只要有效突破或站稳4.15元，后面或许就要涨到5-6元。是否这样，我们等待市场的验证。

11. 新日恒力：滞涨股也有机会

（原创：苏天发，涨停板学，2018年11月5日）

在昨天的帖子里，我分享了滞跌滞涨的个股机会，没想到，今天的涨停板上，绝大部分就是这一类的个股。我昨天分享的重药控股，今天最高杀到涨停，最终还大涨7.73%。这说明我的预判很准确。

为了加深大家对这种形态的印象，我今天再分享一只这样的个股：新日恒力，（见图7-15）。

图7-15　新日恒力

从图7-15中我们可以看到，股价跌到A柱的时候，形成了一根拐点柱，次日（B柱）出现了涨停，第三天C柱最高杀到6.25%，然后冲高回落，最终收于1.7%，形成了一根假阴中字柱。

而后的八九天时间里，它的走势让人很烦躁。别的股都在大涨，但它却以C柱的实顶和B柱的实底为依托，展开了滞跌滞涨的横盘震荡。主力为什么要这样做呢，因为头上有压力，主力要筹码。别的股票大涨，它不涨反震，股民就会拿不住筹码，把它割了去买别的股，因此主力可以捡到便宜。

但是，即使在震，主力也在积极谋划。你看在那个滞跌滞涨的震荡区间，先后形成了C1和C2两根接力假阳，底部在抬高，头部也在抬高，这说明主力在悄悄地吸筹，也说明廉价的筹码越来越少，最后终于走出了我前几节课所说的，洗出百低、洗出拐点、洗出接力，最后在D柱洗出了突破，形成了上攻的趋势。

因此，当D柱次日回踩确认之后，我们就可以及时介入。这样，今天的这个涨停板,它就被我们给抓住了。

12. 春兴精工:站稳凹峰,还会再冲

(涨停板学,2018-11-11)

春兴精工(见图7-16)从左峰跌到A柱之后,收出了一根高量柱。而后形成价升量缩,横盘震荡,说明主力在这期间已经开始建仓。但由于愿意割肉的人不是太多,主力向上收集筹码成本又太高,于是借助大盘的下跌,往下猛砸。这一招就叫没有筹码,逼出筹码。

而当砸到A柱的时候,筹码果然出来了。其后,主力再次以这根涨停板为依托,进行横盘震荡,并且还形成了B、C两个小凹峰。从四维的角度看,头上的筹码已经转移到了脚下,左边的筹码也已经转移到了右边。但是要向上攻击,空间不够。因此,主力有一次借助大盘的下跌往下猛砸。这一招叫作:没有空间,砸出空间。

图7-16　春兴精工日线图1

但当砸到E柱的时候,主力却不愿往下再砸了。为什么?因为从B柱头上的左峰砸到E柱,股价又跌去了50%!很明显,在这个位置上,

主力是高度被套的了。再往下砸，主力就等于自寻死路！

但是，E柱之后，主力也没有大肆拉升，而是以E柱烽火柱为支点，构筑了一条燃烧的导火索，逐步消耗了空头的量能。到上周五的时候，大盘破位下跌，它却逆势涨停！

从目前看，主力已经缩量站上B柱的实顶，也站上了C、D的凹间峰，继续上攻的趋势很明显。而从四维看，头上的压力，也已经被消化过，因此压力也不会大。但对于市场而言，那道压力会有心理上的阴影。我们不能排除主力会借助这个阴影进行打压，但我们可以明确的一点是，只要有效站稳在B柱的实顶线上，它后面的目标也许就是5元左右。

13. 春兴精工会走主升浪吗

（原创，苏天发"牛股异动监控"2019-01-08）

春兴精工是2018年11月11日盘后我在涨停板学微信公众号上点评的一只个股，当时我的判断是：

"从目前看，主力已经缩量站上B柱的实顶，也站上了C、D的凹间峰，继续上攻的趋势很明显。而从四维看，头上的压力，也已经被消化过，因此压力也不会大。但对于市场而言，那道压力会有心理上的阴影。我们不能排除主力会借助这个阴影进行打压，但我们可以明确的一点是，只要有效站稳在B柱的实顶线上，它后面的目标也许就是5元左右。"

而后，股价最高再拉两个板到H柱之后（见图7-17），主力果然借助A线对市场形成的心理压力，进行了打压和洗盘。但在I柱站稳B柱实顶线之后，股价又开始掉头向上，到J柱那天，最高达到6.03元，最终收于5.38元，完美地兑现了我"它后面的目标也许就是5元左右"的预判。

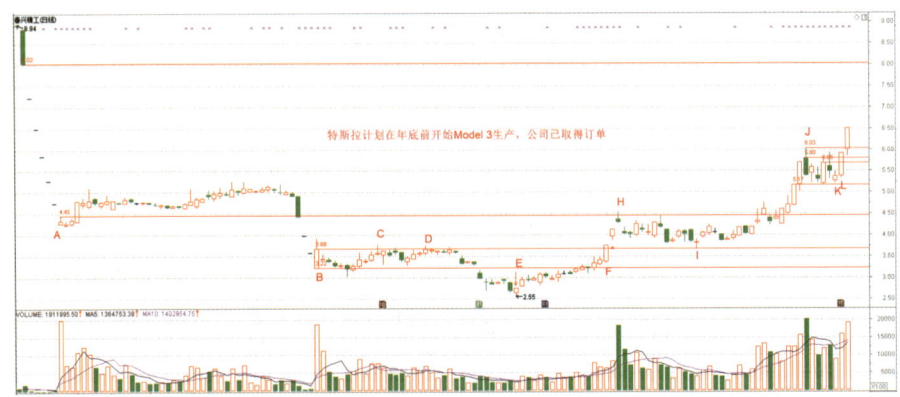

图7-17　春兴精工日线图2

但是，J柱之后，股价并没有出现大跌，而是依托J柱及其前一天的大阳柱进行震荡洗盘，这就意味着它的目标位不只在5元左右，应该还有更高的位置。因此，我在昨天（1月7日）的"盘前10分钟"里，明确告诉大家要高度关注这只股票。开盘后，就有一部分同学及时介入。但后面杀到涨停附近时，几次都无法封住，我就此作出提醒："春兴精工今天要能封死，明天就存在拉升的机会，要是不能，就还会震荡。"有些同学见此，认为明天继续震荡的概率大，但我却认为：这股属于火烧连营。"火烧连营的后面，连续拉升是常态，火被浇灭是反态。"结果，后面还真封死了。

（昨天）下午2点18分左右，我根据新的分时走势，指出："春兴精工明天要是出现龙吸水，我认为可以低吸。要是高开站稳6.03元，我认为也是可以考虑一下的。"结果，今天开盘后，该股果然出现龙吸水，最低点果然踩在我昨晚辅导课上预判的J柱大阴实顶附近，而后再次掉头向上，封死涨停。很多昨天不敢介入的同学，今天也跟了进去，所以，收盘的红包，很多都是春兴精工的。

现在，买也买了，涨也涨了，后市怎么预判呢？从目前的趋势看,股价已经打开了新的上涨空间,后市可以想象,也必须想象。从基础看,脚下是火烧连营,今天还是龙吸水,示涨量性很强。因此,我维持前些天辅导课上为它预判的第二目标位:8.02元左右或以上。

以上分析,仅作为理论探讨,不作为实盘依据,据此操作,盈亏自负,老兵帅克概不负责!

14. 怎么看美锦能源的破板

(原创,苏天发,涨停板学,2019-01-17)

美锦能源今天低开高走强势封上涨停之后,在尾盘最后20分钟被砸开涨停,而后反封无力,最终收于5.78%。有同学问:这股是不是没有后市了?

从图7-18中我们可以看到,该股目前的位置,才刚刚走出底部,而其头上是一路阴跌,量能稀疏零落,因此说它没有后市是不对的,它的后市还很远。

图7-18 美锦能源日线图

那么,今天为什么会破板呢?大家都知道,主力要拉升一只股票,需要掌控大量的筹码,造成市场上的筹码不足,而后才好拉升。

我们从图7-18中可以看到，头上的左峰还很高，主力要杀上去，要有充足的筹码才行。而就目前来看，它的筹码显然还不够支撑它直线往上。因此主力必须通过震荡来吓出筹码。

而从四维看，A线的脚下，也积累了一定的获利盘，主力要想继续拉升，也必须回踩清洗，只有把不稳定的筹码洗干净了，后面才好拉升。

这样的情况，以前也曾出现过多次。比如光洋股份的海底捞，股价站上地平线之后，也是出现了短时间的强烈洗盘。到了后面，也一样强势拉升。

因此，如果明后几天股价能够有效站稳A线，或者是脚下的凹峰，后面就一定还会拉升。但要是跌破了收不上去，也许就会形成二捞的局势。

以上分析，仅作为理论探讨，不作为实盘依据，据此操作，盈亏自负，老兵帅克概不负责。

15. 全柴动力：是英雄还是狗熊？就看这一关

（原创，苏天发，涨停板学2019-01-21）

全柴动力（见图7-19）D柱之后一路小跑，接近凹峰的时候，却突然像狗一样纵身一跳，翻了过去，而后一路大阴大阳向上震荡。

到了T字板的后一天，放出了一根当时的最高量柱，这样的高量柱，通常意味着卖盘太汹涌，其后要跌，而次日，它果然大跌6.4个点。按照惯性，要继续下跌才对！

但是，其后的E柱，并没有继续下跌，而是掉头向上，放量涨停。这说明经过前一天的一吓，脚下的获利盘和头上的套牢盘，都争相夺路而逃。但它最后能封住，说明主力有想法。只是，想跑的人太多，还可以再吓一吓。

图7-19　全柴动力1

所以，F柱冲高回落之后，再次下跌3.67个点。从它的量柱我们可以看到，很多筹码都在这一天跑了。但有人跑，就有人吃。谁吃？今天的缩量表明，是主力吃。

从目前的情况看，主力在这个位置上下震荡，目的就是为了震出A柱上下的套牢盘。而从这几天的走势看，这个主力很厉害，要手段有手段，要资本有资本，大有指点江山、激扬文字、粪土当年万户侯的英雄气概！

但是，历史告诉我们，愤言"帝王将相宁有种乎"的陈先锋倒下了，笑称"彼可取而代之"的楚霸王也倒下了。很多不可一世的主力，由于无法有效突破或站稳重要的凹峰，最后也败下来了。因此，我们判断它能不能成大事，不是看它现在多牛。而是看它能不能有效突破和站稳在A线之上！

因此，是骡子是马，是英雄是狗熊，拉过线来遛遛！

16. 全柴动力：再来一根缩量板就是好汉

（原创，苏天发，涨停板学，2019-01-22）

俗话说：人怕打落，狗怕激将。我昨天说它"从这几天的走势看，这个主力很厉害，要手段有手段，要资本有资本，大有指点江山、激扬文字、粪土当年万户侯的英雄气概"。

但是，历史告诉我们，愤言"帝王将相宁有种乎"的陈先锋倒下了，笑称"彼可取而代之"的楚霸王也倒下了。很多不可一世的主力，由于无法有效突破或站稳重要的凹峰，最后也败下来了。因此，我们判断它能不能成大事，不是看它现在多牛。而是看它能不能有效突破和站稳在A线之上！

因此，是骡子是马，是英雄是狗熊，拉过线来遛遛！

而今天（见图7-20），这主力也挺争气的，它一开盘就跳过A线，而后涨停封不住，破板往下跌，大有山崩地裂的危险。可是说来很奇怪，当它精准踩在A线时，却像蹄子被火钳烙了一样跳起来，而后一路震荡向上狂奔，封上并最终封死了涨停！

图7-20　全柴动力2

从这点来看,这"小子"确实很听话,给它个通电嘉奖还是可以的。但要评上"特等英模"的话,则要看明天还能不能实现缩量板,要能,它才是当将军、元帅的模子,要不能,只不过是个师团长的料。

以上分析,仅作为理论探讨,不作为实盘依据,据此操作,盈亏自负,我概不负责。

17. 全柴动力的第一目标位在哪里

(原创,苏天发,涨停板学,2019-01-23)

在昨天的帖子里,我对全柴动力做了承前启后的简要分析之后,指出:这"小子"确实很听话,给他个通电嘉奖还是可以的。但要评上"特等英模"的话,则要看明天还能不能实现缩量板,要能,它才是当将军、元帅的模子,要不能,只不过是个师团长的料。

而今天(见图7-21),它果然收出了一根缩量板,这说明它是块当将军的料子。

图7-21　全柴动力3

在它涨停之后，有同学私下问我：它今天为什么要收出缩量板才行？因为它昨天是一根合力板！而合力板是需要确认的，这个确认就是缩量板。如果能形成缩量板，那么合力板就成立，后面就将继续向上。要是不能形成缩量板，合力板就得不到确认，后面就存在一定的变数。

有同学又问：现在合力板确认了，那么它后面又会涨到哪里呢？

从目前的形势看，合力板确认之后，上涨是常态，下跌是反态。如果按常态看的话，它的第一目标应该是去攻击6378线，也就是9.41元左右。如果能顺利攻破并站稳这个关口，那么后面就会走主升浪，它就有成为元帅甚至是统帅的机会，要是不能，我们只能授予它"上将"或"大将"的军衔了。

18. 一经点评，天天涨停

（原创，苏天发，涨停板学，2019-01-24）

在昨天的收评里，我经过对全柴动力的连续点评和回顾之后，指出"合力板确认之后，上涨是常态，下跌是反态。如果按常态看的话，它的第一目标应该是去攻击6378线，也就是9.41元左右。如果能顺利攻破并站稳这个关口，那么后面就会走主升浪"。

而今天（见图7-22），该股继续涨停。尽管盘中也曾出现震荡，但宽度和深度都是可控的，最终也牢牢地封死了涨停。因此，今天的走势，也是符合预判的。如果明天再来一个涨停板，股价就完成了第一目标位，我的预判就能得到完美地兑现了。

至于它后面能不能走主升浪，还得看它能不能有效站稳在6378线之上。要是能，就会有主升浪，要是不能，后面也许就会出现震荡了。因此买了这只股票的同学，明天就要见机行事，要是能顺利突破并站稳在6378线之上，那么就可以持股待涨，要是不能，就得退出观望。

图7-22　全柴动力4

但不管后市走势怎样，充电桩的龙头，非它莫属了。"涨停板学"抓龙头的厉害，在这只股票身上再次得到了验证。

以上分析，仅作为理论探讨，不作为实盘依据，据此操作，盈亏自负，我概不负责！

19. 全柴动力第一目标完美兑现，后面会拉主升浪吗

（原创，苏天发，涨停板学，2019-01-27）

我曾在1月23日的收评"全柴动力的第一目标位在哪里"说过："从目前的形势看，合力板确认之后，上涨是常态，下跌是反态。如果按常态看的话，它的第一目标应该是去攻击6378线，也就是9.41元左右。"

而后，该股继续维持原来的强势格局，天天往上拉板，到上

周五收盘止,已经站上9.71元,我的预判得到了完美的兑现(见图7-23)。

图7-23　全柴动力5

这股是1月21日盘后我在涨停板学上首次点评的个股。点评之后的第二天,它再次涨停,我随即再次点评,它又再次涨停。我天天点评,它也天天涨停。我怎么点评,它就怎么涨停。以至于有读者和学员怀疑是不是我自己操作的股票。

其实我没这个本事和实力,我只是根据涨停板学的技术原理进行分析而已。如果说点评很精准、很精彩的话,那不是我的精准和精彩,而是涨停板学的精准和精彩!

我在1月23日的收评里还说过:"如果能顺利攻破并站稳这个关口(6378),那么后面就会走主升浪,它就有成为元帅甚至是统帅的机会,要是不能,我们只能授予它'上将'或'大将'的军衔了。"

那么它后面是否还走主升浪呢?这取决于三大因素。

(1)燃料电池形成热点。

(2)洗盘充分,筹码转换充分。

(3)监管宽容。

这三个因素要能满足，就能实现，要是不能满足，就不能实现。

以上分析，仅作为理论探讨，不作为实盘依据，据此操作，盈亏自负，老兵帅克概不负责！

20. 全柴动力：主升浪或已开启

（原创，苏天发，涨停板学，2019-02-19）

全柴动力是我上个月一直点评的案例股，它第一波的股价，也如期杀到我预判的点位9.41元。之后，该股震荡了两天，开始掉头向下。

在这前后的一段日子，我多次跟同学们讲过，要密切关注6378线的得失。因为要是能有效突破并站稳在6378线上，最少也还有三五个板，好的还能翻倍。我在2019年1月27日发了一个帖子"全柴动力第一目标完美兑现，后面会拉主升浪吗"。

当时帖子发出之后，股价震荡了两天，而后掉头向下。但D柱的放量，却藏有玄机，因为主力要是跑了的话，或者说主力不想再拉的话，怎么可能在这一天吃了那么大的量呢？第二天F柱继续下跌，它却继续放量吃进。而后，不跌了，掉头向上，并在G柱突破F柱和D柱的压力封上涨停，H柱上捅一下之后，次日再次涨停，缩量站上6378线，今天更是在B柱虚顶上高开缩倍涨停（见图7-24）！

这说明了什么？这说明了主力已经消化了左峰的压力，控制了盘面，掌握了股价走向的主动权！

如果再回头去看6378线，我们一下子就会顿悟第一次冲过6378线时，为什么会无法有效守住。因为，根据6378战法的原理，冲过6378之前，必须先清洗筹码。如果不清洗筹码，冲过去了也要震荡。而全柴动力的情况是，它在冲过6378之前没有清洗筹码，所以冲过去之后，就要再次掉头洗盘！而其年后的走势，是洗盘结束之后的二次突破！

图7-24 全柴动力6

从最近两天的连续倍缩看,这次洗盘是洗得很到位了。今天这个板,也是一个引爆板。因此我们可以谨慎地判断,这股的主升浪或许已经开始了。

21. 人民网的主升或已开始

(原创,苏天发,涨停板学,2019-02-21)

人民网从昨天开始,连续拉了两个板,冲过了6378线。那么,它是不是会进入主升呢?

这主要看三个方面。

(1)基础。从图7-25中我们可以看到,从C柱出现拐点开始,一路缓慢向上,当触及B线时,连续攻了两波都不过,而后只好掉头向下。但是,当它杀到D柱的时候,再次形成了掉头向上的拐点,并在F柱取得了突破。可见,A、B的刹车换挡和接力向上,是它赖以突破的基础。

图7-25 人民网K线图

过了B线之后,A线成了最大的压力。但是,由于脚下的基础已经夯实,这次的上攻,并不像脚下那样磨叽,而是用了接连两道的火烧连营,化解了它的风险,而后连续拉了两个涨停,冲了过去。单从这个力道看,这个基础也是蛮实在的。

(2)压力。大家缩图后还可以看到,人民网的头上,15-17元之间还有一道压力,22元左右也还有一道压力。除了这个,其他压力比较小。

(3)热点。人民网能够连续拉两个板,是因为它与腾讯、歌华有线及北广文资歌华达成协议合资成立"人民视频有限公司",开展资讯类短视频和直播的制作及版权交易,其中人民网持股60%,拥有版权,受益于科创板的推出,符合潜在热点创投概念。

综合以上分析,我认为人民网技术基础扎实,符合创投概念,鉴于它已经突破6378线,可能该股已经进入主升初期。由于它头上还有两道压力,在拉升的过程中,可能会出现两个阶段的空中加油。第一目标位在22元至25元之间。如果热点能持续发酵,可能会冲过25元,如果热点发酵不好,可能会止于22元左右。是否这样,我们等待后面走势的验证。

22. 春兴精工会成为5G龙头吗

（原创，苏天发，涨停板学，2019-04-17）

春兴精工（见图7-26）是我们4月15日辅导课上的案例股，股票分析之后，已经连续拉了两个板，它后面还能继续拉升吗？

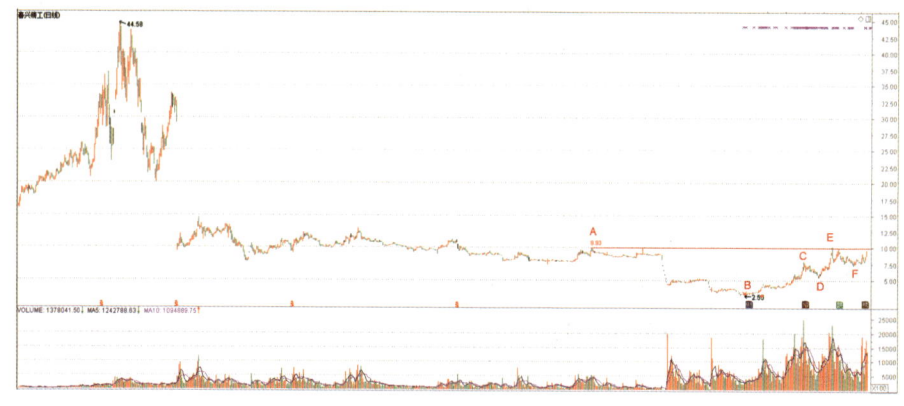

图7-26　春兴精工K线图1

这只股票，大家应该已经很熟悉，因为它在底部的时候，我就在课堂上、帖子里多次分析过它，而且它也是不负我的厚望，一路震荡向上。如果从B柱的拐点虚底2.55元算起的话，到E柱虚顶10.18元止，最高涨幅已达299.21%！

涨幅都这么高了，为什么还要看好它？这主要有两个原因。

（1）从它的走势图看，E峰之后的下跌，有效守住C峰后掉头向上，说明C峰之下，是多头的基本仓。而往左边看，A峰却是主力早期的初始建仓峰，股价杀回到原点，才是新的起点。所以它的后市空间还是充满想象的。

（2）从消息面看，5G竞赛正在世界范围内愈演愈烈，2019年注定是一个不平静也不平凡的一年，而这势必会推动5G板块的发展。该公司2016年即储备5G射频器件方面的技术研发，在5G产品预研和储备方面处于行业领先地位；滤波器射频器件已进入华为供应链体系。只要5G不倒，它就有可能雄起！

因此，我不但把它列为4月15日辅导课上的案例股，还在今天早上的"盘前10分钟"里，把它作为5G龙头候选股的监控对象。尽管目前还无法确定它能不能成为龙头，但只要站稳在A峰之上，那么后面再拉一波也是很有可能的。

以上分析，仅作为理论探讨，不作为实盘依据，据此操作，盈亏自负，老兵帅克概不负责。

23. 春兴精工会不会震荡

（苏天发，涨停板学，2019-04-18）

春兴精工今天高开高走继续涨停（见图7-27），相比它之前的走势，可谓老牛了。而这个老牛了，通常就是主升浪的特征。

图7-27　春兴精工K线图2

但是，根据涨停板学的技术原理，今后两个交易日，也就是明天或后天，就会开始出现一次震荡。而这个震荡的质量如何，将决定它后面的高度。

因此持有此股票的朋友，可以关注一下，要是震荡不厉害，可以继续拿住，要是震荡很厉害，可以先退出。没有此股票的朋友，则不宜盲目追高，要耐心等待震荡结束后介入。

如果它没有出现日线级别的震荡怎么办呢？也好办，按我去年春天讲的"涨停板战法"对付即行。

以上分析，仅作为理论探讨，不作为实盘依据，据此操作，盈亏自负，老兵帅克概不负责！

24. 春兴精工为什么"没震荡"

（原创，苏天发，涨停板学，2019-04-21）

在上周四的收评里，我经过对春兴精工的简要分析之后，认为：

"根据涨停板学的技术原理，今后两个交易日，也就是明天或后天，就会开始出现一次震荡。而这个震荡的质量如何，将决定它后面的高度。"

而上周五开盘之后，该股小拉一下就开始急速往下砸，最深砸到-4.5%左右，而后一直在中轴之下震荡了近一个小时（见图7-28）。但这个时候我却发现了主力的猫腻，立即在教室里发布预警："春兴精工，看看能不能站回并站稳在均线上方，要能或有反转的机会。"

结果，我刚说完没几分钟，春兴精工就出现了快速拉升，站回到均线上下震荡。下午1点15分后，该股再次快速拉升到5个点头上震荡，并在不久后再次封住了涨停。

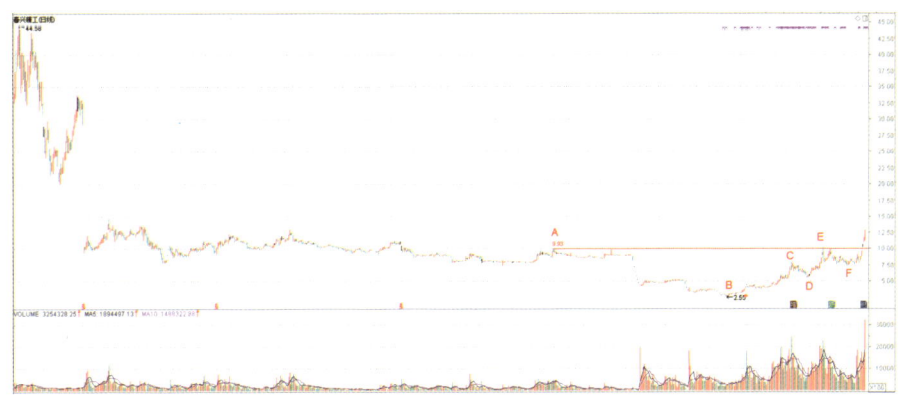

图7-28 春兴精工K线图3

1点38分后,有个别读者看到截图后心里不爽,有的怪我没有及时截图转发,有的责问昨天预判震荡,今天怎么又说有反转的机会?

其实,这两种意见都是不对的。我是讲方法的,不是推荐股票的。我转发截图的目的,就是要大家思考我为什么会那样预判?大家把这个问题想清楚了,后面自己就懂得看了。

对于第二种意见,同样也是不对。因为我在帖子里还说:"如果它没有出现日线级别的震荡怎么办呢?也好办,按去年春天讲的'涨停板战法'对付即行。"主升浪的股票,日线洗盘的时候少,时间也短,更多的是分时洗盘。春兴精工虽然最后封上了涨停,但它上午的时候,就是激烈震荡,所以周五的时候它的震荡也是客观存在的。

那我为什么又在上周五早盘剧烈震荡的时候作出新的预警呢?

这是因为它早盘的走势是天河倒水,但分时形态的条件却不能满足,因此具有恐吓骗筹的成分。而从龙吸水战法看,它日线上的位置、分时上的走势,具有形成龙吸水的特征,因此我及时地发布了预警!不料它后面果真杀上涨停形成了龙吸水。所以我们在看盘的时候不能太死板,要懂得看空做多,看多做空,懂得临盘应变及时调整策略。

从目前看，由于龙吸水已经形成，后面的走势要继续向上才对。但由于这个龙吸水还没得到确认，因此也不能排除后面还会震荡。具体怎么对付，按涨停板战法提供的思路观察就行。

以上分析，仅作为理论探讨，不作为实盘依据，据此操作，盈亏自负，老兵帅克概不负责！

25. 主力出货之后还能涨吗

（原创，苏天发，涨停板学，2019-04-22）

春兴精工最近一些日子的走势，果然不负我的期望，天天往上拉涨停，是当之无愧的5G龙头。

但是从昨天开始，主力已经开始出货，今天更是在涨停板上出了货。那么，它在后面还能涨吗？

从图7-29中我们可以看到，春兴精工在拉升之前，已经高度控盘。而拉升之后放出的量，跟脚下相比并不大，这说明主力还没大规模出逃。而主力要把筹码抛完，估计还要再拉，因为只有再拉，才能聚集人气，场外的资金才会涌入。它要是往下砸的话，愿意去接盘的资金可能不会很多。

而且从今天的盘面看，主力的出货很有节制，并未一股脑地往下砸，而昨天进去接盘的资金，也相对锁仓做多。而从纯技术角度而言，昨天的放量，经过今天的缩量确认，是一个合力板，而根据龙吸水的测幅，龙吸水之后正常还有两个板左右的空间，而今天只是一个板，因此明天应该还有一个板左右的幅度。

但是由于今天大盘不好，它的封盘也不够理想，因此明天大盘大跌的话，它不一定能封住涨停，也有可能会借势洗盘。我们到底怎么办？只能明天临盘决断！

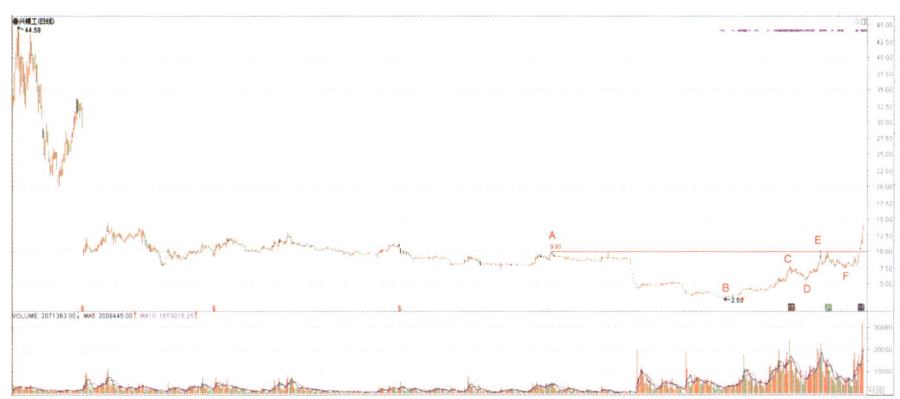

图7-29 春兴精工K线图4

以上分析，仅作为理论探讨，不作为实盘依据，据此操作，盈亏自负，老兵帅克概不负责！

26. 春兴精工：空中加油能否成功

（原创，苏天发，涨停板学，2019-04-24）

在前天的帖子里，我认为春兴精工的主力在上周五和4月22日当天已经开始出货，而且"大盘不好，它的封盘也不够理想，因此明天大盘大跌的话，它不一定能封住涨停，也有可能会借势洗盘"。

而昨天大盘果然还是不好，而春兴精工高开震荡之后，最高杀到5.61%就再也无法向上突破，最后只好向下震荡，到收盘时，已砸到跌停边沿。我对它"也有可能会借势洗盘"的预判，得到了兑现。

但是，今天它却低开高走（见图7-30），杀上了涨停，这到底是怎么回事呢？

这是因为，自从它突破A线之后，股价就进入了主升浪。而前天和昨天，股价已经来到了除权峰的峰顶线，按照主升浪战法的原理，这样的涨幅、这样的位置，都急需来一次空中加油式的洗盘。而洗盘的位置，最好发生在6378线之上四个板左右的位置。而春兴精工的洗盘，恰好就是位于6378之后的第四个板位置。因此，它的洗盘，就是主升浪途中的空中加油。

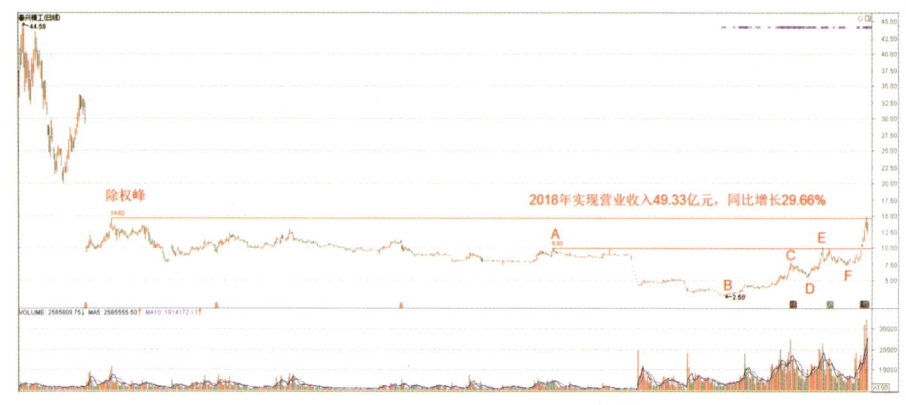

图7-30 春兴精工K线图5

根据我前面讲的"主升打板"的原理，空中加油的震荡幅度，一般不会超过20个点，时间一般在1-5天之内。而春兴精工的的空中加油，最大跌幅没有超过20个点，洗盘时间只有1天，因此它是很标准的空中加油。

但由于它今天虽然涨停，但却还没攻克左阴，也还没有对除权峰形成突破，因此它这个空中加油能否成功，最终还要看确认。如果它明后几天能够攻克左阴虚顶，站稳在除权峰A1线上，那么，这个空中加油就是成功的，后面可能还有两三个板或以上的空间幅度。但要是不能，那么后面就会开始筑顶或见顶了。

以上分析，仅作为理论探讨，不作为实盘依据，据此操作，盈亏自负，老兵帅克概不负责！

27. 算准了它的龙头，还能算得准它的目标位吗

（原创，苏天发，"牛股异动监控"2019-01-09）

风范股份（见图7-31）是龙吸水的案例股。它形成龙吸水的时候，我的"龙吸水实战要点"还没开讲，但是为了加深同学们后面对龙吸水的认识，我在元月1号的辅导课上，特地点评了这只股票，认为它是"特高压"概念的龙头股。

次日开始，该股就展开了天天拉板的征程，到今天为止，六个交易日里，拉出了最高六个板的涨幅。在这过程中，不断有同学私下问我：它能涨到哪里？能测算一下它的目标位吗？

图7-31 风范股份K线图

它能涨到哪里呢？它的目标位怎么测算？

严格来说，妖股和龙头股的目标位，不是很好测算的，因为它集万千宠爱于一身，很多时候，只要监管层不打压，即使主力跑了，它也还能惯性上冲30-50点，很多时候是无法算准的。例如我去年12月10日的辅导课和12月12日的"盘前10分钟"里预判的5G龙头东方通

信，预判它的目标位是14-15.5元，可它现在最高已涨到16.98元，并且还没有歇火的样子。因此，我常常告诫同学们，碰到这样的股，不要去妄测它的目标位。因为，上涨不言顶。我们要以牺牲10个点的代价，去换取后面几十个点的收益，不见极阳次阴，就绝不出来！但这个说来容易，做起来也难。比如我自己，风范股份我半途中就被挤出来了。

所以，我觉得有时候预测一下目标位还是有好处的。起码可以坚定自己的信念，或者跑出来后还会及时跟进去。所以，今天收盘后想想，对风范股份预测一下也未尝不可。其实风范股份的目标位我在辅导课上也粗略谈了一下，只是没认真去细化一下而已。从目前来看，它的目标位可能会出现在以下三个地方：（1）凹口平衡线7.42元附近；（2）凹峰峰火柱实顶线8.24元左右；（3）凹峰峰火柱虚顶8.92元左右。为什么会是这三个地方呢？因为这三个地方才是重大的压力区！

以上分析，不一定对，仅作为理论探讨，不做实盘依据，据此操作，盈亏自负，老兵帅克概不负责！另：之前预判的春兴精工、广电网络、摩恩电气、新疆交建，今天继续涨停，后面会怎么走，可以继续跟踪观察。

28. 前几天奉献给你的海底捞，今天又捞出一个涨停了

（苏天发，"牛股异动监控"2019-01-16）

在1月7日的"盘前10分钟"里，我曾经向大家介绍了一只海底捞的个股：美锦能源（见图7-32）。当初，这只股票正在筑底，底能否筑成也还存在着很大的变数，所以很多人都不看好它。

第七章 操盘手记

图7-32 美锦能源K线图

但是,它经过四天的横盘之后,在1月11日那天拉出了一根近五个点的无敌单枪,第二天(本周一)在大盘下跌的时候,它却逆势拉上涨停并封死涨停。当天晚上的辅导课上,我再次点评了这只,提醒大家要注意海底捞的特点,一旦往上捞的时候,都是涨停或连续涨停的。

昨天,该股虽然没有涨停,是高开低走放量震荡,但今天,它却低开高走再次杀上涨停并封死涨停。海底捞的精彩和强悍,大家看到了吧?

从目前看,股价已经来到地平线脚下,A柱附近的筹码也已经被转移到了右边。因此我们可以做一个大胆的预判:只要股价能够有效突破并站稳在A柱的地平线上,那么后市或许就能涨到6元左右或以上。

以上分析,仅作为理论探讨,不作为实盘依据,据此操作,盈亏自负,老兵帅克概不负责。

29. 为什么有些股可以连板，有些股却不能

（原创，苏天发"牛股异动监控"2019-04-17）

4月15日辅导课的12只案例股，今天上涨八只，涨停五只。有些昨天没涨停的，今天涨停了，如东风汽车；有些昨天涨停的，今天却没有涨停甚至下跌了，如顺威股份、奥瑞德、硕贝德等；还有一些股，昨天涨停，今天继续涨停，如东风科技、全柴动力、红阳能源，兴齐眼药等。

为什么这些股里，有些可以连板，有些却不能呢？

这其实与主力的仓位，股票的位置和热点的大小有很大关系。一般来说，建仓还没结束、或洗盘还没到位，热点又不是很契合的，就不容易连板拉升，或者连板拉升的时候容易卡住。前者是筹码不够，主力不会一直向上建仓，而会通过震荡或下跌来获取便宜的筹码，后者是获利盘或套牢盘还没清理干净，主力盲目拉升容易引发抛压，再加上风口的问题，拉的胆子就更小。

而主力高度被套后触底掉头又正好碰上热点的，就容易出现连板拉升，因为主力要自救，例如红阳能源就是这样。还有就是主力完成筹码归集后正在走升浪的股票容易连板拉升，因为主力要拉高派发，只有连板拉升，才能吸引市场的眼球，让大家冲进来接盘，像兴齐眼药、全柴动力、春兴精工都是这种类型。

所以，要说短线打板，这两种类型的才是最安全的，底部建仓还没结束、筹码归集还没到位的反而不是很安全。个别读者不明白这里面的缘由，整天叽叽喳喳说我只讲涨停的股票，不讲还没涨停的股票，其实是他们根本不懂。没有涨停，你怎么知道里面有主力？没有涨停，你怎么知道股票已经启动了？我以前也说过一些没涨停的，后

面也都涨了,但是有人敢打吗?依然没人敢打!因为他们认为那些股票不安全!认为楼板下面有地板,地板下面有地狱!

这些都扯远了。下面我们就来分析一下全柴动力(见图7-33),为什么它就可以连板?

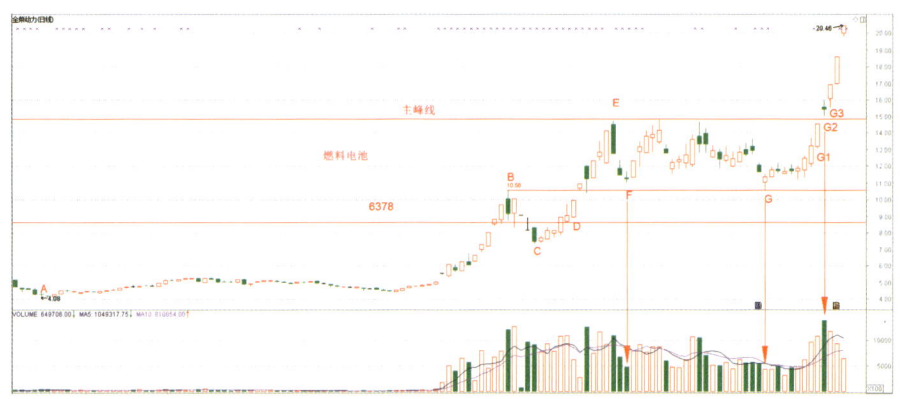

图7-33　全柴动力K线图

全柴动力是我之前在课堂上、帖子里多次分析过的案例股票。这次突破之后,它再次连续拉板,这是为什么呢?

从图7-33中我们可以看到,E柱见顶之后的下跌,牢牢守住了B柱的虚顶,也守住了D柱头上的跳空缺口,这说明B柱之下,就是主力的基本盘。而基本盘既然就在这脚下,那么主力就还没赚到多少钱,因此E-F-G之间的震荡,是主升浪启动前的筹码归集。只有当大家的持仓成本集中到这附近之后,主力才敢继续拉升。因为市场成本一致之后,大家都还没赚到什么钱,不会轻易跑,主力拉升没有后顾之忧。

而G柱前后的缩量,则表明市场筹码已经转移到头上,脚下的获利盘或不稳定的获利盘已经不多。所以G柱之后,主力开始掉头向上,并在G1拉出了一根涨停。不过G2的放量滞涨,却具有一定的变数。因为股价才刚刚突破左峰,主力就开始了洗盘,这通常意味着脚下获利盘大，主力要拉升不容易。所以这天我并不看好它。按照我的经验，过峰之后要洗盘，应该要在三四个板之后才好。

但是，G3那天它却高开高走缩量涨停了，这就不能不关注了，因为这说明前一天的震荡，是主力故意为之，也说明前一天的量，是主力或多头吃了，而这样的结果，就是后面还将继续拉升。所以在那天晚上的辅导课上，我把它选作了案例，也指明它的第一目标位是21.48-21.96元。后来有位同学来咨询我的时候，我也是告诉她：它的目标位应该在21.48元左右。

而从目前看，我预判后的这几天，这只股票一直都是价升量缩，说明主力已经高度控盘，我预判的第一目标位，明天大概率可以实现。这也告诉我们一个道理，主升浪的股票，看似位置很高，其实是很安全的，因为主力高度控盘之后，要把筹码派发出去，就只有持续拉高，才有人愿意冲进去接盘，要是它往下砸的话，不但没人接盘，还会天天砸跌停，根本逃不出，因为它的量太大了。

所以说，主升浪的股票最安全，它是主力在给大家发红包，只要你不是最后的那一拨，都能获利出来。你不用担心主力会整你，你进去主力才会高兴，你不进去，主力才会担心，因为你不进去，它的筹码无法派发啊。

以上分析，仅作为理论探讨，不作为实盘依据，据此操作，盈亏自负，老兵帅克概不负责。

后 记

记得那是2018年春季的一个周末,我的教学工作站在了十字路口,到了一个非要进行抉择不可的时刻。这时候杨老师给我来了一个电话,问我对自己今后的教学有什么设想?

我想了想,告诉杨老师:我来讲涨停板吧!

讲涨停板,其实并非心血来潮,它是我进入股市后关注最多、研究最多、总结也最多的一种价柱形态。记得我刚进入股市的那个夏季,我一直跟网上一个叫檀溪的实战派高手学炒股,他几乎三天两头跟我们讲怎么打板的技术,还给我们介绍过一只当时大跌、但后面却涨了10倍的牛股——宜华地产,告诉我们这股虽然出现了重大的利空但却可以买入的理由,我记得我跟着他买到了平生的第一个涨停。从此之后,我就对涨停板产生了浓厚的兴趣,不断地买书学习和参加培训,吸收各种各样打板技术的营养,用以丰富自己、提高自己和完善自己,并自认为颇有心得。

我告诉杨老师,我可以来讲这方面的内容,从趋势、拐点、基因、热点和主力行为入手,对涨停板进行归类和定义,讲涨停板是怎么形成的?它又有什么作用?我们可以利用它达成什么目的?把它整理成一个系统。当时杨老师听了很高兴,说这是一个好设想,而且也有前景,在这之前的市场上,就有专门的打板技术派,只要我们讲得好,就不愁没有市场。

在杨老师的鼓励和支持下,2018年的初夏,我就正式推出了"涨停板战法"的直播课程，先后讲了启动板、接力板、合力板、引爆板等知识点，深受学员们的喜爱，很多学员都说太震撼了，把它和我的另一期课程"龙头战法"，视作我理论探索的两座高峰。湖北的一个学员在学习期间，实践操作，万兴科技抓了9个板，盘龙药业抓了5个板，十分开心。很多学员都抓到了平生第一次的涨停。那时候学员群里没有禁止发红包，一到收盘，发红包、抢红包的声音可以响彻十几分钟到半小时。

我自己也由此深受鼓励，先后推出了拐点打板、基因打板、组合打板、成本柱战法、成本线战法等一系列课程，后来这些课程加上2018年元旦前后讲的龙头战法、决战主升浪两期课程，就构成了《涨停板战法》一书的基础素材。《涨停板战法》出版发行之后，再次在读者中产生了热烈的反响，不少读者纷纷来给我报信，说用书里的什么技术，抓到了什么股票的涨停，一时间，公众号、QQ群、淘宝、天猫等平台上，留下很多很多的赞美之词，用好评如潮来形容，也毫不为过。

但是，我自己却由此陷入了沉思。我觉得，在《涨停板战法》那套小册子里，我虽然对技术性的知识讲得比较深刻和到位，也讲出了自己独有的理解和认识，但是却讲得不够全面，理论性的东西讲得比较少，这点我们在本书前言里已经讲过，所以我就谋划着另写一本书，不但要把理论性的知识讲透，还要把欠缺的部分也补上。

所以在这本书里，我想重点写"涨停板学"理论体系的三个基本原理，第一是板柱。在《涨停板战法》一书中，虽然对板柱有所论述，但却不全面，着眼更多的也在于"技"，所以《涨停板战法》就成了一本技术书。但在这本书里，我们重点讲述了"涨停板学"理论体系的基本K线结构——板柱，就是拐点柱、启动柱、接力柱、隔离柱、焖杀柱、引爆柱、合力柱、派发柱等八大价柱，而且是重点着眼板柱的最高表现形态——涨停板，即启动板、接力板、隔离板、焖杀板、引爆板、合力板和派发板这七大涨停的价柱形态。这些形态，都是我历经五年多的心血构筑起来的基础，不但与主力的操盘过程相符，而且暴力、强悍，这点大家可以从我们之前帖子里的分析就能明白。比如2019年12月31日《这只筑底波的股票终于向上突破了》的收评，我们就根据筑底波+启动板的基因，预判鲁抗医药"如果有风配合的话，那么后市值得期待"，结果该股后面如期出现大涨，如果以收评当天的收盘价起算，到2月7日涨停止，最高涨幅达到了154.85%。去年《涨停板战法》一书虽然也涉及了板柱的一些内容，但却不够全面和系统，我们这次把它全部道出，可以使大家对《板学》理论体系的基础有个更全面、更深入，也更到位的了解。

　　第二是加进板线的论述。这个板线，我们最早是从2018年开始，陆陆续续开讲的，记得最早讲的就是成本线，第一课就是"抄底线实战要点"，讲这节课的时候，当时正好碰上股市出现连续性的大跌。为了增加课程的实战效果，我们当时都是以正在发生的股票作为案例，在我们讲完这节课后的若干天，课件里的案例翻倍或接近翻倍的高达四五只，几乎囊括了那段时间的所有牛股。而最后讲的龙脊线、烽火线，则是今年春节3月份才开始在直播课推出的，所以课程还很新，但为了补上短板，我们也拿出来奉献给广大读者了。

　　第三是收进板波的内容。板波我们之前也陆陆续续讲过，但真正正式开讲，则是今年4月份才开课的"龙分时的四种打法"。在讲这期课程之前，我们曾在0311美股大涨近1200点、0313美股大涨近2000点后，利用狼牙波预判美股最快次日就会掉头继续下跌、并且要跌到15000点，最少也要18000点左右后才能止跌，结果美股道指次日果然掉头向下出现暴跌，一直跌到18213点才打住，我们的预判得到了完美的应验。像这种用板波断涨跌的精彩事，还有很多很多，按照教学规定,这种刚讲完的课程,也还没到解禁的时候,但为了完善公开出版发行的《板学》理论体系,我也是拼了。

但是,书真的写出来之后,还是留有遗憾。这就像我做股票一样,每做完一只股票,哪怕是大赚出来,可当回头去看的时候,依然会留下许多的遗憾。但是有些遗憾,是不可避免的,比如这本书的板线部分,由于教学纪律的限制,像主升五线方面的内容,我们目前就还无法公开,又比如板波部分,像龙爪波、龙剪波、笋形波、躁动波、乌龙波、狼牙波等,也由于教学规划的限制,目前也还没有办法公开讲。而在拐点方面,限于篇幅和时间,也未能更进一步地深入探讨。但除了这些不可逾越的限制之外,该做的,我也都做了,比如板线板波的几个章节,我才刚刚在直播课上讲完,就原封不动地搬到了书里,从这里也可以看出,我的诚意是足够大了。

这次出版的这套书,也比上次足足多了几十页。上次书出来之后,有个别读者抱怨书不够厚,其实是没必要的。因为,书的开本不一样,厚度就不一样;纸张紧密度不一样,厚度也会不一样;书的图文排版不一样,厚度更会不一样。如果我们采用小16开,厚度就会增加很多,如果采用米黄色双胶纸,厚度更会增加约15%,而如果把图放大到半页或一页,可能就会变成厚厚的一大本了。而随着图书厚度的增加,成本也会大幅增加,书也会更贵,阅读也会更不方便。我们当初的设计,可以说恰到好处地解决了阅读、成本、价格和销售等方面的平衡,是实实在在地为读者着想的。

这本书,大体维持前书的基本规格和格式。但由于内容增加不少,书的厚度也增加不少,虽然成本增加了许多,但价格依然保持不变,希望大家能够喜欢。如各位读者能从中获得更大的收获、启发和感受,我将不胜高兴之至。

最后,再次感谢广大读者的鼓励和厚爱,感谢杨老师给予我的支持和关怀，感谢中国商业出版社的大力支持，感谢曾经爱护过我、关心过我、帮助过我的所有老师、同学和股友，祝大家阖家幸福！身体健康！！股票大涨！！！万事如意！！！！

苏天发
2020年5月30日